LENOS POCKET 114

www.lenos.ch

Blaise Cendrars

Auf allen Meeren

Aus dem Französischen
von Giò Waeckerlin Induni

Lenos Verlag

Titel der französischen Originalausgabe:
Bourlinguer

LENOS POCKET 114

Erste Auflage 2008

Satz und Gestaltung: Lenos Verlag, Basel
Umschlag: Anne Hoffmann Graphic Design, Zürich
Foto: Schweiz. Literaturarchiv, Bern
Printed in Germany

ISBN 978 3 85787 714 8

Inhalt

Ama et fac quod vis!
Augustinus

Eine melancholische, und folglich meiner natürlichen Art sehr zu wider laufende Gemüthsverfassung, welche von dem Verdrusse über die Einsamkeit herrühret, in welche ich mich seit einigen Jahren begeben habe, hat mich zuerst auf den wunderlichen Einfall gebracht, ein Buch zu schreiben. Als ich mich nachgehends völlig entblösset fand, und keine andere Materie wusste: stellete ich mich mir selbst zum Gegenstand vor. Mein Buch ist also das einzige von seiner Art in der Welt, und von einem tollen und ausschweifenden Inhalte. Es ist auch an dieser Arbeit nichts merkwürdiges, als eben dieses wunderliche Wesen. Denn einem so muthigem und schlechtem Gegenstande kann auch der beste Meister von der Welt keine ansehnliche Gestalt geben.
Montaigne

Fais que vouldras!
Rabelais

Ama ut pulchra sit!
Goddeschalck

Venedig

Für
meinen ältesten literarischen Gefährten
t'Serstevens

B.C.

Der blinde Passagier

Ich halte den Atem an. Ich schaue durch das Fenster auf Venedig hinunter. Verzerrte Strahlenbänder im Wasser der Lagune. Diffuse Lichtbrechungen und gleitende Spiegelungen in den Vitrinen und auf dem Mosaikparkett der Markusbibliothek. Die Sonne schimmert wie eine Barockperle durch den graphitgrauen Nebel, der hinter den Palästen längs des Wassers aufzieht und schlechtes Wetter auf dem Meer draussen ankündigt, Sprühregen, Schauer, Wind und Sturm. Ich halte den Atem an. An der Stelle, wo ein *vaporetto* vor der *Dogana di Mare* vorbeifährt, setzt eine Tartane die Segel. Es ist der 11. November 1653.

Am 11. November 1653 setzte eine Tartane in Venedig die Segel mit Kurs auf Smyrna, und trotz des nahenden Unwetters, dessen erste böige Ausläufer an der Kanalmündung bereits deutlich spürbar waren, umringten Matrosen und Kaufleute den Mastbaum, an dem ein blinder Passagier festgebunden war, auf dessen blossen Oberkörper die Schläge niedersausten. Es war ein vierzehnjähriger Junge, den die Hafenaufseher zuunterst im Laderaum gefunden und dem Eigner des Einmasters übergeben hatten.

„Zwanzig Schläge mit dem Zeising“, hatte der Kapitän befohlen, „und werft ihn mir über Bord!“

Das arme Kind wand sich und versuchte sich loszureissen, schrie und flehte zur Heiligen Jungfrau. Ein Engländer, der inkognito an Bord des Schiffes reiste und der kein Geringerer war als der Vicomte Bellomont (Henry Bard), Sonderbevollmächtigter König Karls II. beim Schah von Persien und dem Kaiser von Indien, an deren Hof ihn der im Louvre exilierte König von Schottland in geheimer und absurder Mission entsandt hatte, um ein Darlehen und ein Bündnis zu erwirken, dank dem er seinen Thron zurückzuerlangen hoffte; dieser Engländer, der inkognito an Bord der Tartane reiste, trat vor und verlangte die Herausgabe des Jungen, da dieser zu seinem Gefolge gehöre, ja sein Kammerdiener sei.

Fünfzig Jahre später, 1703 ungefähr: Ein alter venezianischer Abenteurer, der über Persien nach Indien gelangt war und der ein halbes Jahrhundert lang seine Pampuschen im Landesinnern abgelaufen hatte, zuerst als einfacher Büchsenmeister in Aurangsebs Armee, der Armee des Eroberer-Kaisers, danach in den Armeen der Prinzen von Geblüt und der aufständischen oder vom Eunuchen Bassant aufgewiegelten Radschputen, um sich schliesslich für 80 Rupien monatlich als Artilleriehauptmann ans Kriegsglück des rechtmässigen Erbprinzen zu hängen; um zu desertieren, dann entlang der östlichen und westlichen Küsten die Faktoreien der Europäer abzuklopfen, denen er als Unterhändler, Dolmetscher, Korrespondent diente, als mehr oder weniger offizieller Vermittler in ihren Händeln mit den niedrigen und hohen mohammedanischen Würdenträgern, den Duodezfürsten und Hinduprinzen; nach Agra oder Delhi an den Hof zurückzukehren, sein Glück auf den Schlachtfeldern zu versuchen, in Lahore seine ärztlichen Fähigkeiten zu entdecken, die Sultanin von einem Abszess im Ohr zu heilen, als Chirurg in den Harem des Erbprinzen berufen zu werden, der eine absonderliche Zuneigung zu ihm fasst; diese Freundschaft zu verraten und zur Armee des berüchtigten Haudegens Jai Sing überzulaufen, zu seinem

Herrn zurückzukehren, um Schah Alam auf seinem Kriegszug gegen Jodhpur zu begleiten und, des Feldlebens müde, nochmals zu desertieren, zum Feind überzulaufen und sich vom Königreich Golkonda nach Goa zu den Portugiesen zu flüchten; für den Vizekönig, den Grafen von Alvor zu verhandeln, am 29. Januar 1684 vom König von Portugal mit dem Jakobsorden ausgezeichnet zu werden, sich zu verspekulieren und seine Ersparnisse zu verlieren, mit den Jesuiten zu disputieren und leidenschaftlich gegen sie Partei zu ergreifen in ihrem Zank mit den Kapuzinern wegen des Ritus von Malabar, des berühmten Abkommens, eines vermuteten Zugeständnisses der Jesuiten, heidnisches Zeremoniell im christlichen Gottesdienst zuzulassen; mit knapper Not der Inquisition zu entgehen und als Karmelit verkleidet wiederum am Hof von Lahore sein Glück bei seinem ehemaligen Herrn zu versuchen, der ihn diesmal verhaften lässt und droht, ihn wegen Fahnenflucht enthaupten zu lassen; heil davonzukommen, mit einer Besoldung von 300 Rubeln monatlich wieder zu Gnaden zu kommen und seine Sonderrechte als persönlicher Arzt des Fürsten wiederzuerlangen und Titel und Rang am Hofe des Königs der Könige, der ihm ein Pferd bewilligt und eine berittene Eskorte oder ein Schutzgeleit; um, der Fron müde, erneut zu flüchten; sich in Fort-Saint-Georges im Norden Madras' bei den Engländern als Arzt niederzulassen, als Quacksalber ein Vermögen mit Goa-Opalen oder Mondsteinen zu machen, mit einer Säure gegen die Cholera, deren Geheimnis er bei den Jesuiten ausgehorcht hat, und einem Herzstärkungsmittel eigener Erfindung, seiner Haupteinnahmequelle, auf das er mächtig stolz ist, ein Aphrodisiakum wahrscheinlich, das er den

Eingeborenen verkauft; um die portugiesische Witwe eines englischen Siedlers zu heiraten und als geheimer Abgesandter von William Pitt, damals Gouverneur der Britisch-Ostindischen Kompanie, seine Vagabondage durch Königreiche und Fürstentümer wiederaufzunehmen; um schliesslich, seine Gebresten und eine beginnende Erblindung vorschützend, dieses strapaziöse Amt niederzulegen, in dem man als Geheimagent einem meuchlerischen Dolchstoss ausgeliefert und als Unterhändler, als Träger eines Fermans, als abgewiesener Botschafter ständig auf dem Quivive ist, und sich in Pondichéry niederzulassen in der Nähe seines alten Freundes François Martin, eines Vertrauensmanns Colberts, und mit der Leitung der Französisch-Ostindischen Kompanie betraut zu werden und von dessen Schwiegersohn Deslandes-Boureau, Gründer der Stadt Chandernagor, zum Schreiben ermuntert zu werden; und unser Venezianer, der alle Gefahren des Klimas, des Krieges überlebt hat, die Abenteuer, die Rivalitäten, die Politik, die Intrigen, die Eifersucht, die Günstlingswirtschaft, deren geringfügigere Fallstricke nicht immer nur am Hofe des Grossmoguls gelegt wurden, wo Vergiftungen, das Austeilen von Opiumwasser und geheimnisvolles Verschwinden an der Tagesordnung waren; wo nun also unser altes Schlitzohr, das im Leben schon manches gesehen hat und immer wieder davongekommen ist, sich hinsetzt, um seine Lebenserinnerungen niederzuschreiben, aufrichtig überzeugt, dass für ihn endlich die Stunde gekommen sei, sich aus dem aktiven Geschäftsleben zurückzuziehen, um so mehr, als Ludwig XIV. ihm kürzlich ein paar Handvoll Medaillen hat überreichen lassen, um ihm für seine Dienste in den Niederlassungen der

Franzosen zu danken; und unser alter Fuchs lächelt bei der Erinnerung an den mutwilligen Streich eines Jungen, der sich vor fünfzig Jahren heimlich auf einer auslaufenden Tartane eingeschifft hatte; und der alte Arzt in seinem orientalischen Gewand, mit Kaftan und Pampuschen und auf jedem Bild mit einem drolligen Käppchen, das adrett auf dem Hinterkopf sitzt, wie man ihn im Kupferstichkabinett der Nationalbibliothek in Paris (O.D. No. 45, Reserve) in einem Band mit muselmanischen Miniaturen sehen kann, auf denen sein Freund, der Maler Mir Muhammad, dem er in seinen glanzvollen Zeiten am indischen Hof diese Porträtreihe in Auftrag gegeben hatte, ihn zweimal inmitten der thronenden oder jagenden Könige und Kaiser dargestellt hat, inmitten der in ihren verborgenen Gärten oder auf ihren Altanen Audienz erteilenden Fürsten, die zerstreut ihre Lieblingstiere streicheln, während sie mit ihren Grosswesiren beraten oder auf prächtigen Pferden in den Krieg reiten, gefolgt von Prinzen von Geblüt, von den berühmtesten Generälen und Hauptleuten, von den kriegserprobtesten Elefanten, von Konkubinen, Tänzerinnen, Musikerinnen und anderen Haremsdamen, darunter die Haremsälteste, begleitet von den berühmtesten Astrologen und Derwischen, wie der Zug unterwegs anhält und sie die heiligsten Yogis befragen, den entsetzlichsten, blutrünstigsten, wahnsinnigsten heidnischen Gottheiten die Reverenz erweisen; das erste Mal sehen wir ihn wahrscheinlich zur Zeit seiner Anfänge, mit gesträubtem Bart, flackerndem Blick, mager wie eine ausgehungerte Katze, wie er in der Einsamkeit Pflanzen und Heilkräuter sammelt; das zweite Mal glattrasiert, dickbäuchig, mit zufriedenem Gesichtsausdruck, wie er gewichtig einem Eingeborenen den Puls misst; jede dieser zwei Handlungen spielt auf seinen Beruf an, doch der alte Abenteurer, der gern geschwätzig und weitschweifig ist, wenn er verschmitzt von den Wechselfällen seines abenteuerlichen Lebens berichtet oder lachend Anekdoten aus dem Serail erzählt, eine Spur Bramarbas und erbittert fromm, wenn er sich seiner endlosen Dispute mit den Jesuiten rühmt, doch der alte Arzt schreibt bescheiden: „Als ich Kind war, hatte ich Lust, um die Welt zu reisen, doch weil mein Vater nichts davon hören wollte, beschloss ich, Venedig, meine Heimatstadt, bei erstbester Gelegenheit zu verlassen, egal womit und wohin. Eines Tages hörte ich, dass demnächst eine Tartane nach irgendwo auslaufen würde. Es gelang mir, mich an Bord zu verstecken. Ich war vierzehn."

Mit diesen einfachen, zutiefst menschlichen Sätzen beginnt die *Storia do Mogor,* ein durch sein Thema absolut unkonventionelles Buch, das am Hof und in der Stadt den Orientalismus in Mode brachte und in Paris und beim gebildeten Publikum in ganz Europa einen solchen Erfolg hatte, dass es zwischen 1705 und 1715 in Frankreich und im Haag nicht weniger als sechs Auflagen erlebte, und zwar unter dem Titel *Histoire Générale de l'Empire du Mogol;* Pater François Catrou von der Gesellschaft Jesu, in dessen Hände das Manuskript unseres alten Abenteurers, Feind des Jesuitenordens, schliesslich gelangte, behauptet, der Autor zu sein, erwähnt nur gerade den Namen des Venezianers in seinem Vorwort zur ersten Auflage, übergeht ihn dann in den folgenden Auflagen mit Stillschweigen: Er, der den Text massakriert, verfälscht und bis zur Unkenntlichkeit abgeändert hat; er, der den Geist der Memoiren eines Mannes verstümmelt hat, der sein Leben bei den Antipoden verbracht hat, in einem Land mit einer seltsamen Vegetation und befremdenden Bräuchen, zu deren Maler, Historiker, Chronisten und Anekdotiker sich dieser Mann nach bestem Wissen und Gewissen gemacht hatte; er, der von diesem aussergewöhnlich lebhaften und spannenden Dokument nur die Grundzüge der Geschichte eines grossen orientalischen Reiches und, von Tamerlan bis Aurangseb, die Chronologie der Vorherrschaft der Mohammedaner in Indien übernommen hat, den schwächsten Teil des Werkes; er, der den Text mit klugen Randbemerkungen ergänzt hat und ganze Textstellen von Autoren und Reisenden in sein Exposé eingefügt hat, die mit dem Original nichts zu tun haben; er, der den Ablauf der Geschichte unterschlagen und in seiner Veröffentlichung alles weggelassen hat, was sich auf das Leben, die Abenteuer, die treffenden und die oft boshaften Bemerkungen unseres alten Arztes bezieht, seine Überlegungen, seine persönlichen Ansichten, vor allem in religiösen Belangen, gestrichen und alles Anstössige aus seinem Vokabular ausgemerzt hat; er, der mit Emphase einem lebendigen, ungeschminkten, direkten Stil die Würze genommen hat, diesem Stil, den alle zur Blütezeit der Reisenden, der Seefahrer, der Krieger, der Entdecker, den alle in der Grammatik nicht sehr beschlagenen Abenteurer verwendet haben, die über die Rechtschreibung einer noch nicht gefestigten Sprache stolperten, die aber schrieben, wie sie redeten, die Kerle, weil sie Lebenskraft versprühten, sich nicht in Rhetorik ergingen, aber etwas zu sagen hatten und von der weiten Welt zu erzählen wussten; er, dieser polygraphische Priester, dieser Vielschreiber, der seines Opfers spottet, aber immerhin dem Autor, den er plagiiert und plündert, *ein gewisses geistiges Feuer* nicht abspricht; und es ist das Monument dieses offiziellen Pedanten, der salbadernd in den akademischen Kreisen von Paris auftrat und sich mit falschen Federn schmückte und sich bis Versailles brüstete, es ist die *Histoire Générale de l'Empire du Mogol* von Pater Catrou, die in England dreimal übersetzt wurde (1709, 1722 und 1826), einmal ins Italienische (1731) und wahrscheinlich auch ins Portugiesische!

Und nicht die *Storia do Mogor,* die Lebenserinnerungen unseres alten Abenteurers und Arztes, der in sich den Autor entdeckt hatte, um sein Leben in Frieden zu beschliessen, und der sich, verloren in diesem wimmelnden, verschlingenden Indien an den anderen Ufern des Ozeans, vor Zorn verzehrte, als er erfuhr, was ohne seine Genehmigung in Paris veröffentlicht worden war und in Europa zirkulierte, und der Pater Catrou verfluchte, der ihn beraubt hatte, und gegen die Unredlichkeit der Jesuiten wetterte, die sich schon lange seiner Papiere hatten bemächtigen wollen; der sich abmühte, um eine neue Fassung seines Werkes zu schreiben, die er den *Serenissimi* Senatoren der Republik Venedig sandte und sie beschwor, gnädigst das Werk eines Sohnes Venedigs anzunehmen und zu veröffentlichen, als ob er sich auf seine alten Tage plötzlich erinnert hätte, dass er zu seiner kleinen fernen Heimat gehörte; er arbeitete hartnäckig, vervollständigte sein Werk, fügte seinen Erinnerungen neue und immer wieder neue Kapitel hinzu, hielt bis zum letzten Atemzug selbst den Tagesklatsch in seiner Chronik fest; ruinierte sich durch die Kosten für Abschreiber, Schreiber und Sekretäre, verzweifelte an seinem Manuskript, war er doch in diesem verfluchten Indien gezwungen, nicht so sehr dem Bildungsstand als vielmehr der Nationalität der Amanuenses, die er an Ort und Stelle auftreiben konnte, Rechnung zu tragen, was den alten Mann zwang, einmal französisch, einmal portugiesisch, einmal italienisch zu schreiben oder zu diktieren oder sich verständlich zu machen: in den drei klassischen Sprachen, in denen seine Manuskripte tatsächlich geschrieben sind. Er starb achtzigjährig (um 1717), enttäuscht und gedemütigt. Laut einem Bericht, der in den Archiven des *British Office* entdeckt wurde, soll er ein Vermögen von 30'000 Pagoden hinterlassen haben, rund 10'000 Pfund Sterling; er aber beklagte sich an seinem Lebensende, *reich an Schulden zu sein,* was wohl der Fall war, denn es ist heute erwiesen, dass er die Kosten für die Bestattung seiner Frau nicht hatte bezahlen können und dass die Britisch-Ostindische Kompanie ihm die zwei oder drei letzten fälligen Mieten seines Landhauses *extra muros* im Norden von Madras erliess, das zwischen dem Elefantengarten, der Stadtmauer von Black-Town, dem Park von Mantangaura und ein paar elenden Pariahütten lag und das die Kompanie ihm seit Jahren vermietet hatte, der todkranke Schriftsteller aber nicht mehr bezahlen konnte. Auf diese Weise zeigten sich die Engländer gegenüber einem alten Original für die geleisteten Dienste erkenntlich, einem einsamen, unbotmässigen Mann, der sie zwar nicht mochte, ihnen aber eine Zeitlang treu gedient hatte in Erinnerung seiner Anfänge im Leben und an jenen unbekannten Engländer, der damals den Jungen als Kammerdiener mitgenommen hatte.

Habent sua fata libelli. Und wieder ist es der Grosszügigkeit des *India Office* zu verdanken, dass das gebildete Publikum seit 1907 die *Storia do Mogor* lesen kann, und zwar nicht mehr das unsägliche Machwerk aus Pater Catrous Feder, sondern den Originaltext und sogar in extenso, den der Venezianer Europa zugedacht und zwei Jahrhunderte früher mit grosser Mühe und hohen Kosten dem Senat der Republik Venedig übersandt hatte. Das Werk besteht aus vier Bänden in-fol. 8° und enthält zahlreiche Schwarzweiss-Reproduktionen der Miniaturen Mir Muhammads, die *Indian Texts Series* aus einer vom Verleger John Murray edierten Sammlung. Es ist eine sehr schöne Ausgabe, aber ... Aber ich habe gelogen! Es handelt sich weder um den Originaltext noch um den Originaltext in extenso; dem unbekannten Autor sollte selbst nach zweihundert Jahren diese Genugtuung nicht gegönnt sein; es wäre zu schön, denn, was immer man behaupten mag, die postume Gerechtigkeit hat lahme Füsse.

Ich bemühe mich, dem zeitgenössischen Verleger der *Storia do Mogor* Ehre widerfahren zu lassen, seinem Scharfsinn, seinem beeindruckenden Wissen, seiner Vorsicht, seinem Gespür, seiner Hartnäckigkeit eines Textjägers, die ihn in der Königlichen Bibliothek in Berlin die Manuskripte des Venezianers haben entdecken lassen: jenes, das Pater Catrou als Vorlage gedient hatte, die drei ersten Bücher und das aus der Markusbibliothek in Venedig: fünf bis dahin unbekannte und unveröffentlichte Texte; das letzte Manuskript ist mit Briefen des Autors gespickt, was John Murray auf die Spur des Werkes mit den wunderbaren Miniaturen Mir Muhammads brachte, das 1797 als Kriegsbeute von französischen Offizieren der italienischen Armee aus der

Bibliothek in Venedig entwendet worden war und das im Kupferstichkabinett in Paris gefunden wurde, wo es wie ein kostbarer Schatz gehütet wurde. Ich lasse seiner langen Geduld Ehre widerfahren, seinem kritischen Geist, seiner Gelehrsamkeit, seiner Editionsarbeit, allem, was er an Sorgfalt und Hingabe in dieser Angelegenheit investiert hat, aber …

Aber warum hat William Irvine, der zeitgenössische Verleger, dem ich Ehre erweise, ein pensionierter Beamter der Zivilverwaltung von Bengalen, der zehn Jahre seines Lebens opferte, um diese Ausgabe zusammenzustellen (ebensolange wie der alte Autor gebraucht hatte, um sein Werk zu schreiben), der sich für seine Ausgabe auf eine Unzahl historischer, faszinierender, treffender, pittoresker, witziger Aufzeichnungen aus den Archiven und aus der Geheimkorrespondenz des *India Office* gestützt hat und die mich mit Bewunderung und Freude erfüllen, weil sich in diesen alten Papieren eine gedrängte Fülle prallen Lebens verbirgt; aber warum hat dieser ehrenwerte Gentleman, dem ich so gern begegnet wäre, um ihm dafür zu danken, dass er mir ein so wunderbares Buch in die Hände gelegt hat, er, der einen guten Teil seines Lebens als höherer Beamter in Indien verbracht hat und daher wissen muss, worum es sich handelt, wenn in Kasinos von eingeborenen *dancing-girls* die Rede ist, warum hat er sich erlaubt, sämtliche Stellen im Text zu streichen, die ihm, dem angelsächsischen Puritanismus oder der Scheinheiligkeit seiner Landsleute sei Dank, als anstössig erscheinen? Streichungen, die einen moralischen Makel auf einen alten Chronisten werfen, der eben aus der Dunkelheit getreten ist, einen Mann, der den Menschen besser kennt als jemand sonst. Wenn der Venezianer meisterhaft eine pikante Anekdote aufrollt, tut er es nie aus Libertinage wie sein Landsmann Casanova, der ebenfalls in mehreren Sprachen schrieb, darunter in einem Küchenfranzösisch, sondern zur Entspannung, wie viele seiner Ärztekollegen es tun, denn er erzählt sie mit schmunzelnder Nachsicht und einem Glas in der Hand. Er begeht nie eine Indiskretion, er, der Höfling, der alle Schleichwege des Serails kennt. Es sind eher Tischgespräche als Skandalgeschichten. Ausser wenn er gegen gewisse Priester und die ausschweifenden Sitten und die Dekadenz der Portugiesen wettert. Gewiss, es handelt sich lediglich um Nebensächlichkeiten, denn diese Streichungen sind nicht sehr zahlreich, aber um so bezeichnender für unsere Zeit.

Viel schlimmer an dieser monumentalen Ausgabe ist, dass er uns, trotz seiner Vorsicht, seiner Gewissenhaftigkeit, seines untadeligen kritischen Urteilsvermögens, seiner professionellen Erfahrung im Umgang mit Archiven und seiner unbestrittenen Rechtschaffenheit, nicht den authentischen Text unseres Autors vorlegt! Und das ist das Schlimmste, was nach zweihundert Jahren Vergessen einem bereits bei Lebzeiten geplünderten Autor widerfahren kann – und der heute wahrscheinlich für alle Zeit und Ewigkeit verdammt ist. Ein Autor in der grossen Tradition der französischen, italienischen und portugiesischen Chronisten, der nur in Englisch gelesen werden kann! Eine Ironie des Schicksals oder ein Fluch! Und in was für einer Übersetzung! Einer gewissenhaften, ja, aber einer amorphen. William Irvine gesteht in seinem Vorwort, das Portugiesische nicht zu beherrschen und im italienischen Text nur geblättert zu haben. Für die Übersetzung dieser zwei Sprachen, die zwei Drittel des venezianischen Manuskripts ausmachen, soll er Spezialisten zugezogen haben, die ihm von der Bibliotheksleitung empfohlen wurden! Das allein spricht Bände. Irvine selbst hat die Übersetzung des französischen Teils des Berliner Manuskripts übernommen, das bereits Pater Catrou als Vorlage gedient hatte: des brillantesten, wenn auch nicht des farbigsten, weil er den Anspruch erhebt, ein Exposé der offiziellen Geschichte von Aurangsebs Reich zu sein und nicht die Geschichte des Menschen, der Menschen, des Autors und seiner Zeitgenossen. Es ist auch der am altertümlichsten anmutende Teil, weil wir zu diesem Thema eine bessere und umfassendere Dokumentation und ein ganzes Arsenal historischer Studien zur Verfügung haben.

Hätte ich die Ehre gehabt, dem alten Gelehrten zu begegnen, der für diese literarische Sünde verantwortlich ist, hätte ich ihn gefragt: „Sagen Sie, Sir, warum haben Sie Nicolao Manucci ins Englische übersetzen lassen?“

Wie? Wie heisst dieser Autor eigentlich?

Er wird in keinem französischen Lexikon erwähnt![1]

Ich schreibe seinen Namen so, wie ich seine Unterschrift unter dem Begleitbrief an die *Serenissimi* Senatoren der Republik Venedig entziffere, mit dem er der Stadt die Aufgabe anvertraute, sein Lebenswerk zu veröffentlichen, die *Storia do Mogor:*

NICOLAO MANUCCI

Auf Grund dessen ich den vorliegenden Hinweis, *ad usum Encyclopediae,* für die Zukunft verfasst habe. Und vielleicht, um einen französischen, portugiesischen oder venezianischen (!) Verleger in Versuchung zu führen.

Anmerkungen
(für den unbekannten Leser)

PS. Ich übernehme im vorliegenden Werk die für den *Unbekannten Leser* verfassten Anmerkungen, die ich 1946 in *Vieux Port* einführte und die von seiten gewisser eifriger Unbekannter zu einem ungewöhnlichen Briefwechsel führten, der mir geholfen hat, dem Gefühl, ins Leere zu schreiben, zu entrinnen; einem Schwindelgefühl auf die Länge, das allzuoft das Los des Autors ist. Danke also dem Unbekannten, der mich begleitet und den Kontakt aufrechterhält.
B.C.

[1] Der Name Manucci taucht in der *Biographie Universelle* von Michaud nirgends auf; die Erwähnung in der *Nouvelle Biographie Générale,* XXXIII (Didot, 1860) ist, was gewisse Behauptungen angeht, willkürlich und aus der Luft gegriffen (dass Manucci 1691 nach Europa zurückkehrte, dass er sich nach Portugal zurückzog, dass er sein Werk drucken liess usw.), alles gegenstandslose Hinweise, seit die von William Irvine veröffentlichten Dokumente das Gegenteil beweisen. Desgleichen ist das Datum seines Todes, 1710, falsch, weil aus einem von Manucci persönlich geschriebenen Brief hervorgeht, dass er 1712 noch in Madras lebte. Foscarini (Marco-Nicolo), Doge von Venedig und einstiger Konservator der Markusbibliothek, erklärt in seinem Werk *Della Letteratura Veneziana* (in-fol.°, Padua, 1752), er habe sagen hören, Manucci, *la cui vita fu piena d'accidenti curiosi,* sei 1717, achtzigjährig, irgendwo in Indien gestorben.

Neapel

Für
das geniale Ekel
Curzio Malaparte,
Autor von Kaputt,
in Erinnerung an die Legion,
Hommage an den jungen Garibaldianer,
Rothemd im Argonner Wald
und in der Festung von Reims;
meine Freundeshand dem
Deportierten der Liparischen

Blaise Cendrars
(Neapolitaner aus Zufall)

Eine Kanaille

Neapel, wo ich meine frühe Kindheit verbracht habe. Neapel, wo ich meine ersten Hosenböden auf den Bänken von Dr. Plüss' *Scuola Internazionale* abgewetzt habe. Noch so ein Deutscher: zum Teufel mit ihnen samt und sonders!

In Neapel leidet und plagt und hetzt sich nicht nur die Bevölkerung des Basso Porto in der Küche des heidnischen Dämons, dem Labyrinth der düsteren Gässchen des alten Stadtteils: die Solfatara *del Vomero,* die mein Vater erschloss, um ein modernes Villenviertel zu bauen, flammt zwischen zwei Eruptionen auf, flackert und grollt und stösst Dampfschwaden aus; die Lava ergiesst sich aus den Kratern, wo sie seit dem Altertum fermentiert; die Schwefelblüte besudelt die Orangenblüten, die Trauben und Weinranken in den kleinen Gärten; ja selbst auf hoher See, in der schweren indigoblauen Bütte, leiden und plagen sich die grossen Ozeandampfer, die den Hafen von Neapel ansteuern; sie stampfen und schnauben und wenden, um nicht aufzulaufen, nicht achtern abzudriften und zu sinken, Bug voran steil zu den Schmieden in der Tiefe des Meeres hinabzutauchen, wo Neptun gebannt träumt und phantasiert, den Geist von den Flammen versengt, das Hirn Futter für den unersättlichen Hunger der Tiefseefische, dieser prämythologischen Monster.

Als wir uns in Alexandria einschifften, stellte uns Vater Kapitän Agostini vor, einem mickrigen, wirbeligen Sarden, dessen Bart und Kopfhaar mit den buschigen pechschwarzen Brauen unter der hohen, goldbetressten Mütze zu einer

Haarmaske zusammenwuchsen; und der Kapitän vertraute mich Domenico an, einem hünenhaften Deckmatrosen, der auf mich aufpasste, während mein Bruder und meine Schwester in den Salons des Liniendampfers spielten und Mama in Agostinis Kapitänskajüte, die auf die Kommandobrücke hinausging, im Liegestuhl der Ruhe pflegte.

Wir waren an Bord der ITALIA, des ersten italienischen Ozeandampfers, der in Alexandria, der Kopfstation, auslief und über Piräus, Saloniki, Brindisi, Neapel (wo wir an Land gehen würden, während Vater uns mit einem späteren Schiff folgte) nach Genua dampfte, seinem Heimathafen, Kohle bunkerte, Marseille, Barcelona, Málaga anlief, von wo aus er in Rekordzeit (elf Tage für die Überfahrt) über den Atlantik in Richtung New York jagte, und wir hatten vereinbart, Domenico und ich, dass er mich in Neapel irgendwo an Bord verstecken würde, um mit mir in New York an Land zu gehen, wo wir beide, der Hüne, der mich beaufsichtigte, und ich, inkognito im höchsten Wolkenkratzer wohnen würden. Ich hatte ihm meine kleine Kinderbörse gegeben und meine Sparbüchse geleert.

Das war 1891 oder 1892; ich war vier oder fünf, und an Bord sah man nur mich in Begleitung meines Matrosen, des gutmütigen Riesen, der nach meiner Pfeife sprang, mich ins Krähennest zuoberst auf dem Fockmast trug, mit mir durch die Schachtöffnung in den Kielraum kroch, mich in den Maschinenraum und bis ans Ende des Wellentunnels führte, wo man auf allen vieren weiterkriechen muss bis zu der Stelle, wo man die Schiffsschrauben hört und den Schiffsrumpf wie ein Trommelfell vibrieren und das Wasser aus der Tiefe des Meeres ins innere Ohr fliessen spürt; und in der

Mitte dieses schwankenden Gangs sitzend, hat man wunderbar an allen Bewegungen des Schiffes teil, das wie ein störrisches Tier nach links, nach rechts krängt, das Spill des Steuerruders zum Knirschen bringt, gepatscht, getreten, gestossen wird, sich losreisst, mit voller Kraft vorwärts stürzt, sich keuchend plagt, um sich nicht zu bäumen, achtern zu sinken, unterzugehen. Zuhinterst in diesem Tunnel leuchtet eine nackte Glühbirne und spiegelt sich im schimmernden öligen Wasser in der Tiefe eines Sickerschachtes, der sich mit Meerwasser füllt, das durch die Fugen und das Stopfbuchsenschott des Ruderblattes rinnt, und von den Klüsen tröpfelt warmes Öl: Es ist die Suhle, „wo man die unartigen kleinen Jungen hineinwirft“, sagte Domenico mit dumpfer Stimme.

Aber ich hatte keine Angst; der Hüne hielt mich fest bei der Hand – und war er nicht mein Komplize? Würden wir nicht gemeinsam nach New York reisen? Waren wir nicht Freunde, er und ich?

Wenn wir unser Vieruhrbrot in der Kombüse verzehrten, wo immer zwei, drei Pfeife rauchende Matrosen herumsassen, die ihm zuhörten, erzählte Domenico mir vieles über New York, doch ich habe nichts davon in Erinnerung behalten, denn meine ganze Aufmerksamkeit galt den mehr oder weniger bärtigen Männern, die sich alle die einschüchternde Gesichtsmaske des Kapitäns hatten wachsen lassen. Hingegen habe ich nichts von dem vergessen, was Domenico abends von seinem Heimatort erzählte, von Taormina, der bemalten Stadt, nachdem ich mit Zetergeschrei von Mama die Erlaubnis ertrotzt hatte, mit ihm im Mannschaftsraum schlafen zu dürfen.

„Taormina ist die Stadt der Monster", erzählte er, während er seinen Priem in den Mund steckte, den er zuerst lange zwischen den Handflächen knetete und der die ganze Nacht und bis zum nächsten Abend andauern musste, „es ist die Stadt der Meeresungeheuer, wie man sie – lebend – in Neapel im Aquarium besichtigen kann und in Jahrmarktsbuden überall auf der Welt, wo die Jungen – tot – in einer gallertigen Flüssigkeit in Glasgefässen ausgestellt werden und die grösseren – getrocknet – auf einem Tangbett hinter Glas mit dem Vermerk *Berühren verboten.* In Taormina gibt es keine Weinkeller. Bei uns breitet sich unter jedem Haus eine Meeresgrotte aus, die vom Plätschern und Murmeln und Tosen der Wellen erfüllt ist. Die Grotten sind tief. Seit jeher wirft man die neugeborenen Kinder hinunter. Jene, die nicht schwimmen können, werden von den Muränen gefressen. Die anderen flüchten sich ins offene Meer und kehren als Erwachsene an die Küsten zurück: Es sind die Thunfische, die Tümmler, die Narwale, all die närrischen Geschöpfe, die im Sturm übermütig lachen und sich bei ruhiger See zu Hunderttausenden fangen lassen. Die Mädchen, von Natur aus listig, tauchen steil in die Tiefe, und wenn sie mannbar sind, tauchen sie wieder an die Oberfläche. Sie haben dann einen weichen Kopf, faulige Zähne, eine drollige Schnauze und eine goldene Stimme. Man nennt sie Sirenen, und es heisst, sie seien Prinzessinnen. Doch wehe dem Fischer, der mit einer Sirene schläft! Er zeugt den Hammerhai, den Sägefisch oder den Gründelwal mit seinem schraubigen Einhorn, alles zweiköpfige Wesen, denn die Sirenen haben kein Hirn und singen lauter Kokolores. Die kleinen Kinder aber, die nach dem Kampf mit den Muränen in ihre Wiege zurückkehren, sind oft für den Rest ihres Lebens entstellt oder weisen seltsame Narben auf oder leiden an seltsamen Krankheiten, die den Körper mit einem Netz feiner Äderchen überziehen; diese Überlebenden geben später die besten Seeleute und die kühnsten Lotsen des Mittelmeeres ab; sie sind es, die die Häuser bemalen, wenn sie, inzwischen Männer, von ihren langen Weltumsegelungen zurückkehren, um in Taormina auf Brautschau zu gehen, und die Stadtmauern mit unentzifferbaren Graffiti bedecken, die als Prophezeiungen gelten und von ihren Meeresabenteuern erzählen. Doch Taormina entvölkert sich. Das Wasser ist ein Traum, und der Himmel und alles, was er morgens und abends an Gestirnen, an Winden, Vögeln und Rauchfahnen umfängt, ist ein Köder, der über die fliehende Zeit hinwegtäuscht. Es gibt bei uns Männer, die über Bord springen, um nach einem Stern in der Dünung zu tauchen. Der Ozean ist eine Lüge."

Doch die Mannschaft lachte ihn aus, alle die Männer, die wegen der nächtlichen Hitze nackt schliefen und die hinten und vorn behaart waren, als bestehe die Besatzung an Bord der ITALIA aus Agostinis Söhnen; mein gutmütiger Riese hingegen war kahl und hatte kein einziges Haar, weder auf dem Bauch noch auf der Brust. Er trug eine Tätowierung unter der linken Brustwarze, die einen kleinen menschlichen Mund darstellte. Er aber behauptete, es seien die Spuren eines Muränenbisses; die Meerschlange habe ihm ihr Gift ins Herz geflösst, als er, wie der kleine Herkules, im Schlaf das Monster erwürgte, das sich bis in sein Bettchen geschlichen hatte, und wegen dieses Giftes seien ihm später Körperhaare und Kopfhaar ausgefallen; und ohne sich um das Gewitzel zu kümmern, öffnete Domenico seine Seemannstruhe, aus der er kleine Töpfe und kleine Fläschchen herauszog, die verschiedene Pomaden und Lustwässerchen enthielten, mit denen er sich überall bepinselte und salbte. Er holte auch seine geheimsten Schätze aus der Truhe: ein Schiff in einer Flasche, und er zeigte mir, wie es hineingekommen war; Ansichtskarten von asiatischen Städten und Häfen; einen Seestern; ein Seepferdchen; einen Korallenzweig, den er mir in die Hände drückte; eine grosse Muschel aus der Südsee, die er an mein Ohr legte; doch schliesslich schlief ich trotzdem ein, trotz des Gelächters, des Gefluches, der Rufe, des Füssescharrens, des durchdringenden Urin- und Schweissgeruchs, des Miefs im Mannschaftsraum, wo man kaum atmen konnte, und der üblichen Mandolinenserenade auf der Schwelle und der Falsettstimme dazu:

Vieni sul mar!
Vieni a vogar!
Sentirai l'ebbrezza del mar
Con il tuo marinar.

Als Neapel in Sicht kam, versteckte mich der gute Domenico wie vereinbart im ausgestorbenen Mannschaftsraum; er verbarg mich in seiner Koje, und damit der kleine Buckel, den ich unter der Decke bildete, nicht auffiel, warf er Südwester und schmutzige Unterhemden darüber, als hätte er eilig die Kleider gewechselt, und bevor er hinausging, legte er noch die Gitarre des Klopfbeins auf den Haufen. Ich konnte mich nicht rühren und hörte mit pochendem Herzen und gespitzten Ohren, wie sich genau über meinem Kopf das Ankergeschirr mit Getöse drehte, hörte einen Anker ins Wasser plumpsen, hörte Pfiffe und Sirenen heulen, Schreie und Rufe, das Zischen der Schnellboote der Hafenbehörde, die am Schiff anlegten, das Kreischen des Spills, das Palavern und Feilschen der Bootsleute, die die Passagiere an Land fuhren, denn zu jener weit zurückliegenden Zeit konnte ein Ozeandampfer mit dem Schiffsraum der ITALIA noch nicht am Kai anlegen; dann, zwei- oder dreimal und ich weiss nicht nach wieviel Zeit, denn die Zeit kam mir schrecklich lang vor, war mir, als rufe mich jemand beim Namen, aber ich erstickte unter der Decke und schlief ein, betäubt vom Fussgeruch des Riesen und den hartnäckigen pharmazeutischen Ausdünstungen der Salben und Flüssigkeiten, die er grimmig in rauhen Mengen anwendete.

Hinterher gab Vater dieses neapolitanische Abenteuer oft zum besten und behauptete anhand von Beweisen, ich sei beinahe Opfer einer Entführung durch die *mano nera* geworden; doch was wusste er denn schon von der *mano nera,* unser armer Vater? Er, der sich ein paar Jahre später seinen Grundbesitz durch eine simple Büchermanipulation abgaunern liess, und erst noch von seinem Buchhalter, in den er sein ganzes Vertrauen gesetzt hatte und der ein Mitglied dieser Geheimgesellschaft war; er, der ganz legal von neapolitanischen Advokaten ruiniert wurde, die ihm höhern Orts empfohlen worden waren und die wahrscheinlich die leitenden Köpfe der Geheimgesellschaft waren. Nur Mama, die dieses Abenteuer nie erwähnte und die Domenico zehn, zwanzig, fünfzig Goldstücke, ein, zwei Rollen Goldmünzen gegeben hatte, damit er mich fand, hatte einen Teil der Wahrheit erraten und dass mein Herz verbittert war über den Verrat des Matrosen, daher sorgte sie sich ständig um mich.

Ich erinnere mich, dass ich mich in New York angekommen glaubte, als Domenico mich aus dem Schlaf riss; und dass meine Enttäuschung grenzenlos war, als Domenico, der mich fest in den Armen hielt, über das Achterdeck schritt und langsam die Stiege hinaufkletterte, die zur hellerleuchteten Kommandobrücke der ITALIA führte, wo mich Mama, der schreckliche Kapitän mit dem Hundegesicht, zwei, drei Schiffsoffiziere, darunter der Zahlmeister, erwarteten. Es war Nacht. Ein anderes Kind hätte um sich geschlagen, hätte geweint, getobt, das Gesicht des Verräters, dieser Kanaille von einem Matrosen, mit den Nägeln zerkratzt. Natürlich hätte ich ihn am liebsten ins Ohr gebissen, ihm einen ordentlichen Kinnhaken verpasst, damit er seinen Priem wie einen Strahl schwarzen Blutes ausspuckte, seinen Bauch mit Fusstritten traktiert, doch ich blieb stumm und hielt den Atem an; und als der Hüne die Stiege hinaufkletterte, machte ich mich von Tritt zu Tritt schwer und schwerer in seinen Armen, schwer wie das Kind, von dem der Heilige Christophorus erzählt, jenes Kind, das ihn in einer Regennacht weckte, um ans andere Ufer eines Hochwasser führenden Flusses gebracht zu werden, und das er auf seine Schulter setzte, doch als sie in der Mitte des Flusses anlangten, war das Kind plötzlich unendlich schwer, so dass der Heilige Christophorus glaubte, nie ans andere Ufer zu gelangen. Und der gute Fährmann fügt hinzu: „In jener Nacht habe ich allen Schmerz der Welt getragen."

Meine Mutter drückte mich ans Herz.

Ich war unglücklich.

Dann wurde ich krank.

„Kein Grund zur Beunruhigung“, sagte der Arzt, „es handelt sich bloss um eine harmlose Kinderkrankheit. Nichts Schlimmes. Bettruhe, Milch, Sirup, und er wird bald wieder rote Wangen haben. Abends ein Kräutertee oder etwas Orangenblütenwasser, nur ein paar Tropfen, und er wird tief und fest schlafen.“

La Coruña

Für
Polo Picasso
junior

dja'dja Blaise

Der Dämon der Malerei

Seit die prunkvollen Geschwader der Könige Frankreichs und Englands sich keine Vernichtungsschlachten zur See mehr liefern, seit die Zwei- und Dreidecker mit gekappten Masten und die wachsamen Fregatten nicht mehr im Zwischenhafen auf Reede liegen, um ihre Havarie reparieren zu lassen, um sich der Beute zu entledigen oder nach vierundzwanzig Stunden aus dem Kanal auszulaufen, um neuen Kämpfen entgegenzusegeln, gleichen sich alle Häfen Asturiens und Galiciens; sie sind heruntergekommen und elend, mit schönen Relikten, Architekturfragmenten, auseinanderbrechenden Hafenwällen, zu Gefängnissen umgewandelten Forts, Rathäusern mit abgedeckten Dachstühlen, durch Ungeziefer verpesteten Palästen, in Armut prangenden Kirchen, baufälligen Kathedralen, frisch getünchten Klöstern, durch die Inbrunst des Volkes instand gesetzten Kartausen, weissen Kapellen auf den Anhöhen; und was seit der Einführung der Dampfkraft und der Elektrizität an technischen Neuerungen in den Hafenanlagen installiert wurde, hat den Verfall dieser alten Seefahrerstädte durch Hässlichkeit, Trostlosigkeit und eine verelendete Landbevölkerung nur noch beschleunigt: Eisenbahnwaggons auf überwucherten Gleisen, mit politischen Aufrufen vollgeklebte Umzäunungen, Lagerhäuser, über denen ständig die Drohung von Generalstreiks zu schweben scheint; Stacheldraht, Ödland, ein Dreibeinmast, auf dem am hellichten Tag eine Bogenlampe brennt (unerhörter Luxus des spanischen Strassenbauamtes!), Schuppen, Garagen und Kinos,

Rost und Kohle. Alles ist dem Verfall preisgegeben, sogar die Ford-Lastwagen, die hupend und scheppernd anfahren, und die kläglichen, ja lächerlichen, mit Reklameschilden behängten Strassenbahnen, die, in eine Staubwolke gehüllt, bimmelnd über die Schienen holpern. Und die Menschen erst! Lauter Auswanderungshäfen, von wo aus die Menschen weggehen. Nirgendwo in Europa habe ich gesehen, dass ein Volk von den Behörden mit so viel Verachtung behandelt wird wie in Spanien. Man hat überhaupt keine Lust, an Land zu gehen, nicht einmal, um bei einer Zwischenlandung die Zeit totzuschlagen, egal wie, vor einer Flasche oder mit einer Frau.

La Coruña
Ein Leuchtturm, mitleidvoll wie eine Riesenjungfrau
Vom Meer aus eine kleine, hübsche spanische Stadt
An Land ein Dunghaufen
Aus dem zwei, drei Hochhäuser wachsen …

Bei meinem dritten oder vierten Zwischenhalt in La Coruña liess ich mich dennoch dazu hinreissen, an Land zu gehen und mich etwas umzusehen. Es regnete, wie es nur in Galicien regnet, und ich fröstelte in meinem durchnässten Regenmantel. Ich irrte also den ganzen Tag durch schmutzige Strassen, wo es nicht einmal möglich war, etwas Anständiges zu essen, sich in eiskalte Kirchen zu setzen, das Museum zu besuchen oder in den Bibliothekskatalogen zu blättern, denn es war kein Werktag, in ein Kino zu gehen, wo bloss alte Filme liefen, die beschlagenen Schaufenster entlang zu bummeln, hinter denen im übrigen bloss Trödelkram ausgestellt war, lauter Plunder, ausser in den Apothekerauslagen, die offensichtlich reichlich mit Produkten

Made in Germany bestückt waren; und während ich durch die Stadt schlenderte, wurde ich ständig von einer Schar hungriger, schorfiger Knirpse begleitet, die ich hinter mir her von ärmlichen Cafés zu noch ärmlicheren, trostlosen, verrauchten Kneipen schleppte, die kleinen Rotznasen lehnten jedoch die Getränke ab und das Essen, das ich ihnen anbot, bettelten mich statt dessen um Zigaretten an und verlangten Geld, so dass ich schliesslich bei Einbruch der Nacht erleichtert war, die *lancha* der Auswanderer nehmen zu können und wieder an Bord zu gehen, wo ich doch vorgehabt hatte, eine politische Kundgebung zu besuchen, die in der ganzen Stadt plakatiert war.

... Der Hafen ist ein über das Ufer tretender Fluss.
Die verhärmten Emigranten, die warten müssen,
bis die Hafenbehörden an Bord kommen, werden arg
hin und her geschüttelt in den kleinen Schaluppen,
die sich ineinander verkeilen, ohne unterzugehen.
Der Hafen hat ein blindes und ein ausgestochenes Auge,
Und ein riesiger Kran neigt sich wie eine Küstenkanone ...

Auf diese Weise habe ich also einen ganzen Tag meines Lebens in La Coruña verloren, in diesem falschen Escorial, wo Picasso, der Philipp II. der modernen Malerei, von seinem abdankenden Vater die Krone entgegennahm und *ein Reich, wo die Sonne nie untergeht,* wie ich kürzlich bei Jaime Sabartés nachgelesen habe, der in seinem Buch Picasso den Spanier und den Entarteten hervorhebt.

Picasso, *Pablo, Diego, José, Francisco de Paula, Juan, Nepomuceno, Crispin, Crispiniano de la Santísima Trinidad Picasso,* in dessen Hände Don José Ruiz Blasco, sein Vater, Pinsel und Farben legt. Die Szene spielt sich 1894 ab. Wenn ich bloss davon gewusst hätte! Ich hätte nach Spuren des Ereignisses gesucht und wäre in der Calle Payo Gómez 14 ins zweite Stockwerk hinaufgegangen, wo man Zuchttauben kaufte und das seinerzeit der Wohnsitz der Familie Picasso in La Coruña war.

So schildert Jaime Sabartés die Abdankung des Vaters. Reine Dämonologie! Verständlich und begreiflich, dass Pate und Patin, von seltsamer Vorahnung getrieben, dem kleinen Katholiken, den sie zur Taufe trugen, so viele heilige Schutzpatrone mit auf den Weg gaben – was nicht zu verhindern vermochte, dass er zum personifizierten Dämon, einem Besessenen, der zeitgenössischen Malerei werden würde. (Ich fasse die Szene aus dem ersten Kapitel eines im übrigen sehr amüsanten Buches zusammen; vgl. *Picasso, Portraits et Souvenirs par Jaime Sabartés,* éditeurs Louis Carré et Maximilien Vox, Paris, 1946; *Picasso, Gespräche und Erinnerungen,* Zürich, 1956, 1984.)

Dass Picasso in Málaga geboren wurde (am 25. Oktober 1881, um 9.30 Uhr abends), ist allgemein bekannt. [...] Die Annahme einer Stelle als Zeichenlehrer an der Kunstakademie in Málaga [...] bedeutet für Picassos Vater gewissermassen den Abschluss einer Lebensversicherung: ein garantiertes monatliches Gehalt bis an sein Lebensende [...] Zum Lehramt wird das eines Konservators am städtischen Museum hinzukommen, der für die Restauration beschädigter Ölgemälde verantwortlich ist.

Picasso kommt hin und wieder auf jene Zeit zu sprechen; er hat mir erzählt, dass sein Vater im Atelier des Museums malte. Das Museum war im übrigen die meiste Zeit geschlossen: „Das Atelier war in einem ganz gewöhnlichen

Zimmer untergebracht, etwas schmutziger vielleicht als sein Atelier zu Hause, aber dafür hatte er dort seine Ruhe! [...] Mein Vater malte Bilder für Speisezimmer, Ölbilder mit Rebhühnern und Tauben, mit Feldhasen und Kaninchen: Fell und Gefieder, [...] Vögel und Blumen waren seine bevorzugten Motive. Vor allem Tauben und Flieder. Flieder und Tauben. Er malte auch andere Tiere. Unter anderem einen Fuchs. Ich sehe ihn heute noch vor mir. Eines Tages malte er ein riesiges Ölbild mit einem Taubenschlag voller Tauben auf ihren Vogelstangen [...] Stell dir einen Käfig mit Hunderten von Tauben vor! Mit Tausenden und Abertausenden", sagte er. „Hunderte von aneinandergereihten Tauben. Hunderttausende Tauben. Millionen Tauben." Er forscht in seiner Erinnerung; er beharrt auf diesen Zahlen. „Sie sassen aneinandergereiht auf ihren Vogelstangen wie in einem Taubenschlag; einem Riesentaubenschlag. Das Bild hing im Museum von Málaga. Ich habe es nicht wiedergesehen."

Als die Familie Mitte September 1891 Málaga verlässt und nach La Coruña zieht, ist Pablo zehn. Sie reisen zu fünft: der Vater, die Mutter, Pablo, Lola und das Nesthäckchen Concepción. [...] Don José lässt sozusagen die Freude am Malen zurück. Er malt in La Coruña zwar noch ein paar Bilder, aber ohne inneres Feuer. [...]

„In La Coruña geht mein Vater nie aus", erzählt Picasso, „ausser um sich in die Kunstakademie zu begeben. Wenn er nach Hause kommt, malt er. Fast ausschliesslich. Die übrige Zeit schaut er zum Fenster hinaus und betrachtet den Regen."

Manchmal nimmt Don José eine Taube mit ins Museum,

um sie zu malen. [...] Um nicht ausgehen zu müssen, verzichtet Don José sogar auf die Stierkämpfe. Er langweilt sich zu Hause. Die Malerei würde ihn zwar ablenken, aber sie ermüdet ihn gleichzeitig. Wenn er hin und wieder einen Pinsel in die Hand nimmt, dann um eine Taube zu malen; aber er hat keine Geduld, an den Details herumzufeilen, den Läufen zum Beispiel, was er dem Kind überlässt. „Und wie hast du dich angestellt?" frage ich Picasso. „Mein Vater schnitt einer toten Taube die Läufe ab, er steckte sie mit Nadeln in der richtigen Stellung auf ein Brett, und ich zeichnete sie möglichst naturgetreu ab, bis er zufrieden war." Schliesslich gibt Don José die Malerei endgültig auf. Warum auch nicht? Pablo nimmt seine Stelle ein. „Also überlässt er mir seine Farben und seine Pinsel und malt nie wieder."

Auch das eine jener geheimen Tragödien zwischen einem Vater und einem Sohn. Ich, ich griff mit vierzehn nach einem Küchenmesser. Das war der Grund, warum ich anfing, in der Welt herumzustromern. Obwohl er der beste Vater der Welt war. Ich würde ihn erst wiedersehen, als mir die Hand amputiert worden war. Es war Krieg. Mein Vater hatte Himmel und Hölle in Bewegung setzen müssen, um herauszufinden, in welchem Lazarett ich lag. Er sass an meinem Bett und schaute mich stumm an. Eine grosse Träne bahnte sich einen Weg in seinem faltigen Gesicht. Eine einzige ...

Schwamm darüber.

Bordeaux

Für
John Dos Passos
in Erinnerung
an das Auerochshorn,
das wir in den Eyzies
haben schallen lassen,
und
zum Gedenken an Kate

Freund Blaise

Lauter Rosinen

Wer noch nie einer Frau eine Million geschenkt hat, kennt die Frauen nicht; doch wer noch nie die Mitgift seiner Angetrauten durchgebracht hat, kennt sie ebenfalls nicht.

Es war an einem Samstag. Die LUTETIA lief mittags um zwölf aus. Es war schon nach elf, als ich, einen Koffer in der Hand, aus dem brasilianischen Schatzamt trat. Zu spät. Die Banken hatten die englische Woche eingeführt. Rio ging mit der Zeit. Am Samstag schlossen die Bankschalter um elf Uhr. Unmöglich also, alle die brasilianischen Kohlen gegen einen Kreditbrief auf eine Bank in Paris zu wechseln. Was soll's! Also hiess ich den Taxifahrer, der draussen auf mich wartete, mich zum Hafen zu bringen. Der Fahrer stellte den Koffer auf den Beifahrersitz. Es war ein ziemlich grosser, mit Banknoten vollgestopfter Koffer: mit Hunderterbündeln druckfrischer Tausendreisscheine bzw. paraphierter, gestempelter, versiegelter Tausendescudosscheine, wie es sich gehört, wenn sie aus der Staatskasse kommen. Es waren mehrere Millionen. Was soll's! Ich würde zwischen 15 und 25 Prozent verlieren, wenn ich sie nicht in Rio wechselte, aber ich hatte es eilig, nach Paris zurückzukehren.

Die LUTETIA lag vibrierend am Kai; ein zischender Dampfstrahl wickelte sich wie eine Keuchhustenkompresse um die am vorderen Schornstein angebrachte Sirene, die gleich heiser hustend aufheulen würde.

Am Kai herrschte Gedränge. Ich bahnte mir einen Weg durch die Menschenmenge und stieg, mit dem sperrigen

Koffer in der Hand, der gegen meine Beine schlug, das Fallreep hinauf. Der Zahlmeister hiess mich am Luk lächelnd willkommen und wies mir die Kabine Nr. 13 zu, die einzige, die immer bis zur letzten Minute unbelegt bleibt. Schiffspassagiere sind abergläubische Menschen, so dass an Bord mancher Schiffe die Kabine 13 mit 12bis beschriftet ist. Es war eine geräumige Luxuskabine mit zwei Betten. Ich warf meinen Koffer auf das eine Bett und klingelte dem Steward.

Herein kam ein zerzauster, schmuddeliger Junge.

„Mach diesen Koffer auf", befahl ich ihm. Der Junge öffnete den Koffer und wich zurück.

Ich musste lachen. „Wie heisst du?" fragte ich ihn.

„Guichaoua Auguste, Matrikel 107", antwortete er.

„Bist du Bretone?"

„Woui, M'sieu."

„Aus der Bas-Bretagne?"

„Woui, M'sieu. Aus Tréboul, an der Baie des Trépassés."

„Aus einem Piratenland also. Gut, Auguste, hast du gesehen, was in diesem Koffer ist?"

Der Junge blickte weg und kratzte sich in seinem Haarschopf, antwortete weder ja noch nein und rieb abwechselnd den rechten Fuss an der linken Wade, dann den linken Fuss an der rechten Wade, als habe er einen Krampf in den Zehen, doch er lächelte dabei.

„Gut, Auguste, wenn du Geld brauchst, bedien dich, aber gleich, hier, vor meinen Augen, denn ich mag es nicht, bestohlen zu werden. Hast du verstanden? Willst keines? Hast nicht den Mut zuzugreifen? Also mach das Ding wieder zu und pass gut darauf auf; ich gehe in die Bar. Kommst bestimmt nicht zu kurz."

In der Bar griff ich nach dem Telefon. Um mich herum wurde lachend und lärmend angestossen. Der Moment des Abschieds nahte. Frauen führten das Taschentuch an die Augen. Die Champagnerkorken knallten. Die Männer pufften einander gegenseitig in die Seite. Lachen und Stimmengewirr. Frauen mit Blumensträussen in den Armen und Päckchen und Geschenken in den Händen. Ein einziges Durcheinander. Dazwischen Paare, die sich in diesem Trubel verabschiedeten, als seien sie allein auf der Welt.

Ich rief zuerst Rodolphe an, den Concierge des *Copacabana*, um ihn zu bitten, meine Reisetasche und meine Hotelrechnung an Bord zu bringen, er solle sich beeilen, ich würde abreisen; dann telefonierte ich in der Stadt herum, um Kéroual herbeizuordern und ihm zu sagen, was die Glocke geschlagen hatte und dass ich ihn mit nach Frankreich nehmen würde; ich suchte ihn in seinem Büro, bei ihm zu Hause, in der *Palace-Bar* und in einem halben Dutzend anderer Lokale, wo er sich möglicherweise zur Aperitifstunde aufhalten konnte. Es war wie verhext: Freund Kéroual war nirgends.

Die Zeit drängte. Ich wurde langsam ungeduldig. Also beauftragte ich die Barkeeper, die ganze Stadt zu alarmieren und ihre Pikkolos auf die Suche nach Kéroual zu schicken, dessen ich unbedingt habhaft werden musste, koste es, was es wolle.

Kéroual war währenddes aber an Bord und stiess mit dem Kapitän an.

Warum hatte ich nicht gleich daran gedacht!

In den zehn Jahren, seit er in Rio de Janeiro war, hatte Kéroual kein einziges Mal das Anlegen oder das Ablegen eines Schiffes aus Frankreich verpasst. Er ging nicht nur an Bord, um Depeschen und seine Post in Empfang zu nehmen oder aufzugeben, sondern vor allem, um zu essen und zu trinken, „Blaue“ zu rauchen, zu plaudern, wieder in die heimatliche Atmosphäre einzutauchen, denn Kéroual hatte die ganzen zehn Jahre lang, seit er in Rio war, Heimweh gehabt; und jedesmal, wenn ich in Rio an Land ging, brachte ich eine Flasche Calvados für den Präsidenten der Republik, eine „Jerobeam“, mit, und überdies eine Kiste Muscadet für Kéroual, denn Kéroual kam aus Nantes.

„Mein lieber alter Kéroual“, sagte ich zu ihm, als ich ihn endlich aufgestöbert hatte, „ich lasse dich nicht mehr gehen. Du kommst mit!“

„Du scherzt wohl, Blaise.“

„Nein, alter Freund, mir ist ernst. Komm in meine Kabine, ich muss ein Wörtchen mit dir reden.“

In unserer Kabine angekommen, schloss ich die Tür ab und steckte den Schlüssel in die Tasche. Auguste, der Steward, hatte mir im Vorbeigehen zugeblinzelt wie ein treuer Wachhund.

„Also“, sagte ich zu Kéroual, „schau dich im Schrankspiegel an. Du bist ganz violett im Gesicht, hast zu hohen Blutdruck, stehst kurz vor einem Schlaganfall; und dein Ranzen platzt demnächst. Ich gebe dir keinen Monat mehr, wenn du länger hierbleibst. Du kommst mit! Ich bezahle dir eine Kur in Vichy.“

„Du scherzt wohl …“

„Nein, Alter, mir ist ernst. Hör mir gut zu: Du führst ein

zügelloses Leben. Du bringst dich noch um. Zehn Jahre in Rio, und erst noch in diesem höllischen Klima, ohne einen einzigen Tag Urlaub! Du arbeitest zuviel, du wirst schliesslich mit dem Leben bezahlen. Schau deine blutunterlaufenen Augen an; bist ja ganz gelb im Gesicht, der Bauch schlampt über den Gürtel, die Beine sind schlaff, ganz zu schweigen von deiner Leber; ich bin kein Arzt, aber du schleppst wohl eine ganz schöne Zirrhose mit dir herum. Die Cocktails und die Tropen ..."

„Du hast recht, alter Blaise, aber was kann ich dafür? Die Geschäfte ..."

„Nichts zu machen. Alles nur Ausflüchte, mein Lieber. Du hast mir zehnmal versprochen, mit mir nach Frankreich zurückzufahren. Heute ist deine letzte Chance. Deine Frau und deine Töchter verlangen nach dir, und deine Teilhaber in Paris ..."

„Aber ich kann nicht weg! Ich kann nicht! Ende des Monats ist eine Zahlung fällig ..."

„Das ist mir ganz egal. Du bist mein Gefangener. Ich behalte dich hier. Ich lass' dich erst wieder hinaus, wenn wir auf See sind. Los, leg dich aufs Bett. Ich habe eigens eine Zweibettkabine genommen. Schieb den Koffer zur Seite, leg dich hin, mach's dir bequem."

„Aber ich kann doch nicht einfach weg, Blaise. Ich sag' dir doch, dass Ende des Monats eine Zahlung fällig ist, und ich habe noch nicht einmal die ersten Sous beieinander."

„Ist mir egal. Ich lass' dich nicht entwischen. Ich will nicht, dass du in diesem Land verreckst. Geh schlafen. Wie hoch ist der Betrag? Mach den Koffer auf. Es reicht bei weitem ..."

„Aber ich kann doch nicht einfach weg, Blaise! Die Fälligkeit Michelin; ich bin sicher, dass ich meinen Verpflichtungen nachkommen kann, ich erwarte Ende dieses Monats einen grossen Zahlungseingang, du weisst doch, meine Bréguet-Motoren; ich muss dir ja nicht sagen, wie das ist bei staatlichen Ämtern: Wenn ich nicht da bin, um sie jeden Tag daran zu erinnern, bezahlen sie nicht. Richtig, ich habe morgen eine Verabredung mit dem Luftfahrtminister. Und dann laufen Verhandlungen mit der Gasgesellschaft, es geht um die Lieferung von 10'000 Kilometer Rohren. Nein, ich kann jetzt nicht weg, ich kann mir dieses Geschäft doch nicht entgehen lassen, sonst schnappen die Belgier es mir womöglich weg, die ebenfalls im Rennen sind. Wenn die Verträge unter Dach und Fach sind, nehme ich das nächste Linienschiff, ich schwöre es dir, genau, die MASSILIA läuft am 3. März aus, denn du hast recht, ich fühle mich erbärmlich, und meine Leber ..."

„Nein, alter Freund, ich lass' dich nicht gehen, du bist mein Gefangener. Du weisst ebenso gut wie ich, dass du die MASSILIA nicht nehmen wirst, hast es schon zu oft versprochen! Nein, Geschäft hin, Geschäft her. Gib mir lieber gleich das Mass für deinen Sarg, damit ich ihn telefonisch bestellen kann. Es eilt langsam. Ich gebe dir noch acht Tage. So schau dich doch im Spiegel an, du siehst aus ..."

In dem Moment begann die Schiffssirene zu heulen und zu röcheln wie ein kranker Stier. Mein Freund erblasste. Man hörte die Stewards und die Boys vor der Tür und vor den Fenstern durch die Korridore und Laufgänge eilen und ihre Glocke schwenken, um die Besucher aufzufordern, das Schiff zu verlassen; das dumpfe, aus den Tiefen des Schiffes aufsteigende Dröhnen wurde immer lauter. Die Lichter flackerten. Wahrscheinlich war ein Ablassventil geöffnet worden, um die Turbinen zu zünden.

Ich zog den Schlüssel aus meiner Tasche. „Siehst du", sagte ich zu Kéroual, „die Tür ist abgeschlossen, und ich stecke den Schlüssel ein. Du kommst nur über meine Leiche hier heraus." Worauf wir uns in eine heftige metaphysische Diskussion über das Geldverdienen stürzten, über dessen Sinn, dessen Notwendigkeit, über das trügerische Gefühl von Macht und Sicherheit, das es einem verleiht; Kéroual brüllte, dass ich nichts davon verstünde, ich sei bloss ein Amateur und kein Geschäftsmann, ich hätte keine Ahnung, weder von Zahlen noch von den Menschen, ich hätte nicht das Recht, mich plötzlich in sein Leben einzumischen, es gehe schliesslich um seinen guten Ruf ... Während ich ihn zur Verzweiflung brachte, ruhig wiederholte, er sei ein Trinker, er würde sich an den Zahlen berauschen, er sei Sklave einer schäbigen Leidenschaft, trotz der gewaltigen Summen, die er hin und her schiebe, man müsse aufhören können und es habe überhaupt keinen Sinn, Geld und noch mehr Geld zu verdienen, der Beweis: er könne sich nicht einmal Urlaub leisten und platze demnächst wie ein Schlauch oder ein Geldbeutel voller Escudos.

Ich weiss nicht, wohin dieser Streit noch geführt hätte, wäre er nicht durch heftiges Klopfen an der Tür unterbrochen worden. Es war der Concierge des *Copacabana*, der meine Reisetasche und meine Hotelrechnung brachte. Ich entnahm also meinem Koffer zwei Notenbündel, verliess die Kabine und drehte sorgfältig den Schlüssel zweimal im Schloss. Bevor ich Rodolphe in die Bar schleppte, um unsere gegenseitigen Rechnungen zu begleichen, hiess ich Auguste, den eisernen Laden vor dem Kabinenfenster zu schliessen, der sonst nur bei Sturm verriegelt wird, und schärfte ihm ein, er solle ja aufpassen, dass die in der Kabine eingesperrte Person nicht abhaue.

Rodolphe ist ein echter Freund. Wir tranken eine Flasche Champagner. Wir plauderten. Er freute sich für mich. In den sechs Monaten, die ich im *Copacabana*, in dem Super-Luxuspalast, verbrachte, wo ich hatte absteigen müssen, um mit dem staatlichen Propagandabüro Werbeverträge abschliessen zu können – Kaffee, Tourismus –, derentwegen ich nach Brasilien gekommen war, war es jener Concierge ungarischer Herkunft gewesen, der mich freigehalten und regelmässig am Ende der Woche meine Hotelrechnung beglichen hatte. Ich war ihm Dank schuldig. Ohne ihn und das Vertrauen, das er in mich gesetzt hatte, hätte ich nichts ausrichten können. Ich erstattete ihm also seine Auslagen tausendfach zurück und fügte noch eine hübsche Mitgift für seine Tochter hinzu. Wir plauderten gemütlich, als herzzerreissend meckernd die zweite Sirene ertönte. Zuviel Druck. Fehlzündungen. Ich begleitete Rodolphe zum Luk, und wir verabschiedeten uns voneinander, wünschten einander alles Gute und ein baldiges Wiedersehen in Paris; der Portier schwor, alles hinzuschmeissen und eiligst in sein Heimatdorf in den Karpaten zurückzukehren und dort seinen Ruhestand zu geniessen, ja, er werde einen Umweg über Paris machen, und wir würden zusammen auf Kneipentour gehen und uns Riesengelage leisten.

Als ich zu meiner Kabine zurückkehrte, um nachzusehen, in was für einer Verfassung Kéroual war, hörte ich inmitten des allgemeinen Abschiedsgedränges den Bordlautsprecher rufen: „Monsieur Blaise Cendrars wird gebeten, sich am Fallreep zu melden, um einen Tiger in Empfang zu nehmen!" Ich beugte mich über die Reling: Tatsächlich, am Fusse des Fallreeps warteten zwei schwarze, barfüssige *campesinhos* mit sauberen weissen Baumwollhemden und grossen Palmblatthüten auf dem Kopf, wie sie die Neger auf den Pflanzungen im Landesinnern tragen; sie warteten neben einem Karren, der mit einer grossen Kiste beladen war; durch die Gitterstäbe konnte man, nein, nicht einen Tiger erkennen, es gibt keine in Brasilien, sondern einen prächtigen Jaguar; und da der Lautsprecher mich immer dringender ausrief, erinnerte ich mich plötzlich, dass ich vor ein paar Wochen auf einer Jagdpartie *coronel* Limeiro erzählt hatte, dass Xavier, der Doyen der Kellner *Chez Francis* am Place de l'Alma, mich am Abend vor meiner Abreise gebeten hatte, ihm doch „einen jungen Tiger" für seine Enkelinnen mitzubringen; die älteste, sie war elf, war dank meiner Vermittlung als Ballettratte in der Pariser Oper aufgenommen worden. Der *coronel* hatte mich damals gefragt, wann ich denn beabsichtige, nach Frankreich zurückzukehren, und ich hatte ihm aufs Geratewohl geantwortet, ich würde mich auf der LUTETIA einschiffen. Und nun schickte mir dieser Narr von einem *coronel* einen *onça,* der einer Menagerie würdig war! Um das Biest nicht in Empfang nehmen zu müssen, eilte ich zu meiner Kabine, um mich dort einzuschliessen.

Auguste hielt treu vor der Kabine Wache.

Ich öffnete die Tür vorsichtig einen Spaltbreit. Kéroual kniete mitten in der Kabine auf dem Fussboden. Er war tränenüberströmt. Ein Rosenkranz war um seine Hände geschlungen. „Ich flehe dich an, Blaise, lass mich gehen!"

„Nein, alter Freund."

„Ich habe der Jungfrau von Auray ein Gelöbnis getan. Ich schwöre dir, dass ich das nächste Schiff nehme! Du weisst nicht ... Du kannst nicht verstehen ..."

„Nichts zu machen. Ich nehme dich mit. Du reist ab."

„Aber ich kann nicht!" jammerte Kéroual. Und er brach in Schluchzen aus, murmelte etwas vor sich hin, flüsterte mir ins Ohr, gestand wie bei der Beichte: „Du weisst nicht, Blaise, du kannst nicht verstehen ... Ich habe ... Ich schäme mich so ... Ich habe die Mitgift meiner Frau durchgebracht! Ich kann doch nicht einfach nach zehn Jahren zurückkehren, ohne ihr das Geld zurückerstattet zu haben. Ich bitte dich, lass mir zwanzig Tage Zeit ... Ich schwöre dir, dass ich an Bord der MASSILIA sein werde, am 3. ..."

„Bitte", sagte ich und öffnete die Tür. „Los! Geh doch! Hau ab! Du widerst mich an. Du bist kein Mann."

Die dritte Sirene ertönte – lange, eindringliche und diesmal reine Töne: der Ruf der See! Kéroual stolperte das Fallreep hinunter. Es war höchste Zeit: Es wurde bereits eingezogen.

Die Überfahrt war ohne Zwischenfälle verlaufen; wir trafen allerdings mit vierundzwanzig Stunden Verspätung in Lissabon ein: Maschinenschäden, Probleme mit der Befeuerung, was öfter vorkam an Bord der LUTETIA wie auch an Bord ihres *sistership,* der MASSILIA; die zwei prächtigen Liniendampfer der Süd-Atlantik-Route waren überlastet, sie waren am Ende, wurden aber immer noch eingesetzt; und nun hatten wir die Flut verpasst und verloren nochmals zwölf Stunden, bevor wir mit der steigenden Flut die Trichtermündung der Gironde überqueren und den Fluss aufwärts bis nach Bordeaux fahren konnten, was bedeutete, dass wir gegen Mitternacht ankommen würden. Jedermann war schlechter Laune. Wir steckten bei ziemlich stürmischer See in einer eisigen Erbsensuppe; alle drei Minuten heulte die Schiffssirene kläglich im Nebel, und je weiter der Nachmittag vorrückte, desto mehr Sirenen antworteten in den verschiedensten Tonlagen von tief bis schrill, alle jedoch mit trügerischen, nicht genau lokalisierbaren Stimmen.

Wir fuhren endlich in die Mündung ein und dampften mit gedrosselter Geschwindigkeit flussaufwärts. Wir waren die ersten, aber, Gott, es dauerte ewig. Es war zum Verzweifeln. Inzwischen war es Nacht geworden, und es hatte zu regnen begonnen. Man sah weder von der Landschaft noch vom Ufer etwas. Alles war düster und schwarz. Endlich! Ein diffuser Schein im Nebel, vereinzelte Lichter: Bordeaux. BORDEAUX, seine Trostlosigkeit, seine Langeweile, sein Regen, seine ausgestorbenen Kais, seine knochigen Kräne, seine Strassenlampen. Und, in Anbetracht der vorgerückten Nachtstunde, niemand, um die Reisenden in Empfang zu nehmen. Ausser einem Dreiergrüppchen, das in der halboffenen Tür eines Lagerschuppens Schutz vor Wind und Regen gesucht hatte, und nicht weit davon entfernt ein geparktes Taxi. Ich hatte die pariserische Gestalt Raymones gleich erkannt. Liebes Mädchen, wie oft hatte sie mich schon in einem Hafen erwartet, in Bordeaux, in Cherbourg, in Le Havre, doch diesmal war es wirklich eine Zumutung gewesen: über eineinhalb Tage Verspätung, die Ärmste. Sie hatte sich offensichtlich gut amüsiert! Der Taxifahrer hinter ihr trat von einem Fuss auf den andern. Sie war in Begleitung einer ungewöhnlich gross gewachsenen Frau, einer Art weiblichen Gendarmen. Wer mochte das sein? Ich lief hastig in die Halle hinunter, wo das Gepäck schon lange für die Zollkontrolle bereitstand; ich stellte mich rasch in die Reihe, denn alle hatten es eilig, an Land zu gehen. Auguste, der den Koffer nicht aus den Augen liess, hatte es irgendwie gedeichselt, dass wir zuerst durchgelassen wurden. Mein ganzes Gepäck bestand aus meiner Reisetasche und dem Koffer.

„Nichts zu verzollen?"

„Wenn man aus Übersee kommt", sagte ich zum Zollbeamten, „hat man bekanntlich immer etwas zu verzollen, aber diesmal habe ich tatsächlich nur meine Reisetasche mit. Ich melde einen Pyjama an, drei Hemden und mein Waschzeug. Das ist alles."

„Und dieser grosse Koffer, gehört der nicht Ihnen?"

„Dieser Koffer? Natürlich gehört er mir."

„Also, was ist drin?"

„Lauter Rosinen."

„Wie bitte?"

„Nur Kleingeld. Muss das deklariert werden?"

„Alles muss deklariert werden, Monsieur. Öffnen Sie ihn bitte!"

„Also deklariere ich Rosinen", sagte ich lachend. „Der Koffer ist mein Portemonnaie." Ich hiess Auguste den Koffer öffnen. „Ich mache Sie darauf aufmerksam, dass der Betrag angebrochen ist und dass es sich um Geld für meine laufenden Auslagen handelt", fügte ich hinzu.

Der Zollbeamte rührte das Geld nicht an. Er verzog nicht

einmal das Gesicht. Es war ein blasser Kerl in einem dünnen, bis oben zugeknöpften Regenmantel. Sein Schnauzbart war dürftig. Er glich Joseph Delteil. Er blickte mich streng an und fragte: „Ist das Ihr ganzes Gepäck?“ Es kostete ihn offensichtlich Mühe, kaltes Blut zu bewahren.

„Genügt Ihnen das nicht?“ rief ich. „Hören Sie, man erwartet mich.“

Worauf der Zollbeamte den Kofferdeckel zuklappte, ein kabbalistisches Kreidezeichen darauf kritzelte und sagte: „In Ordnung. Der nächste, bitte.“

Auguste lachte sich schief.

„Nimm, treuer Wächter“, sagte ich und blätterte ein Bündel der exotischen Banknoten über den Daumen. „Das reicht für rund vierzig Tausendfrancscheine. Zufrieden?“ Ich kniff ihn in die Wange, und wir liefen, einander schubsend, wie übermütige Jungen das Fallreep hinunter.

„Raymone!“

„Blaise! Komm, ich möchte dich Madame de Kéroual vorstellen; sie wartet auf ihren Mann. Weisst du, ob er an Bord ist?“

„Madame!“

„Monsieur! Wissen Sie vielleicht, ob mein Mann an Bord ist? Jean de Kéroual aus Rio de Janeiro? Er hat mir gekabelt, dass er sich auf der LUTETIA einschifft, hat aber auf keines meiner Telegramme geantwortet, daher habe ich ihm zehn Funktelegramme an Bord geschickt; ich frage mich, ob er sich tatsächlich eingeschifft hat. Er hat wahrscheinlich eine alte Mätresse dort drüben. Würde mich überhaupt nicht wundern ... Wenn er einen Frauenrock sieht, verliert er gleich den Kopf.“

„Bedaure ausserordentlich, Madame, leider habe ich nicht die Ehre, Monsieur de Kéroual zu kennen."

„Wie? Sie kommen aus Rio und kennen meinen Mann nicht? Die ganze französische Kolonie in Rio de Janeiro kennt ihn doch! Er ist geradezu berühmt. Er ist ein notorischer Zecher und Stammgast in allen Nachtlokalen. Eine Schande ist das. Wissen Sie, ich habe Erkundigungen eingezogen. Seit zehn Jahren warte ich auf ihn."

„Bedaure, Madame."

Wirklich, seine Frau hatte recht: Mein Freund musste wirklich von allen guten Geistern verlassen gewesen sein, um einen solchen weiblichen Gendarmen zu heiraten, ein Riesenweib mit erstaunlichen Brüsten, gewaltigem Hinterteil, Hüften, Füssen, Händen, die ganze Fülle in einen regendurchnässten Capemantel mit einer Affenpelzpelerine gezwängt, die ihr die Ohren kitzelte, aber ihr nicht das kleinste Lächeln entlockte unter ihrer unwahrscheinlichen Kapotte, die ebenfalls aus langem, tropfendem Affenfell war und ihr wie eine Mähne in die zornig blickenden Augen fiel. Ihre Brauen waren schwarz und dicht, ihr Gesicht rotgeädert, mit einem ausgeprägten Schnurrbartanflug an den Mundwinkeln. In ihrem Gesicht lag schierer Hochmut. Sie war ausgesprochen hässlich mit ihrem dreifachen Kinn, ihrer Adlernase, dem breiten Mund, den unregelmässigen Zähnen; mit ihrer Zornesstimme, ihrem durchbohrenden Blick. An ihrer Art, die Lorgnette zu zücken, die sie an einer langen Gagatkette um den Hals trug, und die an Land gehenden Passagiere einzeln zu mustern, war deutlich ersichtlich, dass sie die Männer hasste. Armer Kéroual, was für ein Glück, dass er nicht da war; ich glaube, seine Angetraute hätte ihn verdroschen. Ich begriff langsam, warum der Ehemann der Dame keinen Wert darauf legte, nach Hause zurückzukehren. Was die Mitgift anging – wenn seine Geschichte wirklich stimmte –, so musste sie sehr beträchtlich gewesen sein, und mein Freund hatte gut daran getan, sie durchzubringen. Man beschuldigt sich lieber einer Infamie, als sich zu einer solchen Frau zu bekennen, wenn man der bekannteste Franzose Rios ist: Kéroual, der Windhund, Kéroual, der rührige Geschäftsmann, Kéroual, auf dem Weg, ein Vermögen zu machen! Oder im Begriff, sich zu ruinieren! Ich begann, am Ganzen zu zweifeln, ausser an der Leberzirrhose, die allerdings eine Tatsache war. Armer Kéroual!

„Bedaure ausserordentlich, Madame", sagte ich. „Darf ich Ihnen vielleicht mein Taxi anbieten? Es ist spät. Kann ich Sie unterwegs irgendwo absetzen?"

„Danke", antwortete die majestätische Person. „Es ist die Pflicht einer Gattin und Mutter, bis zur letzten Stunde auf ihren Gatten zu warten, und sei es nur, um einen Vater zu seinen Kindern zurückzubringen. Ich habe zwei erwachsene Töchter, Monsieur. Ich will den letzten Passagier an Land gehen sehen, und wenn ich die Nacht hier verbringen muss. Ich will Gewissheit haben. Ist Monsieur de Kéroual an Bord, ja oder nein?"

„Es wäre wohl am einfachsten, wenn Sie beim Zahlmeister nachfragen", schlug ich liebenswürdig vor. „Kommst du, Raymone? Schönen guten Abend, Madame."

„Auf Wiedersehen, Madame!"

„Adieu, Monsieur. Gute Nacht, arme Kleine. Bis morgen!" antwortete der weibliche Gendarm kurz und ging zum Fallreep hinüber, um seine Inquisition an Bord fortzusetzen.

Auguste war verschwunden, aber der Koffer lag im Taxi auf dem Beifahrersitz.

„Miststück!" brummte ich und schlug die Autotür zu.

„Eine wahre Nervensäge! Stell dir vor, Blaise, sie hat sich seit zwei Tagen an meine Fersen geheftet und hat nicht aufgehört, Schauergeschichten über ihren Mann zu erzählen. Kaum zu glauben, dass es solche Frauen gibt und sich die Erde dreht!"

„Sag mal, Raymone, was hat sie mit ihrem *bis morgen* gemeint?"

„Ja, weisst du, sie logiert im selben Hotel."

„Wie? Im *Royal-Gascogne?*"

„Ja, im *Royal-Gascogne.*"

„Auch das noch! Ich lege überhaupt keinen Wert darauf, sie wiederzusehen. Wenn du nichts dagegen hast, Raymone, reisen wir morgen früh ab. Ich miete einen Wagen, und wir fahren nach Paris. Sonst begegnen wir ihr bestimmt noch im Zug."

„Wie du willst, mein Freund."

„Wenn wir spätestens um zehn hier wegfahren, haben wir reichlich Zeit, zum Mittagessen in Ruffec zu sein, was meinst du?"

„Wunderbar; und Trüffel im *Hôtel de France*, ja?"

„Genau, Trüffel in der Asche."

Kaum einen Monat später stand ich wieder im Hafen von Bordeaux vor dem Lagerschuppen am Kai und verfolgte die Vorfahrt einer Leichenwagen-Limousine des Bestattungsinstitutes Borniol, die zwischen Fässerbergen hindurch manövrierte und dann rückwärts genau unter dem Ausleger des

Krans am Bug der MASSILIA parkte, der einen am Tragseil befestigten Sarg durch die Luft schwenkte. Kéroual ging an Land. Ein mit *Saloméâ* unterzeichnetes Kabeltelegramm aus Rio hatte mich gebeten, seinen Leichnam in Empfang zu nehmen und der Bestattung beizuwohnen. Aber ich hatte keine Veranlassung zu intervenieren; die Familie kletterte bereits aus der Borniol-Leichenwagen-Limousine: die Witwe meines Freundes, die – noch raumfüllender und noch mehr Luft verdrängend in ihren Trauerschleiern – gekommen war, um von ihrem Mann Besitz zu nehmen; ihre zwei Schwager, zwei scheinheilige Kerle, die, Zigaretten rauchend, bequem im Fond des Wagens sassen, überliessen die Leitung der Operation ihrer gebieterischen Schwester; seine zwei Pariser Teilhaber, seine Kommanditäre, zwei Haie, für die sich Kéroual in Rio zu Tode geschuftet hatte, ich verfügte über zahlreiche Beweise, und die ihm ihren riesigen Reichtum verdankten. (Das Unternehmen *Kéroual & Co., Import-Export, Kommissionäre* ist immer noch eines der bedeutendsten in Rio de Janeiro und in Paris. Das, was man in Amerika Rosinen nennt.)

Die Leichenwagen-Limousine setzte sich in Bewegung; sie fuhr geschickt zwischen den Fässerbergen hindurch, glitt den ausgestorbenen Kai entlang, denn es war noch fast Nacht, gab Gas, hielt auf die Brücke zu, um dann auf der anderen Seite in die Strasse nach Paris einzubiegen; als das schwarze Fahrzeug verschwunden war, tauchte in meiner Erinnerung plötzlich ein Vers auf, die letzten Zeilen eines Sonetts, doch … wie lauteten sie genau? Ich konnte mich einfach nicht mehr an den portugiesischen Text entsinnen, an die letzten Verszeilen eines schönen mündlichen Sonetts, eines Gedichts Saloméâs; Saloméâ, das einzige farbige Mädchen, das jemals in der ultraschicken *Palace-Bar* in Rio als Gast zugelassen wurde und dem nur ein Kéroual dazu hatte verhelfen können; ein entzückendes, zartgliedriges, leidenschaftliches, lasterhaftes, süchtiges, eifersüchtiges, bis zum Wahnsinn intelligentes Wesen, weil abergläubisch und die Magie praktizierend wie alle Mulattinnen in Rio, eine boshafte kleine *carioca,* die auf Kérouals Kosten wie eine Prinzessin lebte.

Verflixt, wie lautete er denn, dieser Vers in Portugiesisch?

Es war kühl. Ich betrat eine Hafenkneipe. Ich lehnte gedankenverloren am Tresen. Nach und nach belebte sich der Kai; ich betrachtete durch das Fenster das Kommen und Gehen, die Männer, die Fässer luden und entluden, sie drehten, sie rollten, sie stoppten, geschickt und mit erstaunlicher Leichtigkeit die Weinfässer aufrichteten und aufeinanderstapelten. Und ich rezitierte stumm:

Je älter der Wein, desto voller die Blume,
je jünger die Frau, desto schöner die Liebe.

Das war aber nicht der gesuchte Vers. Wenn mir jemals der portugiesische Text jenes ironischen Sonetts in seiner ganzen Klangfülle wieder einfällt, werde ich auf dem Friedhof Montparnasse die feierlichen Worte auf dem Grabstein meines Freundes Kéroual eingravieren lassen.

Leider habe ich ein schlechtes Versgedächtnis. Wären die Worte in Musik gesetzt, hätte ich sie nicht vergessen.

[Raymone, die Schauspielerin Raymone Duchâteau, Blaise Cendrars' langjährige Gefährtin und spätere zweite Frau.]

Brest

Für
Paul Desfeuilles,
Bibliothekar in der Staatsbibliothek
in Berlin,
Wahl-Auvergnate auf Lebenszeit,
glücklicher Gutsbesitzer von Mirefleurs,
willkommener Gast bei Tisch,
grosser Liebhaber des Kalbsfrikassees von Limoux,
unvergleichlicher Gastgeber,
Herausgeber der Yggdrasill, *einer*
weltumspannenden Lyrikzeitschrift
für die happy few,
Sohn eines Grammatikers,
Vater meines
Schiffsjungen und Freund für immer

Blaise Cendrars,
Kapitän,
und der Schiffsjunge
Henry

Möwe aus Fliesspapier

Brest ist heute in Grund und Boden zerstört, und es schmerzt, sich die Trümmerhaufen vorzustellen.

Manche werden die Erinnerung an einen Kriegshafen bewahren, an das Arsenal, die riesigen Gefechtstürme, die gepanzerten Brückenaufbauten, die Allzielkanonen auf den modernsten Schlachtkreuzern der Kriegsflotte, die 1940 für England von grosser Bedeutung waren. Für mich ist Brest – BREST – eine Abfolge vorwiegend weiblicher Bilder.

Sie beginnt mit LA BELLE-POULE, jener stolzen, bauchigen, prächtig mit Schnörkelwerk und Vergoldungen verzierten, vom Flaggenknopf am Grossmast bis zum Kiel pompösen Dreidecker-Galeasse, die unter Ludwig XIV. den Engländern eine überaus galante Schlacht lieferte und schliesslich in der Reede von Brest explodierte: das aus der Pulverkammer lodernde Feuer, die schonungslos angreifenden Geschütze, die geblähten Segel, das Lilienbanner, der Wimpel, die Flamme im Wind!

Weiter geht's mit der Rue de Siam an einem Westwindtag, wenn die Gardinen und Stores der Cafés, die weissen Kleider, die durchsichtigen Dessous, die Federn auf den breitrandigen Hüten der jungen Frauen am Arm der Seeoffiziere, die Fahne vor der Marinepräfektur im Wind flattern und die Landfrauen in ihren schwarzen gebauschten Röcken und fliegenden Umtüchern ihre Hauben festhalten.

Und sie endet mit einem jungen Kapitänleutnant mit fieberndem Blick, der manchmal abends blitzschnell auf den bereits anrollenden und dampfenden Nachtexpress sprang und der am nächsten Morgen, inkognito, am Gare Montparnasse ankam, der im Handumdrehen die Metropole eroberte und zur Königin von Paris wurde. Die Rede ist von Madame Pourpre alias Liane de Pougy, meiner ersten Manneslíebe.

Ich war elf Jahre alt.

Ich richtete es jeden Tag so ein, dass ich vor ihrer Tür in der Avenue Victor-Hugo stand, wenn Liane gegen dreizehn Uhr herauskam, um unter den Alleebäumen zu flanieren. Ich war parfümiert (wie sie, aber für sie), gestriegelt, gebürstet, tadellos gescheitelt; ich hatte die Hände gewaschen und die Nägel geputzt, einen sauberen Kragen umgelegt, einen auffälligen Schlips umgebunden, ein Paar neue Handschuhe ausgesucht, und wenn sie von ihrem Entresol die Treppe hinunterschwebte, presste ich mich an die Wand, um ihr den Vortritt zu lassen; ich lüftete den Hut und errötete bis zu den Haarwurzeln, verbeugte mich tief, um meine Aufregung zu verbergen, aber auch um mit dem Blick dem knisternden Saum ihres Kleides zu folgen, der hinter ihr her wogte, raschelnd von Stufe zu Stufe die Freitreppe hinunterglitt, ein Anblick, der mir den Atem nahm und einen Aufruhr in mir auslöste und mich bestimmt eher taumelig machte als der in ihrem Kielwasser wirbelnde Duft.

Was für eine herrliche Fregatte!

Dass *mein Engel,* wie Balzac schreibt, nie von mir Kenntnis genommen hat, versteht sich wohl von selbst.

Unsere Väter, diese Giganten! verkündet Paul Morand. *Ihre Majestät, die Frau von 1900!* möchte ich hinzufügen, um unsere Mütter zu beschreiben.

Toulon

Für
meinen lieben alten
Ribeiro Couto,
brasilianischer Botschafter in Belgrad,
Heiler und Seher

Com saudades
Blaise

Der Howdah

Da ich siebenundzwanzig Adressen gehabt habe in Frankreich, habe zwangsläufig auch ich – wie jedermann und wie es sich gehört – eine Absteige in Toulon gehabt.

Ich bezahlte 800 Franc Miete jährlich für das Zimmer in luftiger Höhe. Das Fenster ging auf die Darse hinaus. Es war mit billigen Möbeln eingerichtet. Es bestand aus einem Esszimmer-Quadrat, aus einer Schlafnische mit einem breiten, tiefen Diwan, auf dem man sich zu dritt verirren konnte, aus einer Küche, nicht grösser als eine Eischale, und einer Duschvorrichtung; weil es jedoch auf dem Stockwerk kein Wasser gab, holte es ein Matrose an der Zapfstelle im Zeughaushof.

Es gibt nichts zu erzählen über dieses Zimmer, wo ich nie etwas Besonderes erlebt habe, ausser dass ich hin und wieder mit einer Frau dort geschlafen habe.

Freunde aus Paris, die in grossen Limousinen bei mir aufkreuzten und das Passwort kannten, holten den Schlüssel bei der Concierge (neun von zehn Malen war ich nicht da) und gingen hinauf: ebenfalls, um mit einer Frau zu schlafen. Und auch sie haben mir nie etwas Besonderes über dieses Zimmer erzählt. Wenn ich ihnen in Paris oder sonstwo begegnete, stellten sie mir manchmal ihre Begleiterin vor, Geliebte oder Ehefrau, und ich erriet am Blick, mit dem mich die Dame musterte, dass sie an meine Garçonniere dachte, nicht an den Diwan natürlich, aber an meine Likörbar, die sie hatte den Kopf verlieren lassen und die immer ebenso reich ausgestattet war wie die eines Korsaren, der von den Antillen zurückkehrt. Die exotischen Liköre sind ein Vorwand …

Der Howdah! Weil die Sprungfedern den Diwan zum Schaukeln brachten wie einen Elefanten, der sich abrupt aufrichtet und einen auskippt wie ein Boot. Keine einzige der Damen hat mich je gefragt, woher ich das aussergewöhnliche, ja geradezu lebende Möbelstück hatte. Ich vermietete das Zimmer an einen Admiral. Doch darf man einen Admiral blossstellen? Wenn Jules Verne sich über einen Seemann lustig machen wollte, setzte er ihn hinterlistig auf einen Esel, auf ein Maultier, auf einen alten Klepper, aber nie auf einen Elefanten! Nicht einmal auf einen mechanischen, und der Held, der herunterfiel oder sich an der Mähne seines Reittiers festklammert, um bei einem plötzlichen gestreckten Galopp nicht in hohem Bogen aus dem Sattel geworfen zu werden, besass nie einen höheren Grad als den eines Kapitäns zur See oder eines Schonerkapitäns. Darf ich mich über einen Admiral lustig machen, der sich gezwungen sah, zwischen 1936 und 1939 einen Elefantenrücken mit ächzenden Sprungfedern von mir in Untermiete zu nehmen? Der Ärmste.

Toulon ist untergangen wie in einem Opiumtraum. Eine Schmach und eine Tragödie. Erinnerungen hin, Erinnerungen her.

Lebt wohl, schöne Sommerfrischlerinnen und ihr jungen Draufgänger; und ihr selbstsicheren, knabenhaften jungen Frauen, die ihr euch jählings von der Wollust aus dem Sattel habt werfen lassen.

Antwerpen

Für
Jacques-Henri Levesque,
begeisterter Förderer der Poesie,
der nun in New York schürft

Blaise

Strabanzen

Ein Ohrwurm aus Paris, einer dieser jungen Kerle, die, ihre Bewunderung und ihr Interesse an deinem Werk und an deiner Arbeit vorschützend, dich auf dem Land besuchen und bis in den Süden hinunter verfolgen, wo du doch aus der Hauptstadt geflüchtet bist, die sich für die Literatur begeistern und dir die Zeit stehlen, denn sie verbreiten nur alten Klatsch und gehässige Gerüchte, einer dieser Ohrwürmer berichtet mir also, t'Serstevens erzähle unmögliche Dinge über mich.

„Das wundert mich aber; t'Serstevens ist ein alter Freund von mir", sage ich zu ihm, „was erzählt er denn?"

„Sie hätten es faustdick hinter den Ohren, Cendrars, behauptet t'Serstevens, er kenne niemanden ausser Ihnen, der es fertiggebracht habe, in einem Bordell anschreiben und sich freihalten zu lassen."

Ich werfe den Schnorrer hinaus und schreibe t'Serstevens, um zu wissen, worum es sich handelt, und t'Ser, der tatsächlich mein ältester literarischer Weggefährte ist, erinnert mich postwendend daran, dass ich ihm 1912 oder 1913 erzählt hätte, ich würde im kleinen Bordell in der Rue Mazet ein und aus gehen und dort umsonst logieren.

Er bringt offenbar etwas durcheinander: Das war 1910 *Chez Julia* im Hafenviertel von Antwerpen, und nicht in der Rue Mazet, wo nur eine einzige Frau pemperte, Madeleine les Ciseaux, eine fette, hinkende Jüdin; und rachsüchtig, und geldgierig, die kurze Fünfzehn machte, denn weil sie allein war, hatte sie zwischen zwei Klingelzügen nicht viel

Zeit zu verlieren; und die Maler aus dem Viertel standen vor ihrer Tür Schlange, das kann man wohl sagen; Madeleine les Ciseaux war eine Stickerin à la Goya; *Chez Julia* in Antwerpen hingegen, 1910 war das, ging es gemütlich zu, das Haus war sehr beliebt, niemand drängte einen zu konsumieren, man liess sich Zeit, man plauderte mit den Mädchen, die strickten wie im trauten Familienkreis; man war unter Freunden und lachte viel, man führte die Mädchen sogar aus, ging mit ihnen in der Stadt spazieren und aufs Land; es ist überhaupt kein Geheimnis, was für einen Kredit ich *Chez Julia* genoss: Ich hatte dort ein Zimmer; ein Zimmer, das Madame mir dank der Fürsprache eines Mädchens zur Verfügung gestellt hatte; ein Zimmer, das man mir grundsätzlich vermietete – Ordnung muss sein – und das ich nicht bezahlte, weil ich keinen Sou besass; ein Zimmer; ein Zimmer umsonst in einem Hafenbordell; ich schlief jedoch allein dort, denn in allen Ländern der Welt hört die Nächstenliebe, die Grossherzigkeit, die Rührseligkeit, ja das Verliebtsein einer Nutte oder die romantische Schwärmerei, die sie vielleicht einem Kunden entgegenbringt, beim Passierschein auf, um es so auszudrücken. Verständlich: *business* geht vor, man hat schliesslich seine Prinzipien, und man muss schon Tolstoj sein, um an das Gegenteil zu glauben. Was sich diese Literaten und Stubengelehrten nicht alles vorstellen! Du kannst die ganze Welt umsonst bumsen, nicht aber ein Puffmädchen, es sei denn, du bist ihr Macker, der immerhin eine Ordnungsfunktion hat, was wir ganz bestimmt nicht hatten, ich und mein Kumpel Korsakow, mit dem ich 1910 lachend, lästernd, streitend, über Gott und die Welt spottend, frei wie ein Galgenvogel durch

Belgien strabanzte; und wir zogen zynisch eine Flasche Cognac, auch eine ohne Jahrgang, einer Laterne mit fetten Zahlen vor, ersetzte uns die Flasche doch Richtfeuer und Gewissen. Dennoch würde mich zu Beginn jenes Winters 1910 mein Kumpel Korsakow in Antwerpen im Stich lassen, heiraten und ein geordnetes Leben führen, wie man so schön sagt. Ich meinerseits würde noch eine Zeitlang das berühmte Zimmer *Chez Julia* nutzen, um schliesslich bei der *Uranium Steam-Ship Co,* deren Firmensitz in Antwerpen war, eine Anstellung zu finden, die elendesten Emigranten Europas von Liepaja nach New York zu begleiten, was dazu führte, dass ich in jenem Jahr Heiligabend in Saint John's auf Neufundland verbrachte. Das ist jedoch eine andere Geschichte. Das ist jedoch das Wunderbare an einem Hafen: Ein Schiff, kaum hat es die Reede hinter sich gelassen, kann dich überallhin führen, zu den Antipoden, es kann den Planeten umsegeln und dich dann in Sichtweite seines Leuchtfeuers zurückbringen, das wie eine Lampe im trauten Familienkreis funkelt, zu einer Laterne mit einer fetten Zahl oder einer Flasche Cognac ohne Jahrgang: Es ist Antwerpen im Nebel. Du bist wieder in ANTWERPEN.

1.
Er war ein Matrose vom Schwarzen Meer, der an der Meuterei an Bord des *Kniaz Potemkin* teilgenommen hatte und desertiert war (er erzählte oft von Leutnant Schmitt und von Maria Spiridonowa, er trug sogar ständig ihr Foto auf sich; doch welcher Russe war damals nicht in irgendeiner Weise in die Revolution von 1905–1908 verwickelt gewesen; das Foto der heldenhaften Märtyrerin wurde im übrigen als

Ansichtskarte zugunsten der Hilfskasse für die sozialistisch-revolutionären Auswanderer verkauft). Ich erinnere mich überhaupt nicht mehr, wie und warum ich mich mit Korsakow eingelassen hatte. Er war Stammgast in der Bar in der Rue Cujas, in der *Falschmünzer-Bar*; ich war es ebenfalls, wir waren an die hundert, alle mehr oder weniger suspekt, die sich ständig dort herumtrieben, kamen und gingen, Tag und Nacht im Saal neben der Bar herumstanden, den Hut auf dem Kopf wie in einer Synagoge (das jüdische Element war sehr stark vertreten), Spalier bildeten um die Tische, an denen besessen Karten gespielt wurde; die bellenden anarchistischen Dispute flammten immer wieder auf wie ein glimmendes Feuer; die Nachttaxifahrer steckten verschwörerisch die Köpfe zusammen; die Buchmacher der Sorbonne bereinigten ihre Wettlisten; Frauen waren keine da, abgesehen von den affigen Soldatinnen der Heilsarmee, die versuchten, uns ihren Arschwischer aufzuschwatzen, und den sibyllinischen und sibilierenden Schreihälsen, den „Genossinnen", die Broschüren über den Malthusianismus und die Forderungen der ledigen Mütter verkauften; die heiseren, schmuddeligen, beschwipsten, nach Absinth stinkenden Nachtschwärmer des *Boul' Mich*; die Hungerleider übertrafen bei weitem die Zahl der Glückspilze, die eine Portion Sauerkraut verzehrten, ein belegtes Brot, einen Teller Muscheln im Sud, eine Zwiebelsuppe, warme Würstchen, für zwei Sous Fritten in einer Tüte oder Meerschnecken auf einem Unterteller; Pumpgenies, die fieberhaft Erdnussschalen kauten, um ihren chronischen Hunger zu stillen; Diebe, die sich in den Windschatten eines Rauchers stellten, um den Qualm einer frisch gestopften

Pfeife zu erhaschen; und Jammergestalten, die erschöpft Tag und Nacht im Regen durch die endlosen Strassen von Paris gelaufen waren und, kaum eingetreten, vor Entkräftung in die Hose machten. Sie tropften nur so. Es war der Abschaum! Ein Bodensatz. Schwebende, flockige menschliche Materie.

Nachts hielt sich neben der Tür der *Falschmünzer* – nein, nicht André Gide, der über welche geschrieben hat – eines der zwielichtigsten Individuen im Umkreis des Place Maubert auf, ein Kerl, dem ich den Spitznamen Sokrates gegeben hatte, nicht etwa, weil er Seelenentbinder war, sondern weil er alle Hündinnen des Viertels entband; er harrte bis zum Morgengrauen dort aus, eine blaue Drillichschürze umgebunden, in deren grosser Bauchtasche es von winzigen winselnden, kläffenden Welpen wimmelte; er schob mit dem Finger den Vorhang zur Seite, schaute lauernd auf die Strasse hinaus, und kaum sah er ein Paar, eine nach Äther riechende Luxusnutte mit einem jungen Dandy, aus der Taverne des *Panthéon* kommen, stürzte er hinaus, blieb ihnen auf den Fersen, drehte ihnen – nein, nicht einen Luxushund (kleine Luxushunde sind, wie die Drogen, erst viele Jahre später Mode geworden) – einen seiner grässlichen Bastarde an, der in einer Pförtnerloge zur Welt gekommen war, Schnauzer, Mops, Spitz, eine blinde, winselnde, namenlose, rasselose Fellkugel in seiner Hand, die er mit einem abstossenden Lächeln und anzüglichen Bemerkungen der schönen Ätherbesäuselten unter die Nase streckte. Dann kehrte der Widerling atemlos in die Bar zurück, kippte einen ordentlichen Picon-Citron und stellte sich wieder an seinem angestammten Platz neben der Tür auf die Lauer.

Plötzlich stürzten sich die Tauben des Luxembourg auf den Platz und flatterten bei der Vorbeifahrt des kleinen Zuges, der von den Hallen heraufdampfte, wieder davon.

Das Morgengrauen war blau.

Und ich war schon damals ein schlechter Dichter
Der es nicht schaffte, aufs Ganze zu gehen …

2.

In der *Falschmünzer-Bar* galt Korsakow als gewissenloser Betrüger (es gibt auch gewissenhafte Betrüger!) und als berühmter Falschspieler (er war nicht der einzige!). Er wurde allgemein gefürchtet, denn es hiess, er sei eine Kanaille. Es hiess, es habe eine Frau in seinem Leben gegeben, ein Lockvögelchen, das ihn ausgebeutet und verraten, verpfiffen und ins Kittchen gebracht, ihn zu einem „Wilden" gemacht habe, wie man im Jargon des weissen Sklavenhandels von einem Seelenverkäufer sagt, der von einer Frau gezeichnet worden ist und daher nicht mehr zu den „Regulären" gehört; er wurde aber auch geachtet in der Bar, und zwar wegen seines Wissens, denn in der Rue Cujas wurde er für einen ehemaligen Chemie- oder Elektrophysikstudenten gehalten, und es wurde gemunkelt, er könne mit Sprengstoff umgehen und Bomben basteln. Hatte er tatsächlich die Finger in der Affäre der falschen Louisdore gehabt, die wegen der Anzahl Söhne aus prominenten Familien, die in den Skandal verwickelt waren, einen Aufruhr im Quartier Latin auslöste? Eine Affäre, die die Bar in der Rue Cujas berühmt machte, wo sich die bunt zusammengewürfelte Bande der Hersteller und der Studenten-Akquisiteure traf. Es wurde hinter vorgehaltener Hand behauptet. Doch was wurde in dieser von Indizien und Spitzeln wimmelnden Bar nicht alles geflüstert; ich hätte viel bezahlt, um zu erfahren, was man über mich erzählte, weil auch ich dort – wofür? – angesehen war. Ich frage mich das heute noch. Wie dem auch sei, ich erinnere mich, dass ich an ihn verwiesen wurde, als es darum ging, einer russischen Studentin, die heimlich ihren Geliebten verlassen wollte, beim Umzug zu helfen. (Verflixte Xenia, wie schön war sie doch damals! Ich bin ihr dreissig Jahre später wiederbegegnet; sie besass ein Geschäft in der Nähe des Place de l'Étoile, eine Galerie für moderne Kunst, und auch wenn sie in all den Jahren etwas schlaff geworden war, hatte sie immer noch ihren perversen Blick und ihre gurrende Stimme, die warme Stimme der russischen Frauen, die aus der Tiefe der Eingeweide aufzusteigen scheint und die ihren einzigen Charme ausmacht, denn selbst wenn man ihre Sprache nicht versteht, wird man nicht müde, ihnen zuzuhören.) Kurzum, ich hatte mich mit Korsakow abgesprochen und hatte es übernommen, Schmiere zu stehen.

Es war elf Uhr abends. Ich stand zwei Schritte von der Polizeiwache am Place du Panthéon Schmiere. Korsakow kreuzte mit seiner eingespielten sechsköpfigen Mannschaft und drei Handkarren auf, die sie auf dem Gehsteig parkten. Und der ganze Trupp verschwand im Hôtel des Grands Hommes. Ein paar Sekunden später knallten Fensterläden gegen die Fassade, hinter einem Fenster im vierten Stockwerk ging Licht an, und Korsakows Männer begannen, Xenias Gepäck an langen Seilen herunterzulassen, während von anderen Stockwerken Koffer und Kabinenkoffer durch andere offene Fenster heruntergelassen wurden; weitere Fensterläden knallten, weitere Lichter gingen an und aus, derweil einer der Kerle, der unten auf dem Gehsteig geblieben war, alles, was in seiner Reichweite landete, wahllos auf die Handkarren lud. Auf meinem Schmiereposten kam es mir vor, als sei das ganze Haus geplündert und alles herausgeschafft worden. Doch bevor ich Zeit zum Staunen hatte, war die Operation bereits beendet, die Handkarren waren verschwunden und die Kerle abgehauen; wir trafen uns alle bei einem Auvergnaten in der Rue Dupeyron hinter der Medizinischen Fakultät, jeder ein Glas in der Hand und ein paar Moneten in der Tasche; dann kam Xenia lächelnd, mitsamt ihrem ordentlich gestapelten Gepäck in einer Droschke dahergefahren, Korsakow sprang in den Wagen und – „die Peitsche, Kutscher!“ – die beiden verschwanden eng umschlungen wie ein Liebespaar in Richtung des Place Danton. Die Pantomime grenzte an einen Zauberspuk. Ich habe noch nie ein so perfekt gespieltes Schelmenstück gesehen. Wir wurden hinauskomplimentiert, der Auvergnate hängte seine Läden vor und stellte das Gas ab. Die Kerle verschwanden in alle Windrichtungen. Nichts gesehen, nichts gehört! Das Ganze hatte nicht eine halbe Stunde gedauert. Ich blieb allein im Seitengässchen zurück. Eine schwarze Katze rieb sich schnurrend an meinem Bein.

3.

Ich weiss wirklich nicht, warum ich mich mit ihm einliess; weder warum noch wie, noch mit was für einer Absicht ich Korsakow überredete, Paris den Rücken zu kehren und mich nach Belgien zu begleiten.

Zu jenem Zeitpunkt studierte ich Medizin, aber ich war

öfter in Paris, London, Berlin – sogar in Sankt Petersburg, wo ich immer eine Absteige hatte – als in Bern, wo ich mich an der Fakultät eingeschrieben hatte und eigentlich im achten Semester hätte sein müssen. Alles interessierte mich. Doch das ungebundene Leben, das ich seit 1904 in China, in Persien, in Russland geführt hatte, die erste Million, die ich mit Schmuckhandel schon verdient und in Reisen rund um die Welt schon ausgegeben oder in den grossen Städten in nächtlichen Vergnügen durchgebracht hatte, meine Abenteuer hatten dazu geführt, dass ich mich keiner Disziplin mehr unterordnen konnte und dass der Universitätsalltag und meine Kommilitonen mich – trotz der Anwesenheit eines grossen Kontingents entzückender russischer Studentinnen, eines Schwarms überschwenglicher junger Frauen, und darunter waren viele, die es lohnten, dass man sich mit ihnen befasste (was ich selbstverständlich auch getan hatte) – langweilten; nur die Lektüre, nach der ich schon immer süchtig war und es heute noch bin, faszinierte mich; die wissenschaftliche Lektüre fügte jedoch meinem rastlosen Leben nur noch eine zusätzliche Rastlosigkeit hinzu, eine ausschweifende Rastlosigkeit: die Rastlosigkeit des Geistes. Und wenn ich also von den Vorlesungen die Nase voll hatte, von den dicken Schmökern, die man nur in den Bibliothekssälen lesen darf, von den Wasserleichen in den Hörsälen, von den Kranken in den Krankenhäusern, von den Prüfungen, tauchte ich in die Unterwelt ab oder stach in See. Meine Bücher nahm ich überallhin mit; Bücher, die ich auf der ganzen Welt gekauft hatte, zehn riesige zentnerschwere Kisten, die ich jahrelang auf allen meinen Reisen mitschleppte und für deren Transport ich je Kilometer-Tonne ein Vermögen ausgegeben habe. Und es würde schliesslich Korsakow sein, der mich von ihnen befreite.

Anlässlich meines letzten Aufenthalts in Sankt Petersburg hatte ich die Möglichkeit gehabt, die Kisten unfrei auf einem Frachtdampfer zu verschiffen, der nach Antwerpen fuhr; und weil ich abgebrannt war, hatte ich sie nicht auslösen können; seither ... seither waren die Lagergebühren in Antwerpen aufgelaufen; fast ein Jahr war das her, und ich hatte kürzlich eine Mitteilung erhalten, die Hafenbehörden würden die Bücher öffentlich versteigern; also hatte ich mir gesagt, ich könnte vielleicht meine Bücher heimlich zurückkaufen und erst noch günstiger, als die aufgelaufenen Kosten zu bezahlen, denn Bücherliebhaber gehörten nicht unbedingt zu den Kunden der Warrantverkäufe; wahrscheinlich war es das, der Kitzel eines herrlichen Warenkreditschwindels, der uns enorme Summen einbringen würde, die wir beide sehr gut gebrauchen konnten, mit dem ich Korsakow köderte und ihn überredete, mich nach Antwerpen zu begleiten, wo wir uns wochenlang hundemüde, schmutzig und struppig, mit knurrendem Magen im Hafen herumtrieben (einen Teil der Strecke Paris–Antwerpen hatten wir zu Fuss zurückgelegt, den anderen schwarz mit der Bahn), in den leeren Docks nächtigten und ohne jegliche Hoffnung, die paar Sous aufzutreiben, die ich benötigte, um meine verflixten Bücher zu verzollen oder zurückzukaufen; ohne auch nur in Versuchung zu kommen, weder er noch ich, unter die Schauerleute zu gehen, uns anzustrengen oder Hand anzulegen, denn wir hatten beide einen Greuel vor der Arbeit und wollten uns beide um keinen Preis beugen; also schlenderten, bummelten wir am Hafen umher, lauerten auf den günstigen Moment, fragten uns, in welcher schicksalhaften Verkleidung sich der günstige Moment bieten werde, spotteten über uns selbst, beschimpften lachend alle Welt, denn wir hatten unseren Kredit in den Hafenkneipen voll ausgeschöpft, und wir begegneten niemandem mehr, der uns ein Glas spendierte; auch die Weibsbilder scherten sich einen Dreck um uns, vor allem die *Chez Julia,* wo Korsakow behauptete, am Abend unserer Ankunft eine Eroberung gemacht zu haben; und wir vermochten unsere Suade nicht mehr einzudämmen, die uns schon unterwegs vergiftet und uns auf dem ganzen Weg hatte reden und reden lassen, so weit das Auge reicht, uns gegenseitig Geschichten erzählen, wie die Slawen es tun, in der Stadt, auf dem Land, im Biwak, auf der Walz, Tag und Nacht, während der endlosen Reise der Transsibirischen oder der langsamen, der langen, monotonen Fahrt auf dem Dampfschiff die Wolga abwärts; Geschichten über Gott und das Universum, über die Liebe, ja, die berühmte *goworetschka,* was bei einem Fremden den Eindruck erweckt, das riesige Russland sei nur eine einzige aufregende Gesprächsrunde, die alles in Frage stellt, ein fliegendes Camp; die *goworetschka,* worin ich geübt war, seit ich zusammen mit Rogowin, meinem alten Meister, der mich als Teilhaber in seinen Schmuckhandel aufgenommen hatte, an drei aufeinanderfolgenden Jahren an der Messe von Nischnij Nowgorod gefeilscht und geschäftet hatte; daher konnte ich es jederzeit mit Korsakow aufnehmen, der mich sonst in der Hand gehabt hätte ... Doch zwischen Paris und Antwerpen hatte ich mir hundertmal gesagt, dass nur der Umfang des kleinen Buches in meiner Tasche (es war Villons *Testament)* mich von meinem Gefährten trennte und mich daran hinderte, zu einer abgefeimten Kanaille zu werden wie er. Doch wer weiss? Vielleicht irrte ich mich. Man ist nicht aus einem Stück geschaffen. Und unterwegs hatte ich mir immer wieder, hundertmal, darüber Rechenschaft gegeben, was mich an Korsakow so faszinierte.

Mich verführen? Schwerlich.

Mein Freund werden? Offen gestanden, nein, aber ein Weggefährte, nicht ein gewöhnlicher Weggefährte, sondern ein Teufelsbraten von einem Freund, vor dem ich mich eines Tages würde vorsehen müssen.

Da waren einmal seine wunderbare Verachtung prosaischer Dinge, der ihm absolut mangelnde Sinn für Mein und Dein, seine Sorglosigkeit, sein Appetit, seine Trunksucht (ich war tief beeindruckt: er war imstande, fast ebensoviel zu trinken wie ich), sein transzendentaler Zynismus, der nicht auf einer Philosophie beruhte, sondern ein Spermastrahl seines Geistes war, sein Charakter, sein Umgang mit den Frauen und seine Art, alles von ihnen zu bekommen, was er wollte (sogar Geld, ganz zu schweigen von den Lebensmitteln, die er an jeder Strassenbiegung von den umliegenden Höfen mitbrachte), seine gute Laune, sein dröhnendes Lachen, seine animalische Körperkraft, seine unverwüstliche Gesundheit; er verfügte aber auch über noble Charakterzüge: die angeborene Kunst des Vagabundierens, für die ich empfänglich bin und die bei den Russen eine heilige Kunst ist, ein Feuer aufzuschichten verstehen, sich in der freien Natur zu helfen wissen, die Erdnähe, einen naiven Glauben, der mit der Natur und der Liebe zum Leben – was für einem Leben auch immer – in Einklang steht.

Er war ein gut proportionierter Koloss, nicht zu massig,

wie bei den Russen oft der Fall; nur seine Hände eines Obergefreiten der kaiserlichen Marine waren plump, riesig, behaart wie Pferdeköten und rund und hart wie die Hufe eines Brabanters. Er hatte einen grossen Kopf wie eine Wurfbudenfigur, krumme Zähne, ein paar Pockennarben im Gesicht, einen scharfen Blick, ein spöttisches Lächeln, eine Knollennase, einen gierigen Mund. Sein Lachen war wie der Bass Schaljapins, und er hatte auch dessen tiefe Bauchstimme.

Trotzdem war er flink wie ein Junge und hatte, wie alle Schlitzohren, einen wachen, erfinderischen Geist.

„Wie stellen wir es an, deine Bücher, deine verdammten Bücher, von dort herauszuholen?" sagte er und kratzte sich zuerst hinter dem linken, dann hinter dem rechten Ohr, liess dann seinen alten verbeulten Filzhut auf dem Zeigefinger kreisen. Wir standen vor der abweisenden Fassade der staatlichen Lagerverwaltung, deren grosse, nagelneue fensterlose Betongebäude im rückwärtigen Teil des Hafens die Kais absperrten und uns unwiderstehlich anzogen. Wir pflanzten uns jeden Abend davor auf. Das Gittertor war zu. Hinter dem Gitter verzehrten der Pförtner und die Nachtwächter ihr Abendbrot und tranken eimerweise Bier dazu; sie hatten einen kleinen Tisch ins Freie gestellt, stopften sich nach dem Essen ein Pfeifchen und plauderten. Am schwarzen Brett, wo die öffentlichen Versteigerungen angekündigt wurden, hing eine amtliche Bekanntmachung: Die nächste Versteigerung würde Ende des Monats stattfinden. Die Zeit drängte. Auf der langen Liste waren die verschiedenartigsten beschädigten oder nicht abgeholten Waren aufgelistet, darunter zehn Kisten Bücher. Meine Bücher.

„Hoffnungslos“, sagte Korsakow. „Gehn wir.“

Und wir trabten auf der Suche nach einem ungewissen Nachtquartier den Kai entlang zurück.

Wir hatten keinen Sou.

Unsere Mägen knurrten.

Der Hunger sprühte aus unseren Augen; doch das Grausamste war, dass uns vor Grauen und Ekel die Augen aus den Höhlen traten, wenn wir das viele Wasser der Schelde betrachteten, das in der untergehenden Sonne schmutzigrot war, trüb wie goldener Absinth, schillernd und glänzend, als ob alle Schnäpse und Liköre der umliegenden Kneipen hineingegossen worden wären anstatt des Öls und der Schiffsabwässer, die sich kreisförmig ausbreiteten, während wir zwei nichts Trinkbares auftreiben konnten.

Unsere Kehlen waren ausgetrocknet.

So konnte es nicht weitergehen.

4.

Ich verdurste neben dem Quell …

„Komm“, sagte ich zu Korsakow, „wir richten uns ein bisschen her. Dann gehst du in der Stadt etwas erledigen für mich.“

Wir standen am Brunnen hinter der Fischhalle. Wir machten den Oberkörper frei und begannen, uns gründlich zu waschen, ohne uns um die Zurufe und die spöttischen Anzüglichkeiten des vorbeigehenden Weibervolks und der Fischfrauen zu kümmern, die in Antwerpen eine ebenso scharfe Zunge haben wie überall sonst und besonders in Marseille. Korsakows Brust war mit Tätowierungen bedeckt, kein Wunder, dass wir uns einiges anhören mussten.

Aber mir war ein Gedanke gekommen.

Sauber gewaschen und den Kopf klar, schleppte ich Korsakow in ein gutes Restaurant dem Bahnhof gegenüber. Hinter dem Bahnhof befindet sich das Judenviertel, nicht etwa ein Ghetto, sondern ein wohlhabendes Stadtviertel, wo die Diamantenhändler wohnen.

„Sag, spinnst du?“ fragte Korsakow. „Hast du geerbt?“

„Lass mich nur machen. Setz dich. Zuerst futtern wir“, antwortete ich, „nachher sehen wir weiter.“ Und ich bestellte ein üppiges Mittagessen und ein paar gute Flaschen dazu. Korsakow ass für vier, und ich dito. Als wir uns zu Tisch setzten, war es elf Uhr morgens; um drei Uhr nachmittags, als ich Kaffee, Schnäpse, Zigarren und Schreibzeug bestellte, war unser Heisshunger noch nicht gestillt.

„Ich fühl' mich schon besser“, sagte Korsakow ausgiebig rülpsend, wie bei den Orientalen Brauch. „Und was machen wir jetzt?“

„Wir trinken unseren Kaffee.“

„Hast sie wohl nicht alle?“ sagte Korsakow. „Wir hauen lieber ab ...“

Das Lokal war zu drei Vierteln leer. Der Kellner in der Küche verschwunden. Die Kassiererin in ihrem Verschlag eingesperrt. Der Oberkellner plauderte mit einem der letzten Gäste, einem alten Herrn mit einem Orden am Revers, der seine Serviette faltete. Der Moment war günstig! Korsakow zwinkerte in Richtung der offenen Tür.

„Nein“, sagte ich. „Ich bleibe. Ich schreibe ein paar Zeilen. Die bringst du dann in die Stadt. Mal sehen ...“

Er lachte. Die Zigarre im Mundwinkel, lehnte er sich behaglich in seinem Stuhl zurück. Er kippte ein Gläschen

Chartreuse nach dem andern. Er zog den grünen dem gelben vor. Er scherzte mit dem Kellner, der ihm ein flammendes Streichholz hinhielt; er hatte ein paar Monate in Paris gearbeitet und erkundigte sich nach irgendeinem Nachtlokal in Montmartre.

„Nimm!" sagte ich zu Korsakow und reichte ihm den zugeklebten Briefumschlag. „Bring ihn zur angegebenen Adresse. Es sind zwei Schritte von hier, hinter dem Bahnhof, und versuche, mir entweder den Mann oder die Moneten hierherzubringen. Gib ihm dieses kleine Buch."

Ich zog Villons Büchlein aus der Tasche. Der Kellner stand abseits. Ich beugte mich zu Korsakow hinüber: „Das ist 2000 Lappen wert. Geh, los, und versuch nicht, den Schlauen zu spielen."

Korsakow blickte mich erstaunt an. Er drehte den kleinen Villon in seinen Pranken herum. Es war eine kostbare Ausgabe, *Lyon 1532.* Er schien nicht recht zu wissen, was damit anfangen.

„Los", sagte ich. „Steck das Ding in die Tasche und verschwinde."

Er nahm seinen zerbeulten Hut, setzte ihn auf und war weg.

„Eine komische Nummer", sagte der Kellner.

„Ja, eine komische Nummer."

„Wünscht der Herr noch etwas?" fragte der Kellner.

„Noch eine Zigarre bitte."

Würde Korsakow zurückkommen? Oder würde ich den Tag im Gefängnis beschliessen?

„Hätten Sie vielleicht eine Zeitung?" fragte ich den Kellner.

Ich zündete meine Zigarre an.

Der Kellner brachte mir die Tageszeitungen.

Das nennt sich Zechprellerei, ein hübsches Wort. Schreibt es sich mit einem oder zwei L? sagte ich zu mir selbst und paffte an meiner Zigarre.

Mir schien, als beobachte mich der Kellner aus dem Augenwinkel. Ich vertiefte mich in die Zeitungen; aber ich war zerstreut, also schob ich sie nach kurzer Zeit zur Seite und lehnte mich bequem in der Polsterbank zurück, zog an meiner Zigarre und blies blaue Rauchkringel aus. Erst als ich die Beine lang ausstreckte, stellte ich fest, dass meine Schuhe schmutzig waren, und mir wurde plötzlich bewusst, wie fehl am Platz ich war.

Doch mir war alles egal.

Ich verspürte das dringende Bedürfnis nach einem Nikkerchen.

Das feuchte Stroh im Kittchen. Vielleicht war es tatsächlich einem Baumwollballen vorzuziehen oder einem Lager aus aufgerissenen Kartons in einem zugigen Lagerhaus.

Ich konnte die Augen kaum offenhalten.

Diesen Kerlen im Gast- und Limonadegewerbe mangelt es an psychologischem Feingefühl: Sie halten einen Hochstapler mit falschen Klunkern an jedem Finger für einen echten Prinzen, und einen Falschspieler, der mit einem wappengeprägten Kofferset blufft, für einen Monarchen inkognito. Man liest das täglich in den Zeitungen. Mich aber?

„Kellner!"

„Der Herr wünscht?"

„Die Rechnung."

Ich lache weinend neben dem Quell ...

Der Zeiger an der Uhr rückte vorwärts.

In Belgien ist es ähnlich wie in Russland: es wird zu mehr oder weniger allen Tageszeiten gegessen; in Antwerpen aber herrscht in den Restaurants zweimal Hochbetrieb: um elf Uhr, bevor die Getreidebörse mittags um zwölf aufmacht, und um fünf Uhr abends, wenn die Diamantenhändler ihre Geschäfte schliessen. Und jetzt trafen die Diamantenhändler ein ... Doch ich machte immer noch keine Anstalten, die Rechnung zu bezahlen, weil Korsakow immer noch nicht zurück war.

Der Dreckskerl!

5.

1920, genau zwanzig Jahre später, würde ich in Antwerpen die gleiche Panik erleben und erst noch im gleichen Restaurant, wo ich drei Säle im ersten Stockwerk gemietet hatte, um ein Fest auszurichten für die vier Aymon-Söhne, wie man die vier Reedersöhne nannte, denen ich am gleichen Morgen von Paris aus per Telefon die Ladung ihrer drei Schiffe, der ALBION, der ALCYON und der ALDION, abgekauft hatte, das heisst dreimal drei Millionen Eier, die ich nun per Telefon vom Autotrittbrett aus weiterzuverkaufen suchte, während meine drei Verkäufer und ihre Gäste, alles hohe Börsenpersönlichkeiten mit ihren Gattinnen, lauter Schraubendampfer und Fregatten, zu den Klängen eines Neger-Orchesters tanzten, derweil ihre drei Schiffe in Seenot waren, das eine im Ärmelkanal, das andere vor der baskischen Küste, das dritte, das von China kam, in den Innengewässern Gibraltars, und keines auf meine Radiokabel antwortete, mit denen ich versuchte, sie nach London umzuleiten, wo ich auf variable Hausse spekulierte und mich mit einem Sou Gewinn je Ei zufriedengab; das ganze Hotelpersonal stand zu meiner Verfügung, von der Garderobenfrau, die verzweifelt das Telefon bediente, um die Verbindung mit London aufrechtzuerhalten, bis zu den Pikkolos und Pagen, die zwischen dem Telegrafenamt hin und her eilten. Und erst gegen Morgen, als die Schiffe umgeleitet waren, der Coup gelungen, der Gewinn eingesteckt (es war der erste grosse Zaster, den ich seit 1914 ergaunerte), konnte ich mich endlich mit einem Seufzer der Erleichterung im protzigen Mercedes-Benz zurücklehnen, den ein Bewunderer Yvonne Georges mir zur Verfügung gestellt und der mir überdies das Geld für die angeblichen Kosten vorgestreckt hatte, wobei dieser Bewunderer Yvonnes nicht etwa ein Prinz aus Tausendundeiner Nacht war, sondern ein amerikanischer Barkeeper, und ich kam rechtzeitig in Paris an, um der rührenden Sängerin mit der schluchzenden Stimme, die im *Olympia* in einer Matinee debütierte und die später überaus beliebt werden sollte, ein Schmuckstück zu überreichen. Doch leider dauerte ihr Ruhm nur kurz. Yvonne George stammte aus Antwerpen, und bei jener Gelegenheit erzählte sie mir die Tragödie ihres Lebens. Die Tragödie einer Sängerin. Doch das ist eine andere Geschichte. Ich werde sie eines Tages niederschreiben. Yvonne hatte mich gebeten, ihren Vater aufzusuchen, ein hohes Tier in Antwerpen, der zufällig in jener berühmten Nacht Gast der vier Aymon-Söhne gewesen war. Er war ein unglaublich sympathischer Mann.

6.

Nicht alle Brillenglasschleifer sind Spinozas. Aber Mandajew, zu dem ich Korsakow geschickt hatte, war ein reiner Intellektueller, der sich mit Mathematik befasste und der überdies ein Bücherliebhaber war.

Die Anzahl der Intellektuellen in der Diamantenhändlerzunft ist erstaunlich. Mit Intellektuellen meine ich nicht die junge Generation, die ein Universitätsstudium absolviert und eine mehr oder weniger offizielle Karriere anstrebt, sondern Berufsleute, Mitglieder berühmter Handwerksfamilien, die in einer zwei- oder dreihundert Jahre alten Tradition neben ihrem handwerklichen Broterwerb die Logik praktizieren, die Dialektik, den Rationalismus, sind doch Klarsicht und ein offener Geist ein Bedürfnis für sie, und die – aus den berühmtesten rabbinischen Schulen Polens und Südrusslands hervorgegangen – vor lauter über den Kommentaren der Kommentare (ist der *Talmud* vielleicht etwas anderes?) Grübeln, den Glauben verloren haben, die rituellen Vorschriften nicht einhalten und von Generation zu Generation Atheisten sind, seit die Edelsteinschleifer aus Spanien und die Blattgoldschläger aus Portugal gekommen sind, die ersten Bewohner der Ghettos der Niederlande. Das gilt auch für die Diamantenhändler in Antwerpen, oder zumindest für eine kleine exklusive Gruppe, Betrachter des Geistes der Offenbarung und der Mystik, Kritiker der reinen Vernunft. Es ist ein sehr geschlossenes Milieu. Alle gehören jüdischen Familien an.

Diamantenschleifer ist vielleicht nicht ganz richtig. In Antwerpen sind sie nur in Ausnahmefällen Diamantenschleifer. Der Diamantenschliff wird vorwiegend in Amsterdam praktiziert, die Antwerpener sind eher Polierer von bunten Steinen, von Rubinen und Smaragden. Und als ich ihnen in meiner Eigenschaft als Kunde einen kleinen Beutel mit Edelsteinen zur Verarbeitung brachte – vor allem alte, facettierte Smaragde aus China, die zu hochkarätig waren und die von der Plünderung der Verbotenen Stadt in Peking (das Werk internationaler Armeen) stammten und die Mandajew für mich entsprechend dem englischen Geschmack und zu handelsüblichen Formaten umarbeitete –, hatte ich ein paar Jahre vorher Zugang zu diesem sehr speziellen Milieu gefunden, wo der Wohlstand althergebracht ist und die Einrichtung aus kostbaren Gegenständen besteht, Orientteppichen, Möbeln, Silber und Gemälden, wo die Arbeit Sache der Familienmitglieder ist und überall auf den Regalen in den Werkstätten Bücher herumliegen.

Bücher!

Neben der ersten grossen Leidenschaft meines Lebens, der wahllosen Lektüre, einer Leidenschaft, die ich wahrscheinlich von einem fernen Vorfahren geerbt habe, von Thomas Platter (am 10. Februar 1499 in Grächen, Wallis, geboren, am 26. Januar 1582 in Basel gestorben), jenem kleinen Ziegenhirten, der im Alter von vierzehn Jahren von seinem Berg in die Stadt hinunterstieg, um lesen und schreiben zu lernen, der fahrender Schüler war und die Länder Deutschlands durchwanderte, Frankfurt, Heidelberg, Breslau, München, und der bis nach Polen und Ungarn gelangte, den Seilerberuf erlernte, in Basel Hebräisch lernte und lehrte und Erasmus von Rotterdam empfing, ein Anhänger Zwinglis, des Reformators, war, dann Korrektor in einer Druckerei, Drucker und gelehrter Verleger, der mit Jean Calvin im

Briefwechsel stand, dessen erstes Werk er veröffentlichte: *Christianae religionis institutio* (März 1536), eine Unterweisung in der *Christlichen Glaubenslehre* [Wiesbaden, 1887], und der seine lange Laufbahn eines autodidaktischen Humanisten und Magisters als Rektor der pädagogischen Lehranstalt, des Basler Gymnasiums, beschloss, Besitzer eines der drei Schlösser von Gundeldingen und Autor einer berühmt gewordenen Autobiographie (sein Sohn, Felix Platter, 1536–1614, ein berühmter Arzt, war bis zu seinem Tode Rektor der Universität Basel), neben dieser grossen Leidenschaft in meinem Leben, der Lektüre, die sich in alle Richtungen verzweigt und deren Vermehrung mich mehr als einmal fast erstickt hätte, galt meine grosse Liebe der Mathematik, mit der ich mich über all die Jahre mit uneigennützigem Eifer befasst habe. Was bedeutet, die Sandkörner im Meer zu zählen. Wenige Menschen teilen diese Trunkenheit. Ich habe sie wahrscheinlich vom berühmten Mathematiker Leonhard Euler geerbt, meinem Urgrossonkel, der seine lange Laufbahn am Hofe Katharinas II. beschliessen würde, auf dessen Werk ich Mandajew aufmerksam machte und dem ich dieses Meisterwerk an Luzidität schenkte, das Euler im hohen Alter schrieb, als der Onkel meiner Urgrossmutter erblindet war und er es seinem zwölfjährigen Enkel Hans diktierte, um zu beweisen, dass sein Geist noch klar war, auch wenn er das Augenlicht verloren hatte: *ALGEBRA,* eine brillante Analyse der Macht der Grössen und des Lebens der Zahlen: Addition, Subtraktion, Multiplikation, Divison, die vier Kapitel des Buches, eines Werks, das sich liest wie ein Roman. (Mein Vater war in seinen jungen Jahren ebenfalls Mathematiklehrer gewesen; dann hatte er angefangen, sich in abenteuerliche Geschäfte zu stürzen und zu reisen und zu trinken, weil seine grossen Erfindungen und seine Geldverluste ihn quälten und verfolgten.)

Mandajew war ein scharfsinniger, ein skeptischer Geist. Ich besuchte ihn täglich, wenn ich in Schmuckgeschäften nach Antwerpen kam. Er war der berühmteste Handwerker am Platz; aber er litt an Tuberkulose, daher arbeitete er nur unregelmässig. Er stammte von der Krim. Er war zart und zerbrechlich und von kleinem Körperwuchs. Er wohnte mit seiner Schwester zusammen, einer Perlenschälerin mit einem einmaligen Fingerspitzengefühl, die in allen Werkstätten berühmt war, so dass man ihr von überallher her kranke oder unvollkommene Perlen schickte, aus Paris, aus London, aus New York, was ihr ein reichliches Auskommen sicherte. Sie war eine blasse, zierliche, schmachtende, fiebrige Jüdin. Sie hiess Sephira. Sie war zwanzig. Sie war klein wie ihr Bruder, klein und zart, und sie liebte die Lektüre wie ihr Bruder. Wir lasen oft die Dichtung der Troubadoure zusammen, doch manchmal unterbrachen wir unsere Lektüre, um einander etwas intimer kennenzulernen. Daher hatte ich mich an ihren Bruder erinnert, um ihn anzupumpen oder ihm meinen kleinen Villon zu verkaufen oder ihm als Pfand zu geben, und hatte Korsakow, einen Landsmann, mit meinem Brief zu ihm geschickt: Korsakow, der immer noch nicht zurück war! Ich hatte die beiden wohl drei, vier Jahre nicht mehr gesehen. War Mandajew vielleicht gestorben und Sephira verheiratet?

Ich hatte inzwischen eine Flasche Sandeman-Porto geleert. Das Restaurant füllte sich allmählich wieder. Der Scherz hatte genug gedauert. Ich hatte – für alle Fälle –

vier frische Gedecke auflegen lassen. Meine Lage war verzweifelt. Eine Flasche Whisky stand jetzt vor mir, und der Pegel sank zusehends ... Als plötzlich Sephira vor mir auftauchte, aufgeregt, nervös, zierlicher und zerbrechlicher denn je in ihren Pelzen, zwei Silberfüchsen, die ihren Nakken entblössten, um ihre fröstelnden Schultern besser verschlingen zu können. Ohne mir die Hand hinzustrecken, aber bis zu den Haarwurzeln errötend, sagte sie: „Ich beobachte Sie seit über einer Viertelstunde von der Strasse aus. Ist Grischa denn nicht gekommen?"

„Grischa? Nein ... Aber wer ist Grischa?" sagte ich wie im Traum und stand mühsam auf, um ihr meinen Platz auf der Polsterbank anzubieten.

„Grischa?" sagte sie und setzte sich an meinen sechs Stunden lang angewärmten Platz. „Grischa? Das ist doch mein Verlobter!"

„Meinen herzlichsten Glückwunsch!" sagte ich, mich verbeugend, um ihr die Hand zu küssen.

Sie umklammerte mit beiden Händen ihre ziemlich geräumige Handtasche, als ob sie ein Vermögen darin herumtrage, Schmuck, kranke Perlen vielleicht, die geschält werden mussten.

„Und die Arbeit? Macht sie Ihnen immer noch Spass?" fragte ich, um irgend etwas zu sagen. Ich war finsterster Laune. Der Kellner hatte, wer weiss, vielleicht doch recht gehabt, uns zu vertrauen. Er brachte diensteifrig ein Glas.

„Wir arbeiten seit Monaten nicht mehr. Mein Bruder ist krank. Er liegt im Sterben. Ich kann mich bei der Arbeit nicht mehr konzentrieren", antwortete Sephira zerstreut. Es war ihr anzusehen: Die Dinge standen nicht gut. Sie musste am Ende sein. Sie war nervös. Sie war beunruhigt. Sie wich meinem Blick aus. Sie beugte sich nach rechts, beugte sich nach links, als suche sie etwas unter den Tischen oder jemanden zuhinterst im Saal. Sie blickte ungeduldig auf die Uhr: einmal auf die Wanduhr, dann wieder auf ihre winzige Armbanduhr, einen rundgeschliffenen Diamanten an ihrem Puls, der an einem Elefantenhaar befestigt war.

„Und Grischa?" fragte sie. „Ist er wirklich nicht gekommen?"

„Aber ich kenne doch diesen Grischa nicht, Sephira."

„Lügen Sie nicht, Monsieur Cendrars. Er ist doch ihr Freund! Jener, der mir vorhin das kleine Buch gebracht hat ... Er hat eine schöne Stimme ... Was macht er denn im Leben?"

Und sie liess den Verschluss ihrer Handtasche aufschnappen, zog ihn heraus, den kleinen Villon, und warf ihn auf den Tisch. Und sie gab mir meinen Villon zurück.

Teufel von einem Korsakow! Ich wusste nicht einmal, dass er einen Vornamen besass. Unter Freunden, das heisst Rue Cujas, nannten ihn seine Kumpel, die Falschspieler, Paul: den grossen Paul. Ich wollte Sephira eben eine indiskrete Frage über ihre Verlobung stellen, als ich Korsakow eintreten sah. Der Kerl war von Kopf bis Fuss neu eingekleidet.

Dieses Schwein!

Also sagte ich nichts.

Wir speisten alle drei stumm zu Abend, und es war Korsakow, der die Rechnungen bezahlte.

Es war absurd: Der Kellner triumphierte!

Mitternacht war vorbei.

Wir klopften die vornehmen Lokale der Stadt ab.

Ich sagte immer noch nichts.

Also ging das Brautpaar betreten tanzen, weil es sich ebenfalls nicht viel zu sagen hatte.

Wir machten einen Rundgang durch alle Dancings Antwerpens. Wunderbar. Es war Korsakow, der überall bezahlte. Ich platzte vor Lachen.

Im Morgengrauen nahmen wir ein Taxi, um Sephira nach Hause zu begleiten. Wir gingen drei Minuten hinein. Ich ging kurz ins Zimmer ihres Bruders, um zu sehen, wie es Mandajew ging. Er lag auf dem Bett. Er röchelte in dem engen Zimmer, zwischen seinen Büchern und Sauerstoffflaschen; sein gespenstisch hagerer Kopf wurde von einer Wasserkugel beleuchtet, einer jener Kugeln, die die Diamantenschleifer vor eine Lichtquelle stellen, um zu überlegen und das Licht auf einen einzigen Punkt zu konzentrieren. Er hielt ein Buch in der Hand. Ich weiss nicht mehr, was für eines es war. Was hätte ich zu ihm sagen können? Und er, er war bereits dem Tod zugewandt.

Also verabschiedeten wir uns und schritten durch die menschenleeren Strassen, Korsakow schleppte mich *Chez Julia,* wo er bei unserer Ankunft eine Eroberung gemacht hatte, wie er ständig behauptete.

„Mensch, haben wir uns heute den Bauch vollgeschlagen!“ sagte er in der Tür. „Ich bumse die Rij.“

7.

Rij war eine Pufftrumpel, ein Tonnenweib, das wohl 110, 120 Kilogramm wog. Ich habe noch nie ein ähnliches Monster aus überschwappendem, schwabbelndem Fleisch gesehen. Sie verbrachte den Tag und die Nacht in einem Polstersessel, der eigens für sie hergestellt worden war und den sie endlos verschönerte, mit Bändern schmückte, mit Schleifen, mit Quasten, mit Gold- und Silberkordeln, mit Spitzen und Stickereien, und da die aufgeputzte Rückenlehne sehr hoch war und über ihren Kopf hinausragte und sie selbst immer schlabbernde Strickjacken trug, thronte sie in dieser Art Wiege oder Gartenlaube, in einer Schaubude, ein unförmiges Riesenweib in einem Panoptikum, in der Arche einer Weissagerin, immer zu einem Schwatz aufgelegt, den Schalk im Nacken, die schweren Lider über den kajalumrandeten Augen, unzählige Flaschen Bier schmetternd und eine lange Gipspfeife rauchend, die sie mit ihren ringgeschmückten Wurstfingern stopfte; Goldzähne, milchige Waden, bis unters Knie behaarte Beine; die Füsse in rot-blauen Lederpampuschen ruhten auf einem Fusssack, der ihren Pisspott verdeckte; den Haarknoten mit brillantenbesetzten Kämmen festgesteckt, einen Spiegel in Reichweite, eine über der Brust baumelnde Fatimahand. Sie hatte etwas von einer an Landwirtschaftsschauen prämierten Häsin und gleichzeitig etwas von einer Hindugottheit. Aber sie hatte ein sentimentales Herz und sorgte sich ständig um irgend jemanden. Rij hatte das Sagen im Haus, denn ihre zahlreichen Kunden kamen eigens ihretwegen ins *Chez Julia;* um mit diesem Fleischberg ficken zu können, musste der Mann unter, vor oder hinter ihr kauern, denn die Frau geruhte sich wie eine Termitenkönigin nicht zu rühren.

„Zum Glück habe ich eine grosse Fotze", pflegte sie zu sagen, wenn man den Paravent wegschob, hinter dem sie gearbeitet hatte, denn sie wäre um keinen Preis, nicht einmal für eine Million, ins obere Stockwerk hinaufgegangen. „Bei mir kann man nicht daneben treffen. Ich, ich bin doch kein Ausrufezeichen! Ich bin mollig. Ich lasse im Reitsattel rein oder auf dem Kützchen sitzen. Aber wenige Männer haben genügend Vordergeschirr; weisst du? Ich mag die Schnorrer und Sperenzer nicht, ich bekomme Migräne davon, das ermüdet mich. Wenn alle Frauen gebaut wären wie ich, wäre die Liebe nicht bloss scheinheiliges Getue. An mir ist etwas dran! Anständiges Fleisch! Zum Vögeln! Das ist gesund. Schaut!"

Und sie klatschte sich auf die Hinterbacken und knetete ihre Titten, wackelte mit dem Bauch und mit den Hüften, zeigte ihre Schenkel, ihre Knie, ihre unglaublichen Fussknöchel, liess einen ihre Oberarme mit beiden Händen umspannen, ihren Nacken, ihren Rücken tätscheln.

„Schön cremig wie eine Toilettenseife, nicht wahr?" sagte sie. „Glatt und duftend. Und ich schäume, weisst du? Ich bin einmalig. Barnum wollte mich mit nach Amerika nehmen. Aber ich bin aus Antwerpen. Man hat schliesslich seinen Stolz. Man zeigt sich nicht einfach so in aller Öffentlichkeit."

Die anderen Mädchen des Hauses – es waren achtzehn, entsprechend der fetten Zahl auf der Laterne – sassen im Halbkreis um sie herum und hörten friedlich strickend der unversiegbaren Rij zu. Es war eine solide Fuhre Matrosenfrauen, lauter kräftige Frauen vom Land, Stall- und Hausmägde. Sie waren arglos und freundlich. Wir führten sie aus. Wir unternahmen miteinander Bootsfahrten flussauf- oder flussabwärts. Wir picknickten, improvisierten Tanzereien in den Gasthäusern; an Regentagen gingen wir mit ihnen ins Kino oder auf ein Glas in die Hafenkneipen, und am Abend brachten wir sie wieder in ihre Bude, und der Kreis um die weissagende Rij schloss sich wieder.

Der Oktober verging. Mit der Zeit wurde es mir langweilig. Wenn wir die Kais entlang schlenderten, lockte mich die See wieder. Ich hätte mich am liebsten auf einem Schiff anheuern lassen. Aber Korsakow war mein Bankier geworden. Er gab mir alles Geld, das ich verlangte, ob 100 Sous oder 1000 Franc. Mit dem Betrag, den er Sephira am ersten Tag ihrer Begegnung entlockt hatte, war er, ohne die Versteigerung abzuwarten, meine Bücherkisten auslösen gegangen, und jetzt verkaufte er die Bücher, eines nach dem andern, flitzte bis nach Brüssel und nach Holland, um Sammler aufzuspüren und Kontakt mit Bibliophilen aufzunehmen. Ich liess ihn gewähren, ja, ich war erleichtert! Wir hatten uns nicht mehr viel zu sagen. Wir kannten einander zu gut. Und im übrigen widerte er mich an in seinem neuen Anzug und nach Kölnischwasser stinkend wie ein Handlungsreisender. Was trieb er überhaupt noch in Antwerpen? Sephira, Rij. Wir hatten Mandajew zu Grabe getragen. Das Ganze war eine Farce. Ergab keinen Sinn. Rij, Sephira. Worauf wartete er, um das Weite zu suchen? Ich hätte ihn am liebsten sitzengelassen. Hatte Lust, allein abzuhauen. Doch zum Glück befand sich unter *Chez Julias* Schar ein Mädchen, wie sie nur die Erde und der Himmel Flanderns hervorzubringen vermögen und die nur ein Memling hat auf die Leinwand bannen können, der das Blau des Himmels auf ihren Bauch geklebt hat und das Gold der Ähren in die Zöpfe, in die Schamhaare seiner züchtigen und seiner zügellosen Jungfrauen mit dem scharfen, überscharfen Blick, und die sich im Alltag wie Welpen benehmen, wunderbar drollig und dumm.

Sie hiess Ledje.

Mit Ledje schlafen war wie einem rennenden Hund nachlaufen. Was für ein übermütiges kleines Tier! Es begann mit Davonlaufen, mit Gekläffe, mit Herumtollen, mit Flattieren, mit Kratzen, mit Beissen, mit Lachen, bis man ausser Atem war. Sie griff an, ich stiess sie zurück. Sie warf sich auf mich, ich wehrte sie ab. Wir wälzten uns auf dem Fussboden. Sie entwand sich mir, ich packte sie wieder. Wir liessen uns lachend aufs Bett fallen, wo sich ein Kampf entspann, der mit Püffen und Klapsen endete, zum Spass natürlich, aber an der richtigen Stelle und wohlgezielt, wie man sie einem ausgelassenen jungen Hund verpasst mit dem Nebengedanken, ihn zu dressieren, anstatt ihn mit Zärtlichkeiten zu verziehen.

Wenn ich sie fragte: „Sag, Ledje, du führst dich doch nicht mit jedermann so auf, oder?“

Antwortete sie mir: „Was glaubst du denn? Du bist doch nicht der erste. Ich hasse dich, nur damit du's weisst. Ich mag nur Dreckskerle. Daher bin ich Nutte geworden. Die Männer, die Männer …“

Es stimmt. Wenn sie mit einem anonymen Kunden hinaufging, war sie eine andere. Sie gab sich spröde und mürrisch. Sie ging mit einem Tuch in der Hand die Treppe hoch, jedoch steif wie eine Schlafwandlerin, und wenn sie wieder herunterkam, war sie frostig, mit einem satanischen Lächeln in den Augen, als hätte sie den Kerl einer Folter unterzogen und ihn erniedrigt und ihn während einer einzigen Sitzung tausend- und tausendfach gedemütigt, und neun von zehn Malen verspottete sie ihn und setzte ihn hochmütig vor die Tür und verlangte anmassend Geld und nochmals Geld. Auch wenn sie vorher zum Trinken animierte, stiess sie nie mit einem Kunden an, aber nachher und wenn der Kerl erst einmal draussen war, kippte sie ein Glas Schnaps nach dem andern. Sie vertrank ihr ganzes Strumpfgeld. Sie hatte keine Stammkunden. „Was stechen will, spitzt sich beizeiten", sagte sie. Sie nahm alle unbekannten Dahergelaufenen.

Seltsames Mädchen. Verrückt. Wenn sie unten im Salon auf Kunden wartete, setzte sie sich nicht zu den anderen, die Rijs Gequatsche zuhörten; sie drehte sich vor dem grossen Spiegel, trat drei Schritte vorwärts, vier Schritte rückwärts, verbeugte sich feierlich vor ihrem Spiegelbild wie ein kleines Mädchen, das sich für eine Prinzessin hält und sich vorstellt, in einem Märchen zu sein, um plötzlich in die Hände zu klatschen, hysterisch herumzuhüpfen, zu tanzen, sich im Kreis zu drehen und mit ihrem dünnen Stimmchen zu singen wie ein Kind, das sich in einem Ringelreihen dreht:

Aus Putte komm ich, eine Nutte bin ich.
In Putte werd ich morgen begraben.
Sag, o Parpaille, sag, o Marmaille:
Aus welcher Kunne kommt die Kohle?

Pfaffe, o Pfaffe, dein Haus ist bald mein.
Dein Bett will ich haben und deinen Verstand.
Sag, o Parpaille, sag, o Marmaille:
Aus welcher Kunne kommt dieser Arsch?

Papa, Mama, Brüderchen, Schwesterlein,
Aus welcher Kunne kommt die Not?
Der Bäcker hat kein Brot.
Die Tochter ist eine Hur'.

Doch bald scheint die Sonne wieder in Putte,
Und mein Kind wird keine Nutte.
Und wir tanzen, tanzen, tanzen.
Tanzen!
Tanzt!

Es tanzen die Burschen,
Es tanzen die Mädchen.
Es tanzen die Nutten
Mit dem Pfarrer von Putte.

Aus Putte komm ich, eine Nutte bin ich.
In Putte werd ich morgen begraben.
Usw., usw.
(Ad libitum)

„Geht das schon wieder los; gebt ihr etwas zu trinken, damit sie endlich still ist, und sperrt sie in einen Schrank!" rief Rij verärgert, denn das düstere Lied brachte sie zum Weinen. Und als Ledje fortgejagt war, fügte sie hinzu: „Ein Jammer ist das! Ein so braves Mädchen. Die einzige, die nie ausgeht, immer an der Arbeit, wie ich auch, und die nur einmal puppern muss, um einen Mann zu schaffen. Doch sie hat keine Zukunft. Eine Alkoholikerin. Sie sind alle so in Putte."

„In Putte? Wie im Lied? Das gibt es also, Putte? Wo liegt es denn?“

„Ein Vorort von Antwerpen. Ein grosses Dorf. Nur Schnapsbrennereien. Die Kinder trinken gleich nach der Brust Genever, bis er ihnen aus den Augen spritzt; man füllt ihnen das Fläschchen damit. Die Nutten von Putte sind sprichwörtlich. Sie fallen in Trance ... ja, sie schnappen über.“

8.

Wir liefen erst um Mitternacht aus. Ich hatte Zeit; ich hatte Zeit, ein Glas mit dieser Monsternutte von einer Rij zu trinken, die mir meiner schönen Augen wegen im November zu einem Zimmer *Chez Julia* verholfen hatte, als dieser Halunke von einem Korsakow über Nacht verschwand und verduftete und mich mittellos zurückliess.

Wir hatten das dritte, das vierte Mal in Antwerpen die Anker geworfen. Meine Arbeit bestand darin, als Dolmetscher die Auswanderer aus Liepaja nach New York zu begleiten.

Die VOLTURNO war ein alter, mit Mennige verkleckster Kahn, der in Lettland die ärmsten Auswanderer Europas abholte, um sie nach New York zu transportieren, und im Austausch dafür am *pier* von Brooklyn oder Hoboken eine Ladung amerikanischer Rinder für Europa an Bord zu nehmen, jämmerliche Viecher, begleitet von einer Schar armer Teufel, die auf der Rückfahrt das Vieh versorgen und die Ställe ausmisten mussten; lauter Unerwünschte, die von der amerikanischen Polizei abgewiesen worden waren und die uns die Schnellboote der Einwanderungsbehörden von Ellis

Island – dieser Hölle in der Reede von New York – kurz vor dem Auslaufen an Bord brachten.

Ich hätte gern dieses Affenhirn kennengelernt, das diesen Tauschhandel erfunden hatte: europäische Emigranten gegen amerikanische Rinder; tüchtige Arbeitskräfte, tapfere Männer gegen einen Haufen Schwindsüchtiger, Syphilitiker, *minus habens,* Prostituierter, Diebe, Krimineller, Krüppel, die reihenweise aus den Stahlwerken in Pittsburgh und Bethlehem geliefert wurden; und ich fragte mich oft, wieviel die Kapitalisten der *Uranium Steam-Ship Co* in ein solches Geschäft investiert haben mochten und wie hoch ihre Dividenden waren. Lohnte sich das wirklich? Ich konnte es mir nicht vorstellen. Aber es spielen sich so viele geheimnisumwobene Geschäfte auf dem Meer ab. Kurz, wir löschten in Antwerpen die ganze Fracht. Die Rinder waren dazu bestimmt, als Konserven für die Verpflegung der im Aufbau begriffenen Armeen zu enden, und jene unter den Unerwünschten, die noch vier Sous besassen, nutzten einen Fluchtring, um der Polizeikontrolle zu entkommen, und sie konnten sich glücklich wähnen. Was die anderen anging, die anderen, Männer, Frauen, Kinder, das war bloss Müll.

Nichts ist nachts so trostlos wie Antwerpens Kais im Regen. Und plötzlich die brennenden Laternen ... Die fetten Zahlen ... Die 18 ...

Ich gehe hinein.

Die alte Rij! Ausser ihr kenne ich niemand mehr *Chez Julia.* Innerhalb von ein paar Monaten wurde das ganze Personal ausgewechselt, denn die Mädchen ziehen wegen jeder Lappalie aus und gehen ins gegenüberliegende Kloster. Die gute Äbtissin aber ist immer noch da!

„Wie, du bist es, Kleiner? Was treibst du denn die ganze Zeit? Weisst du, ich bin überhaupt nicht überrascht, dich heute aufkreuzen zu sehen. Ich habe nämlich gerade vorige Woche Besuch gehabt. Und weisst du von wem? Ich wette, du errätst es nicht. Wir haben von dir gesprochen. Dein alter Freund war hier, Monsieur Grischa, der Russe, der im November verschwunden ist. Wir haben uns oft gefragt, was aus ihm geworden ist. Stell dir vor, er hat geheiratet! Sie haben sich in Lüttich niedergelassen. Seine Frau führt ein Schmuckgeschäft, und er hat einen Betrieb gekauft, eine Fabrik, ein Laboratorium, was weiss ich; egal, er ist ein kluger Mann, er stellt Toilettenpapier her. Er soll ein Vermögen damit verdienen. Wenn du ihn gesehen hättest: in Schale, mit einem schönen Auto vor der Tür und kein bisschen hochmütig. Nun, du kennst ihn ja. Weisst du, er hat überhaupt nicht damit angegeben, das ist nicht seine Art; ich habe ihm meine ganzen Ersparnisse anvertraut. Hätte ich nicht sollen? Sag, was meinst du?“

[t'Serstevens, Albert, 1886–1974, französischer Schriftsteller und Journalist belgischer Abstammung, einer von Blaise Cendrars' ältesten Freunden, Verfasser von Abenteuer- und Schelmenromanen voller blühender Exotik; seine ganz besondere Liebe galt den heldenhaften Zeiten der Flibustier und den Abenteurern aus der Zeit der Eroberungen.]

Genua

Für
Ew. Pater Brückberger
Ehrwürden, der Tisch ist gedeckt.

Blaise Cendrars

Die drei Perlen aus Isfahan

Das Rezept ist in Kiplings *Kim* nachzulesen. Als Kim erschöpft und krank aus dem Gebirge Tibets zurückkehrt, wohin er seinen Meister, den alten, vom Rad besessenen Lama begleitet hat, schickt ihnen die alte Sahiba ihren Palankin zwanzig Meilen entgegen und nimmt sie gastfreundlich in ihrem grossen Haus in der Ebene auf; und nachdem sie den Jungen gepflegt, „ostwärts und westwärts geschoben, auf dass die geheimnisvollen Erdströmungen, die den menschlichen Leib durchrieseln, mithülften statt hinderten, und sie ihn stückweise, Muskel für Muskel, Knochen für Knochen, Sehne für Sehne und schliesslich Nerv für Nerv" [...] geknetet und ihn neu eingekleidet hatte, sagte die alte Frau: „Lasst ihn gehen. Mutter Erde muss das übrige tun." Und Kim geht zu einem jungen Feigenbaum auf einem kleinen Hügel, unter dem ein leerer Ochsenkarren steht: „Der Grund war guter Boden [...], der den Samen allen Lebens birgt. Er fühlte ihn zwischen den Zehen, liebkoste ihn mit den Händen, und wollüstig seufzend, streckte er sich, Glied für Glied, in voller Länge im Schatten des aus Holz genagelten Karrens aus. Und Mutter Erde war so treu wie die Sahiba. Sie durchhauchte ihn und gab ihm wieder, was er verloren hatte durch langes Liegen im Bett, abgeschlossen von ihren guten Strömungen. Sein Kopf lag willenlos an ihrer Brust, und seine offenen Hände hingegeben an ihre Kraft. Der vielwurzlige Baum über ihm und selbst das tote, von Menschenhand gefügte Holz wussten, was er suchte. Stunde auf Stunde lag er in Tiefen, tiefer als Schlaf." Und als hätte er im Mutterleib Schutz gesucht und neue Kräfte gesammelt, tauchte Kim nach acht Tagen frisch und munter aus der Brunnentiefe auf, als habe er hundert Jahre geschlafen, bereit, seinen Meister auf einer neuen Pilgerfahrt zu begleiten. Ich aber war nach acht Tagen so zerschlagen wie am ersten Tag, als ich mich in Neapel auf Grund laufen liess und an Vergils Grab Zuflucht fand.

Was für ein Abenteuer!

Es war im September 1906.

Ich trat in mein zwanzigstes Lebensjahr, das Alter der Einberufung. Doch darum ging es nicht. Seit drei Jahren reiste ich mit Rogowin durch Russland, China, Zentralasien. Er hatte mich als Teilhaber in seinen Schmuckhandel aufgenommen, und um mich fester an sein Geschäft zu binden, wollte er mir seine einzige Tochter zur Frau geben, die ich jedoch nicht wollte, und Kaufmann werden oder Soldat sein, das wollte ich ebensowenig. Im übrigen zerstritten und zerzankten wir uns nicht wegen seiner Tochter, das war nicht der Grund, warum ich ihn schliesslich in Persien im Stich liess, Rogowin. Esther war erst elf, und Rogowins Pläne hatten Zeit, der Zukunft eine andere Wendung zu geben, und seine Wünsche würden sich an einen anderen Gehilfen richten können, und seine Wahl würde auf einen anderen, einen geeigneteren Schwiegersohn fallen, einen Nachbarn, einen Landsmann oder Glaubensbruder, war Rogowin doch ein konvertierter Orthodoxer – oder Marane, wie der Grossteil der Goldschmiede in Russland. Nein, wir zerstritten und zerzankten und trennten uns nicht wegen Esther in Feindschaft, obwohl die Angelegenheit oft und zunehmend gehässig aufs Tapet gebracht wurde, sondern wegen eines hohlen Rapiers, eines kostbaren Paradehiebers.

Eines schönen Morgens suchten uns zwei Kerle aus dem Süden in der Karawanserei in Teheran auf und boten uns ein Rapier aus Isfahan an, einen schönen langen Hieber, schlank und biegsam wie ein junges Mädchen und kostbar wie der Zauberstab einer Fee: Die Parierstange war mit ineinander verschlungenen Goldintarsien verziert, die Blätter und Weinrosen darstellten; ich wollte das kostbare Stück auf der Stelle haben, Rogowin aber wollte es zu keinem Preis kaufen; nach acht Tagen Feilschen kaufte ich es trotzdem, und zwar ziemlich teuer, was meinen Chef in Zorn versetzte, nicht, weil er glaubte, ich wolle mich selbständig machen, und weil ich mit dem Geld, das ich bei ihm verdient hatte, ein Geschäft gegen seinen Willen abgeschlossen hatte, sondern weil der Hieber ein Geheimnis barg: Wenn man auf die Filigranverzierung drückte, glitt der Griff auf und enthüllte ein Geheimfach, ein kleines Kästchen, das drei Perlen enthielt, drei Perlen mit dem wunderbarsten Schmelz – eine makellose Kirschperle und zwei Tropfenperlen –, keine gestohlenen Perlen, nein, aber immerhin geschmuggelte Perlen. Die Versuchung war gross, und Rogowin, der sich nicht auf solche Geschäfte einliess, verzieh mir nicht, nachgegeben zu haben, und um mir eine Lektion zu erteilen, aber ebensosehr aus Bedauern, Eifersucht, Skrupel, Durchtriebenheit, Rachegier, ja, Rogowin war es, der mich bei der Basaraufsicht anzeigte, einer Art Arteltschiki der Juweliere oder Diszplinargericht, was mich zur Flucht veranlasste und mich nach drei Monaten abenteuerlicher Verfolgung in Neapel auf Grund laufen liess, zwar nicht mit einem Messer zwischen den Rippen, aber als Wrack, und ohne lange zu überlegen, stieg ich zum Vomero hinauf, zu den einstigen Ländereien meines Vaters, um auf dem Hof auszuruhen, mich bei Pasquali, unserem einstigen Milchbauern, zu erholen, und mit seinem jüngsten Sohn, mit dem ich als Kind in der Fumarole der Solfatara manche Streiche ausgeheckt hatte.

Doch Pasqualis Hof war verschwunden. An dessen Stelle erhob sich ein Mietshaus, eine Kaserne, und niemand konnte mir sagen, was aus Pasquali und seiner Familie geworden war. Seit damals, als mein Vater enteignet wurde, hatte das Grundstück auf dem Vomero einen Aufschwung genommen, und die Umgebung der Solfatara hatte sich in ein gutbürgerliches Stadtviertel verwandelt. Eine Terrassensiedlung war in Bau, und das ganze Gelände war in kleine, sorgfältig unterhaltene und mit Obstbäumen bepflanzte Parzellen unterteilt, zwischen denen sich die Weinranken von Ast zu Ast schwangen, und zwischen dem leuchtenden Grün der Orangen- und Zitronenbäume und dem Gewucher der Oleanderbüsche entdeckte man Häuser im Stil kleiner Vorstadtvillen, schlichte, geschmäcklerische oder schmukke, die meisten mit absurden verschnörkelten Namen beschriftet; eine Wohnsiedlung, die am Abhang des Vomero die namenlosen Felder von einst ersetzt hatte, die abbrökkelnden Mäuerchen, die von den Wurzeln der Feigenbäume berstenden Steintreppen, die alten Frauen auf der Türschwelle, die eine Schar Kinder und die Hühner überwachten, ihren Heiligen, ihre Heilige in der Wandnische, einen kahlen Esel oder zwei, drei am Pflock festgebundene Ziegen und den braven, hageren, ledrigen Krauter, den neapolitanischen Kleinbauer – Pasquali, Gennaro, Mario, Beppino, Gesù –, der auf einem Armvoll frischer Maisstauden, der *tagliora,* Siesta hält, mit aufgeknotetem Flanellgürtel und zerzaustem Haar selig den Engeln zulächelt, während er auf die Rückkehr seiner Frau wartet, die in die Stadt hinuntergegangen ist, barfuss, ihren Korb, ihren Worfelkorb auf dem Kopf balancierend, die Balkenwaage in der Hand, die mit den anderen Gemüsefrauen um die Wette ihre Ware ausruft, Auberginen, Fenchel, Paprika, Tomaten, grüner Kohl, Saubohnen; oder, je nach der Jahreszeit, ihre Früchte, Mandeln, Trauben, Feigen, Pfirsiche, Arbusen, Granatäpfel, Orangen, Mandarinen, Zitronen, Johannisbrot, und im Hochsommer pralle Wassermelonen, von denen der Esel abends auf seinem Packsattel eine doppelte Ladung nach Posilip hinunterbringt, nachdem er den ganzen Vormittag am grossen Rad des Ziehbrunnens angespannt gewesen war; Wassermelonen, die längs der Küstenstrasse zu Pyramiden gestapelt werden, eine neben der anderen bis zum Kreisel am Kap, wo die Kaleschen der Städter wenden; Wassermelonen, die man aufschneidet, die man in rote Scheiben schneidet, saftige Scheiben, in welche die sich am Meeresufer lümmelnden *lazzaroni* mit vollen Zähnen hineinbeissen und dabei den feisten Damen und den kichernden Mädchen zuzwinkern, die sich in den Polstern der Droschken und Kaleschen zurücklehnen, eine lange, in beide Richtungen im Trab vorbeiziehende Prozession, von einem Schwarm kleiner Bettler eskortiert, Mädchen und Buben, die elendsten laufen nackt herum, aber mit Krusten und Skrofeln bekleidet, und die im Staub das Rad schlagen, den Pferden zwischen die Beine laufen, sich am Kutschenschlag festklammern und singen und flehen und erbärmliche Grimassen ziehen, eine Hand auf dem Herzen, die andere ausgestreckt:

Mu-o-io di fame, signor!
Date-mi un soldo,
Caro signor!
Mu-o-io di fame, signor!
Date-mi un soldo,
Caro signor!
Mu-o-io …

Ununterbrochen. Bis die Sonne untergeht und der Mond aufgeht und die Gitarren verstummen und Ladeninhaber und Städter endlich aufbrechen und die Lampions in den Restaurants verlöschen und jedermann in die Stadt zurückkehrt und alle schlafen gehen, die ganze Nacht von summenden Mücken belästigt.

Doch man darf nie in den Garten der Kindheit zurückkehren, der ein verlorenes Paradies ist: das Paradies der Kinderlieben! Noch ein paar Schritte, und an der Wegbiegung angekommen, würde ich die bittere Erfahrung machen.

Ich schritt tüchtig aus, meinen Hieber stolz vor mir her tragend, wie ich überall in Persien den Eselführer seinen Knüppel hatte tragen sehen, den Kaufmann seinen goldberingten oder mit Perlmutt oder Silber eingelegten Rohrstock, den hohen Beamten sein Stöckchen aus Ebenholz oder Mahagoni mit dem Elfenbeinknauf, einer Bernstein- oder Karneolkugel und dem dazu passenden Endstück, die jungen Burschen wie ich einen Wildrosenzweig, alles Attribute, die nicht etwa Insignien männlicher Eitelkeit oder Eleganz sind, sondern Insignien der Männlichkeit (für die Neger in Brasilien, ehemalige Sklaven, ist es der eingerollte Regenschirm, den sie geschultert tragen wie der römische Liktor das Rutenbündel, Symbol der Amtsgewalt und Verkörperung des Gesetzes), und dieses Zubehör wird feierlich auf Augenhöhe vor sich her getragen wie ein Bischofsstab, ja ein Marschallstab oder Zepter, und wird nicht im Staub oder Schlamm hinter sich her gezogen und auch nicht damit aufs Strassenpflaster gehämmert, wie bei den geschwätzigen Franzosen Mode, die – ein Sakrileg! – mit ihrem Stöckchen gestikulieren wie mit einem *stick,* Zubehör der Engländer, die den Takt schlagen, ihre Versnobtheit, ihren schlaksigen Gang skandieren, ihren wankelmütigen Humor zum Ausdruck bringen, ihre heimlichen Sorgen, ihre Frustration, ohne es fertigzubringen, ihren übereilten Schritt auszugleichen. In Persien hat man Selbstachtung, ist man ruhig und majestätisch, schreitet würdevoll, jedermann stellt sich vor, eine Persönlichkeit zu sein – und ich lachte, nicht, weil ich meinen Verfolgern entkommen war, und auch nicht, weil ich glücklicher Besitzer eines so kostbaren Hiebers war, und auch nicht, weil ich heimlich drei wertvolle Perlen besass; ich lachte, weil ich meinen vornehmen Vater so trefflich nachäffte, und ich trug meinen Hieber aus Isfahan vor mir her, und ich lachte und verfluchte meinen Vater, weil er als erster die Idee gehabt hatte, diesen ländlichen Hügel, einen der am besten gelegenen und der menschlichsten und schönsten der Welt, eine seit dem Altertum berühmte Stätte, in eine kleinliche, gedrängte, mit Stacheldraht umzäunte, mit hohen Mauern umschlossene, eingegrenzte, eingepackte, eingekerkerte Wohnsiedlung zu verwandeln; und je weiter ich ging – ich schritt durch den Hohlweg, der von den Höhen des Vomero steil nach Posilip hinabführt, folgte dem alten Maultierpfad, der einst ein verträumter Pfad war, wo grosse Dichterpaare sich freiwillig verirrten, um sich hervorzutun, und der jetzt, fünfzehn Jahre später – seit der Zeit, als mein Vater die absurde Idee gehabt hatte, an einem derartigen Ort der Meditation und der Stille eine Wohnsiedlung zu erstellen –, ganz durchfurcht war von den pausenlosen Transporten der Bauunternehmen, die die Baumaterialien hinaufkarrten und Bauschutt hinunterkarrten. (Es roch immer noch nach Basilikum, nach Pinienharz, da und dort nach Rosmarin und würzig nach zertretenen Pferdeäpfeln, und nicht ausschliesslich nach Benzin und Heizöl, denn es war noch nicht die Zeit der intensiven maschinellen Arbeitsweise und der Serienproduktion von Betonhäusern, die bald folgen würde. Und das soll der Fortschritt sein!) Und je weiter ich den steilen Pfad hinunterstieg, desto zahlreicher wurden die Gitterzäune, desto höher die Mauern um die immer kleineren, geleckten, geharkten Gärten mit den eingetopften Zierpflanzen, exotischen Sträuchern, Wasserbecken, läppischen Springbrunnen, Goldfischen, rustikalem Luxus; ein englisches Cottagedach, eine Münchner Villa, ein zerlegbarer amerikanischer Bungalow (bereits die ersten Plagiate der Städteplaner), was alles keinen Sinn ergab, und je näher Posilip kam, desto deutlicher wurde mir bewusst, dass ein unbedeutender Mensch wie ich, ein zerlumpter Herumtreiber auf der Flucht, es niemals schaffen würde, sich hier unbemerkt einzuschleichen und die Einsamkeit zu finden, ein Plätzchen, wo ich mich ausruhen und mich erholen konnte; und je weiter ich ging, desto unbändiger musste ich über mich selbst lachen und desto zorniger verfluchte ich meinen Vater, denn ich sah mich weiter unten dahinschreiten, wie in einem Spiegel.

Nun aber, wer seinen Vater verflucht, ist ein Dämon.

Die Verdammung des heiligen Cassianus ist eindeutig. Das ist auch die Ansicht der Anachoreten – und der erste Glaubensartikel der Theologie!

Es ist Luzifers Sünde.

Der Hochmut.

Ich schritt vorwärts und betrachtete mich wie in einem Spiegel, ohne auf die engen Durchblicke zu achten, die den Blick aufs Meer freigaben, auf die von der Küste gesäumte azurne Muschel: Sorrent, den Vesuv, Ischia am Eingang des unvergleichlichen Golfs, wo die Insel Capri, wie ein tief über dem Wasser kreisender rosa Flamingo, über dem tiefblauen Meer schwebt.

Die Welt ist ein grossartiges Gebilde. Sie ist aus den schlechten Exemplaren unsersgleichen geschaffen, aus banalen populären Doktrinen, aus ansteckenden verallgemeinernden Ideologien, den verschiedensten Neigungen, gegen die jedes Individuum ständig anzukämpfen hat. Warum ist des Menschen Herz ein Schlachtfeld? Warum diese innersten, unvermeidlichen Widersprüche in uns selbst, die unser Sein ausmachen? Ist dies unser primitiver Zustand? Oder ist dies auf eine Urkatastrophe zurückzuführen, einen Verfall, ein im Ursprung der Gattung verborgenes Drama? Sind die Menschen von Natur aus wahnsinnig? Oder ist es die Arbeit, das Brot, das im Schweisse des Angesichts verdient werden muss, was sie wahnsinnig macht? Sind sie Fanatiker und Besessene? Exaltierte? Trübsinnige?

Laut Cassianus sind, ausser Gott, alle Wesen notwendigerweise, wenn nicht aus Materie oder Form, so mindestens aus Essenz und Seiendem geschaffen; aus Seinsanlage – Potenz – und Seinsvollendung – Akt –; aus Substanz und Zufällen. Gott ist der einzige Ursprung, und alles, ohne jede Ausnahme, schöpft alles Leben und den menschlichen Willen aus ihm. Gott allein *IST,* beinhaltet er doch nur den *reinen Geist,* und, wie der heilige Thomas von Aquin sagen würde, den *actus purus,* das *Sein schlechthin.* Alle anderen Wesen brauchen eine Stütze, um zu existieren, und diese Stütze kann nur die mehr oder weniger subtile geschöpfliche Materie sein. Wir nennen die subtilste Materie Geist: *spiritus.* Dieses Wort bedeutet: Luft, Atem, Lebenshauch. Unsere Seele ist demnach *eine Art Luft,* natürlich nicht wie die Luft, die wir atmen, sondern eine noch viel subtilere. Und die Engel, gute oder böse, sind demnach ebenfalls *intelligente Kräfte,* die mit einem noch bestimmungsloseren Stoff verbunden sind als dem, der unsere Seele ausmacht, oder jedenfalls einem noch viel unfasslicheren als unserem Körper.

Tun wir diese Lehre nicht voreilig als kindlich ab. Die Völker der Antike kannten keine vergleichenden Begriffe für die geistige und die stoffliche Energie. Daraus ergibt sich, dass die Erschaffung der Engel nur in der Ewigkeit erfolgen konnte. Die Erschaffung der Engel ist der Erschaffung der menschlichen Spezies vorausgegangen. Die Dämonen sind durch ihre eigene Schuld (durch die Sünde des

Hochmuts) von ihrem Rang innerhalb der Hierarchie der Geister gestürzt worden.

Und Abbé Cassianus erklärt: „Gewiss, es gibt ein geistiges Gesetz, jenes nämlich, das uns befiehlt, unser Brot im Schweisse unseres Angesichts zu essen; *aber nicht etwa das materielle Brot, das die Reichen ohne Mühsal erlangen,* sondern das Brot des Himmels, das wir uns alle, ob reich, ob arm, unter grosser Anstrengung verdienen müssen. Wir wissen, dass dieses Gesetz geistiger Natur ist, aber wir, wir sind Fleisch. *Ich bin Fleisch, der Sünde verkauft,* schreibt der Apostel." (Röm. 7,14)

Und der grosse Mystiker-Materialist erklärt: „Wohl wissen wir, es gebe geistige Geschöpfe, als da sind die Engel, die Erzengel und die anderen Himmelskräfte, und auch unsere Seele oder die subtile Aura, die uns umgibt, gehören dazu. Doch man darf keineswegs glauben, alles Geistige sei körperlos. Diese Geschöpfe haben einen Körper, durch den sie existieren, obwohl er viel feinstofflicher ist als der unsere, wie das Apostelwort sagt: *Auch gibt es himmlische und irdische Körper.* Aber andersartig ist der Glanz der Himmlischen, und andersartig derjenige der Irdischen. Und weiter: *Gesät wird er als irdischer Leib, auferweckt als geistiger.*" (1. Kor. 15,44)

Und der alte Dialektiker stellt die Frage: „Worin besteht denn, frage ich euch, diese enge, intime Gemeinschaft der Seele mit den Geistern des Bösen? Damit meine ich, dass sie sich nicht etwa an ihr anheften, sondern sich mit ihr vereinen. Denn sie sprechen kaum wahrnehmbar zu ihr, schleichen sich in ihre Brust, flüstern ihr alles Beliebige ein, stacheln sie zu einer ihnen beliebenden Tat an, erkennen und sehen ihre Gedanken und Regungen bis ins kleinste. Und so gross ist schliesslich die Einheit zwischen den Geistern des Bösen und unserem Geiste, dass es ohne die Gnade Gottes nahezu unmöglich ist, auseinanderzuhalten, was seinen Ursprung in ihrer Aufwieglung hat und was durch unseren Willen geschieht."

Und der alte Mönch, der grosse Kenner des Teufels und des menschlichen Herzens, antwortet: „Die Dämonen vermögen nicht in uns einzudringen, nein. Sie erkennen unsere Gedanken nur an deren äusserem Ausdruck, an unseren Worten und unseren Gesten und unserem Mienenspiel, die sie interpretieren, so, wie auch wir es gegenüber unsersgleichen tun."

Und er präzisiert: „Dass ein Geist sich unbemerkt mit einem anderen Geist vereint und eine geheime Verführungskraft auf ihn ausübt und ihn in eine bestimmte Richtung lenken kann, das darf uns nicht erstaunen. Denn zwischen den Geistern besteht eine Verwandtschaft und eine natürliche Ähnlichkeit, wie zwischen den Menschen. Beweis dafür ist, dass die Definition der Seele auch auf die Dämonen zutrifft."

Und der Heilige wendet sich an die Fanatiker, deren klinisches Porträt er zeichnet: „Von unreinen Geistern Besessene reden oder handeln ihrem eigenen Willen zuwider oder stehen unter dem Zwang, Dinge zu verkünden, die ihnen unverständlich und fremd sind. Offen gestanden: Der Einfluss, den die Geister auf diese Menschen ausüben, tut sich in verschiedener Weise kund, dies ist eindeutig. Manche werden so sehr beherrscht, dass sie nicht wissen, was sie tun oder was sie sagen. Andere wiederum wissen es und erinnern sich nachträglich daran. Doch man darf sich nicht etwa vorstellen, dies geschehe mittels einer Übertragung des unreinen Geistes, der die Substanz selbst der besessenen Seele durchdringt, so dass er, eins mir ihr, durch den Mund des Patienten spräche. Nein, dem ist keineswegs so. Die Argumentation beweist vielmehr, dass alles auf die Schwäche des Körpers zurückzuführen ist. Der unreine Geist bemächtigt sich nämlich der Gliedmassen, in denen die ganze Kraft der Seele ruht, lastet mit erdrückendem Gewicht auf ihnen und verwischt und erstickt dadurch die intellektuellen Fähigkeiten und versenkt sie in der undurchdringlichsten Finsternis. Eine Wirkung, die wir im übrigen auch bei übermässigem Weingenuss, bei Fieber oder beissender Kälte und allen durch äusseren Einfluss hervorgerufenen Krankheiten beobachten können."[1]

In seiner Abhandlung, die Johannes Cassianus nach seiner Rückkehr aus der ägyptischen Wüste den Dämonen gewidmet hat und von denen er eine grosse Vielfalt aufzählt, entwickelt er eine sehr eigenartige Theorie über die Identität gewisser Tiere und gewisser Dämonen und Besessener: „Die Evangelien bezeugen, dass es sowohl taube als auch stumme Dämonen gibt. Der Prophet Hosea lehrt, dass es Geister der Unzucht und der Zecherei gibt. Laut der Heiligen Schrift gibt es Dämonen der Nacht, des Tages und der Mittagsstunde. Doch es wäre ein endloses Unterfangen, wollte man alle Schriften lesen, um eine vollständige Aufzählung der von den Propheten erwähnten Gattungen zu geben: Onozentauren, Manticoren, Caecen, Sirenen, Lamien, Eulen, Strausse, Igel, Nattern, Basilisken, Löwen, Drachen, Skorpione und jene, die der Apostel Fürst der Welt nennt, Herrscher der Finsternis, Geister der Spottlust. Und man glaube ja nicht, diese Namen seien aufs Geratewohl erfunden. Wir müssen sie als Symbole betrachten, widerspiegeln doch die verschiedenen, mehr oder weniger gefährlichen oder schädlichen Raubtiere die Mannigfaltigkeit der Grausamkeit und des Zorns, die die verschiedenen Stufen der Dämonen durch ihre Bösartigkeit voneinander unterscheiden."

Die Schelmereien der Tiere: Was für eine Offenbarung für jemanden, der, wie ich, dem Ruf des Urwaldes erliegen würde und der mit dem unmenschlichen, gefühllosen Auge seiner Kamera, deren Objektiv mit verschiedenen Brennweiten alles und in jeder Tiefenschärfe auf den Film bannte, wilde Tiere einzufangen vermochte, die noch nie einen Menschen gewittert hatten. Den brasilianischen Ameisenbär, den *Tamandua bandeira* oder Fahnenträger zum Beispiel, den ein Teufel wie Pieter Breughel der Ältere, Bauernbruegel genannt, sich nicht vorzustellen getraut hätte; oder den *Ornithorhynchus,* das tasmanische Schnabeltier, das belemmert sein eben gelegtes Ei bestaunt, dem es die Brust geben wird. Doch, was zum Teufel, hecken sie wohl aus in ihrer schwindelerregenden Einsamkeit in der Tiefe der Wälder oder in der vor Hitze flimmernden Wüste, jene hechelnden Nasobeme? Und was von diesem dritten Schlingel halten, diesem armen Kerl, dem Faultier Amazoniens mit dem flehenden Blick einer Maria Magdalena und seinem in die Augen hängenden Haarbüschel, das in den Baumwipfeln kopfunter an einem Ast hängt, links und rechts die Blätter in Reichweite seiner Zahnlippen frisst, das sich aus schierer Seelengüte lieber von seinen Parasiten lebendig verschlingen lässt, als eine Pfote zu rühren und sich zu kratzen, und das lieber Hungers stirbt, als sich von seinem Ast zu rühren, wem entspricht es wohl in Cassianus' Klassifizierung?

Doch er käme nicht aus Marseille, Pater Cassianus, würde er sich nicht über Luzifer lustig machen, über ihn spotten und Schabernack mit ihm treiben und respektlose, ja humoristische Skizzen seiner Helfershelfer und Abkömmlinge zeichnen, der Gründer der Abtei Saint-Victor am Ausgang des Alten Hafens! Höret die subtile Satire über die *Bacuceos,* diese Ausgeburten der Hölle oder *Topazes* des Stadthauses. Könnte das nicht eine Seite, und was für eine treffende, Marcel Pagnols sein?

„Es gibt noch andere, die das gemeine Volk *Bacuceos* nennt und die ihre Gefangenen mit ihrer hohlen Eitelkeit anstekken. Und man sieht sie, wie sie sich recken, sich in majestätische oder stolze Posen werfen, andere Male wiederum, wie sie sich liebenswürdig und heiter zu jemandem hinunterbeugen, um sich schlicht und gütig zu geben. Weil sie sich für illustre und bedeutende Persönlichkeiten halten, sieht man sie einmal, wie sie sich vor den Mächtigen verbeugen, einmal glauben sie, ihrerseits glühend verehrt zu werden, und ergehen sich in einmal demütigen, einmal hochmütigen Gesten von Menschen, die tatsächlich in einer entsprechenden Lage sind."

Ich wende die Seite ... Und sieh einer an: mein Porträt wie aus dem *Photomaton,* denn auch die patentierten Geräte und die heutigen Automaten, Helfershelfer Satans, tragen cassianische Namen: „Wir haben weitere Dämonen gefunden, die sich nicht nur in der Lüge gefallen, sondern auch in der

Gotteslästerung, und die die Menschen dazu verführen. Dessen sind wir selbst Zeugen geworden, denn wir haben tatsächlich einen Dämon gehört, der sich rühmte, die Gottlosigkeit gezeugt zu haben."

(Ich wende die Seite und zucke zusammen. Ich bin in Mignes *Patrologie* vertieft. Ich befinde mich in der Bibliothek von Sankt Petersburg, Winter 1945. Im grossen Lesesaal herrscht Grabesstille. Alle sind in ihre Lektüre vertieft. Der diensttuende Hilfsbibliothekar schlurft auf seinen Gummisohlen zwischen den Tischreihen auf und ab. Man hört nur das Rascheln der gewendeten Seiten. Und plötzlich sehe ich mein Ebenbild! Ja, das bin ich. Ein Spiegel wird mir entgegengehalten. Mein Atem beschlägt ihn, wie der Frost die Fensterscheiben. Was für ein Schock!) „Es steht ausser Zweifel, dass es bei den unreinen Geistern ebenso viele verschiedene Vorlieben gibt wie bei den Menschen. Darunter gibt es welche, die das gemeine Volk *Planos* nennt – Vagabunden – und die vor allem Verführer und Possenreisser sind." Und der gelehrte Kanonikus Cristiani fügt 1946 in seiner Übersetzung auf der entsprechenden Seite eine Fussnote hinzu: „Das Wort *planus,* das wir bei Plinius in der Bedeutung von *Possenreisser* finden, bedeutet auch Vagabund, Abenteurer."

Ich pralle an den Spiegel.

Eine Wegbiegung.

Und ein Schrei entringt sich mir; und ich beginne zu rennen.

Ich beginne an der Wegbiegung zu rennen, doch nicht etwa, um davonzulaufen. Niemand rennt hinter mir her. Ich werde nicht verfolgt. Niemand lauert mir hinter der Wegbiegung auf und stürzt sich auf mich, wie es mein *Doppelgänger* getan hätte und wie es – immer laut Cassianus – gewisse *Planos* und Vagabunden tun: „Während einige sich darauf beschränken, die Nächte als harmloser Alb bei den Menschen zu verbringen, lassen sich andere von wildem Zorn und Roheit hinreissen, so dass sie – nicht zufrieden damit, die Leiber derer zu zerfleischen, deren sie habhaft werden – sich sogar von weitem auf die des Weges Kommenden stürzen und sie aufs grausamste angreifen. Gleich jenen, von denen das Evangelium spricht und vor denen man sich derart fürchtete, dass sich niemand diese Wege einzuschlagen getraute."

Nein, ich werde nicht überfallen, im Gegenteil! Wenn ich an dieser Wegbiegung zu rennen beginne, dann nur, weil ich meiner Kindheit entgegenrenne.

Ein kleines Mädchen ...

Nein, das ist doch nicht möglich.

Hinter der Wegbiegung erblicke ich eine schmale, morsche Pforte in einer Mauer. Ich erkenne die Pforte; sie ist aus Brettern zusammengeschustert und aus Blechen, die die Stempel berühmter Fotomaterial-Marken tragen (*photogenic* sagte man damals noch nicht): Lumière, Pathé, Gaumont, A.E.G., Zeiss, Agfa, Kodak, Eastman, Edison. Es ist die Pforte zu meinem Paradies! Ich brauche bloss ein lockeres Brett im Türflügel, das sich um einen dicken Zimmermannsnagel dreht, mit dem Ellbogen nach innen zu drükken, die Hand durch den Spalt zu stecken, mit verrenktem Handgelenk nach dem Riegel zu langen, ihn mühsam mit dem Finger zurückzuziehen, mit dem Knie zu stossen, und die alte Tür gibt nach, dreht sich ächzend in den Angeln, und ich kann eintreten.

Ich trete ein.

Es ist immer das gleiche.

Ehrfürchtiges Staunen.

Das ohrenbetäubende Zirpen der Grillen, brütende Hitze, immergrüne Eichen und der Mastixstrauch. Duftende Lichtung, plötzliche Stille, Einsamkeit, rätselhafte, greifbare Einsamkeit. Trauer. Asparagus, seltenes Gras.

Wer belauert dich?

Elena und ich waren jedesmal von dieser geahnten Gegenwart ergriffen. Wir blieben zögernd in der Tür stehen. Wagten nicht einzutreten, die Schwelle zu überschreiten. Ich hielt das kleine Mädchen bei der Hand. Das Herz schlug mir bis zum Hals …

Ich stosse mit der Ferse die Tür hinter mir zu, die mit all ihren alten Spanten zittert wie eine Totentrommel, und die Angeln ächzen dazu. Ich gehe drei Schritte weiter.

Nichts hat sich in der Lichtung geändert. Links ein kleines überwuchertes Haus, ein Schlangennest aus Dornengestrüpp und altem Gemäuer, die Knospen, die Zweige, die tausend Stengel, die knorrigen, wie Weinstöcke bizarr geformten Äste, der Stamm, dick wie ein Oberschenkel; ein saftstrotzender, verwilderter Rosenstock, ein Gewirr aus ineinander verschlungenen Zweigen, die sich wie eine dunkle, duftende Flut vom Dach über die Fensteröffnungen ergiessen; eine struppige Mähne, die über eine verfallene Terrassenbrüstung fällt und sie unter sich begräbt, um sich dann in eine Schlucht, in ein sattgrünes Tal zu stürzen, das steil ins Meer fliesst; rechts, zuoberst auf einer kleinen Böschung, ein künstlicher Erdhügel, der von riesigen Wurzeln umgegraben und gesprengt wurde, wodurch drei Steinblöcke, ein altes, in der Erde versunkenes Monument, zutage gefördert wurden; eine tausendjährige Pinie, die berühmte Schirmpinie, die alle Welt kennt, weil sie auf dem berühmten Bild, das als Ansichtskarte in Millionenauflagen gedruckt wird, auf der Panoramaaufnahme Neapels mit dem Golf, den Inseln und dem Vesuv, im Vordergrund steht.

Gott sei für diesen unsterblichen Ort auf Erden gedankt.

Ich mache mich unverzüglich an die Arbeit. Ich wühle, ich scharre, ich grabe meine Grube. Ich messe sie mit meinem Isfahaner Hieber aus. Ich lege mich hinein. Ich strecke mich auf dem Rücken aus. Ich mache sie breiter. Ich drücke den Grund mit beiden Händen fest, damit ich bequem liege. Ich mache mir ein kleines Kissen aus Piniennadeln und lockerer Erde, wie ich es für Elena tat, meine kleine Spielgefährtin, die sich artig, ganz artig neben mich legte, um die Vögelchen nicht zu verschrecken, die wir von unserem Versteck aus belauerten, und wir rührten uns den ganzen langen Nachmittag nicht.

Heute will ich gesunden. Meine Erschöpfung ist grenzenlos. Ich kann nicht mehr, bin am Ende meiner Kräfte. Wie Kim. Doch bevor ich Kims Kur anfange, gehe ich nach Posilip hinunter; ich will ins Meer tauchen, einen Wasservorrat holen und mit Lebensmitteln für eine Woche wieder hinaufsteigen, Brot, Salami, Mortadella, *caciocavallo* – oder Pferdehinterbacken –, was ein Käse mit der Form einer Pilgerfeldflasche oder einer doppelten Kalebasse ist, und einer dickbauchigen Dreiliterflasche Wein, rund und schwer wie eine Glocke. Ich trage alles freudig und vor Ungeduld sterbend zu meiner Klause hinauf. Ich treffe meine Vorbereitungen, um meine erste Nacht im Garten meiner Kindheit zu verbringen, dem verlorenen, an diesem Abend wiedergefundenen Paradies.

Ich strecke mich auf dem Rücken aus. Wie Kim. Ich decke mich, wie Kim, bis zum Kinn mit Erde zu. Ich lege den Kopf in den Nacken; mein Blick klettert den hundertjährigen alten Stamm hinauf, der sich senkrecht über mir erhebt, und meine Erinnerung hüpft in seiner Doldenkrone von Ast zu Ast, flattert auf, setzt sich, hängt sich an einen Zweig, vergnügt sich wie ein Stieglitz oder eine Drossel – wie damals mit Elena, als wir die Vögelchen belauerten, die kaum mehr anzutreffen sind auf den neapolitanischen Feldern, denn wenn eines das Pech hat, sich an einem Sonntagnachmittag zu zeigen, gehen gleich fünfzig Gewehrschüsse aus den Flinten versteckter Jäger los, die alle Lust auf ein saftendes Spiesschen haben, um die abendliche Polenta zu bereichern –, Elena, dem kleinen Mädchen, das eines Sonntagnachmittags durch einen Schuss getötet wurde, hier, auf dieser Lichtung, wo wir Leimruten auslegten, sie und ich, und wir, zwischen den Wurzeln in unserer Grube liegend, mit pochendem Herzen auf das erste Vögelchen lauerten, das sich fangen liesse – einen Schuss, von einem unsichtbaren Jäger abgegeben. Ich träume. Meine Kinderliebe …

Doch das grüne Paradies meiner Kinderliebe …
Doch das grüne Paradies meiner Kinderliebe,
Unschuldiges Paradies flüchtigen Glücks,
Ist es bereits ferner als Indien, ferner als China?

Und mein von Wehmut verschleierter Blick schweift über die kleine Lichtung, als sammle er meinen überall verstreuten Schmerz ein, trifft auf ein kleines Schild am Stamm der weltberühmten Schirmpinie. Ich hatte das Schild beim Eintreten nicht bemerkt. Ich stehe auf, um nachzusehen, was es damit auf sich hat.

Es trägt eine mit Schablone geschriebene Aufschrift:

Vergils Grab

ZU VERKAUFEN

Nähere Angaben …

Der Name des Liegenschaftsmaklers ist ausgewischt.

ZU VERKAUFEN

Ich kann mich nicht mehr in Kims Grube legen und versuchen zu schlafen.

Es wäre vergeblich. Das Schild!

Ich gehe unter den Bäumen auf und ab, vom kleinen verfallenen Haus zum Erdhügel und wieder zurück, die Hände in den Hosentaschen vergraben, und lasse die paar Kupfermünzen klimpern.

Eine einzige der Perlen in meinem hohlen Rapier, das ich an der Schmalseite der Grube in die Erde gesteckt habe, würde hundertmal reichen, um den für Vergils Grab verlangten Preis zu bezahlen.

Für mich geht es weniger um Vergils Grab als um das Paradies meiner Kindheit – doch, kann man das Paradies zurückkaufen? Eintritt bezahlen, um die Unschuld wiederzuerlangen?

ZU VERKAUFEN

Ich bin nie mehr zu Vergils Grab zurückgekehrt, doch zu einem anderen Zeitpunkt meines Lebens, zwanzig Jahre später, als ich in Rom beim Film arbeitete, las ich in mehr oder weniger regelmässigen Abständen in italienischen Zeitungen eine Grossanzeige, die Vergils Grab zum Verkauf anbot, dessen Preis von Mal zu Mal stieg, und die Einzelheiten zum Grundeigentum, zum Ort und zur Lage waren von Mal zu Mal ausführlicher und von einem Notar beurkundet, die historische Echtheit des Grabs von Fachleuten, von Wissenschaftlern, Gelehrten, Archäologen oder Historikern verbürgt und bewiesen, deren mehr oder weniger bekannte Namen und Titel samt den illustren Unterschriften in Faksimiles unter ihren Erklärungen prangten, als handle es sich um ein neues pharmazeutisches Produkt oder um einen prämierten, auf allen Ausstellungen ausser Konkurrenz präsentierten Senf. Auf der pompösen Anzeige fehlten nur noch die Goldmedaillen, doch mit der Zeit kamen die Büste des grössten lateinischen Dichters und die entsprechenden Lorbeerkränze hinzu. Die letzte diesbezügliche Anzeige las ich in einer amerikanischen Zeitung, die im September 1943, am Tag nach der Landung der Alliierten, in Salerno erschien; jene Anzeige enthielt eine ziemlich lange biblio-biographische Anmerkung über Vergil. Die Grundstücksspekulation war ausschliesslich literarischer Natur geworden. Ich habe mich nie näher damit befasst, weder mit den dahinterstehenden Triebkräften noch mit den damit im Zusammenhang stehenden Machenschaften, aber ich bin überzeugt, dass die Geschichte des periodisch zum Verkauf ausgeschriebenen Grabs von Vergil ein sorgfältig eingefädelter Betrug ist, weil sie seit über fünfzig Jahre andauert und wahrscheinlich von einer Schwindlerbande ausgeheckt wurde, von denen es in Neapel unter dem lokalen Adel (ja sogar innerhalb der Kirche) nur so wimmelt, der den Schein aufrechterhalten will und die Geldnot vom Vater auf den Sohn vererbt.

ZU VERKAUFEN

Es ist späte Nacht, die Strasse am Posilip ist jetzt wohl ausgestorben, die Armen, die Reichen sind nach Hause gegangen, denn Lampions und elektrische Girlanden verlöschen nach und nach.

(Meine Ergriffenheit war so heftig, als ich die Einfriedung wiederfand, dass ich vergessen hatte, mich mit Zigaretten zu versorgen!)

Ich habe mich wieder auf den historischen Hügel gesetzt, die Füsse in meiner Grube, und, an den Stamm der berühmten Pinie gelehnt, betrachte ich das milchige Meer, den vom sanften Mondlicht versilberten Himmel, die verstreuten blinkenden Lichter der Stadt, die verwischten Umrisse des Vesuv, der sich hinter seinen Fumarolen abzeichnet wie ein grosser, in seiner Artischocke sitzender Buddha, vom Duft der nächtlichen Gärten und Weinberge eingehüllt wie in einen Weihrauchschleier, und ich betrachte ihn traumverloren von der gegenüberliegenden Seite des lotusblumenförmigen Golfs: ein Punkt im Unsichtbaren, weniger als nichts, und über mir der Himmel, an dem die Morgendämmerung die Sterne auslöscht, einen nach dem andern.

So verbringe ich, in Betrachtung versunken, acht Tage lang die Nacht, schlafe tagsüber ein paar Stunden, doch es ist ein unruhiger Schlaf, in dem ich mich wälze, entspanne, verkrampfe, zusammenkauere in meiner Grube, die ich mir gegraben habe wie ein Wurm in einem Grab, aus der mich Krämpfe in den Beinen herausziehen, die mich das Leben verfluchen und mich schmerzhaft verrenken und meine Gesichtszüge verzerren und auf die Zunge beissen lassen.

Auu … Auaa … Aua aua …

Es ist unerträglich.

Ich kann weder den Mund aufmachen noch aufstossen.

Entweder ist Kims Kur Unsinn, oder mein Geist ist krank und die Nachahmung der Grube ist die Hölle.

Die abstossende Grimasse eines Halluzinierten, psychotische Zwangsvorstellungen, eingebildete Geräusche, das Gefühl von Gelähmtsein, Verlust der Kontrolle über dich selbst. Das Entsetzen packt dich, und eisige Kälte durchdringt dich. Du bist ganz steif.

Die Hexen klagen alle über Satans eisige Umarmungen, und dass er sie zwang, die ersten Stufen zum Grab, zu den Antipoden der Wollust hinabzusteigen. Es gibt zahllose Zeugenberichte darüber.

In was für einen schwindelnden Abgrund lässt sich der Geist fallen, der sich am Schauspiel seines eigenen Sturzes labt? Unter dir das Nichts! Anusmund, Spulwurmrose, scharlachrote Blume der Gedärme und Eingeweide, wimmelnde Hämorrhoiden, Windungen, Knoten, Serpentinen, Fadennudeln, blutige Makkaroni, Tomatensauce, Darmerbrechen, Schlange, die sich in den Schwanz beisst, sich einsaugt, sich entleert, sich den Bauch mit Luft füllt, sich bläht, pustend einatmet, keuchend ausatmet, Dudelsack, verklemmter Dünnschiss. Zero. Zero. Null.

Als ich mit der kleinen Elena, dem geliebten Kind, hier spielte, gehörte die Lichtung ihrem Vater, Andrea Ricordi, einem lebenslustigen Mailänder, dem offiziellen Hoffotografen der königlichen Familie, der viel, sehr viel Geld verdient hatte, nicht etwa durch das Porträtieren des Königs, der Königin, der Prinzessinnen und des Thronerben, der einen Sohn erwartete (ein Baby, das erst zehn Jahre später in Racconigi zur Welt kommen würde) und dessen von der Stadt Neapel geschenkte Wiege vom Volk besichtigt werden konnte, was zu Loyalitätskundgebungen und Freudenbezeigungen von seiten der Neapolitaner und zu Volksfesten Anlass gab, die mir unvergesslich geblieben sind – nein, Ricordi hatte viel, sehr viel Geld mit dem Foto auf den Millionen Ansichtskarten verdient, dem berühmten Panoramabild, das die ausländischen Touristen in die Briefkästen warfen, vor allem Paare auf Hochzeitsreise, die diese Erinnerung an ihren Honigmond an sämtliche Verwandten, Freunde und Bekannten schickten und die dann Postboten in allen Ländern der Welt austrugen, und eben deswegen, weil er ein Vermögen damit gemacht hatte – und auch, um allen Fotografenkonkurrenten, die plötzlich hätten auftauchen können, den Wind aus den Segeln zu nehmen –, deswegen also hatte Ricordi Vergils Grab gekauft und hatte es einfrieden und mit einer alten zusammengeschusterten Tür abschliessen lassen, denn der Hoffotograf war ein Geizkragen und Gegner überflüssiger Ausgaben.

Nichtsdestotrotz beteiligte sich Ricordi an den Geschäften meines Vaters, mit dem er eng befreundet war und der einen grossen Einfluss auf ihn hatte und für den er die grösste Bewunderung hegte, seit mein alter Herr ein Farbfotografieverfahren entwickelt hatte, dank dem die Bilder direkt auf Uhrengehäusen abgezogen werden konnten, auf Anhängern oder Erkennungsmarken, auf emaillierten Devotionalien oder billigen Souvenirs mit dem Konterfei des königlichen Paares, Heiligenbildern, den Porträts durchreisender Kunden anlässlich von Hochzeiten oder Taufen, und natürlich auch das allgegenwärtige Panorama Neapels, das papageiblaue Meer, der schwarzblaue Himmel, der pechschwarze Vesuv mit dem nachträglich mit zinnoberroter Farbe aufgepinselten Feuerschweif (es gab auch eine nächtliche Szene mit Granatenexplosionen an den Hängen des Vulkans und einem Panasch Lokomotivenrauch, der über dem Meer schwebt und den verdüsterten Mond verschleiert, ein ergreifender Anblick!); danach wurde die Serie *Quo vadis?* auf zartrosa emaillierten Küchenbatterien auf den Markt gebracht, ein richtiggehender Film, der mit seinen Märtyrer- und Raubtierszenen, Gladiatoren, Arenen, Spielen, Wagenrennen, römischen Orgien einen überwältigenden Erfolg hatte, sowie die ebenfalls beliebte Serie *Museen* mit den Reproduktionen von Raffaels und Michelangelos Werken, griechischen Tempeln, römischen Ruinen und den Trümmern Pompejis, mit Monumenten, Landschaften, dem Mailänder Dom, dem schiefen Turm zu Pisa, der Ponte Vecchio in Florenz, dem Canal Grande, dreifarbig auf Kaffeekannen, Tabletts, Eimern und sogar auf Nachttöpfen; es war eine dankbare Bewunderung für dieses ausgezeichnete Geschäft, wo schlechter Geschmack und Hässlichkeit zu Geld gemacht wurden, eine Bewunderung, die Ricordi veranlasst hatte, sich zu beteiligen, aktiv an der Vermehrung teilzuhaben, die mein Vater aus dem Ärmel zauberte; Machenschaften, Spekulationen, Erfindungen, alle mehr oder weniger genial, doch die meiste Zeit utopisch, weil in einem Moment überschäumender Begeisterung erfunden und der Zeit viel zu lange voraus.

Zum Beispiel: Man war erst bei der Gasbeleuchtung angelangt, die noch nicht einmal in allen Städten Italiens Einzug gehalten hatte, als mein Vater bereits Wasserfälle in den Alpen kaufte und von einer Elektrifizierung der Halbinsel träumte.

So wie das Bauvorhaben auf dem Vomero, wurden viele Spekulationen und Erfindungen meines Vaters erst nach einem Vierteljahrhundert verwirklicht, und andere Spekulanten oder Finanzleute machten fette Gewinne, darunter der Fotograf, denn mein Vater hatte schon lange ein sicheres Geschäft für ein unsicheres fahrenlassen.

Ricordi war ein glücklicher Mensch, nicht besonders intelligent, aber ein Arbeitstier; er ergänzte meinen Vater wunderbar bei der Organisation, dem Aufbau, der Einführung eines Produkts, verstand er es doch, seine Beziehungen zu Behörden und hochgestellten Persönlichkeiten spielen zu lassen, und wenn ein Geschäft reif war, riss er es sich unter den Nagel; nicht, dass er durch und durch unredlich gewesen wäre, aber er war pfiffig und ein Glückspilz.

Mein Vater seinerseits war nicht etwa durch und durch selbstlos, weit davon entfernt; er war ganz einfach ein Mensch, der sich nie lange für ein Unternehmen begeistern konnte, auch wenn es einträglich war. Sein Hirn floss vor Ideen über, stand ständig unter Druck, und kaum hatte er eine seiner Firmen gegründet, um eines seiner Patente auszuwerten, interessierte es ihn nicht mehr, mochte es noch so kühn und noch so neu sein, weil er sich bereits ein anderes ausgedacht hatte: etwas ganz anderes und auf einem ganz anderen Gebiet und mit ganz anderen Möglichkeiten und von einer ganz anderen Tragweite; also trat er seine Anteile zu egal welchem Preis ab, noch bevor sie Gewinne abwarfen, vorzugsweise an seine Teilhaber, Geldgeber oder Banken, aber auch an den Erstbesten, während er bereits auf der Suche nach neuem Kapital war, nach neuen Geldmitteln, um seine allerneueste Idee zu verwirklichen und funktionieren zu sehen – zur Verzweiflung Mamas, die sich ewig um das Morgen sorgte und krank wurde davon, und zum Schaden ihres Mobiliars, das schon einiges durchgemacht hatte und noch schlimmeres durchmachen würde in einer ganzen Reihe von Umzügen: von der Schweiz nach Ägypten, von Ägypten nach Italien, dann nach Paris, London, einmal in vornehmen Häusern, einmal in ärmlichen Wohnungen; Höhen und Tiefen, die mich als Kind entzückten und begeisterten. „Das Geld hält die Welt im Gang", sagte mein Vater. Einmal hatten wir zuviel, ein andermal zuwenig. Meine Mutter wurde wahnsinnig.

Und das ist der Grund, warum ich das Geld verachte.

Das Leben ist anderswo.

Deines, meines, meines, deines, nie seines, es sei denn, um es ihm abzunehmen.

Es erstaunt mich, dass sich die Menschen wegen des Mammons derart ereifern und sich das Leben vergällen, um ihn zu vererben oder zu erben.

Der Tod wird sie alle im gegebenen Moment einholen, gemäss dem treffenden Ausspruch der grossen amerikanischen Bosse, dieser Götzenanbeter: *Zeit ist Geld!*

In Neapel bewohnten wir ein riesiges Anwesen, das die Form eines Dreiecks hatte und auf dessen höchstem Punkt unser grosses Haus stand; die Fenster, Balkone, Terrassen schauten auf das Gewirr der engen Strassen hinunter, die zum Basso Porto führten, rahmten die finsteren Gassen ein und die engen Gässchen voller zum Trocknen aufgehängter Wäsche; das Grundstück lag am Fusse der steil abfallenden Mauern des Castello San Elmo (die Kanone donnerte Mittag, und ihr warmer Atem blähte die Vorhänge im Esszimmer, was Mama jedesmal zusammenzucken liess); die Allee des Corso Vittorio Emanuele bildete die Gerade; links führte das Geleise der Zahnradbahn vorbei, das mit einer Hecke tellerblättriger, stacheliger, messerscharfer Kakteen gesäumt war, mit Opuntien, Agaven, Aloen, mit ihrer Blüte auf dem langen, dicken, meist geknickten Stengel; rechts zog sich ein mit Farnen, Iris, Frauenhaar überwuchertes, stellenweise recht hohes Gemäuer den Hang hinan, in dem es von Eidechsen wimmelte, die sich flink in den Mauerritzen und unter den Büscheln kleiner blauer Blumen versteckten, die aussahen, als seien sie aus Porzellan; der Volksmund nennt die mit Glasscherben besteckte Festungsmauer, die allen Windungen der Salita di San Martino folgt, „römische Ruinen“; es war ein stark begangener Aufstieg, der mitten durch Dornen und Stacheln und Gestrüpp zum Vomero hinaufführt; am Fusse der Mauer zog sich eine Geröllhalde in die Tiefe, in der jede Menge Müll verstreut war, zerbrochene Töpfe, Geschirr, kaputte Gerätschaften, die das an der Calada wohnende einfache Volk über die Mauer warf.

Mama fühlte sich dort nicht wohl. Sie fürchtete sich vor Dieben. Doch wir Kinder, mein Bruder und meine Schwester und die vier Ricordi-Töchter – mein Vater hatte seinen Freund eingeladen, bei uns zu wohnen, womit Mama nur widerwillig einverstanden war, sie fand den Fotografen ungehobelt und schlecht erzogen, was stimmte, doch er war ein so heiterer Tischgenosse, fröhlich, wie die Italiener es von Natur aus sind, hemdsärmelig, mit aufgeknöpftem Kragen, griff er wacker zu und erzählte unermüdlich Anekdoten über den Hof und die hohen Persönlichkeiten, mit denen er Umgang pflegte, und um seine Töchter zu unterhalten, ahmte er die Szenen nach, gestikulierte, gestikulierte –, doch wir Kinder, vor allem Elena und ich, die jüngsten, wurden etwas abseits gehalten, ich, weil Mama bereits an nervösen Erschöpfungszuständen litt und sich zu viele Sorgen machte, Elena, weil ihr Vater lieber einen Sohn gehabt hätte wie der König, sein Dienstherr, und wie der Kronprinz, der Prinz von Neapel, sein Gönner, der verkündete, seine Nachfolge sei bereits gesichert, daher war er von der Geburt einer weiteren Tochter enttäuscht gewesen –, wir Kinder aber waren vom wunderbaren Garten begeistert, Mama hatte uns allerdings strikte untersagt, das eingezäunte Gartenareal zu verlassen, immer wegen der Diebe natürlich, von denen es ihrer Ansicht nach nur so wimmelte und die kleinen Kindern auflauerten, und ganz besonders den Kindern reicher Ausländer, um sie zu entführen und von den Eltern Lösegeld zu erpressen. Ich weiss wirklich nicht, woher sie diese absurden Vorstellungen hatte, wenn nicht von Miss Sharp, unserer englischen Gouvernante, denn Lili lebte in panischer Angst vor der *mano nera.* Sie sammelte die Zeitungen, in denen von der Mafia die Rede war, schickte warnende Briefe an die *Times* und lief sich beim Anblick eines Botenjungen verstecken, der in den Garten eingedrungen war. Es gab nichts Geeigneteres, um die Seele eines Kindes mit Angstvorstellungen zu erfüllen, als diese dämliche Gouvernante, eine an Migräne leidende alte Jungfer voller Vorurteile und lächerlichen Aberglaubens, die ständig zitterte wie Espenlaub. Ich weiss nicht, wer uns Lili empfohlen hatte; sie blieb Jahre bei uns. Eltern begehen solche Fehler nicht nur im Glauben, das Beste für ihre Kinder zu wollen, sondern ebensosehr aus Snobismus. Doch mein Vater hatte mir einen Hund geschenkt, einen braun-schwarz gefleckten Jagdhund, der Leone hiess, ein Löwe, in dessen Begleitung ich mich vor nichts und niemandem fürchtete, wenn ich längs des alten Gemäuers der berüchtigten Calada auf Schneckenjagd ging. Im übrigen wurde das grosse Gittertor im unteren Teil des Gartens, die Wageneinfahrt am Corso Vittorio Emanuele, von Ernesto bewacht, unserem Pförtner; und die kleine Pforte im oberen Teil rechts, die auf den kleinen Platz vor der Kartause San Martino hinausging, hundert Meter vom Haus entfernt, rechts, wo die Lieferanten läuteten – am Morgen war es Pasquali, unser Milchmann, der als erster läutete und der inmitten seiner mekkernden Ziegen mit der Kuh Carolina wartete, die man ihm meinetwegen gekauft hatte und die er vor dem Tor draussen melkte, meist von Beppino begleitet, seinem jüngsten Sohn, einem Jungen in meinem Alter, der auf der Kuh ritt und den ich deswegen heiss beneidete, denn ich wäre furchtbar gern in die Stadt hinuntergegangen und hätte sie auf ihrem täglichen Rundgang begleitet –, die kleine Pforte war immer zweimal abgeschlossen und dreifach verriegelt und hatte ein kleines Guckloch und öffnete sich nur beim Ruf einer grossen, im hintersten Winkel des Hauses widerhallenden Glocke und nachdem die Identität des Läutenden festgestellt worden war.

Der riesige Garten war mit dicht belaubten Bäumen bestanden wie ein Park und von den betäubenden Düften des Südens erfüllt; er ging in einen grossen Obstgarten über, der sich die Zahnradbahn entlangzog und in Stufen angelegt war, die durch Spaliere hundertjähriger Feigenbäume voneinander abgegrenzt waren; Kanäle, Abflussrinnen, kleine Schleusen, Quellfassungen durchzogen die Terrassierungsmauern und mündeten alle in ein grosses rechteckiges Becken zuunterst, am äussersten Ende des Gartens; an jeder Ecke dieses Wasserreservoirs stand ein drehwüchsiger Mispelbaum, und dahinter wuchsen in Fünferreihen angelegte Maulbeerbäume, deren Beeren süss schmeckten wie zerdrückte Erdbeeren, was dazu führte, dass wir zu lange dort verweilten, Elena und ich, ganz betäubt von den Fröschen; von dort aus führte ein verbotener, mit grossen, unregelmässigen Kopfsteinen gepflasterter Weg zu einem kleinen, zuhinterst im Garten versteckten Häuschen, dessen Dach ganz mit Jasmin und Sonnenwende überwachsen war, die sich an die immer geschlossenen Fensterläden klammerten, hinter denen am hellichten Tag eine Lampe brannte; aus dem Haus drang die Musik eines zornigen Klaviers, und hin und wieder sah man zwischen den krummen Lamellen einen Schatten vorbeihuschen, eine weisse Bluse, ein Madrastuch ... Es war Zia Regula, eine Irre, die dort eingesperrt wohnte und die nie jemand besuchte und die Elena und ich aus der Entfernung beobachteten, in der heimlichen Hoffnung, sie eines Tages zu überraschen, wenn sie ihren Alkoven verliess, um am Fenster zu sitzen und ihre Zigarre zu rauchen, eine lange Toscanelli, oder wenn sie ihr Klavier verstummen liess, um draussen ein bisschen zu spazieren, wie Beniamino, der alte Gärtner, uns erzählt hatte; und wir hielten uns in diesem verlassensten Winkel des Anwesens in unserem Hinterhalt, einem regelrechten Maquis, im äussersten rechten Zipfel des Gartens versteckt; Beniamino besass dort einen kleinen Gemüsegarten, der mit einem morschen, wackeligen Zaun von der Unkrautwiese abgetrennt war und aus dem wir Latten rissen, um daraus Holzsäbel und Dolche zu machen und damit die Karden, die Brennesseln, die langen, harzigen Gräser in Stücke zu hauen, die überall hartnäckig an unseren Kleidern klebten, wenn wir uns darin versteckten, Elena und ich, weil es verboten war, sich dort herumzutreiben, an einem Pfahl hing sogar ein Schild mit dem Wort GEFAHR, denn irgendwo befand sich tatsächlich ein Sumpfschacht im Gewirr der behaarten Kürbisranken und der staubgrauen Kandelaber der Wunderblumen, deren Blüten aussehen, als seien sie aus Papiermaché und die in der Sonne nach ranziger Butter riechen; wir versteckten uns aber auch, um die mit einem Alpenstock bewaffnete Engländerin zu ärgern, die uns überall im riesigen belaubten Garten suchte und die wir von weitem kommen und in den Lorbeergehölzen, im Laubwerk der Kamelien, den grünen Blätterkissen, den Efeuvorhängen stöbern hörten in diesem zu unserer grossen Freude verwilderten Garten, wir hörten sie glucksen, rufen, sich aufregen, in Weinen ausbrechen, weil sie einfach keine Spur von uns fand, und Elena und ich, die sie durch das Unkraut hindurch oder hinter der hohen

Sonnenblumenhecke hinter den Artischockenbeeten beobachteten, freuten uns diebisch, und wir schlichen rasch auf geheimen Pfaden durch den Blätterwald, kletterten Abkürzungen hinauf, um schliesslich, unschuldig, Hand in Hand in der Pergola vor dem Haus aufzutauchen, wo Alfred, mein grosser Bruder, Elisabeth, meine ältere Schwester, Margarita, Iolanda, Mafalda, Elenas Schwestern, bereits ihr Vesperbrot verzehrt hatten und ihre Schulaufgaben machten, während meine Mutter die Pflanzen für ihr Herbarium sortierte (eine Beschäftigung, die sie sich ein für allemal angewöhnt hatte, um ihre innersten Ängste zu verbergen und die Nervenkrankheit zu überspielen, die bereits an ihr zehrte) und Signora Rosa, Elenas Mama, eine sanfte, matte Frau, die einmal mehr schwanger war, an einer Babyausstattung nähte und hoffte, diesmal einen Erben zur Welt zu bringen, um den Hoffotografen zufriedenzustellen, und wir setzten uns mit Unschuldsmiene zu den andern, aber ganz rot im Gesicht, weil wir gerannt waren; und die Miss, die uns endlich eingeholt hatte, schimpfte atemlos hinter uns her, Elena und mir, und bezichtigte uns aller Sünden Israels, sie hatte Herzrasen und liess sich in einen Sessel fallen, denn ihr war ganz schwindlig, und der mit eingebrannten Edelweiss verzierte Alpenstock glitt ihr aus der Hand und fiel zu Boden. „Oje, mein Lorgnon!“ rief sie aus. Doch das Lorgnon lag bereits am Boden, sternförmig gesprungen wie eine Träne, ja wie zwei, wenn es das Pech gehabt hatte, direkt auf einen bösen Kiesel zu fallen, weil unser Kiesweg mit scharfen, spitzen, eisenharten Steinchen durchsetzt war, von jenen, die Funken sprühen, wenn man sie gegeneinander reibt oder aneinander schlägt, und die nach Ozon und Magnetit riechen. Ich besass eine ganze Sammlung davon und auch eine Schneckenmenagerie und Murmeln und Kreisel, darunter die bunten, pilzförmigen neapolitanischen mit langer Spitze, kleine und grosse, die man auf der Handfläche tanzen lassen kann, wie Gott die Welt oder der König sein Volk, in einem ständig unsicheren Gleichgewicht. Ein lustiges Spiel. Ein kitzeliges. Doch man musste höllisch aufpassen, vor allem, weil Leone bellend an mir hochsprang und ich die Hand über den Kopf halten musste, um den Kreisel, den er unbedingt jagen wollte, vor ihm zu retten, und ich durfte das surrende Ding ja nicht fallen lassen.

„Sitz, Leone! Sitz! Du bist zu dumm, mein Alter. Du begreifst nicht. Das Spiel ist eine ernste Sache. Schau!"

Leone war wirklich komisch. Und ich liess zum Spass hundert Kreisel vor seiner Nase schwirren, und Leone sauste über den glänzenden, mit Schnörkelmustern verzierten Marmorboden des Vorzimmerflurs, so wie ich zwanzig Jahre später, 1915, Guynemers *Vieux Charles* dröhnend zwischen den Sternen und dem Geschützdonner der Kriegsfront würde davonsausen sehen. Um was zu erwischen? Ja, Pustekuchen! Es sei denn, Guynemers kleine *Spad* wäre ein heimlicher Vorbote des Wegbereiterflugzeugs gewesen, der fliegenden Festung *Enola Gay* von Kapitän Paul W. Tibbets, die ein Vierteljahrhundert später, genau am 6. August 1945 um 9.15 Uhr morgens, einen monströsen Pilz aufsteigen liess, der allzu wirklich war: Blitz, Wolken, Rauchschwaden, Wind, Explosion, sintflutartiger Regen, Funkenflug, Tod durch Zerfall, Strahlung, Bestrahlung, fortgesetzter Tod, langsamer Tod, Lepra und Krebsgeschwüre, Wunden, Brandwunden, Dahinsiechen. Daran erinnert mich mein Hund heute, fünfzig Jahre später. Ich hätte ihn Bikini taufen müssen, hätte ich gewusst. 150'000 menschliche Wesen auf einen Schlag, innerhalb eines Sekundenbruchteils in nichts aufgelöst. Keine Zeit, „Scheisse" zu sagen. Und rund um die Abwurfstelle, in einem Umkreis von zwanzig Kilometern, 150'000 weitere, kreuz und quer am Boden liegend wie gestürzte Kreisel. Pompeji. Hiroshima. Was für ein Fortschritt! Man braucht bloss auf einen Knopf zu drücken. Nicht schlecht, für einen ersten Versuch, und vielversprechend. Das nächste Mal soll es anscheinend noch besser klappen. Bravo! Doch wusste Franklin D. Roosevelt, Champion der Demokratie und des Friedens, nicht, dass die Völker ihn verdammen und verfluchen würden, weil er „das Ding" finanziert, gefördert, befohlen hatte? Eindeutig die Tat eines Paralytikers, der, mitten ins Hirn getroffen, in seiner Familiengruft den Rollstuhl nach vorn kippen spürt und der sich an irgend etwas klammern will und dabei alles mit sich reisst. (Genau wie Hitler, ein Paranoiker, ein Rasender, ein Wahnsinniger, der sich als Gefangener der Aussenwelt wähnte und sie, zwischen zwei Sitzungen genüsslichen Verweilens vor seinem Spiegelschrank, mit Fusstritten traktierte und der vor Wut aufstampfte und brüllte, weil er sich nicht von seinem eigenen Spiegelbild befreien konnte!) Was für eine seltsame Demokratie in der Stille der Friedhöfe, von den Beweihräucherern, Nachahmer-Kandidaten, Epigonen des Präsidenten der USA gepredigt und gepriesen, allesamt Versager und links Liegengelassene des *Brain-Trust.*

Leone wurde von einer Strassenbahn überfahren; es war nicht einmal eine elektrische, sondern eine von Maultieren gezogene. Ich war unendlich traurig. Er hatte noch die Kraft, sich auf den Vorderpfoten über die Fahrbahn zu schleppen, der Rumpf war fast ganz durchschnitten worden. Er begriff nicht, was ihm zugestossen war. Ich streichelte seinen gutmütigen Kopf, er leckte meine Hände ... und ein letztes Zucken, ein letztes Aufbäumen, schleimiger Kot floss aus seinem Hintern und ein geronnener Blutfaden aus seinem Mund. Armes Tier! Mein Hund war zu närrisch und zu übermütig.

Das Kind kam zur Welt, aber es war wieder ein Mädchen, Monella, ein kleiner Frosch, wie die Frösche im Gartenteich; sie war schnell vergessen, denn sie lebte nur zwei, drei Tage. Und am Tag nach ihrer Beisetzung, nachdem die bezahlten Klageweiber gegangen waren und Signora Rosa noch ganz ermattet im Bett lag, weinte und herzzerreissend schluchzte und die Heilige Jungfrau anrief und ihre Schmerzensschreie durch das Haus hallten, führte Ricordi die ganze Familie in der Kalesche zum Königlichen Palast, wo alles, was Rang und Namen hatte in der Stadt, alter Adel, Notabeln, Berühmtheiten, die sich irgendwelche Verdienste erworben hatten, von den Sängerinnen und Tenören des Teatro San Carlo bis zu den Hoflieferanten, und selbst auserwählte Ausländer, die eine Einladung bekommen hatten, vor der leeren Wiege des kleinen Prinzen von Piemont defilierten, des Sohns des Kronprinzen, des Prinzen von Neapel, des zukünftigen Viktor Emanuel III.

Die Kalesche parkte auf der anderen Seite des Platzes, und während wir darauf warteten, eingelassen zu werden, scherzte Ricordi, der strahlender Laune war beim Gedanken, seinem Gönner die Ehre erweisen und ihm seine Familie vorstellen zu dürfen, und um seine Töchter zu unterhalten, zeigte er ihnen die Statuen längs des Stufenportals und deutete vor allem auf die vier Generäle aus der Zeit Karl Alberts, des Neffen des Königs von Sardinien; jeder General stand in vollem Staat in seiner Nische neben dem Haupteingang, barhäuptig, den Zweispitz unter dem Arm oder in der linken Hand, stolz und mit geschwellter Brust, mit ausgestrecktem Zeigefinger, mit ausgestreckter Hand, mit ausgestrecktem rechtem Arm, Gestikulationen und Posen, die Ricordi folgendermassen kommentierte:

Der erste General, der mit dem ausgestreckten rechten Arm, zeigt auf einen Punkt im Leeren und drückt seine Empörung aus und sagt, keinen Widerspruch duldend: „Jemand hat gefurzt!“ Der zweite stützt das Kinn in die rechte Hand, den Zeigefinger auf den Nasenflügel gelegt, den Blick versonnen in die Ferne gerichtet, denkt nach und stellt anklagend fest: „Du hast recht, es stinkt!“ Der dritte, ungestüm und herausfordernd, weil er weiss, dass niemand es wagen darf, an seinem Wort zu zweifeln, legt empört die rechte Hand auf seine Orden und erklärt mit flammendem Blick: „Ich schwöre, ich bin es nicht gewesen!“ Der vierte streckt den rechten Arm in die Luft und zeigt auf das Fenster des Schlafgemachs der Königin, das sich genau über seinem Kopf befindet, er hält die Augen geschlossen, die Nasenflügel sind gebläht, der Kopf leicht in den Nacken geworfen, als danke er dem Himmel, und sagt verzückt: „Alles Gute kommt von oben.“

Nach diesem Witz über die sprechenden Statuen – ein typisches Beispiel reinsten meridionalen Humors, immer sinnlich, oft schlüpfrig und an Skatologie grenzend und nur in Worte gefasst, um heidnisches Gelächter ohne Missverständnisse oder Hintergedanken auszulösen – waren wir endlich an der Reihe, und der respektlose Höfling und eifrige Fotograf, plötzlich zappelig und geschäftiger als die *Kutscherfliege,* trieb uns an, schob uns vor sich her, nickte nach links, nickte nach rechts, grüsste eitel in die Runde, verbeugte sich tausendmal, um nicht unbemerkt zu bleiben, liess seine Töchter nicht aus den Augen, zupfte die Schleifen der einen zurecht, glättete mit dem Handrücken das Kleid der anderen, ordnete die Locken der ältesten, fächelte Elena mit einem parfümierten Tüchlein, das er aus seinem Jabot zauberte, zog meinen Spitzenkragen zurecht, schlug das Rad wie ein Pfau, drängte, drängte meinen Bruder und meine Schwester vorwärts, dirigierte uns die grosse Ehrentreppe hinauf, wo Diener in satinglänzender Kniehose und durchbrochenen weissen Strümpfen aufgereiht waren; dirigierte uns auf der Galerie zwischen einem doppelten Spalier unerschütterlicher Wachen hindurch, zwischen spiegelblanken Stiefeln mit goldenen Sporen, Lederhosen, Helmen mit Rosshaarbüscheln oder Leopardenköpfen, Säbelgehängen, Stulpen, abgewinkelten, reglosen, erstarrten Armen, Pallasch auf Augenhöhe; dirigierte uns durch die Prunksäle, in denen es von goldstarrenden Kammerherren wimmelte, von Rittern mit bestickten Schulterkragen, von ordengeschmückten Adjutanten, mit Ehrenzeichen behängten Persönlichkeiten, mit Ehrenkreuzen, Diamantencharivari, mit goldenen Sonnen, mit breiten Bändern, die die Hemdbrust schräg entzweischnitten; wo es wimmelte von vornehmen Damen in Schleppenrobe und mit Diadem im Haar, mit wedelnden

Fächern, mit funkelnden Ohren, Schultern, Armen, Handgelenken, Fingern, die Handschuhe bis zu den Ellbogen hochgezogen oder umgeschlagen oder gefaltet wie Haifischhaut, parfümiert und mit streng oder ernst oder schmachtend oder starr oder staunend oder hart blickenden Augen in den besorgten, ungeschminkten Gesichtern zwischen den mit Brillanten gefassten Aigretten oder Federbüscheln, die in ihren Frisuren zitterten, und den Perlenreihen oder den schweren Geschmeiden, die ihren Hals umschlossen, oder dem alten Familienschmuck, den sie für vierundzwanzig Stunden im Pfandleihhaus ausgelöst hatten, goldene Baronskrone, Wulst, Kordel auf der Stirn oder Flitterkram nach Pariser Mode, den sie zum Anlass dieses Empfangs trugen; dirigierte uns in den kleinen rot-goldenen Salon, der ganz mit wappengeprägtem Korduanleder ausgeschlagen war; eine ganz besondere Gunst, denn dieser Salon war den engeren Höflingen vorbehalten, und er liess uns alle den Hofknicks machen – wie ein General sein Elitekorps oder eine Ballettlehrerin ihre Schüler präsentiert – vor dem Prinzen von Neapel, seinem erlauchten Dienstherrn, der sich dazu herabliess, ein angeregtes Gespräch zu unterbrechen, um uns zuzulächeln und ihn mit einem Fingerzeichen zu entlassen; dirigierte uns ins Nebenzimmer, das Porzellanzimmer, das wir nur auf Zehenspitzen durchqueren durften, und wir mussten uns tief verbeugen vor jemandem, von dem wir Kinder glaubten, es sei der Prinz von Piemont, vor einem winzigen schlafenden Baby, das die Herzogin von Caserta im Arm trug, die den besonderen Umständen entsprechend als freundliche dicke Amme verkleidet war, die die prächtige Tracht von was weiss ich welcher ländlichen

Provinz des Königreichs trug (wahrscheinlich war es Savoyen!), umringt von niedlichen Zofen, die mit den Trachten der übrigen Provinzen ausstaffiert waren, der Toskana, Venetiens, der Lombardei, Kalabriens, Siziliens, Apuliens (aber nicht der Romagna und des Kirchenstaats!), die aber alle Hofdamen waren, die Kammerfrauen der Königin, und der kleine Prinz von Geblüt schlief mit geschlossenen Fäustchen, *die Daumen einwärts,* wie bei den Babys, die nicht nuckeln dürfen, und wie auf den Gemälden des berühmten Malers Wereschtschagin, der bei allen Leichen auf dem Schlachtfeld die Daumen hat verschwinden lassen auf seinen berühmten Darstellungen der Kriege des Heiligen Russland, darunter ein grosses, längliches Ölgemälde, auf dem alle Toten mit den *Daumen einwärts* schlafen wie der kleine Prinz von Geblüt, und ich konnte den Blick nicht von dem Gemälde wenden, das die ganze Wand des Salons einnahm, wo sich die Mutter des Babys aufhielt, die Kronprinzessin, und seine Grossmutter, die Königin, die Gemahlin Umbertos I., des Königs von Italien, es war ein rot-blauer Salon, den wir bloss im Gänsemarsch durchqueren durften und uns immer wieder tief verbeugen mussten, wie es der Vater meiner kleinen Freundin vor den erlauchten Damen tat; er dirigierte uns, Rücken voraus, aus dem Zimmer, ohne uns Zeit zu lassen, vor dem berühmten Gemälde stehenzubleiben, was der Freund meines Vaters uns hinterher oft ungerechterweise vorwarf, um sich über die Unachtsamkeit von Kindern zu beschweren, die nicht auf das hören, was man ihnen sagt; und schliesslich durften wir unsere Neugierde befriedigen und den Gegenstand bewundern, dessentwegen wir gekommen waren: die Wiege des königlichen Kindes, die die Bevölkerung Neapels dem Sohn ihres geliebten Prinzen geschenkt hatte und deren Foto in allen Zeitungen auf der ersten Seite abgebildet war und von der ganz Neapel seit einem Jahr wie von einem siebten Weltwunder redete, und Ricordi, der sie von allen Seiten und aus allen Blickwinkeln fotografiert hatte, die zierliche königliche Wiege, lief um sie herum, schwadronierte, blähte sich auf, als ob er sie geschaffen hätte. Eitelkeit der Eitelkeiten, alle Fotografen sind so, weil sie sich für Künstler halten, so wie sich der Drogist für einen Gelehrten hält, der Apotheker für einen Arzt, der Krankenpfleger für einen Chirurgen, der Farbenhändler für einen Maler, der Souffleur für einen Schauspieler, der Buchhändler für einen Schriftsteller, der Verleger für den unsterblichen Autor der von ihm verlegten Werke, und ein Stokowski oder ein Toscanini für Beethoven höchstpersönlich; eine einfältige Mentalität, die aus dem 19. Jahrhundert stammt, die Stendhal und Baudelaire als erste angeprangert und verspottet und Franklin und den Amerikanismus aufs Korn genommen haben, eine Schwellung, die das Ausmass und die Virulenz eines Krebsgeschwürs annimmt und die moderne Welt noch ersticken wird, wenn die Techniker und die modernen Maschinen es nicht vorher an der Wurzel ausgerottet haben.

Die leere Wiege war ein Meisterwerk der Goldschmiedekunst, eine Hochzeitstorte aus Perlmutt, Gold und Silber, mit mythologischem Muschelwerk geschmückt, mit unschätzbaren Kameen, und ich habe in meinem Leben nie mehr eine so kostbare Arbeit gesehen und eine solche Masslosigkeit in der Wahl der wertvollen Materialien, in keinem Palast der Welt und auf keiner Reproduktion oder

Beschreibung berühmter Wiegen, auch nicht später in China, wo ich etliche ebenso barocke wie seltsame Kunstwerke gesehen habe, und nicht einmal in London, als nach Gaby Deslys' Tod ihr Bett versteigert wurde, ein riesiges Kurtisanenbett, ganz aus kunstvoll gearbeitetem echtem Gold und vollkommen rund, wo man sich im Kreis hineinlegen konnte, den Kopf in der Mitte, die Füsse auf dem Rand, und dessen runde Matratze, die runden Kissen, die runden Laken und Decken raffiniert mit Gurten festgemacht waren, um die zweiunddreissig Stellungen zu ermöglichen. (Es war der Marquis von Zuttes, der dieses ungewöhnliche Bett erwarb, um es in einem seiner zahlreichen Schlösser in Spanien oder in Schottland aufzustellen, und der Ertrag aus dem Verkauf kam den Armenhäusern Marseilles zugute, gemäss dem ausdrücklichen Wunsch der Erblasserin Alice Caire, genannt Gaby Deslys, die aus dieser Stadt stammte.)

Der Besuch im Königspalast fand am Vormittag statt. Gegen Mittag gingen wir unseren Vater abholen, der in der berühmtesten Trattoria der Stadt auf uns wartete, wo sich die feine Gesellschaft gegenseitig auf die Zehen trat; doch wir hatten kaum Zeit, uns das gute Mittagessen schmecken zu lassen, denn Ricordi hetzte uns in seinem blinden Eifer, sich unter die Grossen zu mischen, und er schleppte uns noch vor der Nachspeise zu den Estraden, die längs der Meerespromenade für die illustren Persönlichkeiten errichtet worden waren, von wo aus wir der Flottenparade beiwohnen durften, der Parade des Ersten Panzerkreuzer-Geschwaders, auf das Italien zu Recht stolz sein konnte, und dem anschliessenden Vorbeimarsch der Truppen, des Abessinien-

Korps – die armen Soldaten taten mir leid, zum erstenmal in meinem Leben –, und die erregte Menschenmenge begrüsste das Abessinien-Korps mit Beifallsstürmen. Als es Nacht geworden war, erstrahlte der Himmel in einem märchenhaften Feuerwerk, die im Golf vor Anker liegende Flotte bombardierte die hellerleuchtete Stadt mit Tausenden und Abertausenden in allen Farben leuchtenden Raketen und Granaten, und von allen umliegenden Hügeln antworteten die Forts mit ebenso vielen Donnern und Bombarden, gegen Mitternacht folgte dann das riesige Schlussbukett, der Himmel und das Meer waren eine einzige Feuersbrunst, die den Vesuv in den Schatten stellte; nur Pyrotechniker wie die Gebrüder Ruggieri aus Venedig, die ihre Kunst seit Generationen vom Vater auf den Sohn weitergaben und seit dem 16. Jahrhundert auf allen Volksfesten und Lustbarkeiten quer durch ganz Europa ihre Kunst unter Beweis gestellt hatten, konnten sich erlauben und riskieren, eine Katastrophe vorzutäuschen, die sich in eine Apotheose verwandelte. Ich aber konnte die Augen kaum mehr offenhalten.

Ich selber erinnere mich nicht daran; doch für unsere kleine Schar soll ich der Held des Tages gewesen sein. Als ich noch ein Kind war, wurde mir die Geschichte so oft erzählt, dass ich heute den Vorfall meinerseits erzähle.

Ricordi hatte uns in der Ehrenloge untergebracht, wo Crispi sass, der berühmte italienische Staatsmann, Gründer des Dreibunds – eines Vorläufers der Achse Berlin–Rom, der stählernen Achse, eines gummigen ersten Versuchs allerdings (der Kautschuk war damals noch nicht synthetisch) – und der erste Ministerpräsident, der das Parlament auf jenes glitschige Gelände manövrierte, auf dem Italien begann, langsam, unaufhaltsam in die Arme der Deutschen zu gleiten, der König eng in den Schoss des Kaisers geschmiegt, um zum Purzelbaum anzusetzen, der Duce, der sich ängstlich an den Führer klammerte und ihn mit in den Abgrund zog, die Dynastie wie durch eine monströse Hernie erdrosselt, alle Helden dieser Tragödie ineinander verschlungen wie Laokoon und seine Söhne, in den Windungen und Knoten der Schlange erwürgt.

Crispi, ein alter Herr mit einer grossen porigen, papeligen Nase und treuherzigen, leicht tränenden Hundeaugen, kannte meinen Vater und setzte mich auf seine Knie, und plötzlich pinkelte ich auf seine Hose, nicht etwa, weil mich der furchteinflössende Schnauzbart, die buschigen Augenbrauen, der flackernde Blick König Umbertos eingeschüchtert hatten, der in der Loge nebenan sass und sich oft umwandte und sich wohl fragte, wer der kleine Junge war, der rittlings auf den Knien seines Ministerpräsidenten sass, und auch nicht, weil mich die Menschenmenge erschreckt hatte, die pausenlos jubelnd am Fusse der königlichen Tribüne vorbeizog und eine Staubwolke aufwirbelte, die in den Augen brannte und die Kehle austrocknete, sondern ganz einfach, weil ich am Nachmittag zuviel Sorbets gelöffelt hatte und pinkeln musste und nicht wusste, wie es verhalten, weil ich erschöpft war, weil ich mich gehen liess und weil ich eingeschlafen war.

Crispi soll darüber gelacht haben wie ein Grossvater über die Unschuld seines Enkels; aber auf dem Heimweg lachten mich alle aus in der Kutsche, und zu Hause angekommen, erzählte Ricordi den Vorfall auf seine Art, übertrieb, schmückte aus, ahmte auf neapolitanisch nach, untermalte mit einheimischen Ausdrücken und machte eine improvisierte Komödie daraus, in der er die Rolle verschiedener Personen spielte – Crispi, mich, den König, die Menschenmenge –, er erzählte mit derart mitreissender Empörung und einem so komischen Akzent, dass er sogar Signora Rosa zum Lachen brachte. Nur Miss Sharp und Mama lachten nicht; Lili, weil sie nicht zum Fest eingeladen worden war und schmollte und ein schiefes Gesicht zog, Mama … Mama, die den ganzen Tag zu Hause geblieben war, um der armen Signora Rosa Gesellschaft zu leisten, Mama … Mama …

Ich habe nie erfahren, wie Mama die Geschichte aufnahm, über die meine Gouvernante sich noch lange empören würde, wenn Ricordi und mein Vater mich bei jeder Gelegenheit – und vor allem, wenn wir Gäste hatten – mit der Schilderung dieses Missgeschicks neckten, so dass der Vorfall mit der Zeit zu einer Art Ruhmestat wurde, wie eine hübsche Posse, auf die sie stolz waren; Mama jedoch, Mama zuckte nicht mit der Wimper, verzog nicht einmal den Mund, obwohl jene Nacht sie an die erste Nacht erinnerte, in der sie auf meinen Vater gewartet hatte, der nicht vom Fest nach Hause gekommen war; die erste Nacht in fiebriger Erwartung, und andere würden folgen.

Aus war das Fest.

Strich darunter.

Ich überlasse das Wort Shakespeare:

Life's but a walking shadow, a poor player
That struts and frets his hour upon the stage
And then is heard no more: it is a tale
Told by an idiot full of sound and fury,
Signifying nothing …

Das Leben ist eine Posse, eine universelle Komödie, und das Schicksal, das alle Personen des Dramas, ohne ihr Wissen, mischt, sie schüttelt wie in einem Becher und bunt durcheinander auf den Teppich wirft wie die Würfel beim Poker mit vier Assen:

Elena, an einem stillen Nachmittag eines warmen Sonntags erschossen.

Der alte König ein Jahr später ebenfalls erschossen (vielleicht wandte er sich an jenem Fest deshalb ständig mit besorgtem Blick nach mir um, Umberto I., weil er seinen Mörder erwartete).

Mama nicht ganz zehn Jahre später in verzweifelter Einsamkeit gestorben.

Mein Vater, wieder verheiratet und nach fünfundzwanzig Jahren endgültig ruiniert, der Winzersohn, der ganz unten angefangen hatte, auch tot.

Viktor Emanuel – der kleinwüchsig war wie Max Jacob in seinen Lackschühchen – steckte ein Kartenspiel in seine Stiefel und überdies eine übertrieben lange Feder an seine Soldatenmütze, um mit Mussolini auf gleicher Höhe zu sein, diesem käsigen, aufgeblasenen, feigen, erotomanen, verlogenen *Karneval-Caesar,* der elend, kopfunter an einem Bein aufgehängt werden würde, abgestochen wie ein Schwein, während der kleine König gefeuert wurde und Max sich als Dichter-Märtyrer mit einem Heiligenschein umgab; das zarte Kindchen, das ich mit geschlossenen Fäustchen, *die Daumen einwärts,* hatte schlafen sehen, war eine ganze Woche lang Umberto II. gewesen, wurde dann verjagt und gezwungen, den Weg des Exils zu nehmen, nachdem er jahrelang übergangen worden war, der sich langweilte, alterte, vorzeitig kahl, vergilbt, verzagt, verängstigt, schlapp, der nichts getan, nichts gegeben hatte, er, den das Volk mit so viel Liebe willkommen geheissen und mit so viel Hoffnung und guten Wünschen aufgenommen hatte.

Mein Bruder in diplomatische Dienste getreten.

Meine Schwester in Italien verheiratet.

Die Familie Ricordi in alle Winde verstreut, der alte Hoffotograf noch heute am Leben, hochgeachtet und demnächst hundert Jahre alt.

Und ich, der ich diese Kindheitserinnerungen schreibe, auf der Schreibmaschine tippe, mich mit Druckerschwärze verschmiere, bin Schriftsteller geworden – der Gipfel! –, weil Schreiben vielleicht Aufgeben bedeutet.

Wer hätte es sich vorgestellt? Und warum nicht zugeben, dass das Schicksal, das mit uns allen *dice*-Poker spielte, ein betrunkener Barkeeper war, der uns höllische Cocktails gemischt hatte, in grösseren Mengen und in einer gefährlicheren Mischung als die Sorbets, die an jenem festlichen Tag in der königlichen Tribüne auf silbernen und vergoldeten Tabletts herumgereicht wurden und die eine so bedauerliche Wirkung auf mich hatten?[2]

Eine andere Pinkelgeschichte brachte uns hinter das Geheimnis des Geschlechterunterschieds, und es war Elena – weil die Mädchen, was diese Dinge angeht, die Augen besser und viel früher offenhalten als die kleinen Jungen –, die die Regeln festlegte, kurze Zeit bevor der arme kleine Schatz durch eine elende Gewehrkugel getötet wurde.

Obwohl ihre Anwesenheit nur kurz und anscheinend ohne jegliche Bedeutung war, fingen rückblickend alle Veränderungen in unserem Haus nach Monellas Tod an. Ich habe erwähnt, dass mein Vater nach dem Fest nicht nach Hause kam. Er fehlte immer öfter beim Abendessen, und seine Abwesenheiten dauerten manchmal sogar tagelang, und Ricordi, Geschäftsreisen vorschützend, begleitete ihn immer häufiger, also war auch er die meiste Zeit abwesend.

Mein Bruder und meine Schwester und Elenas Schwestern, die uns spöttisch *i promessi sposi* nannten, wenn sie uns, Elena und mir, begegneten, wie wir Arm in Arm oder liebevoll umschlungen in der langen Zypressenallee spazierten, wenn sie in der Kalesche an uns vorbeifuhren und uns, die Kleinen, neckten, die nicht mit durften, wenn die Grossen zwei-, dreimal die Woche in die Stadt hinunterfuhren, zum Tee oder zu Einladungen bei gleichaltrigen Kameraden, die beim grossen Fest ebenfalls in die offiziellen Logen eingeladen waren und deren Eltern, Hoflieferanten, hohe Beamte, reiche Bürger, Offiziere, sich jetzt für etwas Besseres hielten, sich gegenseitig einluden und den Sonntag in diesem oder jenem Familienbesitz in der Umgebung der Stadt, auf dem Land oder am Meer verbrachten. Natürlich begleitete sie Miss Sharp überall hin, hatte ein wachsames Auge auf die „jungen Fräulein" (ich zählte Alfred auch dazu), so dass der riesige verwilderte Garten uns allein gehörte, und wir erfanden wunderbare Spiele, Elena und ich; aber sonntags, nachdem ich ständig gebettelt und Mama Szenen gemacht hatte – und auch weil Mama und Signora Rosa ihre Ruhe vorzogen am Sonntag, Mama, um sich ihrem stummen Kummer hinzugeben und ihre Nerven zu schonen, Signora Rosa, um über die berechtigten Vorwürfe zu grübeln, die sie ihrem Mann machen würde, wenn der

Fotograf wieder auftauchte, jede in ihrem Zimmer, die eine am einen, die andere am anderen Ende des grossen leeren Hauses –, sonntags durfte uns also nach langem Betteln Maria, eine alte neapolitanische Dienstmagd, die mit geweihten Medaillen, Insignien und Skapulieren behängt war, zur Einfriedung auf dem Vomero begleiten, nicht weit vom Haus entfernt, wo wir den Nachmittag spielend an Vergils Grab verbrachten, unser Vieruhrbrot im Gras assen, uns versteckten, um die Vögelchen zu belauschen, die in dieser Jahreszeit vorbeizogen, während die alte Maria Siesta hielt oder auf dem Vorplatz des verlassenen Häuschens ihren Rosenkranz betete, und wir waren noch nie so glücklich gewesen, Elena und ich, wie während jener Zeit, als wir uns selbst und unserer Phantasie überlassen waren.

Meine grosse Leidenschaft war das Dressieren von Schnekken. Beppino, der Sohn Pasqualis, unseres Milchbauern, hatte mir gezeigt, wie man sie mit der Spitze eines Zahnstochers am Bauch kitzelte, um sie wachzuhalten. Wir sammelten überall Schnecken, grosse, kleine, braune, weisse, gelbe und solche mit einem Häuschen wie eine gesprenkelte Muschel, mit linksgewundenen oder durchsichtigen und zerbrechlichen Häuschen, Häuschen mit einem zartblauen oder schwarzen Saum oder mit einer mittleren Windung, die hart wie Perlmutt war, und wieder andere, geifernde, schäumende, paarweise zusammenklebende. Während Elena sie mit dem Zahnstocher gewissenhaft am Bauch kitzelte, spannte ich eine Schnur von einem Zweig zum anderen, gerade, quer, im Zickzack, im Kreis, sternförmig, und wenn die Schnecken ganz wach waren, setzten wir sie hintereinander auf die Schnüre, Hunderte hintereinander, und ihre drolligen Prozessionen bewegten sich langsam in alle Richtungen, übereinander, auf verschiedenen Etagen wie Büsser, jedes Tierchen unter seiner Kapuze und jedes, statt einer brennenden Kerze, seine Augen auf den Fühlern, die sie flink einzogen und ausstreckten und damit den Weg abtasteten. Wenn sie die Übung ein halbes dutzendmal absolviert hatten, legten wir die gleichen Schnüre auf den Boden, und die Schnecken folgten den komplizierten Windungen der Schnüre wie ein endloser Zug den Schienen eines Eisenbahnnetzes; der lange, silbrige Ariadnefaden drehte sich im verschlungenen Labyrinth ein paarmal um sich selbst, bevor er zum Ausgang führte; der Ausgang war mit einem Häufchen frischer Salatblätter markiert, wo die dressierten Tierchen sich ausruhten und gütlich taten, jedoch gesattelt, angeschirrt, geharnischt wie Zirkuspferde im Stall und auf eine neue Vorführung wartend. Und wir wiederholten die Nummer, und Elena klatschte in die Hände.

Ich schenkte ihr jeden Sonntag eine gut dressierte Menagerie, die Elena in Marias grosses Kopftuch packte oder die die alte Maria in ihrer gerafften Schürze nach Hause trug und auf dem ganzen Weg murmelnd über unsere Marotten schimpfte und sich ein ums andere Mal bekreuzigte.

Ich wusste nicht, was Elena mit den vielen Zirkusschnekken anfing, die ich ihr schenkte, ich sah keine wieder; ich vermutete, dass sie in ihrem Zimmer heimlich mit ihnen spielte, sie niemandem zeigte, und vor allem nicht ihren Schwestern, die entsetzt aufgeschrien hätten; dass sie heimlich spielte und die Schnecken sich selbst vorführte; und ich war stolz und mit mir zufrieden und suchte jeden Tag neue Schnecken, mein bevorzugter Jagdgrund war das alte Gemäuer an der Salita di San Martino, in deren Ritzen man Exemplare von phänomenaler Grösse und grosser Vielfalt finden konnte; die von Vergils Grab hingegen waren eher schäbig und gewöhnlich, so dass wir jeden Wochentag das alte Gemäuer absuchten, Elena und ich.

Eines Morgens, es war in der Woche vor ihrem Tod, befanden wir uns am untersten Ende der Calada, in der Nähe des gefährlichen Sickersumpfs hinter Beniaminos Gemüsegarten. Die Jagd war erfolgreich gewesen. Elena hatte ihr kurzes Röckchen zu einer Jagdtasche geschürzt, um die gesammelten Schnecken nach Hause zu tragen, und meine Hosentaschen waren mit grossen, geifernden vollgestopft.

„Und wenn wir Zia Regula besuchen gingen?“ sagte Elena.

„Gehn wir“, antwortete ich.

Wir schlichen durch das hohe Gras den kaputten Zaun entlang.

Wir waren schon lange nicht mehr in diesem vergessenen Winkel gewesen, weil wir jetzt jeden Sonntag zu Vergils Grab hinaufgingen.

Weit und breit war niemand zu sehen. Beniamino war nicht in seinem Kohlbeet. Der kleine Garten vor dem Häuschen war ausgestorben, und das Klavier stumm. Die Lampe brannte nicht, und hinter den schiefen Lamellen der geschlossenen Fensterläden sah man nur Finsternis. Aber die Tür war offen, gähnend offen.

Eine halbe Stunde verging.

„Vielleicht ist die Tante gestorben“, flüsterte Elena.

Wir sassen im Gras. Wir konnten einfach nicht weggehen, denn das Haus kam uns geheimnisvoll vor mit dem rankenden Jasmin und dem Gewirr des Heliotrops, das sich bis zur Schwelle ergoss und die Erde entlangkroch.

Wir liessen die Schwelle nicht aus den Augen.

Hatte die Tante uns gesehen? Beobachtete sie uns aus dem dunklen Flur? Gut möglich, wir bekamen es langsam mit der Angst zu tun. Nur ein bisschen. Eine Brise, kaum ein Lufthauch, ein Zittern oder ein kurzes Erschauern, bewegte die Vorhänge aus duftenden Ranken.

Wer war Zia Regula und wessen Tante war sie? Weder Mama noch Signora Rosa hatten je ein Wort darüber verloren, und wenn ich meinen Bruder oder meine Schwester fragte oder Elena ihre Schwestern, lachte man uns aus. „Die Tante ist die Tante!" war die Antwort. Zia Regula konnte nicht Beniaminos Tante sein, weil sie Klavier spielte wie eine Dame. „Sie ist nicht richtig im Kopf", erklärte Beniamino, wenn wir den alten Gärtner fragten. „Sie raucht wie ein Mann, aber sie ist nicht bös. Ich kümmere mich um sie und passe auf, dass sie nicht davonläuft. Sie hat schon immer hier gewohnt. Sie hat eine Liebesenttäuschung erlebt." War sie vielleicht die einstige Erbin des Anwesens? War sie vielleicht eine Fee?

Und plötzlich tritt die Zia aus dem Haus: eine grosse, üppige Frau, schwarz wie eine Zigeunerin und gekleidet wie diese Vagabundinnen, mit einer weiten geblümten Bluse und einem langen plissierten Rock, der auf dem Boden schleift. Ein rotes Tuch ist um ihren Kopf gebunden. Sie macht ein paar Schritte, bleibt mitten auf dem Weg stehen. Wir wollten schon davonstürzen, Elena und ich. Doch die Zia bleibt mitten auf dem Weg stehen, ohne sich umzuschauen, ohne den Kopf nach links oder nach rechts zu wenden, sie steht reglos dort, dann kehrt sie um und geht ins Haus. Sie bleibt einen Moment auf der Schwelle stehen, um eine Zigarre anzuzünden, und verschwindet. Da liefen wir davon, so schnell uns die Beine trugen.

„Hast du gesehen?“ fragte Elena, als wir in der Nähe des Hauses atemlos in der langen Zypressenallee stehenblieben. „Hast du gesehen? Sie hat gepinkelt wie ein Mann.“

Natürlich hatte ich gesehen, dass sich zwischen Zia Regulas Füssen eine Lache bildete, als sie mitten auf dem Weg stand, aber ich hatte mir nichts weiter dabei gedacht.

„Ihr Jungen seid doch wirklich dumm“, sagte Elena, „ihr merkt nie etwas.“

Und sie erklärte mir: „Wir Mädchen, wir müssen anhalten, um beide Geschäfte zu erledigen. Die Pferde, die Kühe, machen das Dicke im Laufen, aber zum Pinkeln müssen sie anhalten. Die Jungen hingegen müssen anhalten, um das Dicke zu machen, pinkeln aber im Laufen. Glaubst du, dass es Wesen auf der Welt gibt, die beides machen können, ohne anzuhalten? Im Gehen oder im Laufen? Das ist unmöglich! Selbst die Vögel müssen sich hinsetzen, um zu kacken, die kleinen Schätzchen, pinkeln tun sie ja nie. Aber die Tante kann im Stehen pinkeln, genau wie ein Mann, ohne sich hinzuhocken. Ich schaffe das nie.“

„Bist du sicher?“ sagte ich. „So versuch's doch.“

Also grätschte Elena mitten in der Allee die Beine, doch dann liess das kleine Mädchen plötzlich die Schnecken fallen, die sie in ihrem geschürzten Kleidchen trug, glättete schnell ihr kurzes Röckchen und sagte mit Tränen in den Augen: „Ich bin kein Junge. Ich schäme mich …“ Und sie machte kehrt und lief davon.

„Elena“, rief ich hinter ihr her, „lauf nicht davon! Was ist denn? Hab doch keine Angst!“

Doch die Kleine flüchtete, ohne sich umzusehen, und rannte nach Hause.

„Die Mädchen sind wirklich dumm“, sagte ich mir.

Ich verstand nicht. Ich stand verdrossen da. Und ich begann Elenas Schnecken zu zertrampeln und leerte angewidert meine Taschen, denn viele der Schnecken, die ich hineingestopft hatte, waren bei der kopflosen Flucht zerquetscht worden, und ich kehrte meine klebrigen, schleimverschmierten Taschen voller schlaffer Dinger um. Dann kehrte ich zum Häuschen der Zia zurück, um mir ein für allemal zu beweisen, dass ich kein Angsthase war wie die Mädchen.

Die Lampen waren an; hinter den Fensterläden brach entfesselte Musik los.

Maria raufte sich gellend weinend das Haar. Die Trauerklagen der Frauen am Mittelmeer sind mit nichts vergleichbar: heidnische Verwünschungen, gellende Schreie, Drohungen an die Adresse aller Heiligen, glühende Anrufung der Heiligen Jungfrau und des Jesuskindes, die man zu Zeugen nimmt, kreischendes Weinen und Schluchzen und endlose, gedehnte, auf- und abschwellende Wehklagen, stossweise Gebete, ein markerschütterndes Trauerlamento; etwas Theatralisches liegt dieser öffentlichen Explosion des Schmerzes zugrunde. Bereits betraten vereinzelte Nachbarn, sonntägliche Spaziergänger, Jäger die Lichtung. Die Raserei der alten Dienstmagd schwoll an. Ich rannte los wie ein Pfeil, um im Bauernhof auf der Solfatara Pasquali zu holen.

„Pasquali, Pasquali! Komm! Schnell, komm zum Haus hinunter, es sind schon viele Leute dort."

„O mein Gott, was für ein Unglück! Ist sie wirklich tot?"

„Ja, Pasquali!"

„Wie ist das passiert?"

„Ein Jäger. Ein verirrter Schuss. Sie rührt sich nicht mehr. Beeil dich, Pasquali, komm!"

„Warte, ich zieh' ein sauberes Hemd und meine Joppe an, heut ist Sonntag."

„Nein, nein, Pasquali, komm, wie du bist, es eilt! Du musst zum Haus hinunter."

„Arme Kleine ..."

Und Pasquali folgte mir in seiner schmutzigen Arbeitskleidung, denn er war eben dabei gewesen, Mist zu wenden, und wir rannten den Pfad hinunter, ich voraus, Pasquali hinter mir her, einen Riemen in der Hand, ein altes Halfter, das er im Stall eilig abgehängt hatte, Beppino, der seinem Vater hinterherlief, hinter Beppino Carminella mit flatterndem Haar, Pasqualis Frau, die sich ein ums andere Mal klagend auf die Brust schlug, hinter ihr die aufgescheuchten Hühner, die aus dem halboffenen Gittergehege herbeiliefen, und sogar der Esel hob den Kopf und hörte auf zu grasen und schaute uns nach und begann klagend zu iahen.

Die Lichtung war schwarz von Menschen, die sich um den Erdhügel drängten; Schaulustige, Schwätzer, Gaffer, die Pasquali auf die Seite schob, ein Kreis fassungsloser Jäger, die über den Schuss diskutierten, und am Fusse der grossen Schirmpinie, inmitten einer dichten Schar Frauen, die im Chor in die Klagen der alten, vornübergebeugten Maria einstimmten, lag das geliebte Kind auf einem Bett aus

Piniennadeln, von den uralten Wurzeln gestützt, schön wie ein Engel, bereits im Paradies, die Hände gefaltet, ein winziger Tropfen Blut am linken Ringfinger, der aus ihrem linken Auge geflossen war, und an der Schläfe perlte zarter Schaum, der aussah wie blutige Schweisstropfen oder Tau. Die Schrotkugel hatte sie offenbar im Augenwinkel getroffen und war bis ins Hirn gedrungen, eine Schrotkugel, die wahrscheinlich am Stamm des jahrhundertealten Baums abgeprallt war. Maria hatte ihr die Augen geschlossen. Mein kleines Mädchen ruhte glücklich und sanft.

Pasquali machte sich gleich an die Arbeit. Er riss ein Brett aus der alten Tür in der Mauer, band liebevoll Elena mit seinem Halfter auf das Brett, hob die kostbare Last auf den Kopf und setzte sich langsam in Bewegung, schritt den Hang hinauf, Beppino und ich zu seiner Rechten, zu seiner Linken Carminella, die die alte Maria stützte, die sich vor Schmerz nicht mehr auf den Beinen halten konnte, hinter uns die anderen Frauen, hinter den Frauen die Jäger, bedrückt und mit gesenkten Köpfen, als sei jeder von ihnen der Schuldige, und die Menschen schlossen sich spontan der Prozession an, ist doch den Neapolitanern der Sinn fürs Zeremonielle angeboren, was sie bei jeder Gelegenheit beweisen, ob bei der Prozession von San Gennaro oder am Fest von Piedigrotta. Die Menschen traten aus den Häusern, Vorübergehende nahmen den Hut ab und folgten uns; und als wir auf dem Vomero anlangten und auf den Platz vor der Kartause San Martino hinaustraten, wo der Abstieg der Calada beginnt, die zu unserem kaum zweihundert Meter entfernten Haus führte, erwartete uns eine auf geheimnisvolle Weise benachrichtigte Menschenmenge; und die aus

Ehrfurcht oder aus Liebe zum Tod kniende Menge liess uns nicht weitergehen, sondern zwang Pasquali, in die Kapelle einzutreten und seine Last abzusetzen und die tote Kleine vor dem Altar aufzubahren; Kerzen leuchteten auf, Gebete erhoben sich, im Kloster begann die Totenglocke zu läuten. Und plötzlich stoben die Bettler, die Lahmen und Blinden, die überall in Italien die Kirchen und Wallfahrtsorte umlagern, davon wie ein aufflatternder Schwarm unheilverkündender Vögel, stürzten, von einem wilden Wetteifer erfasst, die steile Treppe hinunter, denn jeder wollte der Familie die unselige Nachricht als erster überbringen; und trotz meines allzu echten und allzu schweren Schmerzes musste ich lächeln, als ich ihnen nachschaute, den Strolchen, den Teufeln, den Gauklern der Calada, von denen es auf allen Treppenabsätzen nur so wimmelte, bucklige, lahme, krummbeinige, zerlumpte, aussätzige, Männer, Frauen und Kinder, alles Gauner und Halunken, ein richtiggehendes Bettler- und Diebesnest.

Strich drunter.

Nur eins möchte ich noch hinzufügen: Bei der Rückkehr vom *Campo Santo,* wo er den Leichnam seiner toten Tochter in der Familiengruft der Familie RICORDI hatte beisetzen lassen, ging der Fotograf zur Einfriedung auf dem Vomero, nagelte das Brett wieder fest, das Pasquali herausgerissen hatte, nagelte ein zweites quer darüber und versperrte die alte Pforte, spannte zwei, drei Stacheldrähte um den Eingang ... Und seither ist keiner von uns je wieder zu Vergils Grab hinaufgestiegen.

Und dennoch bin ich jetzt hier. Ich, der ich mich, ein Zufall, seit acht Tagen hier verstecke, ohne den gesuchten

Frieden zu finden, und ich wälze mich und quäle mich, beschwöre in meiner Schlaflosigkeit die unvergessene Vergangenheit herauf und ihre trügerische, irreführende, verlogene, aber auch wunderbare Optik, weil es nicht die Erinnerung allein ist, die erwacht und sich ohne dein Zutun in Bewegung setzt, sondern es sind die Augen, die Augen der Kindheit, die sich öffnen, zum erstenmal und in einem grellen Licht, das alles scharf hervortreten lässt, und wenn sich einem diese gottlose Vision des eigenen Lebens offenbart, dann hat man in Wirklichkeit alle Hoffnung verloren. Alles zerrinnt zwischen den Fingern, Sand und Asche – anders als bei den Mystikern, die Gott besitzen und als Gegenleistung besessen werden.

Ich erinnere mich, dass einen Monat nach Elenas Tod ein Pestilenzgeruch das ganze Haus durchzog. Es roch nach Aas. Man spülte, schrubbte, fegte, desinfizierte, doch vergeblich; man liess Arbeiter kommen, die Fliesen und Parkettböden aufrissen, vielleicht waren verendete Ratten darunter, aber darunter war nichts; und der schreckliche Gestank liess nicht nach, sondern wurde immer scheusslicher, bis er eines schönen Tages geradewegs zu Elenas Zimmer führte, von wo aus er eindeutig das Haus verpestete. Nach fieberhafter Suche und beharrlichem die-Wände-Abklopfen entdeckte man schliesslich einen in der Zwischenwand versteckten Schrank, und besagter Schrank war von unten bis oben mit aufeinandergestapelten Schachteln und Kartons gefüllt, mit sämtlichen Verpackungen, die Elena hatte auftreiben oder ihren Schwestern entwenden können, Hutschachteln, Schuhkartons, Handschuhschatullen, Glanzpapiertüten, die Mandeldragées oder Schokolade enthalten hatten, Keksdosen, kleine bunte Spankörbchen, von denen, die man, randvoll mit kandierten Früchten gefüllt, zum Geburtstag oder besonderen Anlässen schenkt, Holzkistchen, Puppenkartons ... Und alles war mit Hunderten und Tausenden sorgfältig aufeinander abgestimmter und nach Grösse, Form, Farbe eingeordneter Schnecken gefüllt, die Elenas Tod hatte verhungern lassen, daher der abscheuliche Gestank. Niemand konnte sich vorstellen, was es mit dieser seltsamen Sammlung auf sich hatte, und ich, das Herz vor Freude krank und die Seele zerrissen von dieser Entdeckung, ich schwieg. Es war mein Geheimnis.

Mama vertraute mich einem Hauslehrer an, mit dem ich in Sizilien zelten sollte. Meine Schwester würde demnächst heiraten. Mein Bruder bereitete seine Abreise vor, um in der Schweiz, an der Universität Basel, sein Jurastudium aufzunehmen. Mein Vater redete von einem erneuten Umzug. Erschöpft verkündete meine Mutter, sie habe vor, in einem Hotel zu wohnen, in Florenz, mit Lili als Gesellschaftsdame. Die Ricordis waren in ein anderes Haus gezogen, und das grosse Anwesen stand ein weiteres Mal zum Verkauf. Ein Schild baumelte bereits am Gittertor neben dem Pförtnerhaus, und Ernesto suchte eine neue Stelle. Nur die Zia blieb in Beniaminos Obhut zurück. Ich weiss nicht, was aus der alten Maria wurde, sie war von sich aus gegangen und war verschwunden.

Als ich nach drei Monaten zurückkehrte – wir hatten die ganze Insel zu Fuss durchwandert, mein Hauslehrer und ich, „Grünspan", den Esel, vor uns her stossend, der unser Zelt und unser Gepäck trug –, war für mich ein Platz in Dr.

Plüss' Privatschule reserviert, in der *Scuola Internazionale.* Mein Hauslehrer war Engländer. Wenn ich heute einem Jazzer begegne, erinnere ich mich an jenen schlaksigen, sommersprossigen jungen Mann mit dem widerspenstigen Haarwirbel, der ihm in die trotzige Stirn fiel, und der mir unter dem Vorwand, mir spielerisch die ersten griechischen und lateinischen Grundkenntnisse beizubringen, lange mythologische Vorträge hielt, von denen ich kaum viel verstanden habe. Aber Adrian Peake, Magister Artium, der die Aufgabe hatte, mir Sizilien zu zeigen und meinen Geist zu öffnen, war vor allem ein ausgemachter Säufer! Er war es, der mir das Trinken beigebracht hat. Und von ihm habe ich gelernt, mir in Gottes freier Natur zu helfen zu wissen; und er war es auch, der mich gelehrt hat, wo auch immer, bequem unter freiem Himmel zu schlafen.

Als ich nach Neapel zurückkehrte, um bei Dr. Plüss einzutreten, einem Deutschen, war ich neun. Ich kam ins Gefängnis. Doch das ist eine andere Geschichte, wie Kipling sagen würde.

Ich stelle mir oft vor, dass Vergil für seine Zeitgenossen eine Art Francis Jammes war. Mit anderen Worten: dass sich seine Rivalen, die anderen offiziellen Dichter, allesamt hartgesottene Bürger des heidnischen Roms, wahrscheinlich lustig machten über den bukolischen und agronomischen Ehrgeiz des ersten lateinischen Poeten, der sich ernsthaft für einen HIRTEN ausgab (mit Majuskeln; sein Vater war es tatsächlich gewesen, ein kleiner Bauer aus Pietola in der Nähe von Mantua, nördlich des Po, einer Gegend, die von der Soldateska geplündert worden war).

Ich erinnere mich, dass ich 1927 Paquita[3] mit meinem Auto zu Francis Jammes nach Hasparren fuhr, wohin sich die Herzogin begab, um dem Dichter einen Umschlag mit 10'000 Franc zu übergeben, eine ihr von Abbé Mugnier auferlegte Busse; um diese Busse zu mildern und weil es ein herrlicher frischer Morgen war, ein Frühlingstag, an dem Regengüsse und strahlende Sonne einander ablösen und die Knospen zum Bersten bringen und man mit blossem Auge die Blätter sich entrollen sieht, wie das oft der Fall ist in den grünen Tälern der Basses-Pyrénées, hatte ich von Biarritz aus die Strasse über die Bergzüge genommen, die nach Cambo-les-Bains in Richtung Hasparren abzweigt, und wir plauderten, Paquita und ich, fuhren gemütlich über die ausgestorbene Strasse, wo die Feldhasen zu Dutzenden vor uns her rannten, die Herzogin noch ganz beeindruckt von dem, was der Abbé ihr am Abend vorher über die Demut und die Armut des Dichters erzählt hatte ... als wir auf dem abschüssigen Strassenabschnitt kurz vor dem Dorf auf Francis Jammes stiessen, der Hecken durchstöberte. Ich bremste abrupt: „So was, Paquita, hier ist er ja, Ihr grosser Dichter. Was treibt er denn? Er macht Jagd auf kleine Vögel wie ein Schlingel, der die Schule schwänzt!"

Und ich stellte Francis Jammes der Herzogin vor.

Der Dichter steckte den Umschlag ganz selbstverständlich ein, als stehe er ihm zu, erging sich in Bedankungen an die Adresse der Überbringerin, entschuldigte sich für die Umstände, fragte mit keinem Wort nach dem Befinden seines alten Freunds, des guten Abbé, der sich kürzlich einer Augenoperation hatte unterziehen müssen, weil er den grünen Star hatte, und der nun langsam erblindete, und er schien überrascht, ja geradezu verärgert, dass ich in dieser Angelegenheit als Transportmittel gedient hatte.

Francis Jammes hatte den ramponierten Kopf eines alten Fauns, glich viel eher jenem Früchtchen von einem Verlaine, der mit steifem Bein im Hof des Hospitals *Broussais* herumstakste, als dem heiligen Franziskus von Assisi, der mit den Vögeln redete, trug eine grüne Lodenpelerine im Stil „Genfer Pilger", ganz nach dem Vorbild eines anderen literarischen Scheinheiligen, des Pazifisten Pierre Jean Jouve, der hinterher eine *poésie armée* (sic) predigte, hielt einen Stock mit einem Haken in der Hand und machte in den Frühlingshecken und in den tropfenden Akazienbüschen Jagd auf kleine Vögel, um mit gierigem, verkleckertem Lächeln die Eier auszuschlürfen. „Das ist für die Männlichkeit noch besser als Kiebitzeier", sagte er verschmitzt, obwohl ich ihn nichts gefragt hatte.

„Was für ein widerlicher alter Mann!" meinte Paquita, nachdem wir den Dichter unten im Dorf vor seinem Haus, gegenüber der Kirche mit ihrem kleinen baskischen Friedhof darum herum, abgesetzt hatten, und Francis Jammes uns sein Heim eines reichen Armen gezeigt hatte, das andere, vor allem weibliche Gemeindemitglieder, ihm geschenkt hatten.

„Ja, ein hässlicher alter Herr. Doch denken Sie an Abbé Mugnier, der eine mondäne heilige Persönlichkeit ist", sagte ich zu der empörten Herzogin, „und schenken Sie diesen schönen Morgen Gott. Sie kennen die Elegiker nicht. Sie sind zäh."

Und als wir auf dem Rückweg den Adour entlangfuhren, zog ich für Paquita eine Parallele zwischen Jammes und

Vergil, mit dem der Autor der *Géorgiques chrétiennes* [dt. *Gebet der Demut*] in seiner senilen Eitelkeit überaus gern verglichen wurde, liess mich über die Selbstsucht der Dichter aus, die in ihrem Elfenbeinturm allzu oft die Hände in Unschuld waschen, über ihre Gefühllosigkeit gegenüber dem Unglück anderer, über die Pose, in die sie sich für die Nachwelt werfen ... Und durch Gedankenassoziation und den Faden weiter spinnend, kam ich auf die Abgebrühtheit der Römer zu reden, auf Pontius Pilatus, auf Jesus; und in Bayonne angekommen, hielt ich vor einer Buchhandlung an, um Paquita die *Visions d'Anne-Catherine Emmerich* zu schenken, und ich empfahl ihr, besonders das Kapitel XXII des Vierten Buches über die Geisselung des Mannes Jesus zu lesen, damit sie sich ein Bild von der absoluten Gewissenlosigkeit und dem absoluten Mangel an Mitgefühl eines *Civis Romanus,* wie vor allem Vergil einer war, machen konnte, und ich erinnerte die Herzogin daran, dass in Frankreich die Schäferdichtung unter der Régence ebenfalls Mode war, in der sinnlichsten, ausschweifendsten, pervertiertesten, aber auch der bürgerlichsten Epoche unserer Monarchien, jener späten Apotheose der Renaissance, der heidnischen Zivilisation also (der *Sonnenkönig!),* einem diametralen Gegensatz zur Moderne und ihrem Nerv.

Jammes und Vergil haben die Krämerseele gemeinsam. Bei Vergil ist es der gebildete Mann, der Bürger des alten Stadtstaates, der Offizielle (Vergil war der Günstling nicht irgendeines Mäzens, sondern des Maecenas selbst, auf dessen Bitte er die *Georgica* [dt. *Gedichte von der Landwirtschaft*] verfasste, um seine Zeitgenossen an den Segen der Landwirtschaft zu erinnern und bei den Römern die Liebe zur

Landarbeit neu zu beleben, die verbitterte Seelen und aufrührerische Geister besänftigt und sie von der politischen Aktivität ablenkt (trotz des ganzen Brimboriums seiner Lobhudler und der Aufrufe, der Tremolos des Marschalls Frankreichs im staatlichen Radio, hat Pétain nie einen französischen Dichter für sich gewinnen können, der so tief gesunken wäre, seine Manifeste und seine schönen Versprechen eines *Zurück zur Natur* zu redigieren), und Octavia, die Schwester des Augustus, liess dem Dichterpatrioten 10'000 Sesterze für jeden Vers eines Gelegenheitsgedichts überreichen, das deren 26 umfasst[4]; bei Francis Jammes (ich entschuldige mich, wenn es so aussieht, als würde ich nur die Dekadenz hervorheben) ist es der *Ersatz*-Engel am Kirchenportal, der verklemmte Akademiker, der spiesserische Landedelmann ohne *standing.* Was die Dichtung sowohl des einen als auch des anderen nicht beeinträchtigt und sie auch nicht besser macht.

Ich hingegen, ich ziehe es vor, den Menschen anzufassen.

Ich stelle mir also oft vor, dass an der Tafel des Maecenas und in den Vorzimmern des Augustus, wo die kaiserliche Gunst verteilt wurde, sich Freunde und seine Rivalen über Vergil lustig machten, diesen Angeber, der sich im Ernst für einen Hirten ausgeben wollte; und ausgerechnet dieser für die Nachwelt künstlich geschaffene Hirte ist für die christlichen Dichter zum Weggefährten und unsterblichen Führer Dantes bei seinem Abstieg in die Hölle geworden (obwohl Dante ihn uns als grossen Initiierten und ziemlich unmenschlich schildert); doch für das einfache neapolitanische Volk und während des ganzen Mittelalters ist Vergil, der

Dichter, ein Zauberer geblieben; nicht von ungefähr beschweren sich die Leute, die in der Nähe seines Grabs wohnen, über das Teufelszeug, das dort praktiziert wird, und über die unheimlichen Besucher, Hexer, Magier, Quacksalber, Schatzsucher, Schwarzkünstler, die dieser Ruf heute noch anzuziehen vermag. Die Besucher kommen täglich, vor allem nachts und ganz besonders in mondlosen Nächten; zu bestimmten schicksalhaften Tages des Jahres ist der Zustrom gross, und ein regelrechter Hexensabbat soll sich dort abspielen.

Ich halte jedoch ausdrücklich fest, dass ich in den acht Tagen, die ich dort verbracht habe, keinen einzigen Besucher gesehen und keiner Orgie beigewohnt habe, Gott sei Dank, denn ich war genug damit beschäftigt, mit Kims verteufelter Kur fertigzuwerden, zu der ich mich lächerlicherweise von der glühenden Lektüre eines allzu faszinierenden Buches hatte hinreissen lassen; eine absurde Kur, die für mich eine ziemlich schlimme Wendung nahm und mich beinahe die Haut und das Leben und alles übrige gekostet hätte, Ehre, Lebensfreude und Gesundheit. Doch wenn ich Jahre später meine Kur erwähnte, den Ort und das Grab, führte das oft zu hitzigen Diskussionen mit meinem Freund Gustave Le Rouge über das Thema Vergil, der Zauberer; und dies besonders 1911, als Le Rouge seine Monographie der Mandragore veröffentlichte und wir miteinander in einen Briefwechsel traten, der oft in Polemik auszuarten drohte (ich war zu Rogowin nach Russland gereist, der mich hatte kommen lassen, um in Tiflis ein Geschäft abzuwikkeln); die zwei Freunde beschuldigten sich gegenseitig, der eine den andern, zu viele Bücher gelesen zu haben, der andere den einen, noch mehr Bücher gelesen zu haben, aber leichtsinnig damit umzugehen! (Le Rouge wusste nicht, dass mich Korsakow kürzlich meiner kostbarsten Bücher entledigt hatte.)

„Ich bitte Sie, Le Rouge, wenn Sie bei einem solchen Thema den Volksaberglauben und die mündliche Überlieferung ausser acht lassen, weist das auf den mangelnden kritischen Sinn eines wissenschaftlichen Geistes hin, der alles in Betracht ziehen sollte, ja selbst einen Irrtum …"

„Und Sie, Cendrars, wenn Sie sich auf die lächerlichen Spukgeschichten Ihres Bauern berufen, weist das auf kindische Gutgläubigkeit hin, eine Haltung, die Ihrer unwürdig ist …"

Gustave Le Rouges *Mandragore* ist eine beispielhafte Fleissarbeit; sie ist ein Kompendium überlieferter Fakten und erschöpft das Thema. Der Hauptteil dieser Monographie handelt natürlich von den Homunkuli des Grafen von Kueffstein, den mein Freund, entsprechend der geläufigen Literatur, in einem Karmeliterkloster in Kalabrien ansiedelt, ich aber, entsprechend Pasqualis Erzählungen, im verfallenen Häuschen neben Vergils Grab, das zwei Schritte von der verwahrlosten Kartause San Martino entfernt war. Le Rouge, der alle Bücher gelesen hatte, zitierte zwei, drei Quellen, und ich erzählte die gleiche Geschichte, aber so, wie ich sie in meiner Kindheit von Pasquali gehört hatte: von Pasquali, der Analphabet war und einen heiligen Respekt vor Büchern hatte.

„Pasquali hat nie ein Buch in den Händen gehabt. Wie soll er denn diese Geschichte erfahren haben, frage ich Sie, die die Kabbalisten und Nekromanten streng geheim hielten, wenn nicht vom Hörensagen? Durch die mündliche Überlieferung in seiner Familie, die von seinem Vater, von seinem Grossvater, von seinem Urgrossvater weitergegeben wurde, letzterer Zeitgenosse des Rosenkreuzers Kueffstein; und wenn sich das alles nicht in ihrer unmittelbaren Nähe abgespielt hätte, hätten diese Bauern auf dem Hof der Solfatara nie davon reden gehört! Das ist doch eindeutig ..."

„Ich halte mich ausschliesslich an die überlieferten Fakten, um so mehr, als die Geschichte einzig den Initiierten bekannt ist. Bis heute hat niemand Kammerers *Tagebuchaufzeichnungen* veröffentlicht, des Kammerdieners des Grafen, der darin die Experimente in allen Einzelheiten schildert."

„Und trotzdem zitieren Sie sie seitenweise, Le Rouge!"

„Ja, denn laut ..."

„Ich weiss, Le Rouge. Doch, sagen Sie, wo wird das Original dieser *Tagebuchaufzeichnungen* aufbewahrt, das im übrigen den Titel *Ausgabenbuch, von Joseph Kammerer geführt, Diener Seiner Exzellenz, des Herrn Grafen von* ... trägt?"

„Ach! Woher wissen Sie das, Cendrars?"

„Nun, Haliphas Lévy erwähnt es in einem persönlichen Brief. Es handelt sich um ein täglich nachgeführtes Heft, in dem alle Ausgaben eingetragen wurden. Sogar der Preis der Gläser ist darin festgehalten, in welche die allzu aufsässigen Exemplare eingesperrt wurden!"

„Eindeutig, man kann Ihnen nichts verheimlichen, Cendrars. Es befindet sich jedenfalls nicht im *Arsenal.*"

(Das Heft befand sich dort, Le Rouge belog mich bewusst, um mich nicht auf die Spur zu bringen. Das ist eine bekannte Form von Geiz bei den Gelehrten.)

„Sind Sie sicher, Le Rouge? Jedenfalls existiert eine Abschrift vom *Ausgabenbuch* Joseph Kammerers, eine gekürzte Fassung in einer schönen Handschrift aus dem späten 18. Jahrhundert, auf schönem Papier, sie wird in der Bibliothek der Deputiertenkammer aufbewahrt, in der Reserve. Sie können mit einem schönen Gruss von mir danach fragen ..."

„Das bringt uns überhaupt nicht weiter, schliesslich haben die Homunkuli keinerlei Nachkommen hinterlassen."

„Pasquali ist da anderer Ansicht, Le Rouge."

„Schon wieder!" rief der gute Le Rouge aus. „Einfach lächerlich, Cendrars ..."

Ich gebe die ungewöhnliche Geschichte der Homunkuli des Grafen von Kueffstein, eines reisenden Rosenkreuzers, wie es deren Ende des 18. Jahrhunderts viele gab, die einem Saint-Germain nacheiferten, einem Mesmer, einem Cagliostro, und die in den Salons Aufsehen erregten, entsprechend der in verschiedenen Büchern überlieferten Version wieder. Ich habe kein Buch zur Hand, nicht einmal die *Mandragore* des guten Le Rouge; ich habe die ganze Geschichte mit allen Einzelheiten im Kopf, weil ich mich wiederholt damit befasst habe: kurz nach Ende des vorhergehenden Krieges in Wien, wo ich nach dem Sturz der Habsburger auf der Hofburg einen Film drehte, doch die Archive der Freimaurerloge waren verlorengegangen; 1923 in Prag, wo ich bei den Nachfahren des Grafen von Thun vergeblich in den Protokollen der Sitzungen der Rosenkreuzer geblättert habe; und bei Professor Wilhelm Grosz in Pressburg, dem berühmten Kriminologen, Dekan der Juristischen Fakultät, der in Europa vielleicht die schönste Sammlung von Zauberhandbüchern besass; ich habe nirgends einen Hinweis auf Vergil oder auf sein Grab gefunden, was mich nicht davon abhält, Pasqualis Geschichte für wahr zu halten, zumindest was die geographische Zuordnung des Ortes betrifft, wo die absonderliche Brut der Homunkuli gesät wurde und wo sich – egal, was Gustave Le Rouge davon halten mochte – ihre Nachkommenschaft rasch vermehrte.

Der Graf von Kueffstein war ein reicher Adliger, ein glühender Okkultist, der, wie seinerzeit Paracelsus, der Demiurg des Okzidents, die Länder Europas auf der Suche nach einer Lösung der grossen philosophischen Probleme bereiste; er verkehrte mit den Alchimisten, Nekromanten, Kabbalisten und Initiierten seiner Zeit, wo er sich nicht Salonexperimenten widmete, sondern der Laborforschung. Er hatte die Weisheit für sich gepachtet, und Joseph Kammerer, sein Kammerdiener, schildert in seinem *Ausgabenbuch* die Abenteuer seines Herrn; er berichtet von unglaublichen Experimenten, darunter dem unglaublichsten der Urzeugung, der *erstaunlichen Zeugung,* wie er es nennt, der künstlichen Zeugung des *Homunkulus.*

Im Laufe einer Reise durch Süditalien lernte der Graf Abbé Geloni kennen, auch er ein Schüler von Paracelsus, in dessen Geheimnisse er eingeweiht worden war, wie er behauptete, und die beiden setzten nun alles daran, das überirdische Werk zu verwirklichen.

Sie schlossen sich fünf Wochen lang in einem Karmeliterkloster in Kalabrien ein, lösten einander ab, um die Retorten zu überwachen, in denen die seltsamsten Nährflüssigkeiten mazerierten. Nach verschiedenen Misserfolgen, grauenhaften Halberfolgen, nach der Zeugung von nicht lebensfähigen Kümmerlingen sprachen sie die echten, die richtigen kabbalistischen Worte, rezitierten die Formeln *ad hoc* – und nach fünf Wochen wurden inmitten der in Dampf gehüllten Szene und mit Hilfe des Teufelswerks, das sich vor den Augen des entsetzten Kammerdieners abspielte, kleine Wesen geboren. Zehn an der Zahl: ein König, eine Königin, ein Architekt, ein Mönch, eine Nonne, ein Seraph, ein Ritter, ein weisser Geist, ein roter Geist und der Wilde Mann. Kaum geboren, tauchte man die Wesen sofort in ein mit Weihwasser gefülltes Gefäss, und sie wurden getauft und jedes bekam einen Namen. Danach brachte man sie im Schutz der Dunkelheit zu einem Dunghaufen zuhinterst im Hof und grub sie dort ein, und Kammerer musste den Dunghaufen mit einer geheimnisvollen Lösung begiessen, einem Lebenselixier.

Nach ein paar Tagen, als die Inkubation nach Ansicht der beiden lange genug gedauert hatte, begaben sich der Graf und der Abbé eines Morgens in aller Frühe mit grossem Zeremoniell zuhinterst in den Garten. Geloni hatte sein priesterliches Ornat angelegt, Kueffstein sang Psalmen, und während Kammerer den Dunghaufen weihräucherte, wurden die Homunkuli ausgegraben und ins Laboratorium gebracht und weitere drei Tage in ein warmes Sandbad gelegt; diese Zeitspanne reichte, um sie zu Erwachsenen heranreifen zu lassen. Den Männern sprossen Bärte, die zwei Frauen waren von vollkommener Anmut und Schönheit. Man kleidete sie standesgemäss. Der König bekam ein Zepter und die Königswürde; der Mönch einen Stab und die

Kutte. Die andern das ihrem Rang entsprechende. Die kleinen Wesen entwickelten leider sehr schnell bösartige Charakterzüge, also mussten sie, getrennt, in Gläser eingesperrt werden, die mit Pergament zugedeckt wurden. Kammerer, der sogar den Preis der Pergamentblätter angibt, die kreisförmig zugeschnitten werden mussten wie für Marmeladegläser, erzählt, dass man eines Tages den König in galantem Techtelmechtel mit der Königin antraf, während der vor Zorn schäumende Wilde Mann, ein hypertrichoser Priapos, sein überdimensioniertes Glied schwenkte und versuchte, sein gläsernes Gefängnis zu zertrümmern und abzuhauen.

Doch im Gegensatz zu den gewöhnlichen Alraunwurzelmännchen ernährten sich jene kleinen lebenden Golems nicht von Luft allein. Kammerer berichtet nicht, was diese Kreaturen assen, sondern bloss, dass ihr Essen in einer silbernen Pastetenform im Wasserbad gekocht wurde. Selbstverständlich besassen *die Zehn* die Gabe der Weissagung, und der Graf und der Abbé befragten sie zu bestimmten Tageszeiten, um sich die Zukunft vorhersagen zu lassen.

Kueffsteins Homunkuli waren bei der Grossen Loge Wiens zu Gast, wo sie in einer denkwürdigen Sitzung feierlich vorgestellt wurden. Der Graf von Thun war von ihrem Anblick begeistert. Er liess ein Protokoll von der Sitzung anfertigen (Stefan Zweig besass ein mit Miniaturen bebildertes Exemplar). Illustre Freimaurer defilierten vor ihnen und stellten ihnen unsinnige Fragen, die die kleinen boshaften Wesen dreckig grinsend und oft recht unverblümt beantworteten. Doch je älter sie wurden, desto zänkischer wurden sie, und es wurde immer schwieriger, sie im

Griff zu behalten. Das Leben in der Abgeschlossenheit wirkte sich verhängnisvoll auf ihren Charakter aus. Kueffstein und sein treuer Diener wurden zur Zielscheibe ihrer oft unflätigen Possen, sie zeigten ihnen den Hintern, furzten unter ihrer Nase, und mehr als einmal liessen sich die kleinen Monster zu Tätlichkeiten gegenüber dem Herrn Grafen hinreissen, zwackten ihn, bissen ihn, kitzelten ihn, steckten ihm die Finger in die Augen, hingen sich an seine Ohren, rissen ihm Haarbüschel aus, pufften ihn in die Seiten, saugten Knutschflecken auf seinem Hals.

Eines schönen Tages hörte man nichts mehr von den Homunkuli, und niemand weiss, was Graf von Kueffstein mit ihnen gemacht hat.

Die Initiierten versuchten lange, dem Geheimnis der Zeugung dieser geheimnisvollen Wesen auf die Spur zu kommen, deren Existenz nicht angezweifelt werden konnte, war doch ein Protokoll der feierlichen Sitzung der Loge angefertigt worden, bei der sie vorgeführt worden waren, und viele hatten sie mit eigenen Augen gesehen. In den okkultistischen Kreisen in Wien einigte man sich darauf, dass es sich um Elementargeister handelte, um Larven, die vorübergehend unter der Einwirkung gewisser Zauberpraktiken menschliches Aussehen angenommen hatten. Und es wurde nicht mehr über sie geredet. Was in Anbetracht eines so kühnen Experiments, eines alles in allem doch zukunftsträchtigen Experiments, eine recht oberflächliche Schlussfolgerung ist.

Doch Pasquali, der nichts von all diesen Vorkommnissen, von den Einzelheiten, den näheren Umständen, den abenteuerlichen Wendungen, den überraschenden Folgen, der

Tragweite dieses Laboratoriumsexperiments wusste, ja nicht einmal die Namen der berühmten Persönlichkeiten kannte, die so delikate und grossartige alchimistische und metaphysische Probleme erörterten, war zu einem ganz anderen Schluss gekommen. In einem einzigen Punkt stimmte er mit Le Rouge überein, der ebenfalls ein lüsterner Geist war: nämlich was die Geilheit der Homunkuli anging, über die er sich anhand von Beispielen lustig machte, die uns erröten liessen.

„Die Lichtung um Vergils Grab", erzählte Pasquali in seinem neapolitanischen Dialekt, der die letzte Silbe vertrauter Namen schleppend betont, was sie latinisiert wie einen Kirchengesang und ihr diesen unverwechselbaren regionalen Akzent gibt, „das Grab Vergilii war schon immer ein verrufener Ort: wegen des alten Zauberers, der dort begraben liegt, und des Teufelszeugs, das sich seit heidnischen Zeiten dort abspielt. Man hat uns das Grundstück hundertmal angeboten, und weder mein Vater noch mein Grossvater haben je zugegriffen, auch wenn sie am kleinen Haus neben dem Grab interessiert waren, das nicht immer verfallen war und einen guten Schuppen abgegeben hätte, eine praktische Remise für den Esel und den Karren, gleich an der befahrbaren Strasse gelegen, weil man ja nur auf unserem schmalen Weg zum Hof hinauf kann und der Karren gar nicht hinauf kommt und ich unterhalb des Gehölzes abhalftern muss, was die Arbeit erschwert und mir nicht ermöglicht, die Märkte in der Stadt unten zu beliefern, wie ich gern möchte, und viel Geld zu verdienen; das ist der Grund, warum wir arme Leute geblieben sind, aber die Lichtung um Vergils Grab ist verflucht; daher war in der

Nachbarschaft niemand erstaunt, als das schreckliche Unglück mit der kleinen Tochter des Fotografen geschah. Carminella und ich haben gerade vor ein paar Tagen darüber gesprochen. Gott möge mit Hilfe aller Seiner Heiligen, die nichts anderes zu tun haben, Teufel noch mal, ihre Seele in Frieden ruhen lassen!"

Und Pasquali nimmt seinen Kalabreserhut ab und bekreuzigt sich andächtig.

Wir sassen vor dem Haus auf den wackeligen Stufen. Es war Sonntagabend. Beppino lachte verstohlen, während er den Esel anschirrte, der mich, wie alle Sonntage, vom Hof auf der Solfatara nach Hause brachte. Beppino war mein bester, mein einziger Freund. Beppino lachte verstohlen, denn einmal bei uns angekommen und den Esel an der Küchentür angebunden, würde sein Vater im Haus verschwinden, um ein Glas Grappa zu süffeln und eine *rotolata* anzuzünden, ein Tabakblatt um einen Strohhalm, und er wusste, dass ich ihn in mein Zimmer schleppen würde, nicht, um ihm meine Spielsachen zu zeigen, sondern um sie ihm zu schenken, Murmeln, Kreisel, Zinnsoldaten, eine Dampflokomotive, an der ich sehr hing, damit er mir dafür erzählte, was im Viertel vor sich ging, mir schwor, von seinem Vater die Erlaubnis zu erwirken, und ich sie einmal auf ihrer Runde begleiten durfte, was schon lange mein glühendster Wunsch war, und wir schmiedeten Pläne und versprachen uns viel von diesem Ausflug. Der Esel war bereit. Beppino setzte sich neben mich und stiess mich mit dem Ellbogen an. Er war ungeduldig. Carminella liess den Spinnrocken kreisen. Um uns herum pickten die Hühner. Die Erde duftete. Es war ein heisser Tag gewesen. Vor dem offenen Fenster der Wohnstube trockneten an einer Schnur aufgereihte Paprikaschoten. Ringsum raschelten die langen Maisstauden in der Abendbrise, die vom Meer aufstieg. Wir hörten Carolina, die Kuh, frisches Maisstroh kauen im Stall. Es war wie an jedem Sonntag: Pasquali redete, redete und redete. Ich hatte es nie eilig, nach Hause zu gehen. Ich wäre gern geblieben. Doch Beppino unterbrach Pasquali: „Vater", sagte er, „es ist spät, die ausländische Dame wird meinen Freund wieder ausschimpfen, wie vorigen Sonntag. Vater, so hör doch ..."

Es war während der paar Wochen zwischen Elenas Tod und der Entdeckung der Schnecken, die durch ihren Tod zugrundegegangen waren, und meiner Abreise nach Sizilien mit meinem neuen Hauslehrer, einem Interregnum, ausgelöst vom allgemeinen Trubel, der bei uns alles durcheinanderbrachte: den Hochzeitsvorbereitungen meiner Schwester, der Abreise meines Bruders in die Schweiz, dem Umzug meines Vaters, Mama, die todunglücklich ihre Koffer packte, und Miss Sharp, die überall Hand anlegte, diskutierte, Ratschläge erteilte, sich in Dinge mischte, die nicht ihre Sache waren, und allen auf die Nerven ging; ich war im jetzt ausgestorbenen Garten mir selbst überlassen, allein mit meinem zentnerschweren Liebesgeheimnis. Um nicht auch noch unterzugehen und schrecklich neugierig und aufgeregt von dem, was Beppino mir von der Calada erzählt hatte, und trotz Mamas strengstem Verbot, suchte ich nun keine Schnecken mehr im alten Gemäuer, sondern hievte mich auf die Mauer und sass, wie ein Dachhase im dichten Efeu versteckt, tagelang dort oben und beobachtete erregt, was in dem verrufenen Gässchen vor sich ging; und ich war von dem Schauspiel auf der anderen Seite der Mauer so gefesselt, dass ich die Essenszeit verpasste trotz der Kanone, die Mittag verkündete, trotz der Vesperglocken und des Abendläutens. Und ich liess mich von Mama ausschimpfen. Arme Mama, sie war nervös und daher erleichtert, wenn sie mich am Sonntagmorgen mit Pasquali weggehen sah, der mich nach seiner Runde abholte, damit ich den Tag auf dem Hof verbrachte, und wir den ganzen Tag über die Calada redeten, Beppino und ich.

Ich hatte Jungen mit einer Ratte spielen sehen, sie quälen, sie aufhängen und ertränken (ich höre sie noch, die kurzen, schrillen Schreie des hinterhältigen Nagers, der starrköpfig einfach nicht sterben wollte); die Krämerin hatte ihren Pimpf von einem Ehemann vor die Tür gesetzt, sie stand auf der Schwelle ihres Ladens, den Rock hochgeschürzt, mit schlaffen Brüsten, wirrem Haarknoten, einem blauen Auge, die Hand in die Hüfte gestützt, den Besen in der Hand, das Gesicht zu einer Fratze verzerrt von den Beschimpfungen, die sie ihm nachschleuderte (neapolitanische Flüche, die an Gotteslästerung grenzen und die ich nie vergessen habe und die mir im Zorn spontan über die Lippen kommen); der Fischhändler, ein baumlanger Kerl, der auf beiden Augen schielte und dem an der rechten Hand drei Finger fehlten, trieb mit einer langen Thunfischgräte, die er zwischen dem verbliebenen Zeigefinger und dem Daumen festhielt, seine Tochter an, ein dreizehnjähriges Mädchen, das an jedem Arm einen langen, schweren Korb mit zuckenden Sardinen trug und auf dem Kopf fünf, sechs, sieben kleinere ineinandergestapelte Körbe, der oberste voller Tintenfische, und

Fischschuppen, wässriges Blut, gallertiger Leim und Schweiss liefen über ihren Nacken, während der Satyr von einem Vater sie an den Waden und am Hinterteil pfetzte; Eseltreiber schritten die breiten Stufen der Calada hinauf und hinunter, droschen auf ihre kleinen Esel ein, die unter der Ladung verschwanden; Bettler gingen vorbei, Rudel barfüssiger, rotznasiger Gassenkinder mit verschlagenem Blick, die Mädchen waren mit Grind bedeckt und kratzten sich unter ihren Lumpen; und jede Menge Männer sassen träge herum oder stützten sich an die Mauer und pissten, hübsche, nachlässig angezogene Burschen, aber mit einem bunten Tuch um den Hals und kanariengelben, engen, spitzen Schuhen mit verziertem Schaft oder mit Perlmuttknöpfen, und wenn möglich einem neuen Hut auf dem Kopf. Es war ein pausenloses Kommen und Gehen von Hausfrauen, Kapuzinern, Schlampen, jungen, mageren, schmächtigen, dünnen, blassen, unrasierten Priestern, die eine schwarze Soutane trugen, damit man den Heiligen Geist nicht durchschimmern sah, der in ihrer Brust an ihnen zehrte wie eiternde Schwindsucht; fromme Frauenzimmer und überhaupt nicht gezähmte widerspenstige Weiber; eine Porzellanflickerin mit einem Stapel gesprungener Schüsseln und flacher Töpfe auf dem Kopf, die man von weitem kommen sah und hörte, denn die Frau blies in eine Meerschneckenmuschel, um ihr Kommen anzukünden, sie drückte den riesigen Bauch nach vorn, denn sie war übertrieben schwanger, und ich hatte immer Angst, sie könnte stolpern, aber ihre gespreizten Zehen tasteten bei jedem Schritt die Stufe ab, und die Frau hievte sich wie ein schweres Monument von *gradone* zu *gradone* bis zuoberst; die Porzellanflickerin war aber nicht so komisch wie der Stuhlflechter, Korber und Flechtwarenverkäufer, der aussah wie ein Karnevalswagen aus Rohrsesseln, Klapphockern, kleinen Gartenbänken und -tischen, mit ineinandergestapelten Holzgestellen, die Stuhlbeine durch die Lehnen und Rücken der anderen Gestelle gesteckt, der Mann selbst war unter der Last, den Bastzöpfen, den Rohrruten, den Girlanden aus Bürsten in allen Grössen und Formen versteckt, mit hübschen Körben behängt, mit geflochtenen Markisen, die links und rechts an ihm flatterten wie Fahnen, das Ganze mit einem Babykorb gekrönt, er ging mit kleinen Schritten, stiess die Vorübergehenden an und wurde von der Menge geschubst, er blies in eine Trompete, um seiner sperrigen Person Durchlass zu schaffen. Jeden zweiten Tag wurde inmitten von Weinen und Klagen ein Toter zum Kloster San Martino hinaufgetragen; oder dann stieg an einem der zahllosen Feiertage eine Prozession, von einer psalmodierenden Volksmenge begleitet, hinunter, die *oremus* und Litaneien vermischten sich mit den Rufen der fliegenden Händler, ohne sie übertönen zu können, und die brennenden Kerzen flackerten im hellen Sonnenlicht; nur die zwei, drei Nutten in den kleinen getünchten Häusern am Wege waren empfänglich für diese störende Episode und diesen Widerspruch, sie, die den lieben langen Tag an ihrem Fenster standen, direkt mir gegenüber, und sie warfen den Vorübergehenden Blicke zu und schneuzten sich geräuschvoll in ein Spitzentaschentuch, fächelten sich Kühle zu, lockten mit ihrem Fächer die Kunden an, bekreuzigten sich, liessen ihre raschelnden Markisen hinunter, spähten im Halbschatten mit vielsagenden Blicken durch die Lamellen, streckten eine Hand hindurch, machten eine auffordernde Geste, eine obszöne, wäre sie nicht gewohnheitsmässig gewesen, professionell, liessen ihr Mückennetz herunter, dessen Ringe ich auf der Stange klirren hörte, verschwanden in ihrem Alkoven, und ich sah einen Kerl, vier Stufen auf einmal nehmend, die Aussentreppe hochgehen, die zum ersten Stockwerk führte, und oft trat die Frau auf den seitlichen Balkon des kleinen getünchten Hauses hinaus, um ihn zu empfangen, auf den breiten Treppenpodest zwischen Hof und Garten, und ich sah ein schwebendes Dessous und aufblitzende nackte Haut oder einen Arm oder ein Bein zwischen dem Perlenvorhang, der sich hinter ihnen schloss, wenn das Paar im Zimmer verschwand, und ich hörte das Geräusch der Küsse, Klapse, Lachen, Seufzer, Stöhnen, und oft erhob sich Streit, und man hörte Schreie, Schläge, Hilferufe, und einmal erschien ein Kerl mit nacktem Oberkörper und einem Messer in der Hand auf der Schwelle (Gott, wenn Mama das wüsste!), sprang mit einem Satz in die Gasse hinunter und rannte in seinen Tuchlatschen davon und verschwand unten um eine Ecke, und ein *carabiniere* lief herbei, und die Menge wich zurück, aber der Mann mit dem Zweispitz schien nicht recht zu wissen, was tun, hinaufgehen oder nicht hinaufgehen, und er glättete seinen langen Schnurrbart und zwirbelte die Spitzen, und ein Kanarienvogel zwitscherte sich heiser in seinem goldenen Käfig am Fenster der verbluteten Prostituierten; an anderen Tagen wiederum lernte ich Refrains und Lieder, die ich heute noch singe! Ich beneidete das Volksgewimmel längs der Calada, die sorglosen Gesten, die Haltung, den Gang, die Fröhlichkeit, die Küchen unter freiem Himmel, ihren Duft: Fritüre, Knoblauch, Zwiebel,

Tomate, Kräuter, die mit Zitronen geschmückten Meerfrüchteauslagen, die Weinhändler mit ihren vollen Schläuchen, *l'acquaiola,* die Lakritzenwasserverkäuferin, und alle gleichaltrigen Gassenjungen, die tun und lassen konnten, was sie wollten, kleine Gauner, dreist, widerspenstig, rauflustig, die mir so glücklich vorkamen, die glücklichsten auf der Welt, und die die Vorübergehenden verspotteten, ihnen lange Nasen drehten oder Rübchen schabten! Ich wäre am liebsten hinunter gesprungen, hätte mich am liebsten ihnen angeschlossen.

Ist dies das Rad der Dinge, an das die Menschen gefesselt sind und das Böse säen, wie der alte Lama Kim lehrte, das Rad, dessen Spur die Vorstädte der Metropolen sind, wo die böse Saat gedeiht?

„Vor dem Fotografen gehörte die Lichtung um Vergils Grab den Datoma, den Eisenwarenhändlern, die sich hier nie blicken liessen", erzählte Pasquali, „und vor ihnen den Baronen Menichelli, einer Bankiersfamilie, die ab und zu in einem von zwei weissen Maultieren gezogenen Wagen kam, einer Kalesche wie die des Papstes, und die unter dem Vorwand zu picknicken, hier oben jüdische Ostern feierten oder was weiss ich für Schabernack ihrer Religion. Das war zu Zeiten meines Vaters, als er noch ein Junge war. Doch als ich klein war, erzählte Grossvater, dass das Grab zu Zeiten seines Vaters als Ansitz diente, wo der Urahn und die damaligen Nachbarn, alles Bauern, wie wir es geblieben sind, sich in den Hinterhalt legten, um im Frühling und im Herbst auf die vorbeiziehenden Vögel zu schiessen. Sie legten auch Netze aus, denn zu jener Zeit gab es noch Wachteln. Die Lichtung um Vergils Grab war schon damals ein verlassener Ort, der niemandem gehörte, glaubte man zumindest aufgrund der Geschichte, die mein Grossvater von seinem Vater hatte, doch dessen Vater, mein Urgrossvater, warnte die jungen Leute, sagte, das Grundstück würde immer noch dem Marquis gehören, dessen Name ich vergessen habe, doch er soll ein hoher Prälat gewesen sein und könne unerwartet von Rom angereist kommen, und dann würden sie etwas erleben, denn er sei ein schlechter Mensch, noch schlimmer, ein Hexer, und tatsächlich, der Prälat kehrte eines Tages zurück und bezog das Haus neben dem Grab ... Warte, Kleiner, der Name liegt mir auf der Zunge ... Terra ... Terra ... Marquis von Terranova ... von Terrasecca ... rossa ... puzzosa, nein, ich kann mich nicht mehr erinnern, egal, der Name tut nichts zur Sache. Aber weisst du, der Prälat kam nicht allein, sondern in Begleitung seines Sohnes, eines gerissenen Kerls, er sah aus wie ein Nordländer, mein Grossvater erzählte, sein Grossvater habe erzählt, und der Alte war diesbezüglich kategorisch, Monsignore habe diesen Sohn von einer Deutschen gehabt. Er war ein blonder, kräftiger Bursche, wie viele der ausländischen Maler, die sich hier in der Gegend herumtreiben und von denen wir armen Teufel glauben, sie seien sanft und intelligent, weil sie Künstler sind und blaue Augen haben, die sich aber früher oder später als Rüpel entpuppen, die plötzlich zornig werden, keiner weiss warum, wegen nichts, trotz aller Artigkeiten, die man ihnen hat zuteil werden lassen, und der kleinen Gefälligkeiten, die man ihnen erwiesen hat. Alles Barbaren! Im übrigen vernaschen sie nicht etwa die Mädchen, nein, sie sind ständig hinter den kleinen Jungen her. Nehmt euch vor ihnen in acht, hast du gehört, Beppino? Und du auch, Kleiner, das sind Menschenfresser. Dem jungen Marquis gaben die Leute den Spitznamen *il domatore,* man muss sich nicht fragen warum. Er war noch grausamer als sein Vater, und er war ein Hexer wie sein Erzeuger, aber nicht einer von der bekannten Art, wart's ab. Kaum waren sie eingezogen, zitierte er alle Bauern aus der Gegend und liess sie auspeitschen, weil sie angeblich Vergils Grab geschändet hatten. Man erinnert sich heute noch daran in meiner Familie. Antonio, der Vater meines Ururgrossvaters, war auch darunter, und sein Enkel Pino, mein Urgrossvater, der damals wohl fünfzehn und der jüngste einer kinderreichen Familie war, der Alte war trotz seiner über sechzig Jahre noch gut drauf. Das waren noch Männer! Der Apfel fällt nicht weit vom Stamm, nicht wahr, Carminella? Werde doch nicht rot, liebe Frau! So ist das Leben. Und es war *il domatore,* sapristi, der Alte und Junge auspeitschte. Gott sei der Seele meines Ahnen gnädig, dieses ehrbaren Greises, und mögen alle Heiligen ihn davor bewahren, dem Leben nachzutrauern, mein Ururgrossvater hat sich sein ganzes Leben abgerackert, und die Kerle hatten nichts Besseres zu tun, als ihn auszupeitschen, Cristo Santo!"

Und Pasquali zog seinen Kalabreserhut und bekreuzigte sich schwungvoll.

Von Sonntag zu Sonntag hatte ich Beppino immer mehr Dinge zu erzählen, und erst recht, seit ich mit den Gassenkindern der Calada auf Kriegsfuss stand, die mich schnell einmal auf meiner Mauer entdeckt hatten; sie bewarfen mich mit Kohlstrünken, faulen Tomaten und allem möglichen

Unrat, wobei die Mädchen die erbittertsten waren und Steine ausgruben, und ich erwiderte das Feuer mit den Glasscherben, die ich aus der Mauerkrone brach, und schoss Murmeln mit meiner Schleuder und zielte genau, vor allem auf die Mädchen, und richtete die eine oder andere übel zu, und sie kreischten und hetzten die Jungen auf, da gingen die Rotznasen zum Angriff auf die Mauer über und versuchten hinaufzuklettern, ich aber drängte sie mit meinem Holzschwert zurück, und wenn mein Arm langsam weh tat, trat ich den Rückzug an, lief über die Mauerkrone bis zu einer erhöhten, für sie unerreichbaren Stelle, von wo aus ich sie auslachte und verhöhnte, oder ich sprang von der Mauer und kletterte in den Wipfel eines Baumes direkt hinter der Mauer, von dort sah ich noch besser auf die Calada hinunter und bombardierte sie aufs Geratewohl mit der Schleuder, schoss fünf, sechs Murmeln auf einmal, zertrümmerte Fensterscheiben, was die ganze Gasse in Aufruhr versetzte; einmal drangen ein paar Schlingel in den Garten ein, sie waren entweder über die Mauer geklettert oder die Schutthalde hinuntergerutscht, aber sie wurden von Beniamino verjagt, der ihnen mit der Harke oder mit dem Besen drohte, und sie hatten alle Mühe, den Rückzug anzutreten; ein paar andere liefen am unteren Tor Ernesto in die Hände, der ihnen den Hintern versohlte, anderen wiederum blieb nichts anderes übrig, als den Garten in seiner ganzen Breite zu durchqueren, und sie retteten sich über das Geleise der Zahnradbahn und erreichten auf einem grossen Umweg die Salita di San Martino wieder, nicht ohne unterwegs den Obstgarten geplündert zu haben. Es war herrlich aufregend! Eines Tages fand man ein dreistes Ding im Rosengarten, das sich seelenruhig einen Kranz wand; man brachte das Mädchen zu Mama, die ihm Schokolade und Kuchen und Bonbons schenkte; ich begleitete es zur Lieferantenpforte, wo es mich auf den Mund küsste und mich auslachte und Lili eine Nase drehte, die uns gefolgt war, um sicher zu sein, dass das Tor verriegelt wurde. Zu Hause erfuhr ich, dass das Rotzding sieben Teelöffel gestohlen hatte, und man schickte mich an jenem Abend ohne Abendessen ins Bett. Beppino war nicht begeistert von meinem Krieg. „Das ist nicht gut", sagte er, „du darfst dich nicht mit den Kindern aus dem Viertel anlegen. Wenn du uns an einem Morgen auf der Runde begleitest, werden sie dich erkennen, und wer weiss, wozu sie imstande sind!"

„Hast du Angst, Beppo? Ich bewaffne mich. Meine Schleuder, ein Messer, Papas Revolver ..."

Und es würde tatsächlich ein Opfer geben, nicht einen von diesen Gassenbengeln, sondern einen Aussätzigen, der ein Loch mitten im Gesicht hatte und vor dem ich mich fürchtete: der erste Mensch, den ich umbrachte, den ich ein paar Tage vor der Abreise nach Sizilien heimtückisch tötete. Mein zweites, lastendes Geheimnis, das mich jahrelang quälte wie Elenas Liebe und das sich im Laufe der Jahre ins Gegenteil verwandelte, so dass ich mich auf seltsame, entsetzliche Art und Weise von Aussätzigen angezogen fühlte; eine Anziehungskraft, die mich erstaunte und die dazu führte, dass ich ein Vierteljahrhundert später die Gesellschaft von Aussätzigen suchte, in Brasilien, wo es im Landesinnern von diesen Parias wimmelt, von Löwenschnauzen, Gesichtslosen, Einbeinigen, Beidhändigen mit schwärenden Stummeln, Pachydermösen, ganzen Stämmen Braunfleckiger ohne Zehen, ohne Finger, die Extremitäten zu einer Hummerschere verstümmelt, ganzen Clans, an denen die Haut in Fetzen herunterhing, die Hautschuppen verstreuten, so dick wie Geldbeutel, die sich hockend vorwärtsschoben, hüpften wie Kröten, den Boden entlangkrochen und Schleimspuren hinterliessen wie Schnecken, geifernd, rülpsend, die Augen in der von ihrer Hundezunge tropfenden Jauche schwimmend, die Ohren zu Tüten geformt, die Finger (wenn noch etwas davon übrig war) an einem langen Faden baumelnd, der manchmal abfiel (und die Finger blieben hinter ihnen auf dem Weg liegen wie blasse Kötel), im Gesicht Krampfaderngeschwüre wie rotglühende Tätowierungen, und das ganze Grausen lebte mit unsäglichen, in schmutzigen Lumpen und versabberten Tüchern eingemummelten Frauen zusammen, die noch grauenhafter waren als die Männer, die Kuhfladen schissen, mit eiternden Brüsten, zerfressenem Bauch, das Hinterteil von der Lustseuche zernagt, und all dieser Abschaum kopulierte und zeugte Kinder und ass und trank und sang und tanzte in den Bergen von Pira-Pora, ihrem Heiligtum, wo sie einmal im Jahr hinpilgerten, von einem Mönch angeführt, dem König der Aussätzigen, der, einen Palmzweig in der Hand, im Damensitz auf einem Eselfüllen ritt (in jenem Jahr war es ein belgischer Mönch), dem man alle Jungfrauen brachte, die unterwegs gefangengenommen wurden und die er auf einem roten Teppich vergewaltigte, um vor den Augen seiner aufgepeitschten Begleiter geheilt zu werden, die das Wunder bejubelten, ihm applaudierten, sangen, beteten, brüllten, in Verzückung gerieten, tanzten, in die Hände klatschten, sich verrenkten, in höllisches Gelächter ausbrachen, sich gegenseitig packten, auf den Rücken warfen, vögelten, hechelten, schäumten, ihr Gift unter der tropischen Sonne verspritzten, dann assen, sich vollfrassen, schlemmten und sich besoffen.

Ich hatte die Zivilisation hinter mir gelassen und war einer von ihnen.

Ist dies das Rad der Dinge, an das die Menschen gefesselt sind und das Böse säen, wie es der alte Lama Kim lehrte, das Rad, dessen Spuren die Wege und Pfade sind, die sich in der Einsamkeit der Wildnis verlieren, wo die böse Saat gedeiht?

Soviel ich mich erinnern kann, und ich erinnere mich deswegen, weil, je weiter Pasquali von einem Sonntag zum anderen erzählte, desto mehr rankten und schlangen sich während der Woche meine Abenteuer ineinander, und ich war fasziniert, und sie wurden immer wichtiger für mich, auch wenn Beppino nicht einverstanden war, wenn ich ihm davon erzählte, ganz besonders, als Pasquali abschliessend auf den *rione di San Martino* zu reden kam, und soviel ich mich erinnere, wollte Pasquali, unser Milchbauer, mit seiner Geschichte beweisen, dass das Teufelswerk des Monsignore und seines Sohns die Seele der Vorstadtbevölkerung für alle Zeiten verdorben hatte; wen wundert's also, dass ich später, als ich in den Büchern die unglaubliche Geschichte von Kueffsteins Homunkuli entdeckte, sie mit Pasqualis Geschichte von den kleinen Kindern in Zusammenhang brachte, die in Vergils Küche zu Frikassee gemacht wurden.

Laut Pasquali war der Monsignore ein Dieb, der Schätze suchte und der sich nicht weiter von den anderen Initiierten unterschied, grösstenteils meschugge Städter (doch man weiss ja nie!), die heute noch in bestimmten Nächten alle Art von Hokuspokus um Vergils Grab treiben. Doch bei seinem Sohn lagen die Dinge anders: *il domatore* war ein ruchloser Hexer, ein Verdammter, den man vor noch nicht allzu langer Zeit seine Drehorgel spielen hörte.

„Carminella ist Zeuge", sagte Pasquali. „Es war in der Karfreitagnacht, die ganze Nacht hörte man das Schluchzen und Stöhnen dieser verdammten Orgel und ihre langgezogenen, schrillen, jaulenden Töne. Carminella hat kein Auge zugetan, sie hat die Nacht entsetzt auf dem Fliesenboden des Schlafzimmers verbracht, hat den Rosenkranz unablässig durch die Finger gleiten lassen und für die Seelen der Verstorbenen gebetet."

„Und Sie glauben, dass es *il domatore* war, der die Kurbel drehte?" fragte ich.

„Er war es!"

„Aber wie ist das möglich, Pasquali, wo doch der junge Marquis schon lange tot ist?" fragte ich wieder.

„Weil er eben nicht tot ist; ich hab ihn gesehen", antwortete Pasquali ernst. „Ich erklär's dir."

Laut Pasquali suchte Monsignore Dukaten und versuchte, Gold herzustellen, und darum begann kurz nach seinem Einzug das Haus in der Einfriedung zu bullern wie die Küche sämtlicher Teufel und war die ganze Nacht hell erleuchtet. Doch sein Sohn hatte anderes im Sinn. *Il domatore* suchte das Geheimnis der Langlebigkeit, und wenn man ihn in der Küche gestikulieren sah, fachte er nicht etwa das Feuer an, o nein; damit man nicht die Schreie und das herzzerreissende Wimmern von Kindern aus dem Haus dringen hörte und um die Schreie zu übertönen, drehte und drehte er die Kurbel einer Drehorgel, die erst im Morgengrauen verstummte.

Tatsächlich begannen kurz nach dem Einzug der adligen Herren im Haus neben Vergils Grab auf geheimnisvolle Weise Kinder aus der Nachbarschaft zu verschwinden, kleine Buben und kleine Mädchen, und in den verängstigten Höfen verbreitete sich das Gerücht, *il domatore* stecke dahinter, weil man ihn oft mit einem Mönch aus dem Kloster tuscheln sah (auf der Rückseite ging die Lichtung auf den tiefergelegenen Garten der Kartause San Martino), einem Bettlermönch, genannt Sagoma, einem hässlichen, widerlichen Alten, vor dem sich schon lange alle fürchteten und dem man diesen Spitznamen gegeben hatte, weil er barfuss ging und bei jedem Schritt, wird behauptet, auf Jesu Christi Gesicht trat, das er sich auf die Fusssohlen hatte tätowieren lassen, und es war Bruder Sagoma, der die Kinder stahl, ihnen eine Kapuze übers Gesicht warf und sie wie eine Wurst verschnürte, sie in seinen Tragbeutel unter seiner Kutte stopfte, so dass es aussah, als sei er schwanger, das Schwein! Wie hätten sie sich wehren können, die armen Kleinen? Man hörte die Kinder in der Küche sämtlicher Teufel schreien. Es reichte den beiden nicht, sie auf kleinem Feuer schmoren zu lassen, nein, sie mussten sie in einem Kochkessel übers flammende Kaminfeuer hängen, sie einschmelzen, sie formen, sie in eine Form giessen, sie betatschen, sie kneten, ihnen ein anderes Gesicht geben, sie ummodeln, sie verkleinern, sie in den Ofen stecken, um sie zu Erwachsenen reifen zu lassen, und wenn sie genau richtig durchgebraten waren, zog man sie heraus, und die kleinen

Männer hatten einen spriessenden Bart und Muskeln, und die kleinen Frauen hatten Hüften, Brüste, Bauch, ein rundes Hinterteil, und einmal – das ist wahr! –, einmal sah jemand eine ganze Zwergenfamilie auf der Terrasse des Hauses, niedliche, hübsch angezogene Zwerge, die sich voreinander verbeugten, tänzelten und scharwenzelten wie in einem Puppenmenuett, angespornt vom *domatore,* der mit der einen Hand die Kurbel seiner kreischenden Drehorgel drehte, die einem das Trommelfell zerriss, und mit der anderen seine Rute schwenkte, und die Zwerge lachten, ob du's glaubst oder nicht! Doch das Experiment war nicht gleich auf Anhieb gelungen; es hatte jede Menge Fehlexemplare gegeben, ganze Behälter voller Föten, und die Anlieger behaupten heute noch, dass die wild wuchernde Kletterrose, die das Dach gesprengt und das ganze Haus überwachsen und die Stufen gehoben und den Balkon in die Schlucht hat stürzen lassen, seinerzeit mit den Kümmerlingen gewässert worden war, die der Magier an ihrem Fusse ausgoss wie Spülwasser. Es dauerte eine ganze Zeit, so lange, wie es eben dauert, um mit einer ganzen Reihe Ofenfüllungen zu experimentieren, um die schönsten Exemplare auszusuchen. Und eines Nachts stürzte alles zusammen, und die Trümmer liegen immer noch dort; nicht etwa durch die Explosion eines Kochkessels in ihrer Teufelsküche, nein, sondern durch ein Erdbeben, das die ganze Gegend heimsuchte und dessen Spuren man an der gerissenen Fassade etlicher Höfe in der Umgebung immer noch sieht.

„Pino, mein Urgrossvater war es, der das Haus verstärkt und den Kamin wieder ins Lot gebracht hat", sagte Pasquali und zeigte mir die in der Hauswand eingelassenen Eisen. „Er hat sie selber geschmiedet. Auch der Kamin war herabgestürzt."

„Und dann, Pasquali?"

„Und dann ist der Ort geworden, was er ist: ein verrufener Ort."

„Und der alte Marquis? Und sein Sohn? Und die kleinen Zwerge, Pasquali?"

„Von den Zwergen hat man ein gutes Dutzend auf dem Klosterfriedhof begraben; es war gar nicht einfach, sie in geweihter Erde beisetzen zu lassen, sie mussten zuerst exorziert werden; auch die Behörden mischten sich ein, weil sie wissen wollten, woher diese Zwerge kamen und wer sie waren; schliesslich hat man sie heimlich verscharrt, weil niemand sie wiederzuerkennen wünschte, vor allem nicht die Eltern, die einen Cherub beklagten, ein vermisstes Kind, und Anzeige erstattet hatten. *Il domatore* aber war wie vom Erdboden verschwunden. Bruder Sagoma ebenfalls. Seine Zelle war leer, und niemand konnte sich erklären, wie das passiert war. Der Monsignore hingegen kam mit dem Leben davon. Der alte Marquis hat ein Loch mitten im Gesicht."

„Ein Loch, Pasquali?"

„Ja, er ist ein Aussätziger, wie die Geizigen es oft sind."

„Aussätzig, Pasquali?"

„Ja, du kannst ihm täglich begegnen, er ist noch am Leben, er ist der König der Calada."

„Nicht möglich, Pasquali!"

„Ich schwöre es dir, er ist es!"

Und ich begann zu zittern.

„Ein Loch mitten im Gesicht", hatte er gesagt. Und der König der Calada war tatsächlich ein Aussätziger.

Er war es also!

Ich trieb mich nun schon fast sechs Wochen auf meiner Mauer herum; ich suchte mir jeden Tag einen anderen Beobachtungsposten, so dass ich jetzt genau wusste, was sich alles auf der Salita di San Martino abspielte. Es war ein stark begangener Weg, der ehemalige strategische Pfad, der in steilen Kehren zum Castello San Elmo führte und der sich mit der Zeit bevölkert hatte und zu einem neuen Vorstadtviertel angewachsen war, das in aufeinanderfolgenden Rampen von der Altstadt zum Vomero hinaufführte. Trotz der Rampen, wobei die erste und die letzte sehr steil und von breiten Stufen durchschnitten waren, trotz der Kehren und Windungen, den engen Durchgängen zwischen den Mauern, wo die Vorübergehenden aneinanderstiessen, trotz der von den Auslagen der Händler verstellten Absätze, die eigentlich kleine Plätze waren, wo sich das Volk ausruhte und Banden von Gassenjungen den Leuten zwischen die Beine liefen, trotz der Bettler, die den Leuten hartnäckig folgten, der beladenen Esel, die pausenlos die Stufen hinauf, die Stufen hinunter trabten und denen man ausweichen musste, trotz der dichten Hecke der Eseltreiber unten am Corso, wo die Salita anfing, die die Leute bedrängten, den Aufstieg auf Eselsrücken zu machen (was Ehrensache war, weil die Zunft sich geschworen hatte, der Zahnradbahn, der sie den Kampf angesagt hatten, um jeden Preis das Wasser abzugraben, daher beschimpften und bedrohten die Eseltreiber die Leute, die sich weigerten), trotz des Bettlerspaliers oben, wo der Aufstieg auf den Platz vor der Kartause San

Martino mündete, vor der Klosterkapelle, wo man sich fast prügeln musste, um weiterzugehen, weil die Bettler, die alle Taschendiebe und Schnapphähne waren, einen bestürmten, einen an den Kleidern festhielten, einem ihre ekligen Wunden unter die Nase hielten (die ehrwürdige Bruderschaft hatte sich, ebenfalls aus Ehrgefühl, geschworen, von jedem den Zehnten zu verlangen und niemanden weitergehen zu lassen, bevor er nicht bezahlt hatte), und sie verfluchten und bespuckten jene, die nicht bezahlten, trotz all dieser Hindernisse war die Calada der kürzeste Weg für die Bewohner des Vomero, die die Zahnradbahn nicht nehmen wollten oder noch nicht daran gewöhnt waren (die Zahnradbahn war damals eine Neuheit) oder kein Geld ausgeben wollten (die Fahrt kostete vier Sous, und für vier Sous konnte man stundenlang Droschke fahren, bloss, die Droschken konnten nicht zum Vomero hinauffahren, weil es auf dieser Seite keine anständige Strasse gab), und im übrigen war die Salita ein bunter, üppig bestückter Markt, wo man alles bekam. Zuunterst gab es schöne Lebensmittelgeschäfte; zuoberst Gemüsebauern mit schönen Früchten und Gemüsen vor ihrer Tür. Im unteren Teil kleine Mietshäuser, Armeleutewohnungen; im oberen Teil kleine Felder und einfache Bauernhäuser; uns gegenüber die rosa oder hellblau getünchten Erker von zwei, drei Nutten; etwas weiter unten Kneipen und Weinhändler, Keller, Fritüren, Küchen unter freiem Himmel, ambulante Barbiere und Perückenmacher, die enge Budike des Schusters, wo alle Ganoven des Viertels ihre rohlederfarbenen Stiefel aussuchten, und gleich daneben die Höhle des Bankiers der *rampa,* eines Juden, der zu Wucherzinsen verlieh, in seinem kleinen Schaufenster häuften sich falsche Steine, Rheinkiesel, billige Klunker, versilberter und vergoldeter Schmuck aus Pforzheim, lange Korallenketten und Schildpattkämme, und in einem mit Eisenbändern beschlagenen, mit Messingnägeln verzierten, mit Eisendornen besteckten, mit mehreren Vorhängeschlössern und Geheimschlössern verschlossenen Schrank verwahrte er sorgfältig Lotterielose, Geldscheine und Pfandscheine, die der Hehler unter der Hand kaufte.

Ungefähr in der Mitte der Calada jedoch verbreiterte sich der Absatz und bildete einen kleinen runden Platz, der mit Fragmenten eines alten Balusters von der Strasse und dem pausenlosen Verkehr abgetrennt war, dort stand eine von einer riesigen Madonnenstatue überragte Kapelle, an deren Fuss ständig ein zerlumpter Greis lagerte, seinen Schulterbeutel unter dem Kopf und seine Bettlerschale gut sichtbar hingestellt; er hatte kein menschliches Antlitz mehr, sein Gesicht war von einem runden, schwärzlichen, bläulichen Loch entstellt und davon halb zerfressen, und die anderen Greise, alle ebenso abgezehrt und zerlumpt und entsetzenerregend wie er, die im Halbkreis um ihn herum sassen, pflegten und bedienten ihn, riefen alte Hexen herbei, die ihm mit der Flasche zu trinken gaben, ihn hätschelten wie ein Neugeborenes, ihm das vom Lupus zerlöcherte Gesicht abwischten, wie man das Hinterteil eines Kindes säubert, und den ganzen Tag holte man sich Rat von ihm, Männer, Frauen, lauter Diebsvolk, junge Boten liefen in beiden Richtungen, und Strolche kehrten mit Säcken zurück, deren Inhalt sich wie durch ein Wunder in Luft auflöste, Seidentücher, Schals, Mantillen, Spitzenwäsche, Sonnenschirme, Stiefelchen, Vorhänge, Geldbörsen, die man ausschüttete,

Uhren, die wie Seifen durch die ausgestreckten Hände glitten, goldene Uhrenketten, die einen Moment lang an den gekrümmten Fingern aufleuchteten, Ohrringe, Manschettenknöpfe, Krawattennadeln, die eine Sekunde lang in einer schmutzigen Handwölbung aufblitzten, Brieftaschen und Geldtaschen, die man sich gegenseitig aus den Händen riss, um sie gründlich zu untersuchen, Schlüsselbunde, die man lächelnd einsteckte, Lebensmittel, die man untereinander aufteilte und auch den Anteil des Alten nicht vergass, der sich, seines Volkes sicher, nicht rührte, grässliche alte Hexen, die seinen Anteil in seinen Lumpen versteckten, ihm unter den Hintern schoben, und er hob nicht einmal die Lider, flüsterte, bewegte kaum seine Vorderarmstummel, die schräg zugespitzt waren wie ein Flötenmundstück, und sein Gefolge las ihm die Befehle, die Anweisungen aufmerksam vom Gesicht ab, lauter dunkle Machenschaften, und abends trug man ihn in einen Keller in der Nähe.

Das war also der alte Marquis, ein Aussätziger, der König der Calada!

Und seit Pasquali mir das erzählt hatte, nahm ich Mamas Operngucker mit, setzte mich kühn auf einen hohen, aber gut versteckten Mauerabschnitt und richtete das Glas auf das grauenhafte Gesicht des alten Mannes, vor dem ich mich fürchtete, drehte an der Linse, damit ich ihn ganz aus der Nähe sah, so nah wie nur möglich, direkt vor mir, meine Welt versperrend, bis mir schwindlig wurde.

Und eines Tages öffnete der Aussätzige die Augen und sah mich, wie ich ihn sah, und er hob den Kopf, und er zeigte mit seinen zwei Armstummeln auf mich, und er sagte wohl etwas, denn ich sah seine Zunge, sein Halszäpfchen zuhinterst in seinem Loch auf und ab gehen, und die ganze Mundhöhle füllte sich mit dichtem Schleim von der Anstrengung zu reden, und er fiel zurück, und sämtliche Köpfe der Schakale und Hyänen, alle widerlichen Köpfe seiner Kurtisanen wandten sich mir zu, und ich wurde von Panik erfasst und liess mich schwer hintenüberfallen, wie man im Traum in einen Abgrund fällt und aus dem man erwacht und sich nur schwer davon befreit, ohne zu begreifen, wie einem geschehen ist.

Der lastende Blick des alten Aussätzigen! Lastend wie ein Fluch! Die ganze Qual des Lebens.

Ist dies das Rad der Dinge, an das die Menschen gefesselt sind und das Böse säen, wie der alte Lama Kim lehrte, das Rad, dessen Nabe das tierische Auge des Leidens ist, die Qual des Lebens, einer Hypnose?

„Nein, *il domatore* ist nicht tot", erzählte Pasquali. „Zwei, drei Jahre nach ihrer Teufelskocherei im Haus neben Vergilii Grab, erschien er zum erstenmal auf der Calada, und seither kehrt er regelmässig alle Schaltjahre zurück, und solange er da ist, bleibt der König der Calada in seinem Keller eingesperrt, und seine Anhänger bewachen den alten Aussätzigen rund um die Uhr. Das ist der Beweis, dass sich der *domatore* in der Nähe herumtreibt. Es handelt sich um einen Machtkampf zwischen dem Vater und dem Sohn, und niemand weiss, was passieren würde, wenn eines Tages die zwei Antichristen einander gegenüberstünden. Der junge Marquis nutzt die Situation aus. Solange er da ist, hält er sich dauernd unter der Madonna auf, dort, wo sein Vater sonst

Hof hält, und dreht und dreht die Kurbel seiner Drehorgel; es ist eine ganz besondere Orgel, ein ausgeleiertes altmodisches Instrument, das schrille, markdurchdringende Töne von sich gibt, und weil viele der Pfeifen aus dickem Venezianerglas gerissen sind, überspringt das Instrument die Noten, und aus dem Kasten dringt Gestöhne oder Wind, was klingt wie ein von Schluchzern und Seufzern begleiteter Atem, und eine Drehung weiter entringt sich ihm ein schriller Schrei, gefolgt von einem Röcheln oder einer ironischen Triole, und *il domatore* dreht unerschütterlich seine Kurbel und zermalmt die Noten, und die Menschen verlassen ihre Häuser und eilen von überall herbei und umringen den verteufelten Musikanten, der mit einem weissen Gewand angetan ist wie die armenischen Weisen, mit einer viereckigen Mütze auf dem Kopf; sein strähniges Haar, das er hat wachsen lassen, fällt ihm bis auf die Schultern, und weil das Instrument alte Melodien spielt und vor allem Menuette, werden die Menschen von wehmütigen Erinnerungen gepackt und folgen ihm überallhin, und wenn der hinterlistige Kerl weiterzieht und dann verschwindet, was im Laufe von sieben Jahren zweimal vorkommt, werden jedesmal Leute im Stadtviertel vermisst, betörte junge Burschen und verführte junge Frauen, von denen man nie mehr etwas hört, und die Leute fragen sich, ob der Musikant des Teufels sie vielleicht nicht geradewegs in die Hölle entführt hat. Im übrigen braucht man gar nicht so weit zu suchen: Die *rampa* ist heute eine richtige Hölle. Das war nicht immer so, glaub mir. Früher war die Gegend um die Kartause San Martino ein friedlicher Vorort und vorwiegend ländlich, wo wir Bauern an bestimmten Wochentagen unseren

Markt abhielten, die Kunden – vor allem Handwerker aus der Nachbarschaft, der Schmied, der Tischler, der Stellmacher – waren Freunde, und es herrschte nie Gedränge, ausser an den Wallfahrtstagen, an denen wir unseren Platz an die Ärmsten abtraten, die vom Basso Porto hinaufstiegen, Kranke, Fromme und Bettler, unsere Brüder, Christen, die dann, wenn das Fest vorbei war, gesund oder getröstet in die Elendsviertel der Stadt zurückkehrten. Doch jetzt ist das nicht mehr so, der Glaube ist verlorengegangen; und heute, wo dein Vater das Land bis zum Vomero hinauf in Bauparzellen aufgeteilt hat, bedeutet das für uns den Untergang. Man kann nicht mehr leben hier. Uns wird nichts anderes übrigbleiben, als unser Bündel zu packen. Neapel ist verflucht, und die Calada ist ein Sumpf aus unsäglichen Lastern und Greueln, seit der aussätzige einstige Prälat sich hier niedergelassen hat, der König der Diebe, und seit Monsignore seine Krankheit verbreitet hat; genau wie sein Sohn, der die Menschen hier verdorben hat mit seiner gotteslästerlichen Musik, die den Leuten den Kopf verdreht, und der die Männer und Frauen zum Wahnsinn treibt mit seinen geilen tanzenden Zwergen, die er nachts gegen Bezahlung verleiht. Wie soll ich dir das alles erklären, Kleiner, du bist zu jung, um zu verstehen. Nur eines möchte ich dir noch erzählen: *Il domatore* führt zwei kleine Dämonen vor, nicht grösser als eine Elle, *la figliola,* eine lüsterne Tänzerin, derentwegen sich die Männer gegenseitig umbringen und ruinieren und in Verderbnis stürzen, um mit ihr zu schlafen, und einen Bärtigen, *Barbarossa,* einen zotigen Bock, der die Frauen auf schändliche Art verführt und Monster zeugt, Zwillinge, die durch die Rückenhaut aneinander kleben, Babys mit Schwimmhäuten, mit Hasenscharten, mit Hundsköpfen oder mit zwei Köpfen oder sechs Fingern oder drei Pfoten oder einer Art Pferdeschweif, die man dann in Gläsern aufbewahrt oder lebend in den Jahrmarktsbuden ausstellt, und Wesen mit zwei Schwänzchen, worüber die Hebammen kichern, die Wehmütter aber gar nicht, weil diese Kinder mit den Füssen voran und missgebildet herauskommen, und oft muss man sie im Bauch der Mutter kleinhacken oder den Bauch der Kreissenden in der Mitte aufschneiden, weil der Kopf zu gross oder der Fötus verknotet ist; doch du kannst das alles ja nicht wissen, das passiert nachts und ist die Folge von sündigem Verlangen, von aberwitzigen Paarungen, von lüsternen Träumen und Alpträumen. Ich weiss nicht, ob die zwei kleinen geilen Dämonen vielleicht nicht Zwerge sind, die der Katastrophe an Vergilii Grab entkamen, oder ob der Teufel sie seither in seinen Kochkesseln gezeugt hat, doch Gott möge dich davor bewahren, ihnen jemals zu begegnen, so wie er mich davor bewahrt hat, den *domatore* zu Gesicht zu bekommen, als ich ihn Karfreitag nacht die Drehorgel spielen hörte; Carminella hat die ganze Nacht gezittert, ich hab' dir ja schon davon erzählt, und ich habe, trotz der Gebete meiner Frau, Bauchkrämpfe bekommen, als wären die Heiligen taub oder bis zum Morgen krank gewesen wie ich, die Feiglinge, ausgerechnet sie, die nichts zu tun haben, *o Cristo-Santo-la-Madonna* ..."

Und Pasquali zog seinen Kalabreserhut und bekreuzigte sich schwungvoll.

Nachts durfte ich ja nicht auf die Calada hinaus; doch eines Nachts stand ich gegen drei Uhr in der Frühe zwischen meinem Vater und Signor Ricordi, die mich an der Hand hielten, vor der Pforte, und wir betrachteten die vorbeiziehende Menge, die seit dem Abend pausenlos zur Festung San Elmo hinaufpilgerte, eine düstere Menge, die stumm und geordnet an uns vorbeischritt, was mich tief beeindruckte, denn in Neapel ist die Menge gewöhnlich fröhlich und laut und singt gern. Doch in jener Nacht sang niemand, denn die Menschen waren gekommen, um im Morgengrauen der Hinrichtung eines Mannes beizuwohnen; ich weiss nicht, warum die ganze Stadt sich so leidenschaftlich für diese Geschichte interessierte, und ich weiss auch nicht – wie ich mich heute zu erinnern glaube –, ob es sich wirklich um einen Mörder handelte, der eine ganze Familie, ein Dutzend Menschen, niedergemetzelt hatte, aber ich erinnere mich an mein Erstaunen, als ich den an Armen und Beinen gefesselten Mann inmitten bewaffneter Carabinieri sah, vier trugen brennende Fackeln, und eine Abordnung aller Waffengattungen aus der Garnison Neapel eskortierte den Gefangenen. Der Mann, den man zum Tode führte und der beim Gehen stolperte, war kein grimmiger Bandit, wie ich es mir vorgestellt hatte, sondern ein Soldat, ein einfacher Soldat in Uniform, und das war wahrscheinlich der Grund, warum die ganze Stadt so leidenschaftlich an seinem Schicksal teilnahm, er soll die Familie seines Hauptmanns oder seines Generals umgebracht oder einen ganzen Führungsstab vernichtet haben, kurz, es handelte sich also wahrscheinlich nicht um einen gewöhnlichen Verbrecher, wenn man ihn mit einem solchen Truppenaufmarsch und von Menschenmassen begleitet zum Pranger führte; und wir schlossen uns der Prozession an, die langsam hinaufstieg, mein Vater, Signor Ricordi und ich, und dank des Passierscheins des Fotografen durften wir das Fort betreten; und der Fotograf knipste Bilder vom ganzen Ablauf der Zeremonie: die Lesung des Todesurteils, die militärische Degradierung, die Auslosung des Erschiessungskommandos, das Laden der Waffen, das Festbinden des Verurteilten an den Pranger, der aus einer Grube ragte, das Verbinden der Augen ... Er fotografiere alles mit Magnesiumblitzen, weil die Morgendämmerung nur langsam aufsteige und das Licht ungünstig sei, erklärte Ricordi geschäftig, was ihn dazu veranlasste, den Gouverneur von Neapel, der diese Kundgebung staatlicher Gerechtigkeit präsidierte, zu ersuchen, die Exekution doch bitte um ein paar Minuten zu verschieben und auf die ersten Sonnenstrahlen zu warten, die die Szene mit einer Aureole umgeben würden, ein grandioses Bild, der schwarze Pranger im Gegenlicht; und der Gouverneur gab dem Antrag statt unter der Bedingung, dass der die Truppen befehligende Offizier damit einverstanden war, und der war einverstanden unter der Bedingung, dass der Offizier des Erschiessungskommandos nichts dagegen einzuwenden hatte, und der lief auf den Fotografen zu, der mit seiner Kamera und seinem Stativ herumeilte, und die zwei Männer gestikulierten, und Ricordi stellte seine Kamera auf, und der Offizier schaute auf seine Uhr, und Ricordi musterte den Himmel und stellte das Objektiv ein, und der Himmel rötete sich, und der erste Sonnenstrahl blitzte auf wie ein goldener Pfeil, und Ricordi gab ein Handzeichen: Der Offizier zog seinen Säbel, die Trommeln begannen dumpf zu schlagen und immer lauter zu wirbeln, ein Befehl hallte und gleich darauf eine trockene Salve, gefolgt von einem einzelnen Schuss; und der kleine, elende Stoppelhopser brach mit heraushängender Zunge und halb von seinen Fesseln erdrosselt zusammen; und die Truppe defilierte am Leichnam des zu Tode Gemarterten vorbei, dann folgten die Richter und der Gerichtsschreiber, hinter ihnen mein Vater und ich, und hinter uns ein paar Zivilpersonen, die Angehörigen wahrscheinlich, denn eine alte Frau weinte und schrie und sackte in ihren Kleidern zusammen; und eine Sondertruppe trat vor, um den Körper wegzutragen, darunter war ein Priester, der den ganzen Vorgang gesegnet und dem Toten die Beichte abgenommen hatte und ihn jetzt zum kleinen Friedhof innerhalb der Festung begleitete, einem Rechteck mit Kreuzen, den Kreuzen der Choleratoten; und das alles wegen des Fotografen mit einer Viertelstunde Verspätung auf die legale Zeit.

Ist dies das Rad der Dinge, an das die Menschen gefesselt sind und das Böse säen, wie der alte Lama Kim lehrte, das Rad, welches das Staatsruder dreht, das Rad Shivas und Kalis, des Gottes des Bösen und der Göttin der Zerstörung, dieses einträchtigen, zeugendes Paares?

Doch das Rad dreht sich, und die universelle Saat ist lauter Hohn.

Mir schwindelt wie damals, als ich auf dem Foltersitz einer Bindemähmaschine sass, der auf einem AR-Arm aus einem Stück verstärkter Metallfeder schaukelte, in den grenzenlosen Weizenfeldern Kanadas war das, in der Gegend von Winnipeg, und ich ein Feld in Angriff nahm, das bis zum Horizont reichte, und ich mit Peitschenknallen meine drei nebeneinander angespannten Pferde antrieb, sie mit gurrenden Lauten anspornte, und ich das verdammte Getriebe einkuppelte, das mit Schnarrengeklapper und kakophonischem Kreischen antwortete (einem Boxkampf im Kurbelgehäuse), und das gemähte Getreide legte sich mit einem kauenden Geräusch, wie das Plätschern von fliessendem Wasser, mit dem blechernen Rascheln von zerschnipselten Kleidern, links von meinem Gefährt auf die Erde; ich benötigte acht Tage, um ein riesiges Rechteck von ich weiss nicht wieviel Hektar kahlzuscheren, die Docken wirbelten auf, legten sich auf die Seite, 10'000 Garben, 100'000 Garben, 1'000'000 am Boden ruhende Garben. Und man kommt nur im Schrittempo vorwärts, schleift die eine Länge des Rechtecks flach, dann die zweite, dann die dritte, dann die vierte ... die Sonne peitscht dir den ganzen Tag ins Gesicht, peitscht dann die rechte Wange, dann den Nakken, dann die linke Wange; und du wendest und wendest unter der durchscheinenden Himmelskuppel, doch auf deinem Foltersitz über der flachen Erde schwebend, und jeder Ruck wirft dich beinah aus dem Sattel, und der Federarm, dieser Schuft, dieser Verräter, haut dir hinterhältig einen Racketschlag in den Hintern, der dir fast die Wirbelsäule verrenkt, und du scherst dich den Teufel um die Schläge, um ja nicht unter den schrecklichen Kiefer zu fallen, der stottert, der kaut und manchmal auf einen Kiesel beisst und schmerzlich aufkreischt, als hätte er sich einen Zahn ausgebissen (Geschieht dir recht, du Mistvieh!), und du machst weiter, spornst die Pferde mit der Stimme und der Peitsche gleichzeitig an; und du ziehst mit ganzer Kraft an den Zügeln und steigst vom luftigen Sitz und streckst dich stöhnend und tastest das Kreuz und das Hinterteil ab, und du zündest ausgehöhlt eine Pfeife an und schätzt freudlos die getane Arbeit, und dir schwindelt, wenn du feststellst, dass erst der kleinere Teil gemäht ist und dass das breite kahle Band kaum sichtbar ist im Getreideozean, und du beneidest den Haken schlagenden Feldhasen, der plötzlich durch die Stoppeln flitzt, und wischst die Stahlklinge ab, prüfst mit der Daumenkuppe die Schärfe ihrer dreieckigen Zähne oder schraubst sie ab, um einen Zahn zu ersetzen, und schmierst das Getriebe des Gebisses und ziehst da und dort eine Schraubenmutter fest, und du nutzt die Pause, um die Haspel der Bindemaschinerie auszuwechseln, und bevor du wieder auf den verhassten Sattelsitz kletterst, der dich zerschlagen, geschüttelt, geknetet, bis ins Mark geschunden hat, munterst du noch die Pferde auf, die erschöpft, zerschlagen, mit steifen Beinen warten und nicht einmal mehr mit dem Schweif um sich schlagen unter dem Ansturm von Tausenden und Abertausenden Goldmücken und Bremsen, die sie blutig stechen, und du streichelst ihren Hals und tätschelst ihnen freundschaftlich die Brust und sprichst laut mit den Tieren, um ihnen zu zeigen, dass du ihre Erschöpfung teilst, und du möchtest sie am liebsten abschirren und dich hinlegen, doch hinter allen vier Himmelsrichtungen des Horizonts erhebt sich das ewig gleiche schnarrende Geräusch der anderen Maschinen, von monströsen Insekten, von nie ruhenden Ungetümen, und du steigst geknickt wieder auf den schwebenden Sattelsitz, Sklave einer industrialisierten Welt, die die Felder erobert hat und die nach der Stechuhr entlohnt und Leistungsprämien verteilt, und bevor du die Zügel wieder aufnimmst und die Peitsche knallen lässt und die Pferde antreibst, stülpst du den Hut auf, um die Sonne nicht mehr in den Augen zu haben, und du weisst vor Abstumpfung nicht mehr, welche Krempe ins Gesicht drücken, und du treibst – Hüüü! – die Pferde an und dir schwindelt, weil du deine eigene Stimme nicht mehr erkennst; und erst am achten Tag fasst du wieder etwas Mut, weil nur noch ein kleines Rechteck zu mähen bleibt, eine kleine Strähne abzurasieren, und du treibst übermütig die Pferde zur Eile an, auch wenn die verdammte Maschine zu explodieren droht, und du gelangst wie ein römischer Wagenlenker zum letzten zerzausten Büschel und fragst dich, was daraus aufstieben wird: Ein erschrocken aufflatternder Fasan? Ein aufgescheuchter Schwarm pfeifender Präriehühner? Oder eine erboste, schimpfende, empörte Truthenne mit ihrer Brut? Doch die meiste Zeit rührt sich nichts, und dieser letzte *rush* befreit dich nicht: Beim Anblick der verwüsteten Landschaft kommt es dir vor, als hättest du, ohne es zu wissen, acht Tage lang im Dienste des Todes gearbeitet, und dir schwindelt von der Leere um dich herum, Tabula rasa, vor allem, weil du nichts anderes als Ahornsaft getrunken hast. Also spannst du die Pferde aus und kehrst wütend zur Farm zurück, um dir den Lohn auszahlen zu lassen, und du haust ab und nimmst den ersten Zug, um nie mehr zurückzukehren, nie mehr in die Falle einer gut bezahlten Arbeit und eines freudlosen Lebens in der freien Natur zu laufen. Die Folterkammer und ihren Sattelsitz, ja!

Mir schwindelt noch heute.

Im Wald ist ein Vogel; sein Lied lässt dich stehenbleiben, und
du errötest.
Eine Uhr, die nicht schlägt.
Ein Wasserloch und ein Nest weisser Tiere.
Eine Kathedrale, die hinabsinkt, und ein See, der ansteigt.
Ein kleiner Wagen, verlassen im Gehölz oder der holpernd und
mit Bändern geschmückt den Weg hinunterrollt.
Eine Truppe kleiner kostümierter Komödianten, die du vom
Waldrand aus auf der Strasse vorbeiziehen siehst.
Und wenn du Hunger und Durst hast schliesslich, jemand der
dich verjagt.

Ich schritt den Weg abwärts, meinen Hieber aus Isfahan vor mir her tragend, wie man es in Persien sieht. Ich stieg nach Posilip hinunter. Ich lachte nicht mehr, hatte aber auch keine Lust mehr, mir das Leben zu nehmen. Ich war am Ende. Ein Gespenst. Kims Kur war mir nicht gut bekommen.

... Am Morgen war mein Blick so abwesend und meine Haltung so erloschen, dass, wer mir begegnete, MICH VIELLEICHT GAR NICHT SAH ...

„Cendrars, dein Bauch wird dich retten!“ sollte mir eines Tages Max Jacob sagen, der mein Horoskop gestellt hatte.

Und tatsächlich: Ich hatte Hunger.

Ich sitze hinter der Landzunge des Posilip, unter einer Weinlaube im Garten eines Gasthofs in Pozzuoli. Ich trinke. Ich esse. Ich rauche. Ich rauche. Im Vorhafen schaukelt eine an einer Boje festgemachte Bark mit fremdländischer Takelage. Das Meer liegt einsam da; das Meer, das an den

Kiesstrand klatscht; das grenzenlose Meer, das die fünf Teile der Welt einhüllt. Ich trinke, ich rauche, ich esse. Nervals Meer zwischen den Weinblättern. Ich sitze im Schatten. Ich zeichne mit meinem Hieber aus Isfahan zerstreut Zeichen in den Sand, Halbkreise, Viertelkreise, einen Scheidengang, einen senkrechten Strich und bohre dann ein Loch mit meinem Hieber, einen kleinen Trichter, der in sich zusammenrieselt und den ich mit der Ferse zertrete. Das Knöchelchengeräusch längs des Strandes, wenn sich die Brandung zurückzieht. Die Zeit vergeht. Ich esse, ich rauche, ich trinke und forsche am Horizont. Am Horizont ist das Meer nur noch ein dunkler Streifen. Ich trinke. Der Wein aus Pozzuoli ist gut. Ich rauche und beginne wieder, Zeichen in den Sand zu zeichnen, die ich gleich wieder auswische; und ich greife wieder zum Glas, trinke den guten Wein aus Pozzuoli, der dick und dunkel ist wie Druckerschwärze. Wozu schreiben? Alles prägt sich mir ein. Das ist vielleicht die reine Poesie: sich von allem durchdringen lassen und in sich selbst die Signatur der Dinge entziffern. Das Meer und die Poesie. Die Poesie und der Tod. Was soll's. Ich rauche. Ich trinke.

„He, Mann! Du dort drüben ..."

Die Sonne geht unter.

Jemand ruft mir etwas zu.

„He, Mann! Ja, dich mein' ich ..."

Ich rühre mich nicht.

Seit geraumer Zeit schon beobachte ich aus dem Augenwinkel das Treiben eines Mannes, der am Heck eines Beibootes wriggt, das an der schwerfällig im Aussenhafen schaukelnden Bark zu Wasser gelassen wird. Der Grossmast neigt sich zum Klüverbaum hin. Das Grosssegel ist auf das längsgeholte Spriet gebrasst, das weit über das Heck hinausragt; ein dicker Beschlag am Achtersteven trägt einen kleinen Besanmast mit einem schräg gestellten Treibsegel gleich hinter dem Steuerrad, das Heck läuft spitz zu, damit es besser durch die Salzgärten und die engen Kanäle getreidelt werden kann, wo die Schmuggler meistens Fracht laden; man könnte meinen, eine Bark aus dem Archipel, und der Mann, der an einem Viertel Kabellänge wriggt und geradeaus auf mich zusteuert, sieht mit seiner langen, flatternden Flockseidenmütze wie ein griechischer Matrose aus.

„He, Mann, du dort drüben ..." ruft er.

Ich antworte nicht.

Also setzt er das Boot auf Strand, springt ins Wasser, wirft den Landhaken in den Sand, läuft zu mir herüber.

Ich antworte ihm nicht und schiebe die dickbauchige Korbflasche über den Tisch. Er genehmigt sich einen langen Strahl aus der Flasche, wischt sich den Mund mit dem Handrücken ab, stellt die Flasche wieder auf den Tisch, schiebt sie zu mir hinüber, verscheucht die Mücken und meint lächelnd: „Er schmeckt gut, kann es aber mit unserem Samoswein nicht aufnehmen. Ich bin Papadakis aus Samos, jedermann kennt mich, komm ..."

Er ist ein dicker, untersetzter, behaarter Mann mit krausem Schnurrbart, rabenschwarzem Haar, einem Ring am linken Ohrläppchen, stolzem Blick, gerunzelten Augenbrauen, blitzenden Zähnen, einem Grübchen am Kinn, Faustpratzen, die breiter sind als lang, kurzen Füssen, dikken Zehen, fleischigen Knöcheln, bis zu den Schenkeln gekrempelter Drillichhose, Waden und Oberschenkel bilden einen einzigen stämmigen Block, in dem die Gelenke verschwinden; der bullige Oberkörper steckt in einer Art engem, nahtlosem Wams aus grobem braunem Wolltuch; er erklärt mir in einem Kauderwelsch aus Türkisch, Arabisch, Spanisch, aus italianisierten Wörtern und Brocken Küchenfranzösisch, der Sprache der Seeleute der Levante, beredt seine Lage, lässt am Ende jedes Satzes die harten griechischen Deklinationen hallen, als rezitiere er ein Gedicht.

Ich folgere daraus, dass er mit einer Ladung Wein aus Samos kommt, dass er seit zwei Monaten unterwegs ist und sich mangels Wind von Kap zu Kap geschleppt hat, dass seine Kumpel ihn im Stich gelassen haben, entweder weil sie zuviel tranken oder weil er sie vor drei Tagen, als er erneut in einer Flaute steckte, zum Teufel gejagt hat, dass er eine neue Mannschaft braucht, aber niemanden findet in diesem gottverlassenen kleinen Hafen, dass er einen Bulgaren angemustert hat, was zusammen mit dem Schiffsjungen, seinem Neffen, zwei macht, dass er die steife Brise nutzen will, um die Segel klarzumachen und möglichst keine Zeit mehr zu verlieren, dass er aber noch mindestens einen Mann braucht und sich zur Not mit mir behelfen könnte …

„Komm mit aufs Schiff, Mann“, sagte er, „du wirst sehen …“

Ich stehe wortlos auf und gehe, meinen Hieber in der Hand, zum Boot hinüber. Da ruft der Besitzer der Bark nach dem Besitzer des Gasthofs, um meine Auslagen zu bezahlen; sie beraten kurz miteinander, und der Grieche läuft mir grinsend nach. Ich habe die Schaluppe bereits zu Wasser gelassen und halte sie am Bug fest, während sich Papadakis fröhlich auf die Ruderbank setzt, ein paar Brotlaibe auf den Knien, die der Besitzer des Gasthofs ihm überlassen hat.

Ich stosse das Boot an und springe hinein und übernehme das Wriggen.

„Ist das alles, was du besitzt?“ fragt der Grieche und zeigt auf meinen Hieber aus Isfahan, den ich nicht aus der Hand gebe und der mir beim Wriggen im Weg ist. „Hast du keine Reisetasche?“

„Papadakis“, sage ich zu ihm, „merk dir gefälligst ein für allemal, dass ich nicht die geringste Absicht habe, mein Rapier gegen deine Bark und die Ladung einzutauschen.“

Der Käpten mustert mich blinzelnd.

„Komm, gib mir den Riemen“, sagt er. „Du bist ziemlich mager. Man könnte meinen, du hast seit einer Woche nichts gegessen.“ Und er lacht dröhnend.

Ich weiss, dass ich ein Wrack bin. Ich halte mich kaum auf den Beinen. Aber ich gebe nicht auf, und ich wrigge und wrigge, linkisch und verbissen mit verkniffenen Lippen und aufeinander gebissenen Zähnen.

„*Daté zémé diavel!*“ empfängt mich der Bulgare, als ich mich an Bord der Bark hieve.

„Der Teufel soll dich selber holen, Mistkerl!“ antworte ich.

„Ach so, du verstehst also Bulgarisch“, knurrt der Kerl. „Wart nur, ich bring' dich um ...“

Ein widerlicher Kerl. Er fläzt sich auf dem Deck und presst einen halben Muid Samos an die Brust, als sei er im Begriff, ein Mädchen zu entjungfern, bohrt den Spund an und schlürft gierig und vor Lust stöhnend den herausspritzenden Wein, der an seinem nackten, käsigen Oberkörper herunterläuft. Ein dünner grauer Haarkranz schmückt seinen kahlen, teigigen, runzeligen Schädel, der zittert wie eine Schale in der Sonne geronnener Milch. Zwischen seinen gespreizten, lang ausgestreckten Beinen, die seinen Hosenboden zum Platzen gebracht haben, sieht man seinen Glokkenschwengel auf und ab gehen. Der Kerl ist von Kopf bis Fuss mit Wein besudelt.

„Káli níchta, Fräuleinchen", begrüsse ich den Schiffsjungen, der in der Küche hantiert, wenn man den aus drei alten Brettern zusammengeschusterten Verschlag – eher ein Wandschirm, hinter dem ein gusseiserner Topf in prekärem Gleichgewicht auf einem Dreifuss steht – als Küche bezeichnen kann.

Der Schiffsjunge lächelt mir zu. Gott, was für ein hübscher Kerl! Er dünstet Kichererbsen in Öl.

Papadakis ist durch den hinteren Niedergang neben der Ruderbank verschwunden, um die frischen Brotlaibe in seiner Kombüse einzuschliessen. Im Vorschiff gibt es kein Logis für die Besatzung, aber eine grosse Segelkoje. Der Schiffsjunge schläft in seiner „Küche", der Bulgare hat sich backbords zwischen den Fässern einen Schlafplatz zurechtgemacht, und steuerbords, dwars zur grossen Ladeluke, sieht man die Kojen der abgehauenen Besatzung, drei, vier Käfige aus rohem Holz, mit Schilfstroh und schmutzigen Lumpen. Das Deck ist schmutzig und mit Weinflecken übersät, doch der Rumpf ist frisch hellblau gestrichen mit einer weissen Scheuerleiste. Die Bark hat eine Tonnage von neunzig Tonnen; sie ist zwanzig Meter lang, sechs Meter breit und hat eine Raumtiefe von drei Metern. Doch wie heisst sie denn? Ich sehe keine einzige Boje an Bord. Am Bug ist eine Tafel angebracht:

D

A A

PAP KIS

Marina 17

S S

A O

M

lautet die mit der Schablone gemalte weisse Inschrift auf schwarzem Grund.

Ich blieb ungefähr zwei Wochen an Bord. Unter Segeln, mit gesetztem Sprietsegel und Marssegel, dem Klüver, dem Vor-Stengestagsegel, der Stagfock und dem gesetzten Besan, mit den gut getrimmten Segeln wirkte Papadakis' Bark recht stattlich: dem Grossegel, gehalten durch das Spriet von beeindruckender Länge, das sich mit dem nach vorn geneigten Grossmast kreuzte und fast ebensolang war, das untere Ende fest in seinem Beschlag. Mit den Leinen, die senkrecht von der Gaffel der Hilfsrah hinunterliefen, konnten die Segel von der Ruderbank aus getrimmt werden, ein Mann genügte dafür. Beim Halsen hockte sich der Schiffsjunge auf die vordere Back und kümmerte sich um Klüver und Stagfock, die mit einer Hilfsschot versehen waren, damit sie besser für den neuen Trimm beigeholt werden konnten.

Am Heck gab es keine Hütte. Die Ruderbank war nur gerade um eineinhalb Stufen erhöht. Darunter befand sich der Hühnerkäfig, in dem wahrscheinlich nie ein Huhn eingesperrt war und der eine mit Segeltuch verhüllte Laterne enthielt.

Ich setzte mich auf die Ruderbank. Die Sonne ging langsam unter. Der Wind kräuselte das Wasser. Der Himmel war wolkenlos. Das Meer einsam. Die See tiefblau.

Weil Weinfässer nicht Schwergut sind, war ein Viertel oder ein Drittel mit Ketten auf Deck festgemacht. Der Samos wird in Muids, in halben oder viertel Muids geladen, um das Laden und Löschen zu vereinfachen, und die kleinen, auf Deck festgezurrten Fässer bestätigten mich in meinem Verdacht, dass ich an Bord eines Schmugglerschiffes war, doch die Inschrift auf der Bugtafel und Papadakis' Signet auf jedem einzelnen Fass, jedoch in schwarzen Buchstaben auf weissem Gipsgrund, irritierten mich. Wer käme schon auf den Gedanken, griechischen Wein in Italien einzuführen? Vielleicht war die Ladung für Frankreich bestimmt, und wir würden schwarz in einer kleinen Felsbucht diesseits oder jenseits von Marseille an Land gehen. Eine erfreuliche Aussicht.

Grundsätzlich gestehen die Befrachter der Besatzung einen ausreichenden Weinvorrat zu, damit die Männer nicht in Versuchung kommen, den Durst auf Kosten der Fracht zu löschen und die leicht zugänglichen Fässer auf Deck überall ein bisschen anzuzapfen und so die Ladung zu verschwenden. Nichtsdestotrotz ist die Versuchung allzu gross und die Möglichkeit, sich zu betrinken, allzu verlockend, daher es ist nicht ungewöhnlich, dass sich zu Beginn einer Fahrt Nachlässigkeit und Disziplinlosigkeit unter der Besatzung breitmachen, doch der Eigner einer Bark lässt sie gewähren: Die vom Wein gesättigten Männer trinken nicht mehr, als sie vertragen, und hören schliesslich von selber auf zu trinken. Und so erging es auch dem Bulgaren, der sich am

Tag vorher eingeschifft hatte und der nun nach seinen Lustschreien jämmerlich stöhnte wie ein kleines Kind; er lag steif auf dem Rücken, kotzte und wandte mir sein blau angelaufenes Gesicht zu. Er war abstossend.

„He, Mann. Aufs Wohl, es ist vom guten. Wein von zu Hause!" Es war Papadakis, der den Oberkörper aus der Luke steckte und mir einen Emailkrug hinhielt, der mindestens zwei Liter enthielt.

Ich leerte den Krug in einem Zug.

„Ein prima Wein", sagte ich. „Laufen wir aus?"

„Hast's wohl eilig, was?"

„Nein, ich hab's nicht eilig, auf mich wartet nichts. Aber ich bin nicht an Bord gekommen, um den Vesuv zu betrachten. Ich habe ihn lange genug gesehen. Im übrigen glaube ich, es wäre klug, die Brise zu nutzen und in See zu stechen, bevor es Nacht wird."

Die Sonne war noch nicht ganz untergegangen. Der Wind blies vom Meer her und kräuselte das Wasser. Die Wellen plätscherten.

Papadakis legte die Hand wie ein Schild über die Augen, musterte den Himmel, schnupperte den sich erhebenden Wind.

„Magst recht haben", sagte er, „doch kümmere dich um den eigenen Dreck. Bist du Matrose?"

„Ja … nein … das heisst …"

„Warst du schon einmal auf See?"

„Ja."

„Wo denn?"

„Nun, in der Schweiz, auf dem Neuenburger See."

„Kannst du steuern?"

„Sicher. Ich besass einen kleinen Logger, der schnell wie ein Pfeil hart am Wind kreuzte. Grossvater hatte ihn mir zu meinem zehnten Geburtstag geschenkt."

„Gut. Du übernimmst mit dem Schiffsjungen die Morgenwache."

„Ja, aber ich ziehe die Mittelwache vor."

„Warum?"

„Weil ich nachts nicht schlafe."

„Mal sehen", sagte Papadakis. „Willst du noch einen Schluck?"

„Danke, Käpten."

Der Grieche stieg wieder in sein Loch hinunter, stellte den Emailkrug an seinen Platz zurück, hantierte in seiner Kombüse herum, stieg wieder hinauf, klappte den Lukendeckel zu, zog die Persenning darüber, legte eine Kette mit einem schweren Vorhängeschloss vor, steckte den Schlüssel in die Tasche und rief: „Los, Jungs, wir legen ab."

„Fahren wir nach Frankreich?" fragte ich.

„Warum?" fragte Papadakis und blickte mir fest in die Augen.

„Weil ich nicht weiss, wie jemand auf den Gedanken kommt, Wein aus Samos in Italien einzuführen."

„Hast du Bekannte in Marseille?"

„Nein."

„Also kümmere dich um deinen eigenen Kram, ich hab's dir schon einmal gesagt."

„In Ordnung, Käpten. Aber ich weiss wirklich nicht, warum man an diesen Küsten schmuggeln soll, in einem Land, wo es Wein im Überfluss gibt."

„Was du nicht sagst!" Und Papadakis lachte laut und

schaute mich drohend an. Er hatte wirklich einen Piratenkopf, mit seinen gerunzelten Augenbrauen und seinem finsteren Schnurrbart.

Ich lachte ebenfalls. Der Samos war klasse. Ich fühlte mich besser.

Ich hatte meinen Hieber aus Isfahan in den Gürtel gesteckt, wie ein Schwert, und ich verholte mit beiden Händen ein Fall, das vom Mast herunterhing. Gott, war das grosse Segel schwer! Wir schafften es zu viert knapp, es Zentimeter um Zentimeter aufzuheissen. Der Schiffsjunge hüpfte hoch, hängte sich mit seinem ganzen Gewicht über unseren Köpfen an die Leine; der Bulgare keuchte wie ein Nashorn, fluchte, schwitzte, stand; Papadakis, der ungewöhnlich kräftig war, zog ruhig, Handbreit um Handbreit, mit sicherer Hand, gespannten Sehnen, ging leicht in die Knie, zog mit gleichmässigem Druck wie eine Maschine, und ich meinerseits zog, so gut ich konnte, stemmte die Füsse gegen den Boden, lehnte mich zurück, trat dem Bulgaren auf die Latschen, der aufschrie, und sagte zu ihm: „Locker lassen, verdammt."

Doch als ich das grosse Segel in all seiner Herrlichkeit sich über unseren Köpfen entfalten sah und das schräge Spriet, dessen Gaffel fast so hoch war wie der Mast, wurde mir klar, warum wir soviel Mühe gehabt hatten: Das Schratsegel war fast sechzig Quadratmeter gross und die Stange zwölf Meter lang, an welcher der Schiffsjunge bereits hinauflief und die Webeleinen hinaufkletterte, um das Quadrat des Marssegels zu takeln, das wie ein Theatervorhang abwärtsglitt. Die Trosse fieren, die uns mit dem Ankerball verband, den Anker senkrecht hieven, Fock und Stagfock aufziehen ... das war nur noch ein Kinderspiel, und unser schönes Schiff belebte sich und krängte und richtete sich im Wind auf und lief aus dem Golf aus. Wir entfernten uns vom Festland; doch es stand uns noch eine mühsame Arbeit bevor: das Beiboot an Bord zu hieven, was zu einem Zwischenfall führte.

Papadakis war am Steuer. Der Bulgare hatte sich wieder hingelegt, er hatte sein Fass zwischen seine Knie geklemmt und trank mit einem Schilfrohr daraus. Der Schiffsjunge und ich waren nicht stark genug, um das Boot mit der Talje an Bord zu hieven. Ich rief den Bulgaren, damit er mit Hand anlegte. Doch der miese Kerl tat nicht dergleichen, stellte sich grinsend taub, zog zynisch an seinem Schilfrohr und süffelte seinen Wein, kostete ihn mit Grimassen und verzücktem Blick und scherte sich einen Dreck um uns. Da ging Papadakis mit einem verknoteten Strick in der Hand von hinten auf ihn zu und peitschte ihn schräg übers Gesicht. Ich lief dem Betrunkenen zu Hilfe.

„Papadakis", brüllte ich, „nimm dich in acht!" Und ich schwang meinen Hieber aus Isfahan, liess ihn um die Ohren des Käpten pfeifen und wirbelte ihn um seinen Kopf. „Du hast kein Recht, diesen Mann zu schlagen. Siehst du die Spitze hier? Pass also auf!" Und ich ging in Ausfallstellung und richtete die Spitze meines Rapiers auf seinen Bauchnabel. Meine Finte wirkte. Die Levantiner verfügen über grosses Vorstellungsvermögen und sind leicht erregbar. Papadakis fiel auf den Hintern, hielt sich den Bauch mit beiden Händen und stellte sich vor, der Bauch sei aufgeschlitzt. Ich kauerte mich instinktiv hin und zog den Kopf ein, und in der gleichen Sekunde sauste ein Küchenmesser wie ein Bumerang über mich hinweg, wirbelte zwischen uns beiden um sich selbst und stak zitternd im Deck. Ich hob den Kopf. Der Schiffsjunge, der glaubte, ich hätte seinen Onkel ermordet, stand mit drohendem Blick unter der Talje. Er hielt ein zweites Küchenmesser in der Hand, das ebensolang war wie das erste, und er hätte es mir in den Bauch gerammt, hätte ich einen Schritt getan. Er war wunderbar in seinem Zorn.

„Káli níchta, Fräuleinchen", rief ich ihm lachend zu. „Beruhige dich, sonst geht noch die Küchenbatterie drauf. Doch wie du meinst ..." Und ich wandte ihm den Rücken zu und setzte mich neben den Käpten, der sich nicht fassen konnte, weil er kein Blut fliessen sah.

„Schau, Papadakis, ich habe geblufft, mein Hieber ist kein Stockdegen. Er ist zu dünn und viel zu geschmeidig. Er ist nicht einmal spitz. Er ist zerbrechlich wie ein Rosenzweig, man könnte damit nicht einmal einem Engel eins aufs Hinterteil geben. Schau, die Filigranarbeit ist aus Gold. Er ist ungeheuer kostbar, ein richtiges Kunstwerk. Ich habe ihn auf dem Bazar in Teheran gekauft. Du hast nicht das Recht, diesen Mann zu schlagen, wenn er nicht arbeiten will. Hast du noch nie einen trägen Tag gehabt, sag? Aber wenn du dich unbedingt seiner entledigen willst, so helf' ich dir gern, ihn über Bord zu schmeissen, und der widerliche Teufel soll selber sehen, wie er seine Haut rettet, wenn er schwimmen kann, das Festland ist nicht weit."

Papadakis drehte mein Rapier in seinen Pranken herum und krümmte es und spannte es bogenförmig und legte es an wie ein Gewehr und zielte auf die Sonne, deren Scheibe zur Hälfte ins Wasser getaucht war, gab ihn mir dann zurück: „Ja, es ist ein schönes Stück, Mann, doch du solltest deine Nase nicht in Dinge stecken, die dich nichts angehen. An Bord habe ich allein das Sagen."

„Einverstanden, Papadakis, entschuldige. Ich kann aber einfach nicht zusehen, wie Menschen mit Prügeln zur Arbeit gezwungen werden. Du weisst doch: Die Arbeit ist ein Fluch. Die Heilige Schrift bezeugt es. Doch komm, gehen wir das Beiboot an Deck hieven."

Der Bulgare, der hintenübergefallen war, rappelte sich auf die Beine und lief schimpfend hinter seinem Fass her, das über das schlingernde Deck rollte und eine Weinspur hinter sich zurückliess. Als er es schliesslich erwischt und gerollt und aufgestellt und in seiner Ecke festgezurrt hatte, klopfte ich ihm auf die Schulter: „Also, hilfst du uns jetzt, du Fettsack?"

Der arme Kerl hatte einen Dickmann, und was für einen. Er folgte mir ahnungslos. Ich stellte mich an die Talje und zwickte den Schiffsjungen ins Ohr: *„Káli níchta,* Fräuleinchen ..."

„Haaau ruck!" brüllte Papadakis.

Und das Beiboot war im Nu gehievt, geschwenkt, auf der Ladeluke am Fusse des Wasserbehälters festgebunden, eines stumpfkegelförmigen, hölzernen Behälters hinter der Handwinde, der an die fünfzig Liter Trinkwasser enthielt.

„Kommt einen Schluck trinken, Jungs", sagte Papadakis und schloss die Persenning auf, stieg in seine Kombüse hinunter und brachte einen bis obenauf gefüllten Krug hinauf.

„Hat warm gemacht", sagte er.

Er tat einen kräftigen Zug und gab den Krug an mich weiter; ich trank meinerseits in langen, bedächtigen Zügen und reichte den Krug dem Schiffsjungen, um den Bulgaren zu ärgern, der bereits gierig die Hände ausstreckte: „Du, dreifacher Teufel, hast genug getrunken, dort ist dein Fass ...“ sagte ich zu ihm und schlug ihm mit dem Hieber auf die Finger und deutete mit dem Daumen auf den gelb und grün bemalten und mit einem roten Ring bereiften Wasserbehälter hinter mir.

„Ich bring' dich um“, murmelte der Bulgare und trabte davon, um sich in seiner Suhle neben sein kostbares Fass hinzulegen, das er wiegte und zärtlich tätschelte, bevor er einschlief. Wie eine Amme, die ihren Säugling nuckelt. Der Kerl war wirklich widerlich.

Die Sonne war ins Meer geplumpst. Das Meer war grün und inkarnat. Der Himmelsstreifen im Westen strahlte diamanten, und das Blau der Himmelskuppel wurde zusehends dunkler, ja fast schwarz.

Die Nacht stieg vom dunstigen Festland auf. Wir umsegelten Kap Miseno und fuhren aus dem Golf hinaus. Papadakis, der am Steuer stand, riss entschlossen das Ruder herum. Wir fuhren missweisend Nord. Es wehte eine frische Brise. Der Junge trimmte den Jager am Bug und am Heck, und ich das Piekfall. Der verflixte Samos war wirklich ausgezeichnet. Ich fühlte mich wohl. Ich war in Form. Wir fuhren, ohne Laterne, mit geblähten Segeln eroberungslustig durch die Nacht. Die ersten Sterne funkelten, und der Vordersteven plauderte, summte, durchschnitt die Wellen.

Die Dünung war mit Schaumkämmen bedeckt.

Ich fühlte mich frei.

Glück auf!

„*Káli méra,* Fräuleinchen!"

Wir waren jetzt dicke Freunde, der Schiffsjunge und ich; ich verliess jeden Morgen das Steuer, um mit ihm zu plaudern, während er seinen türkischen Kaffee zubereitete, ein halbes Dutzend Kupferkännchen mit langem Stiel in die Glut aufs Feuer setzte, das dazu gehörende Tablett polierte, eine zerbrechliche Porzellantasse abwischte, die in einer geflochtenen Binsenhülle mit bunten geometrischen Mustern steckte, dann den Mokka mit ein paar Fladenbroten seinem Onkel in die Kombüse hinunterbrachte. Wenn der Kaffee getrunken war, packte er den Schwabber und ich den Eimer, und wir begannen, das Deck aufzuwischen, das noch nie ein solches Fest erlebt hatte, und wir lachten laut, wenn wir an die Suhle des Bulgaren kamen und ich ihm einen Eimer Wasser über den Kopf goss: „He, verpiss dich, Mistkerl, hau ab! Der Kaffee ist auf dem Feuer, los, übernimm das Steuer, es ist Zeit ..."

Der Kerl trabte davon wie ein Tier, blieb stehen, wandte sich um und warf einen wachsamen Blick auf sein Fass, kratzte sich ausgiebig, bleckte die Zähne, schwenkte drohend die Faust und brummte etwas vor sich hin, was mir galt, und hockte sich vor das Holzkohlenfeuer, trank seinen Kaffee und übernahm seine Wache am Ruder, machte vorsichtig einen weiten Bogen um uns und warf uns schräge Blicke zu, oder nahm seinen ganzen Mut zusammen, um mich um eine Papirossa anzubetteln, ich warf ihm ein halbes Päckchen Zigaretten zu, und er kehrte zur „Küche" zurück und zerbröselte eine Zigarette, um seine Pfeife zu stopfen, fischte einen glühenden Span aus dem Feuer, der Teufel hielt ihn zwischen Daumen und Zeigefinger, zündete seinen

Stinktiegel an, der nicht länger war als ein Mutz, und pflanzte sich abgestumpft am Steuer auf, liess misstrauisch sein Fass nicht aus den Augen, und es dauerte nicht lange, und er döste lang ausgestreckt auf der Ruderbank ein, bis es Zeit zum Futtern war.

Überflüssig, das Manöver dieses widerborstigen, übellaunigen Bären zu überwachen, es waren keine Böen zu befürchten. Das Wetter war beständig. Die vom Land her wehende Brise legte sich regelmässig gegen zehn Uhr vormittags, und es herrschte Windstille, bis sich gegen drei, vier, fünf Uhr nachmittags ein auflandiger Wind erhob, den wir mit einer Halse einfingen; die Segel klatschten träge, und ohne die erfrischende Anwesenheit des Schiffsjungen wäre die Überfahrt trostlos gewesen.

Im Laufe des Vormittags steckte Papadakis hin und wieder den Kopf durch die Luke, spuckte ins Meer, wünschte uns guten Tag, warf einen Blick auf die Besegelung und einen zweiten prüfenden Blick zum Himmel, steckte schnuppernd die Nase in die Luft, netzte den Finger, um die nachlassende Windstärke zu messen, schien zufrieden zu sein, spuckte erneut ins Meer und verschwand in seiner Kombüse, wo er wohl vom Traum ins Nichts glitt oder zumindest seine Nargileh rauchte und dabei die orientalische Gebetsschnur mit den grossen Bernsteinkugeln durch die Finger gleiten liess, bis es Zeit zum Essen war und wir uns alle vier um den gusseisernen Topf setzten, merkwürdige Piraten, die wir waren.

Der Frass des Schiffsjungen, und ob ich mich daran erinnere! Jeden Tag, das heisst zweimal täglich das gleiche: *garbanzos* und nochmals *garbanzos,* das heisst zweimal täglich den berühmten, bis obenauf mit Kichererbsen in Öl gefüllten, gusseisernen Topf; die ersten paar Tage fischte man sie mit einer Brotkante heraus, dann, als das Brot aus Pozzuoli alle war, mit den Fingern, denn was das Essen anging, lebten wir alle auf gleichem Fuss. Nein, an Bord dieser Bark würde es kaum möglich sein, ein paar Unzen Fett anzusetzen. Eine rohe Zwiebel, eine Knoblauchzehe, sechs schwarze Oliven. Der frugale Speiseplan wurde mit Fisch bereichert, durch schöne Goldbrassen, die der Schiffsjunge mit der Kurre fing, oder mit Makkaroni, Käse, trockenem Brot oder Schiffszwieback, frischen Sardinen und anderen kargen Lebensmitteln, wenn wir Glück hatten und einer Fischerflottille begegneten (was zwei-, dreimal der Fall war) und wir beidrehten, um Fressalien gegen Kaffee, Tabak, Zucker einzutauschen, wovon der Grieche offenbar jede Menge in seiner Kombüse stapelte, nicht gegen Wein, die Italiener hatten alle welchen dabei, aber gegen ein paar Flaschen Retsina (einen weissen, mit Pinienharz versetzten Aperitifwein) und Mastic (einen anderen Aperitifwein mit Harz vom Mastixstrauch) und Raki (einen türkischen Branntwein aus Anis und Rosinen, in dem eine undefinierbare Meeresalge schwamm), Flaschen, mit denen unser Laderaum bis zu den Balken gefüllt war und die beim Tauschhandel sehr begehrt waren, einem willkommenen Tauschhandel, auf den wir uns aber nicht verlassen konnten und der nicht reichte, uns, die hungrige Besatzung, zu sättigen.

Nach der mittäglichen Portion *garbanzos* verschwand Papadakis gewöhnlich, um Siesta zu halten, und kurz darauf folgte ihm der Junge verstohlen, stahl sich heimlich, ja verschämt auf leisen Sohlen weg. Es war die heisseste Zeit des Tages. Der Bulgare trank, pichelte, döste, delirierte, trank erneut. Ich legte mich ins Beiboot, schlief aber nur mit einem Auge, denn ich misstraute den Spässen des Säufers, und die Bark krängte sanft, segelte auf gut Glück mit lahmen Segeln, das Schratsegel hing schlaff herunter wie eine versiegte Brust. Beim kleinsten Raunen öffnete ich die Augen. Aber es war nicht der Wind. Es war noch zu früh. Es waren die nackten Füsse, die nackten Füsse des Schiffsjungen, der flinker als eine Maus über Deck huschte, und das Kind verschwand wie ein Schatten und versteckte sich in der Segelkoje oder kuschelte sich in ein aufgerolltes Tau am Spill, lehnte sich an die Back oder an das Bugspriet, hielt sich ganz ruhig, denn es schämte sich. Aber ich hatte seine Flucht bemerkt, und nach ein paar Minuten ging ich zu ihm hinüber, als ob nichts wäre, und um den Jungen aufzuheitern, ihn auf andere Gedanken zu bringen, ihn aufzumuntern und ihn sein trauriges Los an der Seite seines Onkels vergessen zu lassen, ihm zu verstehen zu geben, dass eine Schmach noch so gross sein und man noch so tief gefallen sein mag, dass es kein Unglück gibt, mit dem man nicht zu Rande kommt und von dem man sich nicht befreien kann, um ein Mann zu werden, ein richtiger Mann, um ihn zum Lachen zu bringen, spielte ich den Clown, zeigte ihm Zaubertricks und jonglierte mit meinem Hieber aus Isfahan und mit Küchengeräten, machte akrobatische Übungen, die Brücke und den Spagat und ging auf den Händen und machte einen Salto auf dem Deck, wie ein grosser Bruder, der den kleinen Bruder anleitet, ihm Kunststücke beibringt, sie ihm vorführt gewissermassen, ihm zeigt, wie man immer wieder auf die Füsse fällt, dass manchmal eine einfache Rolle um sich selbst genügt, wenn man ausgleitet, einen falschen Schritt tut und beinahe lang hinfällt und sich das Rückgrat bricht, und auch, wie man sich zusammenkugelt, um sich nicht zu verletzen, wenn man von zu hoch oben herunterfällt; und ich erzählte ihm Episoden aus meinem Leben und wie mich in Antwerpen ein alter, hässlicher, schmuddeliger Jude mit einer grossen Warze auf dem Augenlid, Elieser Levy hiess er, ein ehemaliger Schmuckmakler, der Pech gehabt, aber auch einiges auf dem Kerbholz hatte, und der sich über seine Kollegen und seine Glaubensbrüder lustig machte, die ihn verstossen, ihn auf die schwarze Liste gesetzt hatten und ihn Hungers hätten sterben lassen, denn sie vertrauten ihm keinen einzigen Auftrag mehr an, gaben ihm keine einzige Chance mehr, nicht einmal die weiss Gott gefährliche, gefälschten, ergaunerten oder gestohlenen Schmuck abzusetzen, wie mich also Elieser eines Tages fröhlich aufforderte, mit ihm um die Welt zu reisen; der Zweiundsiebzigjährige sagte zu mir: „Kommen Sie doch mit, Monsieur Blaise. Sie werden sehen, wenn man, wie ich, zwei, drei Taschenspielertricks kennt, oh, ganz einfache, die aber die Leute amüsieren und verblüffen, ist man sicher, überall willkommen zu sein und logiert und verpflegt und reichlich mit Taschengeld ausgestattet zu werden, so dass man nichts entbehren muss und von den Damen höflich behandelt wird, glauben Sie mir, in allen Ländern der Welt, egal wo, ohne Rücksicht auf Herkunft oder Religion. Die Menschen schwärmen für das Magische. Aber es braucht Fingerspitzengefühl, Geschick, tägliche Übung, Zungenfertigkeit, Eleganz, die Fähigkeit, sich zu verstellen und die Menschen zum Lachen zu bringen."

Was beweist, dass das Leben nicht ist, wie behauptet wird oder wie man einem weismachen will; daher hat man niemals das Recht, in was für einer Situation auch immer, zu verzweifeln, wenn das Unglück einen einsperren will. Es gibt immer einen Ausweg, eine letzte Chance, eine mögliche Flucht, „die Mücke". Das Leben ist ein einziger aufregender Spass.

„Stellen Sie sich vor, Monsieur Blaise", hatte der alte Elieser hinzugefügt, „sogar die Frauen finden mich charmant, ja attraktiv. In meinen Alter! Weil ich sie mit einem Kartenspiel oder einer Schachtel Streichhölzer in Entzücken versetze. Je einfacher der Trick ist, desto verblüffter sind die Leute, wenn ich ihnen zeige, wie man's macht, und den Finger auf ihre Naivität lege, und sie sind nicht etwa wütend, nein, sie lachen! Und ich selber bin von meinem Spiel ganz begeistert und vergesse, dass ich das nur tue, um zu essen. Sie müssen zugeben, Monsieur Blaise, dass der Zweck die Mittel heiligt, denn ich tue schliesslich nichts anderes, als dem Gesetz ein Schnippchen zu schlagen, das einen gnadenlos zu langweiliger, reumütiger Zwangsarbeit verurteilt. Und das ist schon etwas, oder?"

Das waren die Lehren eines alten Gauners von einem Schlitzohr und Philosophen; und der Junge hörte mir zu und krümmte sich vor Lachen, wenn ich Grimassen schnitt und mich verrenkte wie ein Schlangenmensch und dabei schwitzte wie ein Affe, und der liebe Kerl ging einen Krug Wein zapfen, nicht von dem auf Deck, der seit zwei Monaten der Sonne ausgesetzt war und wahrscheinlich langsam sauer wurde, sondern vom guten, den er unten bei seinem Onkel holte, und er brachte ihn mir, auf nackten Zehenspitzen huschend wie eine Ballettänzerin, und lächelte aufgeregt, und seine blendendweissen Zähne strahlten.

„Bitte!" sagte er. „Bitte, erzählen Sie weiter ..."

Und um den Worten des alten Antwerpener Juden Nachdruck zu verleihen und dem Jungen zu beweisen, dass Elieser weder ein Phantast noch ein Lügner war, erzählte ich dem Kleinen, wie im Jahre 1500 Pedro Alvares Cabral, der Admiral, der Brasilien entdeckte, beim Anblick der ersten sechs, schwer mit Arkebusiern beladenen Schaluppen, die gewendet hatten und deren Besatzung aus Leibeskräften ruderte, die Feiglinge, um bei der portugiesischen Flotte in Deckung zu gehen, weil die Küste plötzlich überflutet wurde von Wilden, die mit Pfeilen und Wurfspiessen und Keulen bewaffnet waren, die mit den Füssen stampften und ihren Kriegsschrei ausstiessen; bei diesem Anblick liess Cabral dem übelsten Kerl an Bord des Geschwaders die Eisen abnehmen, einem verstockten Galeerensträfling, der in Lissabon ein berühmter Akrobat und Schlangenmensch gewesen war, und der Admiral befahl dem Verbannten, mit den Menschenfressern Kontakt aufzunehmen, versprach ihm die Begnadigung, wenn er seine Mission erfolgreich durchführte, und der seltsame Botschafter zog sich nackt aus, und man sah ihn mit einem Kopfsprung zwischen der Flotte ins Wasser springen und geradewegs auf die Küste zuschwimmen, und der Admiral, der ihm durch sein Fernglas folgte, sah den Burschen an Land klettern, das Rad schlagen, auf den Händen gehen, einen gefährlichen doppelten, einen dreifachen Salto machen, und die Wilden umringten ihn und brachten vor Staunen den Mund nicht mehr zu, folgten ihm auf Schritt und Tritt, um sich schliesslich vor ihm auf die Knie zu werfen und ihn anzubeten, derweil der Pickelhering das vereinbarte Zeichen gab, und Cabral konnte an Land gehen und die Fahne des Königs von Portugal auf dieses riesige jungfräuliche Territorium setzen und einen *perdão* mit dem Wappen seiner fernen kleinen Heimat errichten, um die Besitzergreifung zu markieren, einen der vielen behauenen Steine, die die lusitanischen Eroberer vom Weissen Meer bis zu den chinesischen Meeren und vom Rio Negro Amazoniens bis zum Rio Verde in Mosambik errichteten, und Pater Anchieta konnte das Kreuz aufstellen, und das alles ohne Blutvergiessen und schulterklopfend und gut Freund mit dem Häuptling und den Alten des Aldeia.

„Komm mal, Fräuleinchen, du hast gute Augen, nicht wahr?" sagte ich zum Schiffsjungen. „Also, schau! Ich klebe einen kleinen Papierstreifen auf die eine Seite dieses Messers ... So ... ja? Hast du gut aufgepasst? Achtung: und eins ... und eins ... und eins ... Es ist immer noch nur ein Papierstreifen auf dem Messer, nicht wahr? Und immer noch auf der gleichen Seite der Klinge? Pass gut auf! Ich beschleunige die Bewegung, eine einfache Drehung des Handgelenkes ... rechtsrum, linksrum ... immer schneller, immer schneller und noch schneller ... eins, zwei, eins, zwei, eins, zwei ... und zwei, und zwei, und zwei ... zwei, zwei, zwei ... schneller, schneller. Achtung! Wie viele Papierstreifen siehst du jetzt? Zwei-zwei-zwei ... zwei, nicht wahr? Zwei, einen Papierstreifen auf jeder Seite der Klinge. Und langsamer ... Achtung! Und eins, und zwei, und eins, und zwei ... eins ... halt! Siehst du? Es ist nur einer, ein einziger, immer der gleiche, die andere Seite ist blank. Kinderleicht, nicht wahr? Du kannst das auch. Versuch's. Nimm! Auch das ein Trick des alten Elieser. Es verwirrt die Leute, weil's vor ihrer Nase geschieht und sie nicht verstehen, wie das möglich ist. Versuch's noch mal. Schon besser. Man muss bloss das Handgelenk schnell genug bewegen, das ist das ganze Geheimnis. Ist überhaupt keine Hexerei. Versuch's ein drittes Mal, du wirst sehen, es klappt."

Der Junge lachte fröhlich. Er war glücklich.

„Bitte, Fräuleinchen, etwas mehr Ernst, sonst schaffst du es nie. Genau so! Bravo. Ist keine Hexerei, was?"

Die Tage vergingen ereignislos, jeder ebenso ausgefüllt, jeder ebenso leer, und man weiss nie, welcher zählt, denn sonst würde man ihn anhalten. So ist das Leben nun mal. Die Freude, die Traurigkeit, die Gesundheit, die Krankheit. Alles vergeht. Nur die Kindheit, die erste Kindheit leuchtet, und man möchte sie nochmals erleben, um zu schauen. Besser zu schauen. Ein magischer Moment. Die Unschuld. Wenn die alte Welt neu ist. Und das Leben, diese ewige Fäulnis, geht wuchernd weiter: eine ständige Wiedergeburt, Feuer aus glimmender Asche, junger, geheimnisvoller Phönix, alte Sphinx ohne Rätsel. Das Leben. Der Tod. Es kommt aufs gleiche hinaus. Äquivalenz. Äquipollenz. Ein schwindelerregender Kreislauf. Ich bin, du bist, er ist …

Wir sind!

Ein Überkreisen.

Heute bin ich sechzig geworden, und die akrobatischen Kunststücke und Gaukeleien, mit denen ich den Schiffsjungen faszinierte, praktiziere ich jetzt vor meiner Schreibmaschine, um mich in Form zu halten und den Geist wach über all die Jahre, seit ich nicht mehr ausgehe, nicht mehr reise, mich nicht rühre und niemanden mehr sehe und ich mein Leben wie ein Blatt Kohlepapier zwischen zwei weisse, unbeschriebene Seiten unter den Wagen meiner Schreibmaschine schiebe, und ich tippe, ich tippe auf der Vorder-, tippe auf der Rückseite, und ich lese mein Geschriebenes wie ein Schlafwandler, füge der unmittelbaren Sicht die reflexive ein, die man nur spiegelverkehrt entziffern kann, bin Herr meines Lebens und gebiete über die Zeit, weil es mir gelungen ist, sie zu zergliedern, sie auszurenken und die Relativität in meine Sätze einfliessen zu lassen wie ein Substrat, um so aus ihnen die eigentliche Triebfeder meines Schreibens zu machen: das, was für ein Durcheinander gehalten wurde, für Verworrenheit, Flüchtigkeit, mangelnde Struktur. Wohingegen es sich vielleicht um die grösste literarische Neuerung des 20. Jahrhunderts handelt: es verstanden zu haben, die Analysemethoden und die mathematischen Deduktionen eines Einstein über die Substanz, die Beschaffenheit, die Lichtgeschwindigkeit auf die Technik des Romans zu übertragen. *(Ich stelle mich dumm, um etwas zu erfahren.)*

Mit anderen Worten also: Ich schreibe mit viel Fleiss auf der Schreibmaschine, so wie Johann Sebastian Bach sein *Wohltemperiertes Klavier,* Fuge und Kontrapunkt komponierte, und ich werde noch zehn Jahre brauchen, um die drei, vier grossen Bücher (Romane) zu orchestrieren, die mir – abgesehen von meinen persönlichen Erinnerungen – noch zu schreiben bleiben. Doch ich teile mein Leben in zwei Folgen: meine Abenteuer im Westen (den drei Amerikas), meine Abenteuer im Osten (in China, wo ich mir die ersten Sporen verdiente). Und weil mich die historische Tatsache schon immer erstaunt hat, warum die Weissen, die sich seit dem 16. Jahrhundert besitzgierig die Neue Welt unter den Nagel gerissen und es geschafft haben, sie untereinander aufzuteilen, und den ganzen Kontinent besetzt und Wurzeln geschlagen haben, nachdem sie die Rothäute niedergemetzelt und gründlich mit den indianischen Zivilisationen aufgeräumt hatten und die jahrhundertealte Wirtschaft des Landes umkrempelten und die Neger als Lasttiere einführten, den Handel mit schwarzem Elfenbein, der, in weit höherem Masse als der Schatz der Inka und der Ertrag der Gold- und Diamantenminen, den Grundstein zu riesigen Geldsummen, Staatsfinanzen und privaten Vermögen legte, riesigen Summen, die die europäischen Nationen seit Anfang des 19. Jahrhunderts in maschinelle Arbeit und Schwerindustrie investiert haben, die die heutige Welt umwälzen und sie zum Bersten bringen, warum diese gleichen Nationen, sowohl die Portugiesen als auch die Spanier und die Engländer und die Franzosen und die Holländer – die Russen ihrerseits eroberten still und heimlich, Schritt für Schritt die sibirische Tundra, drangen durch die mongolischen Wüsten bis zur Grossen Chinesischen Mauer vor, wo die Flut kühner Wanderer nach Nordosten abgedrängt wurde und nach Kamtschatka gelangte, Sachalin besetzte, von den Alëuten aus den Pazifik überquerte, Alaska erreichte, die Küste Amerikas entlang zog und wo deren Pioniere sich in Kalifornien niederliessen, weil sie auf die von Osten, vom *Far East,* kommenden amerikanischen Abenteurer stiessen und ihnen schliesslich kurze Zeit vor dem GOLDRAUSCH von 1848 und der Gründung der Stadt San Francisco das Feld überliessen! –, warum die Weissen nie das Herz Asiens gewinnen konnten, obschon sie sich verzweifelt an karge provisorische Niederlassungen in den Küstenregionen klammerten, in den Randregionen des riesigen Kontinents Kontore eröffneten und Tauschhandel und Warenhandel trieben, ohne dass sie es schafften, die Vielfalt an autochthonen Völkern und Stämmen zu vernichten, was ihnen anderswo, in Nordamerika und in jüngerer Zeit in Australien, mit Kreuz und Schwert gelang, und sie schafften es auch nicht, die alten Zivilisationen auszulöschen oder ihren Glauben, ihre Lehren anzugreifen, und auch nicht, den Kult der Ahnen zum Erlöschen zu bringen, und warum sie auch den passiven Widerstand nicht zu brechen vermochten trotz der Waffenüberlegenheit, der flammenden Überzeugungskraft der Propagandabeamten, der Gesellschaft Jesu, der anglikanischen und protestantischen Missionare, die, unbeirrt, selbst den Märtyrertod auf sich nahmen und nicht vor massiven Dosen gefährlicher Gifte – Opium, Alkohol, Tuberkulose und Syphilis – zurückschreckten, wenn es um die Intelligenz und die Gesundheit der gelben Rasse ging, und trotz der in jüngerer Zeit, und zwar unter dem Druck der USA, erfolgten Einführung der obligatorischen Grundschule, nach dem leider erfolglosen Katechismusunterricht! Daher und unter Berücksichtigung dieser historischen Tatsache, des Versagens und Scheiterns der Weissen im ganzen Orient, muss ich eine andere Technik anwenden und ein anderes Gerät, um diesen Zyklus meiner Erinnerungen in Angriff zu nehmen, den Zyklus meiner chinesischen Gaukeleien, den ich nicht mehr auf der Schreibmaschine orchestrieren möchte, deren näselndes Getriebe (und die lächerliche Klingel am Ende der Zeile!) zwar wunderbar die kreischende Gewissensnot wiedergibt, Vorbotin des Fehlschlags des Abendlandes, sondern auf dem *Schreibklavier,* nicht etwa, um meine exotischen Sinneseindrücke zu poetisieren, sondern um in der orientalischen Kakophonie – die Gongs, die Glocken, der grosse Bordun, die piepsenden Flöten, die quengelnden Trompeten, die kratzenden Geigen, die Tonleitern und das Gekeife in chromatischen Halb- und Vierteltönen – das *menschliche Schweigen* der Pestkranken, der Kulis, der Unberührbaren besser einzufangen, deren Leben ich an den Ecken menschenwimmelnder Strassen geteilt habe, als ich 1904 in Peking Hunger litt.

Gott, wie schaue ich wohl aus, wenn ich endlich aus meiner Zurückgezogenheit in Aix-en-Provence auftauche (ich werde dann siebzig sein, in dem Alter, mir dank der Dienste der Reiseagentur Cook eine Reise nach Benares zu leisten, eine klassische Reise mit im voraus gebuchtem Appartement in den komfortabelsten Hotels, mit einer diplomierten Krankenschwester, *a training-nurse* in Uniform, die sich um mich kümmert, und der Zusicherung eines nicht zu brüsken Elefanten). Werde ich abgezehrt und eingefallen sein wie gestern an Bord von Papadakis' Bark, nach meiner misslungenen Kur an Vergils Grab, nach meiner Flucht von Teheran durch ganz Anatolien, um mich in Smyrna als blinder Passagier an Bord eines Dampfers des *Lloyd Triestino* mit Kurs auf Neapel einzuschiffen? Oder werde ich endlich mein wirkliches Gesicht zur Schau tragen, nicht mehr das Gesicht eines Raufers oder eines Schubiacks, um dem Publikum zu gefallen, sondern das eines beschaulichen Mannes, der ich immer gewesen bin, sogar in den schlimmsten Momenten meines bewegten Lebens, wenn es darum ging, ein gefährliches Kap zu umschiffen, eines alten Brahmanen in umgekehrter Stufenfolge, der mir wohlbekannt ist, des Boxers, der, um in Form zu bleiben, gegen seinen eigenen Schatten an der Wand boxt, der alles ums Doppelte beschleunigt und sich eingehend aus der Nähe betrachtet und methodisch seine Technik korrigiert, seine Reaktionen, seine Reflexe, seine Argumente, seinen durchschlagenden Doppelsieg, der mit einem Fausthieb das Wissen erneuert, aber auch einzustecken versteht, denn es gibt Tage, an denen er sich einem wütenden Gegner stellt, nicht seinem Schatten, sondern seinem Doppelgänger, nicht im Ring, sondern mitten im Abenteuer und ohne Zuschauer weit und breit, und durchgebleut und geschlagen zurückkehrt. Zählt meine Narben! Man sieht sie nicht alle, und es gibt keinen Grund, darauf stolz zu sein.[5] *(Wer die Hand in den Dreck steckt, zieht sie beschissen heraus.)*

Eines Tages begegne ich Picasso vor seinem Atelier in der Rue La Boétie, wohin er sich in die Höhle des Löwen begeben hatte – wie der alte Laffitte, der Verleger, humorvoll sagte.

„Komm mit mir hinauf", sagt Picasso zu mir, „ich porträtiere dich. Ich arbeite nur noch für die Nachwelt."

„Scheisse auf die Nachwelt!" antwortete ich. „Ich komme nicht hinauf."

Das war 1929, zu Beginn der grossen Weltwirtschaftskrise. Ich fühlte mich erschöpft und würde krank werden, zum erstenmal in meinem Leben krank.

Tatsächlich hatte eine ganze Reihe Berühmtheiten Picasso Porträt gesessen. Es war nach der INGRES-Periode, in der Picasso wirklich schöne naturgetreue *(horresco referens!)* Porträts gezeichnet hatte: seine Frau Olga, die Tänzerin; Bébé Errazuriz; Igor Strawinsky; die schöne Madame P., *a mais mimosa Paraguaya,* hatte einer ihrer glühenden Verehrer (ein Botschafter) mit der Spitze seiner Krawattennadel, einer Süsswasserperle aus dem Nicaraguasee (der im übrigen auch der einzige See der Welt ist, in dem es Haie gibt, und was für welche!) auf den grossen chinesischen Lackparavent in ihrem Salon geritzt. Jetzt hatte sich Picasso einem synthetischeren Stil zugewandt, einem komponierteren, manierierteren, der ihm wahrscheinlich Spass machte, aber ein viel weniger reines Genre war, weil er zur bildlichen Darstellung neigte, zur Unsterblichkeit, eine Richtung, die ich damals mit DAVID bezeichnete, und Cocteau hatte ihm für diese Serie im Bademantel oder in einem Frotteepeplon gesessen, was aufs gleiche hinauskommt, jedenfalls war es eine Ode an die Hand, und Picasso hatte ihm eine Ähnlichkeit mit Lamartine verliehen, denn dieser Teufel von einem Maler, dessen rechtes Auge das eines eifersüchtigen Spaniers ist, das linke aber trichterförmig nach innen gerichtet und gnadenlos, schneidend und seltsam starr, wenn er einen anschaut, besitzt eine gehörige Dosis Sarkasmus und Boshaftigkeit, denn dieser Dämon der Malerei frönte mit Vorliebe seinem schrecklich intellektuellen Laster und hatte also das hämische Lachen des alten Arouet entwendet und es durch was weiss für Hexerei zu einer Haartolle geringelt, und er klebte das Toupet auf die Stirn seines Modells, so dass der arme Jean diese kabbalistische Perücke heute noch mitten auf der Stirn trägt, er hat sie bloss etwas gebleicht, sie spielt leicht ins Ziegelrot, die

Haartolle eines Voltaireschen Mulatten, und sie überschattet heute sein Gesicht, was mich ganz traurig macht, wenn ich dem Märchenprinzen von Paris begegne, es sieht aus, als ob Jean eine Kreppschleife um seinen Geist trüge, einen Trauerflor, der leicht angesengt riecht.

Wer mich bisher gemalt hat? Unbekannte junge Maler, mit denen ich damals befreundet war, die unbekannt geblieben oder berühmt geworden sind wie Marc Chagall, als Chagall, vor dem vierzehner Krieg, noch ein Genie besass; wie der arme, feine Kerl Modigliani, der mich als Rotfuchs gemalt hat, jenes Porträt befindet sich heute im Museum of Modern Art in New York, wie auch das von Fernand Léger, der mich als „vierfache" Külasse gemalt hat. Léon Bakst, der Leiter der *Ballets Russes,* soll ein wunderbares Porträt von mir gemalt haben, was für mich rätselhaft bleibt, denn ich habe ihm nie dafür gesessen. Bakst soll dieses Porträt kurz vor seinem Tod gemalt haben, als er in einem Anfall geistiger Umnachtung getürmt war und sich in einem Hotel in Monte Carlo versteckte, wo der eitle Provinzler, eine Gestalt aus den *Toten Seelen,* inkognito wohnte, sich aber für Moses hielt, er hatte sich einen rabbinischen Bart wachsen lassen, zog sich nicht mehr aus, pisste in die Hose, er, der ehemalige Beau, Diaghilews Gockel, der sich früher daltonisch elegant kleidete: mahagonifarbener Anzug, Seidensocken Genre Raoul le Boucher und immer geschniegelt; er hatte sich mit seinen Malerutensilien auf einem riesigen Kanapee aus Juchtenleder eingerichtet, aus dem man ihn nicht auf die Beine kriegen konnte. Ich habe mich immer gefragt, warum ich ihn ausgerechnet in einem solchen Moment verfolgt habe, und zwar so intensiv, dass nach seinem Tod, ausser meinem Porträt, ungefähr dreissig Karikaturen von mir gefunden wurden; nach Carusos Tod fand man im übrigen hundert weitere beim berühmten Tenor, aber Caruso hatte die Angewohnheit, seine Gäste zu skizzieren, und ich hatte schliesslich drei Wochen bei ihm in New York gewohnt, während ich Bakst nur flüchtig kannte und wir uns kaum ein halbes dutzendmal im Châtelet gesehen hatten, bei den Proben zu *Femmes de bonne humeur* von Scarlatti, einem einmaligen Meisterwerk; aber es stimmt, der schöne Léon war ein bisschen eifersüchtig auf mich, weil er glaubte, ich hätte ihm eine Tänzerin ausgespannt, der Ärmste, doch wir hatten uns im *Caneton* bei einer Flasche Wodka ausgesprochen, ich hätte nie geglaubt, dass dieser unbedeutende Zwischenfall eine derartige Bedeutung für ihn haben könnte, bis zu seinem Tod. Tragisch! Wofür werde ich wohl zur Rechenschaft gezogen am Jüngsten Tag? Gott sei uns gnädig. Ein sehr schönes, ein überaus romantisches Porträt von mir mit einem grossen Cowboyhut und langem, bis auf die Schultern fallendem Haar, das ich zu meinem grossen Erstaunen nach zweiunddreissig Jahren Trennung in der Kanzlei meines Bruders im Haag entdeckte, wurde vom Maler Richard Hall gemacht, einem Mitglied h. c. der französischen Künstlervereinigung, der kürzlich fast hundertjährig in Buenos Aires gestorben ist. Er war der schönste Mann, den ich gekannt habe. Möglich, dass mich andere Künstler ohne mein Wissen skizziert haben, in einem Kaffeehaus oder sonstwo, und es ist nicht ausgeschlossen, dass mich Picasso, wie Léon Bakst, als abgerissenen Clown gemalt hat, als Affe, als Einarmigen, als Harlekin (es gibt Leute, die glauben, mich von hinten auf dem Vorhang für *Parade* erkannt zu haben) und was weiss ich, als überhaupt nichts, während seiner Schlaflosigkeit, unter der er von Zeit zu Zeit leidet, und mich durch sein Atelier in der Rue des Grands-Augustins geschleudert hat, das ich *Cinéma Poussière* getauft habe wegen der Melancholie des Hausherrn, seiner verstaubten Tafeln mit verwesenden anatomischen Darstellungen, der wimmelnden Schmeissfliegen, die Eier und Fliegendreck in seine Stillleben legen, und wegen Lucky, seiner Eule, seiner jüngsten Gefährtin, wenn man den Zeitungen Glauben schenken darf.

„Mein Vater schnitt einer toten Taube die Läufe ab, er steckte sie mit Nadeln in der richtigen Stellung auf ein Brett ...", erzählt Picasso. Hoffen wir, Picasso fängt nicht an, seine Eule, die in seinem Atelier herumgeistert, zu malen, wie Don José seine Tauben, Hunderte, Tausende Tauben, Zehntausende, Hunderttausende Eulen und Millionen und Abermillionen phosphoreszierender Pupillen! Die Eule, ein nächtlicher Raubvogel, der Vogel Minervas, der Vogelfeind der Taube, des Heiligen Geistes.

„Mama, Mama, die Fliegen, Mama, die Baumstämme", ein Angstschrei, den ich, aus einem Alptraum erwacht, in meinem Kinderbettchen ausstiess.

Ich war achtzehn Monate alt.

„Schlafe, mein Kind, schlaf ein."

Die Fliegen waren eine vage Erinnerung an Ägypten, wo sie heute noch eine Plage sind; die Baumstämme ein Tagesrest als Traumerreger, weil mein Kindermädchen mich in meinem Wägelchen mit Vorliebe zu einer Baustelle spazierenführte, wo Zimmerleute Lärchen- und Fichtenstämme zurechtschnitten, und sie legte mich ins Sägemehl, von dessen intensivem Geruch nach grünem Holz ich eine Art Heuschnupfen bekam, und ich musste niesen und tränte, aber das junge Kindermädchen kümmerte sich nicht um mich, sondern es plauderte mit ihrem Schatz, einem hübschen, strammen, grossgewachsenen Burschen mit nacktem Oberkörper und einem breiten blauen Flanellgürtel, der seine Cordhose festhielt, und der mit seinem Kollegen, einem freundlichen kleinen Alten, die grosse Säge handhabte, der mir jedesmal freundlich zulächelte, wenn das Hin und Her der gefährlichen, kreischenden Klinge ihn zwang, sich zu mir hinunterzubeugen, oder wenn er sie mit einer Schwarte schmierte.

Das war in Neuenburg in der Schweiz, wo wir den Sommer bei Grossvater verbrachten.

„Mama, darf ich zu dir ins Bett?" fragte ich.

Keine Antwort.

Und wie soll ich nicht lachen, wenn ich mich sehe: einen kleinen Knirps, der in Alexandria auf einer Terrasse am Meer splitternackt auf seiner Decke sitzt; man hat ihm ein Wörterbuch gegeben oder ein nicht mehr gültiges Telefonbuch oder den Bentley-Code, damit er ruhig ist, und er reisst die Seiten heraus und zerreisst lachend die Papierfetzen, die die Brise davonträgt und in der Luft herumwirbelt wie Schmetterlinge, und das Kind gluckst vor Freude und klatscht in die Händchen und strampelt vor Vergnügen auf seiner Wolldecke. Etwas später wird man ihm ein Bilderbuch geben, und sein Kindermädchen wird es ausschimpfen, ja, ihm vielleicht sogar einen Klaps aufs Hinterteil geben, weil es die Seiten zerrissen hat oder mit einem Stück Holzkohle verkritzelt, und ich lerne früh, dass man nicht auf die Welt gekommen ist, um sich lange zu amüsieren, und auch nicht, um in Ausgelassenheit und aller Unschuld auf Erden zu leben, sondern dass man artig sein muss und den Mund halten, denn die Stimmung der Erwachsenen, ihre Nervosität werden an den Kindern ausgelassen, weil die Eltern sie in Unbedacht gezeugt und ihren Spass gehabt haben, und sie verzeihen den Kindern nicht, dass sie von viel weiter her kommen als sie selbst und dass sie ihnen lästig sind und ihnen das Leben komplizieren.

Es grenzt an Magie: Die Scheinheiligkeit und die Lügen und das heimliche Einverständnis der Eltern wirken sich viel nachhaltiger auf das Kind aus als die Brust der Mutter, die es ernährt.

Wahnsinn gehört zum Wesen des Menschen.

Was für ein herrliches Gefühl, nachts das Ruder eines Schiffes zu führen und in der Erinnerung an die erste Kindheit so weit wie möglich zurückzugehen und den schwachen Strahl des Bewusstseins zu entdecken, der flackert und blinkt wie ein einsamer Stern am Firmament, der vielleicht eine Botschaft zur Erde schickt. Aber was für eine?

Die Wellen wiegen dich ...

Du lässt die Gedanken schweifen ...

Kann man nicht noch weiter zurückgehen, noch höher, die Schwelle des embryonalen Bewusstseins überschreiten und pränatale Empfindungen wiederfinden, eine wenigstens, die sich durch lauter Wiederholung eingeritzt hat, denn der Fötus ist vom dritten, vierten Monat seiner Inkubation an ein lebendes Wesen, also lange vor dem schicksalhaften Ausgestossenwerden, und die Mutter erinnert sich an sein eigenständiges Leben, an seine Püffe, seine Regungen, seine Verrenkungen, sein Saugen, an einen unerträglichen Kitzel oder einen parasitären Juckreiz, und nicht jede ist gerührt, ganz im Gegenteil, sie hatte das nicht gewollt, daher übergibt sie sich am Anfang, dann ahnt sie langsam die bevorstehenden Schmerzen. Warum sollte das Kleine nicht durch eine Wechselbeziehung Gleiches empfinden? Warum sollte es nicht eine verhasste Erinnerung an die Zeit im Bauch seiner Mutter bewahren?

Ich habe in meinem Kinderbettchen den Teufel gesehen: eine leuchtende Kugel, die flammte und knisternde Funken sprühte, und ich schrie, ich schrie vor panischer Angst.

Ich war ein Jahr alt. Es war am Tag meiner Taufe, in La Chaux-de-Fonds in der Schweiz. Mama war gekommen, um ihrem Vater ihren Jüngsten vorzustellen. Grossvater war mein Pate. Das Fest fand im alten *Hôtel de la Balance* statt. Man feierte im grossen Saal im Erdgeschoss. Es wurde getanzt. Mich liess man in meinem Zimmer schreien. Ich erinnere mich gut daran. Ich schrie und schrie! Der Teufel war zwar verschwunden, doch ich schrie weiter, steigerte mich, und schliesslich wurde ein Spiel daraus.

Jemand öffnete in der Dunkelheit die Tür einen Spaltbreit und verpasste mir eine gewaltige Watsche, um mich zum Schweigen zu bringen. Ich fiel hintenüber auf mein Kissen, ja, und dann weiss ich nicht mehr … Ich war jedenfalls still.

Kleiner Blaise, schläfst du oder schläfst du nicht? *(Hilf dir selbst, so hilft dir Gott!)*

Heute ist der 1. September 1947, der Tag meines Geburtstags. Ich bin sechzig. Wer bin ich?

Die paar Künstlerporträts, die ich im vorangehenden Abschnitt erwähnt habe, helfen mir überhaupt nicht, auf diese Frage eine Antwort zu finden, und die Tausende von malerischen Fotos, die man in allen Ländern der Welt von mir gemacht haben mag, taugen ebensowenig, das Problem der eigenen Identität zu lösen, die Schnappschüsse, die Filmstreifenabschnitte, die Abfälle vom Schneidetisch und die Negative, die man vielleicht aufbewahrt hat, als ich beim Film war, weil ich darauf als Schauspieler in Erscheinung trat oder im Vorspann als Regisseur oder als Drehbuchautor, die Vergrösserungen und die Werbeaufnahmen, bis hin zu dem dreidimensionalen Röntgenbild, das am Tag nach einem Autounfall von mir gemacht wurde, auf dem man das von hinten beleuchtete Herz mit der gebogenen Aorta sieht; Dr. Dioclès, der berühmte Chefarzt im Hôtel-Dieu, tippte mit seinem Kugelschreiber auf meine Lungen, meinen Magen, meine Eingeweide, meine Leber, meine Milz und liess mich mit dem Finger die echten und die falschen Rippen in meinem Thorax berühren, die die inneren Organe wie Fassreifen umgeben, und er hiess mich meine Wirbel zählen, vom Kreuzbein und den Hüftknochen bis zur Zirbeldrüse vor der Hirnwindung am oberen Abschnitt des Zwischenhirns, nein, auch diese Dokumentation hilft nicht weiter, vermittelt mir höchstens ein flüchtiges, mit der Stoppuhr festgehaltenes Bild meiner Befindlichkeit in jenem und jenem Jahr, in jenem Monat, an jenem Tag, zu jener Uhrzeit, auf jener und jener geographischen Breite, in jener und jener Rolle, doch all das vermag die Frage nicht zu beantworten: In Wirklichkeit, wer bin ich?[6]

In Wirklichkeit, glaube ich, kann ich diese Frage nur beantworten, wenn ich die unter dem Begriff *die sieben Todsünden* bekannten Laster als Wertmassstab nehme: die Völlerei, die Wollust, den Geiz, den Zorn, den Neid, die Trägheit und den Hochmut und mich im Verhältnis zu ihnen messe, an der Vorstellung, die ich von ihnen habe, an der Kunst ihrer Ausübung und der dadurch entstandenen Abnutzung; genau wie wenn man unter verschiedenen Aspekten gemessen und verschiedenen Tests unterzogen wird, wenn man eine Personenbeschreibung ausfüllt, einen Personalausweis ausstellen lässt mit Angabe des Gewichts, der Grösse, Augenfarbe, Zahnung, dem rechten Ohr, im Profil, von vorn, mit Hautfarbe, Blutgruppe, Fingerabdrükken und anderen besonderen Merkmalen (Warzen, Leberflecken) oder besonderen Kennzeichen (Tätowierungen) oder Gebrechen (Buckel, Klumpfuss) oder Unfallfolgen (zum Beispiel: die Amputation meines rechten Arms) oder Abartigkeiten (Zwerg, Riese, Frau mit Bart, Hermaphrodit) usw., dem ganzen pseudowissenschaftlichen, vor allem aber polizeilichen Wust, dank dem man glaubt, ein Individuum mit einer Kennummer versehen zu können, es zu klassifizieren und in eine Kartei einzuordnen, um leichter die Hand darauf legen zu können. Bitte, ich habe nichts dagegen, aber welche Hand? Eine schmutzige Hand. Und das widert mich an. Also ziehe ich es vor, mein Schicksal in Gottes Hand zu legen, und sehen wir uns an, was die Teufel aus mir gemacht haben. Und sehen wir uns an, wie ich mit sechzig das alles überstanden habe, denn ich existiere sonst in Wirklichkeit nicht, kann ich mich doch nur im Verhältnis zu den Sünden definieren, die ich allesamt begangen habe. Und Gott wird wägen, und Gott wird richten.

Erste Todsünde: DIE VÖLLEREI
Nicht wegen ihres nach Darmkollern klingenden, zu Witzen reizenden kirchenlateinischen Namens: *gastrimargia, quod sonat ventris ingluvies* (man hat geradezu Lust, jeden Furz zu preisen wie die Römer, oder sich, wie die Araber, vor Befriedigung lächelnd vor jedem Rülpser, Beweis einer aktiven Verdauung, zu verneigen), kann ich dieses Laster nicht ernst nehmen, obwohl ich die Gefrässigkeit des Magens, auf die die Kirchenväter in ihrer Definition der Völlerei anspielen, bestens kenne, Fressgier und Trunksucht, die zu den schlimmsten Ausschweifungen führen, die einen Menschen entwürdigen und versklaven: zur Koprophagie (ich habe zwei Fälle gekannt: den des norwegischen Naturalisten Dr. B., eines furchterregenden, aber bis ins Mark dekadenten Wikingers, der berüchtigt war in Montparnasse, wie auch sein Luder Gabrielle, eine Plätterin in vornehmen Häusern, die ihm diese Gefälligkeit lieferte; und eine achtzehnjährige junge Dame, Mademoiselle S., die einzige Tochter eines Neureichen, der *cash* ein paar Dutzend Millionen – 180, glaub' ich – für die Lebensmittelvorräte der englischen Armee bezahlte, die nach dem Waffenstillstand vom 11. November 1918 in Europa lagerten, und der bei dieser Spekulation einen Gewinn von ein paar Milliarden – zehn bis zwölf, glaub' ich – erzielte; der Vater war Schweizer, ich weiss nicht, was für düstere Geschäfte er betrieben haben

mochte, bevor ihm diese schwindelerregende Schwarzhandeloperation gelang; die Mutter der Kleinen, eine Badenserin, war Tippse gewesen) und zum Delirium tremens (ein klassischer Fall, die Gummizellen sind voll von Alkoholikern, die man in eine Zwangsjacke steckt), bei den Primitiven zum Drogenmissbrauch und seinen unfehlbar zum Desaster führenden Verlockungen, von der Abhängigkeit bis zur Überdosis, der geballten Ladung, dem betäubenden Schuss in den Unterleib, bei den Raffinierten und Empfindsamen, die gegen vierzig schliesslich gewalttätig werden, zur Sodomie, wie Gilles de Rais' Prozess und die Schelte des Propheten Ezechiel an die Adresse des untreuen Jerusalem beweisen: „Siehe, das war die Schuld deiner Schwester, Sodom: Pracht und Überfluss und sorglose Ruhe wurden ihr und ihrer Tochter zuteil, aber sie taten den Elenden und Armen nicht Handreichung, sondern sie wurden übermütig und verübten Greuel vor dir. Da tilgte ich sie mit Schwefelfeuer hinweg, wie du gesehen hast" (Ez. 16,49–50), und der flammende Asket kannte sich aus in Sachen Essen, er, dem Gott befahl: „Menschensohn, iss diese Rolle und gehe hin und rede zum Haus Israel." (Ez. 3,1)[7]

Leonardo da Vinci hingegen stellt wiederholt nüchtern und lapidarisch fest: „Die Menschen sind ihrer Organe unwürdig, des wunderbaren Getriebes ihrer vortrefflichen Maschine. Sie haben nur eine Sorge: ihren Verdauungstrakt oben vollzustopfen und unten zu entleeren ...", oder weiter: „Die Menschen sind bloss Scheisskübelfüller ..." Ich erblasste vor Vergnügen, als ich das las, denn als ich achtzehn und zwanzig war, war meine Verachtung der Massen radikal, ich war eben der ersten russischen Revolution entkommen und den ersten Fallen des Lebens entgangen, in das ich mich blind und kopflos gestürzt hatte. (Die Revolution und die Fliegerei, Triumph ziviler und militärischer Funktionäre, sind die grossen Enttäuschungen meines Lebens; ich werde ein andermal davon erzählen, alles zu seiner Zeit, und auch, wie ich aus Liebe zu einer Gymnasiastin, die in Viborg, Finnland, gehängt wurde, einen ganzen Sommer lang in meiner Villa in Terrioki Bomben bastelte.)[8] Und ich wollte eine Symphonie mit dem Thema der *Sintflut* komponieren und mich dafür am integralen Pessimismus da Vincis inspirieren und am geologischen, ja kosmischen Hintergrund seiner Bilder, vor dem sich das Porträt einer Mona Lisa abzeichnet, denn bevor ich vom Dämon des Schreibens gepackt wurde, wollte ich Musiker werden, Komponist (ich hatte eine echte musikalische Begabung, man ermunterte mich von verschiedensten Seiten, ich habe eine fundierte musikalische Ausbildung genossen, die einzige Ausbildung, die ich abgeschlossen habe, mein Lehrer war ganz begeistert von meiner komischen Begabung, die in der Musik aussergewöhnlich selten sein soll, behauptete er, er sagte mir eine grosse Zukunft voraus, als ich in Genua Papadakis' Bark verliess, hatte ich also vor, diese Symphonie zu komponieren und Paris zu erobern!), aber die Musik ist China, ist wie die andere Seite des Mondes betrachten, jene Seite, die man nie sieht (von der man aber dank einer Opiumpfeife glaubt, sie sei dreidimensional, nicht wahr, Dominique Combette?), meine amputierte Hand machte meine guten Vorsätze und meinen Ehrgeiz zunichte und befreite mich brüsk aus dem ästhetischen Karrengeleise, in dem ich 1914 im Gefolge der Dichter und Maler der *Soirées de Paris* wahrscheinlich steckengeblieben wäre. Der Krieg war es, der mich rettete und mich herauszog und mich, namenlos, zwischen die bewaffneten Völker warf, eine Wehrstammnummer unter Millionen anderen. 1529. Was für eine Trunkenheit! Die Wahrheit liegt im Wein. Die Wahrheit und die Freiheit. Es lebe der Pinard und der Aramon und der Rotspon im Magen!

Es braucht lange Lebenserfahrung, und man muss viel getrunken haben, muss viele Gläschen Fusel in Gesellschaft des einfachen Mannes in den *Totschlägern* à la Zola getrunken haben, um wieder zu lernen, die Menschen brüderlich zu lieben und nicht, nein, nicht um jemanden zu Wort kommen zu lassen, sondern in den Versammlungsvorständen dem Mikrophon Stimme zu verleihen.

Der Proletarier, der sich sonnabends „nach der Maloche" betrinkt, oder der Landarbeiter an den Zahltagen sonntags morgens, dem geht es nicht so sehr darum, sein Elend zu vergessen, sondern vielmehr darum, gegen den Dienstherrn zu protestieren, der ihn mit Füssen tritt, den Politiker, der ihn ausbeutet, die Armee, die ihn zwiebelt, die geltende Ordnung, das Gesetz, die Polizei, den Staat, der ihn ankotzt, das System aus Fabriken, Zuchthäusern, Gefängnissen, das man zum Teufel jagen muss: Weg damit! Und der Mann bringt mit einem imponierenden Faustschlag den Tresen zum Erzittern, und er kippt ein letztes Gläschen, und er schmeisst dem Wirt seine Sous ins Gesicht, und er ist es, der am Boden landet, verdammt! Es gibt keine Gerechtigkeit. „Tod den Halsabschneidern! Tod der Bourgeoisie! Halali! Los! Gib ihm! Plündere! Plündere! Für uns die Luxusnutten und die Sternchen der Kapitalisten! Die Weibsbilder sind auf unserer Seite!“ Er sieht rot, der Mann, aber er sieht klar. Und Gott wird ihm nicht widersprechen, hat er denn nicht selbst die Revolte ins Glas gelegt? Und auch der Papst nicht: Die Kirche besteht aus Heiligen, aus mystischen Säufern und Transzendentalen, aus *Kindern der Nacht,* die Noahs Weinberg niedertrampeln. Nehmen wir an, Gott hätte in heimlicher Absicht und im Hinblick auf die Erlösung einen Weinstock zwischen den männlichen und weiblichen Tieren in Noahs Arche versteckt. Die Weinrebe am Kreuz: „Nehmet, esset. Das ist mein Leib. Trinket alle daraus. Denn das ist mein Blut.“ (Matth. 26,26–28). Ein verstohlener Trost für die Verdammnis zur Arbeit.

Dennoch, trotz der Warnung der Kirchenväter, der Schelte des Propheten, der von den grössten Geistern und durch den einzigen Misantrophen der Renaissance verkündeten Verdammung, trotz des Beispiels der Kranken, der Monster, der Besessenen, der Drogenabhängigen, der Lasterhaften (die Frau zum Beispiel, von der Huysmans erzählt, die die geweihten Hostien besudelte, um ihren uterinen Hunger zu stillen) und der Hoffnung der armen Säufer, deren einer ich bin, habe ich Mühe, die Völlerei als Todsünde zu betrachten, denn ich stamme aus einer gefrässigen Familie, ganz einfach, und ich kann nicht glauben, dass Gott so viele köstliche Dinge über die ganze Welt verstreut und sein Manna hat vom Himmel regnen lassen, nur um die menschliche Gattung in die Sünde zu führen und in die Verdammnis zu stürzen, wo es doch viele andere Versuchungen der Natur gibt, die einen dies glauben machen. Und dennoch, genau durch diese lässliche Sünde, die überdies – eine bekannte Tatsache – die Sünde der Frommen und vieler Ekklesiastiker ist, liess sich Eva in Versuchung führen und sündigte! Aber wer würde schon den ersten Stein werfen? Sicher nicht Adam, dieser Trottel.

Schöner als die Wiesenblumen loben die Geschmackspapillen der Zunge und die Genusspapillen des Gaumens Gottes Herrlichkeit, und das Herdfeuer der Menschen, das über die ganze Erde raucht, dieses tägliche Wunder, das sich unaufhörlich wiederholt, dieses Geheimnis, aus dem die ganze menschliche Zivilisation gezeugt wurde, hat seinen Ursprung in den Opfern und den Gnadenakten. Es ist der einzige Moment, in dem der Mensch glücklich ist zu leben. Gott kann darüber nicht gekränkt sein, trotz des Bodensatzes und der Possen des Weins – *crapula vini* – und trotz verschiedener unsäglicher Nationalgerichte oder regionaler Spezialitäten – in den Steppen Kirgisiens das *bifteck tartane* [sic!], in Rio de Janeiro *a banana de Paris* und bei den Zulus das von Rémy de Gourmont in seiner *Physik der Liebe* erwähnte *Gift der zwei Schwestern.* Und vergessen wir nicht die festlichen Schmausereien der Menschenfresser. (Seabrook, der berühmte amerikanische Reporter, behauptet, in Afrika Menschenfleisch gekostet zu haben, und stellt fest, es schmekke nach Kasseler; doch bereits die Inselbewohner der Neuen Hebriden nannten ihre Opfer „lange Schweine" und zogen die eingeborenen Schwarzen den Weissen vor, die „undefinierbar schmecken", erklärten sie Kapitän Cook und verzogen dabei den Mund. Sie waren offenbar nicht besonders wählerisch, die Freunde. Der edle La Pérouse musste in Vanikoro dran glauben.)

Grossmutter, eine Heilige, war eine hervorragende Köchin, und ihr Mann, mein Grossvater mütterlicherseits, ein

Pferdenarr, sprach von seinem Weinkeller wie ein Bibliophiler über seine Bibliothek, er zählte verklärt die seltenen Flaschen auf, die Unikate, seine auserwählten Tropfen, lauter grosse Jahrgänge. (Ich hatte mir einen Nachschlüssel machen lassen, und ich klaute grosszügig die ehrwürdigen Flaschen, um sie triumphierend meinen Fussballkollegen zu bringen. „Verflixter Bengel, hast vor nichts Respekt, lass dich nicht nochmal erwischen!")

Im Sommer verzieh man Tante Claire, der einzigen alten Jungfer in der Familie, ihre Launen und ihr geziertes Getue, weil sie Marmeladen, Fruchtgelees und Sirupe zubereitete, und im Winter Kräutertees, Gewürzweine und Rumpunsche. (Ich besitze immer noch das Rezept ihres Glühweins, der einen Toten würde auferstehen lassen.)

Mein Onkel Alfred, Besitzer des *Big Salem,* fuhr in einem von zwei Apfelschimmeln gezogenen Tilbury zu seiner Küche, wie eine Primadonna ins Theater, was damals Aufsehen erregte in Chicago, und viele süsse Köstlichkeiten tragen seinen Namen.

Ich brauchte Jahre, um zu erkennen, dass Mamas Neurasthenie und ihre Skrupel verdrängte Völlerei waren, eine seelische Knabbersucht, eine heimliche Genusssucht: wie wenn man mit einer Bonbonschachtel zu Bett geht, mit Mandel- oder Pistaziendragées, *marrons glacés,* Pralinen, Schokoladenfondants mit Marzipanfüllung oder einer Kirschträne in der Mitte, mit Karamellen, die die Laken klebrig verkleckern.

Der Vater meines Vaters, von dem ich sonst nichts weiss, war Winzer, vermutlich ein standfester Trinker also, und mein Vater – er war eine Zeitlang Präsident des Hundertkilovereins, weil er hundertfünfzig wog – war nicht nur ein Bonvivant, ein grosser Esser und ein grosser Trinker, der es mit jedermann aufnahm bei Tisch, sondern auch ein kultivierter Gourmet, und etliche raffinierte Gerichte tragen seinen Namen. (Als ich meinen Vater zum letzten Mal in seiner Werkstatt für feinmechanische Geräte in einem Dorf an den Hängen des Berner Juras besuchte, wo er mit 87 Jahren einsam und mittellos starb, ass er jeden Abend eine Poularde mit Sahnesauce und Champignons, eine Schüssel gedämpften Reis, trank eine Magnum Heidsieck-Champagner extra brut, machte Schulden und spielte die ganze Nacht Billard, schliesslich war er einmal Weltmeister gewesen in dieser Disziplin und forderte nun den Tod heraus.) Mehr brauche ich nicht hinzuzufügen.

Auch ich habe zwei Gerichte in São Paulo, die meinen Namen tragen und die mir von Ernestine, der Köchin einer Freundin, gewidmet wurden, einer schwarzen Matrone, die mich ins Herz geschlossen hatte, weil ich ihre Kochkunst würdigte und jedesmal in die Küche ging und mich persönlich bei ihr bedankte, was der stolzen Person riesig schmeichelte; das erste Gericht ist eine fünf Finger hohe, mit Ananasscheiben und Mangopüree gefüllte Schokoladentorte; das zweite ein gedünstetes Spanferkel, das, mit einer Vanilleliane und einem Manzanillozweig umwickelt, auf einem Zuckerrohr- und Zimtstangenbett in einem Bananenblatt aufgetragen wurde. Wasser hingegen habe ich zeit meines Lebens keines getrunken in Erinnerung an Miss Lili, die mir in Ägypten mehr als einmal den Hintern versohlte, um mir die Angst vor dem Typhus einzubläuen. Ich teile vorbehaltlos die Ansicht des alten Doktor Bezançon, eines Meisters, der sich jesuitisch in Widersprüchen gefällt, aber ein wunderbares Buch über die Liebe auf den ersten Blick geschrieben hat, eine der schönsten Seiten über die Liebe: Der alte Doktor Bezançon behauptet, sie sei ebenso verseucht, wie das Wasser für jeglichen Zweck ungeeignet, nicht einmal waschen dürfe man sich damit. Aber ich brauchte Lilis Argumente gar nicht, um für immer davon angewidert zu sein, denn als wir Kinder waren, bestand unser beliebtestes Spiel darin, in allen Stockwerken sämtliche Wasserhähne in den Badezimmern des ausgestorbenen Wüsten-*Palace* in Heliopolis aufzudrehen (das erste, dreissig Jahre zu früh und zu einer Zeit, als es noch keinen Tourismus gab, von meinem Vater aufgezogene Geschäft, das mit einer aufsehenerregenden Pleite und dem Aufkauf des ganzen Komplexes durch Baron Empain endete), um, bevor das in den Leitungen gurgelnde Wasser kam – eine ekelerregende Brühe, obwohl es sich um das Wasser des Nils handelte, des Vaters aller Gewässer –, Tausendfüssler, Ohrwürmer, Skarabäen, Eidechsen und kleine Schlangen in die Badewannen fallen zu sehen. Ansonsten habe ich alles getrunken, was an Wässern auf Erden gebrannt wird: aus Neugierde, als Geniesser, vor Durst, und wäre ich ein Zeitgenosse Panurgs gewesen, hätte ich mich ganz bestimmt mit ihm an Bord der Trireme eingeschifft, die ihn auf die Insel des Rebensaftes bringen sollte, wo das Orakel hallte: *TRINK!* [im Original dt.]

Ich mag meine fünf Sinne noch so sehr beisammen haben: Natürlich habe ich mich allen möglichen Ausschweifungen hingegeben, deren ich mich aber keineswegs schäme, und ich wäre bereit, alles zu wiederholen – bis auf eine Zeitspanne in meinem Leben, auf die ich überhaupt nicht stolz bin.

Es war während des vorigen Krieges; wenn ich nach Paris zurückkehrte, war ich nie ganz nüchtern und verlor wegen nichts die Kontrolle. Zugegeben, ich hatte nicht jeden Tag zu essen, und auch wenn ich auf Schritt und Tritt Typen begegnete, die dem Krüppel zu trinken spendierten, den Dichter lud niemand je zum Mittagessen ein. Paris mit seinen Neureichen war im übrigen widerlich, es war wirklich zum Haareraufen. Diese Zeit dauerte nur ein Jahr, aber es war ein grauenhaftes Jahr. Zum Glück begegnete man vielen Zechbrüdern, vor allem in Montparnasse, darunter Modigliani, der mitten auf der Fahrbahn Passagen aus der *Göttlichen Komödie* rezitierte und unbarmherzig Dante kommentierte, und wir waren schnell unzertrennlich, wir zwei. Unglaublich, was für Mengen wir hinter die Binde giessen konnten, Modigliani und ich; wenn ich daran zurückdenke, packt mich das kalte Grausen. Fatalerweise für Modigliani schreckte sein Manager Leopold Zborowski, ein mehr oder weniger epileptischer polnischer Dichter, zwar nicht davor zurück, seinen Schützling in eine Mansarde einzusperren, wo der Maler eine Staffelei vorfand, bespannte Rahmen, Farben im Überfluss, saubere Pinsel, eine nackte Frau, nämlich das von ihm gewünschte Modell, der Alkoholiker hingegen zehn Flaschen Weisswein, zwei Flaschen Aperitif und einen Liter Rum, einen Liter Cognac und einen Liter Marc, am Abend schloss man ihm die Tür auf wie einem Raubtier, und der Ärmste, der geniale Modi, stürzte hinaus, krakeelte in den Strassen oder randalierte auf den Kaffeehausterrassen, ein Zwanzigfrancstück oder einen Fünfzigfrancschein in der Tasche, dieser verdammte Zborowski also, der nicht davor zurückschreckte, aus Geldgier ein solches Verbrechen zu begehen, fürchtete sich vor den paar Granaten, die die Dicke Berta auf Paris ballerte, und wollte nur eins: sich in Sicherheit bringen. Doch weil Modigliani um keinen Preis Paris verlassen wollte, brachte Zbo seinen Maler arglistig zu einem Arzt, der Modigliani eröffnete, dass er keine drei Monate mehr zu leben habe, wenn er weiter so viel trinke. Der Arzt mochte recht haben. Modigliani hörte auf der Stelle auf zu trinken. Er liess sich von Zborowski und seiner Sippe in den Süden Frankreichs entführen. Man konnte ihn in Nizza auf der Promenade des Anglais seinen Totenkopf in der Menge spazierenführen sehen, seine schönen starren Augen in den schieferschwarz umrandeten Augenhöhlen. Ich erschrak, als ich ihm eines Tages begegnete. Er war nur noch der Schatten seiner selbst. Am Ende seiner Kräfte. Der Alkohol fehlte ihm eindeutig. Da ich einen Film drehte und bei Kasse war, gab ich ihm 1000 Franc, damit er sich auf der Stelle betrinken ginge. Was mir sehr gelegen kam; ich hätte ihn begleitet. Meine geregelte Arbeit im Studio hing mir langsam zum Hals heraus. Doch Modigliani wollte nicht; er weigerte sich, das Geld anzunehmen. Und sechs Monate später war er tot, an einem Gehirntumor gestorben, hiess es. Über die schrecklichen Umstände dieses Todes werde ich ein andermal schreiben. Heute möchte ich von unserem schönsten gemeinsamen Besäufnis erzählen.

Eines Sommernachmittags begegne ich Modigliani am unteren Ende der Rue Dauphine.

„Hast du Geld?“ fragt er mich.

„Fünfzig Lappen. Und du?“

„Hundert.“

„Prima. Gehn wir einen trinken!“

Wir gehen in ein Lebensmittelgeschäft Wein kaufen und setzen uns hinter den Square du Vert-Galant ans Ufer der Seine, gegenüber dem *bateau-lavoir,* dem öffentlichen Waschhaus, und entkorken unverzüglich zwei, drei Flaschen.

„Hast du eine Schnur?“ fragt mich Modigliani.

„Nein. Wozu?“

„Um die Flaschen im Wasser zu kühlen, es ist warm.“

Und Modigliani steht auf, um dem Besitzer des *bateau-lavoir* einen Schnurknäuel abzuschwatzen.

Wir liessen die Flaschen an der Schnur ins Wasser, und von Zeit zu Zeit fischten wir eine heraus, entkorkten und leerten sie, nicht ohne vorher lauthals auf das Wohl der alten Wäscherinnen anzustossen, die, jede in ihrem Holzbottich kniend, ihre Wäsche klatschten.

Die Wäscherinnen haben eine scharfe Zunge, und man kann sich leicht vorstellen, dass die alten Frauen uns mit Gelächter, Anzüglichkeiten, obszönen Zurufen und Gesten ermunterten, auf die wir unverblümt und gutgelaunt antworteten, wobei der Alkohol das seine dazu beitrug, und je weiter der Nachmittag vorrückte, desto betrunkener waren wir; plötzlich bot Modigliani der hässlichsten Wäscherin eine Flasche an unter der Bedingung, dass sie sich von ihm auf den Mund küssen lasse. Von den alten Weibern angefeuert, begann Modigliani arglos auf den Wassern zu schreiten, um zur auserwählten Hexe zu gelangen – und ging prompt unter. Gewaltiges Gelächter erhob sich in allen Bütten, die Szene war auch wirklich zu komisch, ich aber machte einen Kopfsprung ins Wasser, um Modigliani zu retten, der natürlich nicht schwimmen konnte. Als ich ihn an den Haaren zu fassen bekam, sah ich mich vor ein ziemliches Problem gestellt, denn ich hatte ja nur einen Arm. Ich stiess mit der Ferse kräftig ab und tauchte wieder an die Oberfläche, und der Besitzer des Waschhauses, der in seinen Kahn gesprungen war und zu uns herüberruderte, fischte uns heraus. Wir wurden vom Hohngelächter der alten Frauen empfangen, die sich überhaupt nicht um unser Schicksal scherten und sich wieder ihrer Arbeit zuwandten, während wir im Boot unsere Kleider trockneten, der Besitzer uns anschrie und Modigliani, bloss wie eine Hand und schön wie der heilige Johannes der Täufer, die Flasche leerte und quasselte und darauf beharrte, seine Heldentat zu wiederholen. Schliesslich jagte man uns zum Teufel. Es war höchste Zeit. Der Alkoholiker war entfesselt, und die alten Schrippen bereit, uns zu angeln.

„Kommst du, Amedeo?“

Worauf sich sein Zorn gegen mich wandte, denn Modigliani verabscheute seinen Namen.

Mit dieser einen Anekdote möchte ich meine Betrachtungen über die Völlerei abschliessen, obwohl ich zahllose Anekdoten zu erzählen hätte, waren doch meine Tisch- und Trinkkumpane grösstenteils redselige, liebenswürdige, tolerante, fröhliche, wunderbare Bonvivants, die sich über Gott und die Welt und ihren Nächsten amüsierten. Und nur der Erinnerung halber erwähne ich, dass, was die Völlerei angeht, die schlimmsten Exzesse die Exzesse der Enthaltsamkeit sind: eine Remedur, schlimmer als das Böse selbst, eine Tatsache, die den Anachoreten sehr wohl bekannt ist, die oft den Geist der Demut und des Gebets verlieren und wegen ihres knurrenden Magens zerstreut sind. Ich aber, der ich keinen Glauben habe und der oft alles entbehrte und der heute auf alles verzichten kann – sogar auf das Rauchen und Trinken –, bestätige und bezeuge, dass die Armut grosse geistige Kraft verleiht, vorausgesetzt, man besitzt nichts, überhaupt nichts.

Einmal habe ich sieben Tage in meiner Mansarde in der Rue de Savoie im Bett gelegen. Ich hatte weder zu trinken noch zu essen, nicht einmal zu rauchen; dass ich lebend aus dem Krieg zurückgekehrt war, widerte mich dermassen an, dass ich mir geschworen hatte, niemanden um Hilfe anzugehen und meine Kammer nicht mehr zu verlassen, es sei denn, ein Wunder geschehe. Im Juni 1916 war das. Ich lag also in meiner Höhle, denn ich hatte ein Gelübde getan, und wartete auf das Wunder. Und das Wunder geschah. Und was für ein Wunder! Schwere Schritte stiegen meine sieben Stockwerke hoch. Lautes Klopfen an der Tür. Es war der Postbote mit den eingeschriebenen Briefen, der etwas verdutzt dreinschaute, denn ich konnte ihm keinen einzigen Sou Trinkgeld geben. Im Umschlag, den er mir aushändigte, war eine Kassenanweisung über 100'000 Franc, und beim *Comptoir d'Escompte* in der Rue Bergère wollten mir weder der Kassierer noch der Direktor verraten, wer der Absender war: Sie hatten entsprechende Anweisungen. Ich fand trotzdem heraus, dass die Anweisung aus Neuseeland kam. Doch ich kannte dort niemanden. Und erst 1926 sollte ich erfahren – und erst noch zufällig von einer ihrer ehemaligen Schülerinnen, die ich an Bord eines Transatlantikdampfers kennenlernte –, dass ein altes Fräulein, Mademoiselle Y. Soubeiran, die an einem Mädchengymnasium in Bovril, Neuseeland (Ozeanien), Literatur lehrte und die eines meiner Gedichte gelesen hatte, ein einziges, und ich weiss nicht einmal welches, die Urheberin des Wunders gewesen war. Ich konnte mich nicht einmal bei der verwandten Seele bedanken, denn die alte ausgewanderte Französin war inzwischen gestorben. Ich beschaffte mir das Foto ihres Grabes auf den Antipoden, und heute noch entkorke ich keine Flasche, ohne auf ihre Gesundheit zu trinken. Manche alte Nutte hat von diesem Wunder profitiert, denn seither kann ich nachts auf den Champs-Élysées keiner begegnen, ohne sie zum Essen und zu einem Glas einzuladen, und die zahnlosen, unendlich unerträglichen turtelnden Alten erzählen mir dafür ihr Leben. Eine verlogener als die andere. Die erste war La Goulue, die um den *Figaro* herumstrich, um einen Blick auf ihren Sohn zu erhaschen, der in dem Laden arbeitete. Ein Buch könnte man schreiben mit dem, was La Goulue mir in jener Nacht erzählte. Doch, wer weiss!

„Warum nennt man dich La Goulue?" fragte ich sie.

„Du bist doch wirklich blöde, kannst du es dir nicht denken?" antwortete die dicke alte Frau. „Weisst du, als junges Ding war ich spindeldürr und hatte ständig Hunger, und die alten Herren, mit denen ich ging, weil sie mir zu essen spendierten, lachten mich aus, weil ich nie satt war und gierig alles in mich hineinstopfte, daher nannten sie mich La Goulue. Hast du's nun kapiert? Spendierst du mir noch einen Teller *Viandox?* Schmeckt herrlich."

„Und wo wohnst du jetzt?"

„In Saint-Ouen: in einem Wohnwagen, zusammen mit einem schönen Italiener."

„Kann ich dich mal besuchen?"

„Riskier's lieber nicht, Kleiner, der Mann ist eifersüchtig."

Das war das Wesentliche, was eine einstige Königin des Pariser Nachtlebens zu erzählen hatte, abgesehen von dem, was sie mir auf meine Fragen von Toulouse-Lautrec erzählte, dem Prinzen von Wales, über das Löwenbändigen, die Nächte im *Moulin-Rouge* und im *Tabarin,* über Valentin, den Schlangenmenschen, über Grille-d'Égout, der tagsüber Kanzlist bei einem Notar war ... Sie erzählte ohne Groll und ohne ein bitteres Wort, sie, die jetzt bettelte und ein angebrochenes Päckchen *chewing gum* in ihrer ausgestreckten, schmutzigen Hand hielt.

„Du weisst doch? Alles nur zum Schein", vertraute sie mir lachend an. „Gibst mir hundert Sous für die erste Metro, ja? Du bist ein lieber Kerl."

„Soll ich dich nicht mit dem Taxi nach Saint-Ouen begleiten?"

„Und was, glaubst du, wird mein Freund sagen?"

Es ist viel über sie geschrieben worden, doch dies nicht. Dazu braucht es kein grosses Talent, aber die Liebe zum Echten.

Und den Sinn für das Sein.

Das hat nichts mit Existentialismus zu tun, mit diesem Tartüffschritt, der trotz Heidegger und trotz Husserl kein Stechschritt sein will. Doch schon Schopenhauer, der letzte klassische Philosoph, lehrte, dass man sich vor Philosophieprofessoren hüten soll. Sie besässen keine Originalität, es mangle ihnen an Talent, und ihre Schule sei eine Schule der Platitüden.

Man kann nicht über solche Dinge schreiben, und vor allem nicht, wie ich es tue, und bekannte Leute damit in Zusammenhang bringen, ohne gleich als Pharisäer beschimpft zu werden! Obwohl ich nichts von einem Pharisäer habe. Ich vergleiche mich nicht mit meinem Nächsten. Ich mische mich unter meinesgleichen, ein armer Kerl wie die andern, wie jedermann! Wenn ich die Namen gewisser meiner Zeitgenossen in gewissen meiner Texte eingefügt und ihnen eine flüchtige Rolle zugeteilt habe – was den Betreffenden offenbar nicht besonders gefällt und anscheinend viele Leute verwundert –, so nur, weil diese Zeitgenossen Männer des öffentlichen Lebens sind und als solche Teil eines besonderen zeitbedingten Klimas, genau wie der Eiffelturm Teil des Pariser Bildes ist. Nun, auch wenn der Turm noch steht und ich ihn immer noch liebe, weil er das Symbol der Leuchtenstadt ist, weiss ich dennoch, dass er bis ins Mark morsch ist und er demnächst den Parisern auf die Gurke fallen könnte. Nicht wegen seiner Konstruktion steht er noch, sondern *weil ein bisschen schief Mode ist,* wie der Volksmund sagt – Massel! –, und wenn er eines Tages zusammenstürzt, dann nicht wegen eines Konstruktionsfehlers, sondern ganz einfach, weil man zu der Zeit, als er gebaut wurde, die speziellen Stahllegierungen noch nicht kannte, die leichten, resistenten Metalle, die man heute für den Bau von Kunstwerken benutzt, von Wolkenkratzern, von riesigen Hängebrücken, und weil der brave und zu schwere Eiffelturm, der sich durch sein eigenes Gewicht senkt, aus Eisen ist, aus einfachem Eisen, vulgärem Schrott zu einem Sou je hundert Kilo, und weil der Rost an ihm nagt und ihn schon zernagt hat.

„Ein Wunder", erklärte mir ein Ingenieur, ein Fachmann, der ihn untersuchen musste, der ihn auskultierte, befühlte, ihn kürzlich neu streichen liess und, ohne Garantie, Punktionen und Injektionen an seinem alten Gerippe vornahm, „ein Wunder, dass er noch nicht am Boden liegt. Er ist durch und durch rostig. Er hält sich nicht mehr aufrecht und wird in sich zusammensacken. Ich habe die zuständigen Stellen informiert. Man will mir nicht glauben. Ich wasche mir die Hände in Unschuld. Mein Rapport datiert von 1936. Von der Weltausstellung."

Genauso ergeht es unseren grossen Männern: Sie haben ihre Zeit, ihren Tag, ihre Festbeleuchtung, Lampions, Flaggen, Reden, doch sie glauben, dass sie sich ewig halten und dass nach ihnen alles zu Ende ist. Komisch. Also wäre es wirklich unvernünftig, ihre Pose einnehmen oder sich an ihrer (selbst statuarischen) Grösse messen oder sich mit ihnen vergleichen zu wollen; höchstens als Eselsbrücke könnte man sie benutzen, wenn man so närrisch ist, sich mit Schreiben zu befassen.

Ich habe nicht den Ehrgeiz zu schreiben, sondern zu leben. Ich habe gelebt. Jetzt schreibe ich. Aber ich bin kein Pharisäer, der sich an die Brust schlägt, weil er in einem Buch über sich selber schreibt. Ich schreibe über mich, wie ich über die anderen schreibe. Auch ein Buch ist das Leben. Ich bin bloss ein Narr.

Und das Leben geht weiter.

Und das Leben beginnt von vorn.

Und das Leben reisst alles mit sich.

Ich möchte wissen, wer ich bin.

Wer bin ich?

Auf hoher See fragte ich mich oft: Und wenn ich das Meer in eine Flasche fülle, ist es dann immer noch das Meer? Oder ist es nur eine Flasche trübes Salzwasser? Legt das Leben in einen Sarg, wird es dann zum Tod? Nein! Tausendmal nein! Es ist eine Steigerung des Lebens, eine Explosion, Herrlichkeit, ein drängendes, ungestümes Wimmeln, dass zwar der Marmor des Grabmals unter dem inneren Druck birst und aus der Erde gehoben wird, sich spaltet und sich im Nichts zerstreut, die Wurmknäuel hingegen sind Myrrhe und Aloe, phosphoreszierendes Plankton, Pemmikan für den gottlosen Forschungsreisenden, Tausende von Polarjahren. (Wir ändern alle 26'920 Jahre den Polarstern!) Die Substanz ist nicht der Glaube, und die religiösen Praktiken sind nicht das Heil. Die Zähne zum Beispiel: lebend kauen sie. Und tot entblössen sie sich. Und es ist das LACHEN. Es ist GOTT. Das LEBEN. Die FRATZE. Es ist nicht die VERDAMMUNG, sondern eine zusätzliche Chance. Die CHANCE. Danke, dass wir sie wahrnehmen dürfen. Alles ist in allem. Und wo beginnt im Bewusstsein das Laster? Oder die Sünde? Die Heiligkeit, das Verbrechen, die Unschuld, die Angst, die Schuld, der Ruhm – und die Flucht?

Wenn man sich lange auf ein Thema konzentriert, ohne es erschöpfen zu können, wie ich es in bezug auf die Völlerei getan habe, die harmloseste Todsünde, stellt man fest, dass man nicht an einem Laster schütteln kann, ohne an allen anderen zu schütteln, denn dieses zähe Gestrüpp ist durch Wurzeln, Stämme, Geäst, Äste, Zweige leidenschaftlich ineinander verschlungen und knotiger und unentwirrbarer als Quecke. Ich geb's auf. Ich habe keine Zeit. Und im übrigen: Gibt es bloss sieben Hauptursachen? Eine für jedes

Sinnesorgan? Denn laut einer Theorie der Weisen Babylons – ich weiss nicht mehr welcher – muss auch das Wort zu den fünf klassischen Sinnen gezählt werden; das Wort, das aus dem Mund kommt, und das Sperma, das aus dem Zeugungsorgan quillt – als ob der Mensch nicht schon genug widerwärtige Leidenschaften besässe.

Kein Wunder also, dass auf einer alten spanischen Tapisserie, die in der Halle eines schottischen Schlosses hängt, eines Spukschlosses, eines, das zum Verkauf steht, dass der Stammbaum des Gewimmels sündiger Leidenschaften, dass dieser Baum als Wald dargestellt wird: „Aus der Völlerei entstehen Schlemmerei und die Trunksucht mit allen ihren Folgen; aus der Hurerei Schimpf, Narrenpossen, Spott und leeres Geschwätz; aus dem Geiz Lüge, Betrug, Diebstahl, Meineid, Profitsucht, Wortbruch, Gewalttätigkeit, Unmenschlichkeit und Raffgier; aus dem Zorn Mord, Geschrei und Empörung; aus dem Trübsinn Groll, Kleinmut, Verbitterung, Verzweiflung; aus der Trägheit Müssiggang, Schläfrigkeit, schlechte Stimmung, Unruhe, Rastlosigkeit, Wankelmut und Unbeständigkeit, Schwatzhaftigkeit und Neugierde; aus der Hoffart Zwänge, Ketzerei, Prahlerei, Fortschrittsdünkel; aus dem Hochmut Verachtung, Neid, Ungehorsam, Blasphemie, üble Nachrede, Verleumdung."

Uff! Ist das alles? Ich habe alles praktiziert, alles, denn all das ist das Leben. Man wähnt sich nicht in einem Märchenschloss, sondern in der Hölle.

Der Mensch, der in diesen Maquis dringt, um darin unterzutauchen, versinkt bis zum Bauch in jahrhundertealtem Humus. Er watet in der Fäulnis. Er klammert sich an Äste, er schüttelt die Stämme, er hat die Richtung verloren in diesem Dickicht und allem, was auf ihn einstürzt bei jedem Schritt, den er tut, von der Zwangsvorstellung besessen, sich unbedingt aus diesem Gewirr aus Wasser, Gräsern, Blättern, Flechten, Schmarotzerpflanzen befreien zu müssen, das Haar voller Spinnweben, mit ätzenden Raupen im Nacken, Pollen, der wie Pfeffer in den Augen brennt, mit zerfetzten Kleidern, blutenden Händen, am ganzen Körper von Dornen zerschunden, vom Röhricht zerschnitten, von den Zweigen, die ihm ins Gesicht peitschen, die Füsse in einem Termitenhaufen, verirrt wie ein Sträfling in den Sümpfen des Maroni; zwar ist es diesmal nicht „die Mücke", aber er läuft einem ganz seltenen prächtigen Schmetterling hinterher, den er im Auftrag eines Sammlers jagt, um möglichst viele Druckposten zu erkunden im Hinblick auf „die Mücke", die er über kurz oder lang wagen wird. Für ihn geht es darum, jede Gelegenheit zu nutzen, um jeden Preis abzuhauen, ein anderer Mensch zu werden und eines Tages aus dem Schlamassel aufzutauchen und ein neues Leben zu beginnen. Ja, soweit haben wir es alle gebracht.

Ich habe keine Zeit. Ich verzichte also auf meine vorgehabte Analyse und darauf, einen gemeinsamen Massstab zu finden, der im übrigen zu Missverständnissen Anlass geben könnte, ohne meiner Persönlichkeit gerecht zu werden, und zudem meine Geschichte überladen würde. Das Leben reisst mich mit sich, und es drängt mich zu schreiben. Man könne nicht ein Getreidekorn analysieren, ohne das Universum auseinanderzunehmen, hat ein Enzyklopädist gesagt. Nur um mein Gewissen zu beruhigen, werde ich mich also mit den anderen Todsünden befassen. Und nicht etwa, um herauszufinden, wer ich bin, sondern um zu zeigen, was ich nicht mehr bin – wie ein Sträfling, der am Kai eines kleinen tropischen Hafens, wo er nach seiner Flucht abgezehrt und mit hohlen Wangen an Land gegangen ist, sein Taschentuch aufknüpft und ein paar Gegenstände verhökert, die er aus Cayenne mitgebracht hat: einen Kamm, eine Pfeife, einen Blechlöffel, einen Tabaksbeutel aus Menschenhaut, einen von seinem Kettengefährten hergestellten Kompass; und in einer fleckigen Bibel, der einzigen dort drüben, im Haus der Toten, erlaubten Lektüre, einem Buch, das er nicht der Gefängnisverwaltung geklaut hat, die sich den Teufel darum schert, sondern einer Wohlfahrtseinrichtung, einem Offizier der Heilsarmee nämlich, der letzte Klau eines alten Mannes, in einer fleckigen Bibel ein vergilbtes Kinderfoto, ein prächtiger exotischer Schmetterling, ein spiralförmiger roter Wurm, dessen Biss, der ihn streckt, giftig ist, weil das Biest ins Blut dringt wie ein Aufgusstierchen, eine Wanze, die sich durch Mimese in ein Pritschengestell verwandelt, dessen Ächzen einen in der Zelle wahnsinnig machte, Kolibrifedern, die funkeln wie Edelsteine, und – warum nicht? – eine zwischen den Seiten getrocknete Blume der Einsamkeit, alles Lesezeichen und rein persönliche Erinnerungen, die er vor den Leuten ausbreitet, um ein paar magere Sous dafür zu lösen, was der Dichter *Die Blumen des Bösen* nannte; mit was für einer besonderen Freude entledigt man sich doch dessen, was man war! Der Mann hat keinen Stolz mehr. Er lebt, und er wird nochmals leben. Die Freiheit. Sie ist erlangt. Egal, in welchem Zustand; egal, was kommt. Er hat bezahlt. Er fühlt sich frei. Und er ist es, allen Widrigkeiten zum Trotz.

Ich knüpfe also mein Bündel auf:
Zweite Todsünde: DIE WOLLUST *(fornicatio)*
Laut der Parabel aus dem Evangelium, „viele aber, welche Erste sind, werden Letzte sein, und die Letzten Erste" (Mark. 10,31), ist die Letztgekommene gleich der Erstgekommenen, gleiches reines Herz, gleiche ruhige Seele, gleiches Lächeln, jedoch von einer Leidenschaft verklärt, deren Flamme nach dreissig Jahren gemeinsamen Lebens (wenn wir zusammen waren) unter der Asche glimmt; und der Letztgekommenen widme ich das Sonett des Dichters, der verkündete: „Meine ersten Verse habe ich aus jugendlichem Überschwang geschrieben, die zweiten aus Liebe, die letzten aus Verzweiflung. Die Muse hat von meinem Herzen Besitz ergriffen wie eine Göttin der goldenen Worte, und aufschreiend vor Schmerz ist sie geflüchtet, wie eine Pythia!" Denn für mich, für mich war es Liebe auf den ersten Blick, als ich der Letztgekommenen zum erstenmal begegnet bin; und ich erwürgte die Muse, um sie nie schreien, nie schluchzen und flehen zu hören. Der Pol meines Lebens hatte sich verlagert.

Die Dreizehnte kehrt wieder ... Und ist die Erste abermals;
und immerdar die Einzige – oder der einzige Augenblick:
Denn bist du Königin, o du! die Erste oder Letzte?
Bist du König, du, der einzige oder der letzte Liebende? ...

Geliebt sei, wer euch von der Wiege bis ins Grab geliebt,
sie, die ich einzig liebte, liebt mich zärtlich noch:
Sie ist der Tod – oder die Tote ... O Wonne! o Qual!
Die Rose, die sie hält, ist die Rosenmalve.

Neapels Heilige mit Händen voller Feuer,
Rose mit violettem Herzen, Blume Sankt Gudulas:
Hast in der Wüste der Himmel du dein Kreuz gefunden?

Fallt, weisse Rosen! ihr beleidigt unsre Götter,
fallt, weisse Gespenster, aus eurem Himmel, der in Flammen steht:
Die Heilige des Abgrunds ist heiliger in meinen Augen![9]

Aus Erbarmen mit der Letztgekommenen und um gefährliche Neugierde zu vermeiden, Kummer, Tränen, Wühlen, das zu nichts führt, und um endlosen Fragen zuvorzukommen, wenn du ihr das Haus öffnest, wirfst du den kleinen silbernen Schlüssel von Blaubarts schwarzem Zimmer, wo die geliebten Opfer elendiglich eingeschlossen sind, in den Brunnenschacht; und ebenfalls aus Erbarmen gegenüber den dahingegangenen Lieben räumst du vor der Rückkehr der Erstgekommenen jede einzelne mit ihrem hübschen Kleid weg, mit ihrem extravaganten Hut, ihrem Pelzmantel, den makellosen Handschuhen, ihrer Agenda in der Handtasche mit der Adresse ihres Friseurs und der chinesischen Pediküre, einem grossen Flacon ihres Lieblingsparfüms, einem Paar Tanzschühchen (der Schmuck ist schon lange verspielt oder der Familie zurückgeschickt worden, weil Schmuckstücke sich nicht halten und sich alle gleichen), damit am Tage des Jüngsten Gerichts alle mit einem Lächeln auf den Lippen erwachen und du jede mühelos identifizieren kannst, selbst wenn du ihren Namen vergessen hast, und Gott wird nicht umhin können, Erbarmen mit ihnen zu haben nach einem so langen Vergessen, wenn die Larven einen Tag lang zu leuchtenden Schmetterlingen werden, die sich die Flügel an Seinem Licht verbrennen.

Dritte Todsünde: DER GEIZ *(philargis, id est avaritia sive amor pecuniae)* [sic!]
Man braucht kein Hexer, kein Schlaukopf oder kein Kirchenlicht zu sein: aber würden die Ärzte sich anstrengen, so bin ich überzeugt, dass sie den seelischen Ursprung aller physischen Erkrankungen im Geiz fänden, sind doch geistige Beschränkung und die heimliche Anbetung des goldenen Kalbes die Mutter der Pest und der Cholera. Wenn man krank wird, müsste man den Ärzten den Giftbecher geben, wie im alten China, oder mindestens hundert Schläge mit den Bambusstock auf die Fusssohlen oder sie pfählen wie bei den alten Türken. Doch eben genau dies ist das Laster der Totenschipper: die Liebe zum Geld, die Gier nach Ehrentiteln, nach Orden, nach Auszeichnungen, ihr eifersüchtig gehüteter Ruhm, ihre ängstlich gehütete Schule, ihre Lehre, ihre Erfahrung, ihr protziger Lebens-*standing,* ihre Glaubwürdigkeit auf allen Stufen; es gibt also weder Anlass zur Hoffnung noch zur Vergebung. Das Kapital vermehrt sich wie der Krebs, bringt aber Zinsen. Zum Glück kann man das Gold nicht trinken; aber ich hatte einen steinreichen Freund, der kolloidales Gold trank und der herb enttäuscht wurde: Eines Tages wurde er zu Bronze verwandelt, El Dorado, und er grämte sich zu Tode! Ich bin in meinem Leben zweimal krank gewesen, und beide Male hatte ich keinen Sou. Vielleicht war dies der Grund. (Ich komme darauf zurück.)

Vierte Todsünde: DER ZORN *(ira)*
Und genau das ist der Skandal: dass man nicht mehr zornig werden kann, weil die Apathie heutzutage so weit verbreitet ist; Krieg und Morde werden dank Maschinenmenschen automatisch produziert, und niemand hält sich über diese zugelassenen, aber unzurechnungsfähigen Werkzeugmaschinen auf. Weit haben wir es gebracht! Ich habe getötet. Millionen Menschen haben aus den Lüften Millionen Menschen getötet und machen sich darüber nicht mehr Gedanken als über eine Taxifahrt ins Grüne.

(Dem Gott der Waffen gewidmet und seinen Priestern in vaterländischer Uniform, Bischöfen, Popen, Pastoren, Rabbinern, die ihn auf beiden Seiten der Feuerlinie anrufen! Genug mit dieser Heuchelei, endgültig genug!)

Fünfte Todsünde: DER NEID ODER DIE HOFFART *(acedia, id est anxietas seu taedium cordis, et conodoxia, id est iactancia seu vana gloria)* [sic!]
Oder: Herr Jedermann, der Mann von der Strasse, der perfekte Bürger der Demokratie, jener, der sich von der Stange kleidet, von der Stange isst, von der Stange vögelt, einen kleinen 5-PS-Serienwagen fährt und sich in nichts unterscheidet und durch nichts hervorhebt. Er geht wählen. Gogol war es, der ihn als die letzte Verkörperung des Teufels identifizierte, des Teufels, der sich für deinesgleichen ausgibt, für deinen Bruder. Der Hahnrei des 20. Jahrhunderts! Er sei universal, wird behauptet. Genau das ist die Gefahr.[10]

Vorsicht, Blaise, es ist viel von den Vereinigten Staaten Europas die Rede oder vom Sojus des Ostens, doch freie Weltbürger will man keine. Freie Bürger wie dich.

Sechste Todsünde: DIE TRÄGHEIT *(otiositas)*
Der Sitzstreik; den Arsch im Gras und an die Uferböschung gelehnt, betrachtet man das hinter einem Pappelvorhang fliessende Wasser, die Tausende von Blättern sind wie ein im übrigen leeres Negativraster; der Sommerhimmel, der grenzenlose Himmel. Ich habe meinen Rock ausgezogen, und Gottes Finger, der meine Haare zählt, um nachzuprüfen, ob keines fehlt auf meinem Schädel, kann tiefer über meinen Nacken gleiten, und ich spanne meine Muskeln an bei der Berührung, und ich lasse mich hintenüberfallen. Genau das Gegenteil vom Kampf mit dem Engel, der einen in der Schwüle seiner Flügel erstickt. Mein Hals ist zwischen eine geruchlose, rasierte, kalte Achselhöhle geklemmt, diamanten wie der Karfunkelstein. Betrachtung.

Siebte Todsünde: DER HOCHMUT (superbia)
Ein Vollblutpferd in Freiheit, das über die Hecken setzt, sich bäumt, im hohen Gras wiehert, mit flatternder Mähne und langen, anmutigen, geschmeidigen Sprüngen davongaloppiert, dann mit hämmernden Hufen im gestreckten Galopp. Es hat mich viel Mühe und Geld gekostet, das Tier, ein heimlich dressierter Crack, aber nicht so viel Mühe und Geld wie Dufort, Roux und der alte Rimbaud, der Zureiter, der Jockey und der Stallknecht, drei stolze Ardenner, die bereits die Farben des Rennstalls triumphieren sahen, in ihrem Hochmut bereits den Hafer der Pferde verspielten, in den Läden im Nest anschreiben liessen, die Mädchen in der Umgebung vergewaltigten und mir mit ihrer provozierenden Angeberei die Polizei auf den Hals luden: alles zu Ehren des Chefs, leider, denn der Chef war ich! Und ich

kehrte in meinem 100-PS und mit leeren Taschen nach Paris zurück.

Heute, da ich, ausser meiner Feder, nichts mehr besitze und nichts anderes mehr besitzen will, muss ich über die Geschichte lachen, denn ich war damals Besitzer des Pferdes und des 100-PS. Doch nichts zu machen, der 100-PS taucht hin und wieder in meinen Sätzen auf, und der Hengst galoppiert kurz durch mein Vokabular! Was bestimmt aufgefallen ist. Hochmut und Eitelkeit. Verflixt! Schwierig, das alles.

Und die VERZAGTHEIT DES HERZENS *(tristitia),* die achte Todsünde und die einzige tödliche, denn es gibt kein anderes Mittel dagegen als das Gebet, beteuert der heilige Cassianus, der die Schwermut analysiert; und auf der ganzen Welt kann niemand mehr beten seit Juni 1940, als Frankreich, die älteste Tochter der Kirche, sich ergab.

Ich wurde nicht von der Gnade getroffen. Ich konnte nie beten.

BLACKOUT

NACHT UND NEBEL [im Original dt.]

DER EISERNE VORHANG

BIKINI

Ein rückwärts gebetetes Gebet, eine weltliche Litanei.

Der Beginn einer totalen Sonnenfinsternis.

Die Jugend stirbt durch Ersticken.

Die finstre Nacht.

Hyperämie durch Lichtmangel.

DIE REVOLUTION oder AMEN.

Doch es stimmt nicht. Das Leben ist kein Dilemma. Es

ist ein willkürlicher Akt. Und die Tat befreit. Darum ist Gott der SCHÖPFER. Sein Atem gibt Leben. Es ist das Entweichen.

Lebt! So lebt doch! Egal, was folgt! Habt keine Schuldgefühle, ihr seid nicht RICHTER.

(Während der Jahre der Besetzung sah ich nur die Novizinnen des Klosters seilspringen, die sich in ihrem weissen Kleid verhedderten, und ich hörte sie wie Backfische lachen im Kloster Saint-Maximin. Später würden sie sich dem Gebet hingeben, um nicht zu verzagen. Ihr Ehrwürdiger Vater, Feldgeistlicher der F.F.I., hielt die Verbindung zum Maquis aufrecht, und wir ängstigten uns um ihn, wenn er die Demarkationslinie überschreiten musste. Aber er kehrte sogar aus dem Gefängnis glücklich zurück. Er hatte die jungen Kommunisten entdeckt. „Tapfere Burschen", sagte er, „prima Jungs."

Eines Abends, als ich meinen hochgelegenen Garten in der Umgebung von Aix umgrub, sah ich die Boches auf der alten Strasse zum Tholonet in Fünferkolonne vorbeimarschieren. Ihr Gleichschritt und ihr befohlenes Lied, eine Art provozierender Kirchengesang, stiegen bis zu mir hinauf. Arme Michel, sie wissen nicht, dass hier, in dieser provenzalischen Talmulde, genau hier, in diesen Feldern, in diesen Weinbergen, in diesen Olivenhainen an den Ufern des Arc, dass hier die grosse Horde der Teutonen niedergemetzelt und die allererste Invasion der Germanen durch Marius zurückgeschlagen wurden; hier, am Fusse des Sainte-Victoire, des kahlen Bergs, Paul Cézannes Berg. Am Horizont leuchtete der Sainte-Baume, Maria Magdalenas Berg, und dahinter der Wall des Mont Cassien, eine berühmte

Stätte des Christentums, der die steinige Landschaft abschliesst.

„Meine Herren Nazis, Sie geraten in eine Sackgasse. Hier gibt es kein Durchkommen. Sie werden verrecken!"

Und ich wandte mich wieder meinem Garten zu, grub die Erde um, säte und goss. Und danach würde ich eine Flasche *Jase de Bouffant* aufmachen, denn der alte Cézanne, ja, der Maler, auch er kelterte seinen Wein. Und plötzlich stieg Heiterkeit in meinem Herzen auf. Und ich ging einen Nachbarn holen, der seine Spargel jätete oder seine Tomaten aufband und der, auch er, einen Sohn in Gefangenschaft hatte.

„Hast du gesehen, Alter? Jetzt sind sie aufgeschmissen!" sagte ich.

Und ich schenkte zwei Gläser ein.

„Ein guter Tropfen", sagte der Mann und hob das Glas und liess in der untergehenden Sonne, die die herrliche Landschaft in Brand steckte, den goldenen Wein vor seinen Augen schillern. Doch der Mann konnte sich nicht erklären, warum ich plötzlich so fröhlich war, und er fragte: „Hast du Nachrichten von deinem Sohn bekommen?"

„Nein", entgegnete ich. „Doch das macht nichts. Jetzt weiss ich, dass SIE aufgeschmissen sind."

Die deutsche Kolonne war vom Staub verschluckt worden. Man hörte den Stiefellärm nicht mehr; weit weg in der Ferne zitterte ihr Gesang wie das Blöken einer Herde, die man ins Schlachthaus treibt.

Und ich freute mich.

Die drei heiligen Kuppen zogen alle Lichter der untergehenden Sonne auf sich.

Es wurde schnell Nacht.

Alles war wie eine Vision. Aber mein Herz war nicht mehr zugeschnürt, und das erste Mal seit Juni 1940, der mich betäubt zurückgelassen hatte.)

Es war finstre Nacht. Ein raumer Wind wehte. Ich ging die Ruderwache, der Schiffsjunge war neben mir eingedöst; plötzlich spürte ich Furcht in mir aufsteigen und gleichzeitig Stolz über die Verantwortung, der ich mich angesichts des Unbekannten ausgesetzt hatte: Meine Augen waren nicht gross genug, um die Finsternis zu erforschen.

Die Augen werden von der Dunkelheit verschlungen, und vor lauter das Schwarz der Nacht in Erwartung eines nie auszuschliessenden Enterns durchbohren Wollen hast du Visionen; du siehst backbords gespenstische Segel und steuerbords die Scheinwerfer eines Frachters, der geradewegs auf dich zukommt, einen grossen, hellbeleuchteten Ozeandampfer, der auf Gegenkurs das Schiff streift; und wenn du den Blick zum Himmel hebst, nicht eigentlich, um den Kurs zu bestimmen, als vielmehr, um dich vom nächtlichen Spuk und den trügerischen Erscheinungen abzuwenden, ist es, als würdest du den Kopf in einen Ameisenhaufen inmitten des sprühenden und funkelnden Sternengewimmels stecken.. Und füge dem Ganzen weitere Trugbilder hinzu; der Kopfsprung eines Meeresungeheuers im Kielwasser und, wenn der Mond aufgeht, die Feerien, die Narrenpossen des Mondes, sein trügerisches Licht und die wabernden Nebel, die vom Wasser aufsteigen und sich in Wirbeln auflösen. Die Brise murmelt in den Stagen, die Segel flüstern, und wenn das Meer sich kräuselt, pfeift die Takelage im Wind. Die Bark pocht wie ein schweres Herz. Und dir ist beklommen zumute.

Ich stiess den Schiffsjungen an, der erschrocken zusammenfuhr, weil er glaubte, es sei sein eifersüchtiger Onkel; und der Schiffsjunge erzählte mir von seiner Marina, nach der er Heimweh hatte, von seinem Heimatdorf, das sich an die steilen Hänge der Insel klammert; den flinken Ziegen, die das spärliche Gras abweiden, während der Rest der Herde hinter braunen Ziegenböcken mit gefährlichen Hörnern und bimmelnden Glöckchen her läuft, endlos herumläuft auf der Suche nach Nahrung im Geröll; von dem winzigen Hof seiner Mutter, die sich um das Haus kümmert und um die kleine Schwester im weiten blauen Leinenrock mit den bunten Streifen am Saum und der bestickten Bluse, seine Schwester, die jetzt an seiner Stelle die Ziegen hütet, zwischendurch hinter der Herde zurückbleibt, um die reifen Feigen auszuschlürfen, wie er es tat, zwischen den Reihen alter, verkrüppelter Bäume, die von Terrasse zu Terrasse die zerfallenen Mäuerchen stützen.

„Warum bist du denn weggegangen?"

„Die Drehorgel war's, verdammt, die sonntags in der Fischerkneipe am Hafen spielte, die mir den Kopf verdreht hat, und so bin ich schliesslich mit meinem Onkel an Bord gegangen."

„Und euer Vater?"

„Mein Vater ist gestorben ..."

Dem Schiffsjungen fielen die Augen zu. Er legte den Kopf auf meine Schulter oder kauerte sich neben mich oder legte sich auf die Ruderbank, den Kopf auf meinem linken Oberschenkel.

„... manchmal begegnet man morgens auf den Feldwegen einem Mönch, der die Hände in den weiten Ärmeln seines Gewandes verschränkt und in Betrachtung versunken ist, dich aber mit einem Kopfnicken und einem volltönenden *Káli méra,* Freund oder einem guten Abend begrüsst ..."

„*Káli níchta,* Fräuleinchen!" fügte ich hinzu.

Und der Schiffsjunge lächelte und schlief wirklich ein.

Wenn die Spukerscheinungen vorbei sind und die Beklemmung und die Panik besänftigt und die Furcht verscheucht sind, die die unermessliche Tiefe der Nacht in dir aufsteigen lässt, ist es ein herrliches Gefühl, das Ruder eines Schiffes zu führen und die Erinnerungen an die erste Kindheit so weit wie möglich zurückzugehen und den schwachen Strahl des Bewusstseins zu entdecken, der flackert und blinkt wie ein einsamer Stern, der vielleicht eine Botschaft zur Erde schickt. Aber was für eine?

Ich habe einst ein Gedicht veröffentlicht, *Der Bauch meiner Mutter*[11], in dem ich meine erste Bleibe auf Erden schilderte und mich bemühte, genau zu beschreiben, wie aufgrund einer äusseren Erschütterung, immer der gleichen und oft wiederholten, der erste Funke meines Bewusstseins aufblitzte. Ich war noch ein Fötus. Die Frauen waren empört über das Gedicht. Ich wollte niemanden empören; ich versuchte bloss, diese immer gleiche äussere Wahrnehmung zu lokalisieren, die sich durch die Stösse meines Vaters wiederholte, meinen Schädel erschütterte, dessen Nähte noch nicht zusammengewachsen waren, und mein Hirn berührte, ein unsägliches, ekliges Gefühl, so dass ich es schliesslich verinnerlichte und es sich in meinem Bewusstsein festsetzte und ich mich später daran erinnerte und es in einem Gedicht ausdrücken konnte. Was soll daran skandalös sein? Jenes Gedicht ist das bis heute einzige Zeugnis von Bewusstseinsregungen bei einem Fötus – oder zumindest eines sich abzeichnenden pränatalen Bewusstseins.

Kann ich daraus schliessen, dass – wie bei den Schulaufgaben – die verschwommene Erinnerung ein Interferenzstreifen ist, der an der grauen Substanz nagt, jedoch von einem grossen, inneren Feuer, einem intensiven Verbrennungs- und Verschmelzungsprozess zeugt?

Demnach wäre alles Denken nächtlich.

Für gewöhnlich tauchte Papadakis zwei, drei Stunden vor dem Morgengrauen auf, warf das Ruder herum, machte die Segel los, hielt Kurs aufs Land, peilte ein Kap an, einen Leuchtturm, die Kuppe eines Berges in der Ferne, warf das Ruder wieder herum, segelte hart am Wind, halste missweisend Nord.

Die Einhaltung dieser Kurslinie erstaunte mich. Sie führte uns direkt in den Rachen des Löwen: nach Genua. Ich sagte jedoch nichts. Der Käpten war nicht gesprächig. Er richtete selten das Wort an mich, und wenn er zwischendurch auf den Gedanken kam, die Mittelwache zu übernehmen, weckte er den Schiffsjungen mit einer Watsche und schickte ihn vorderschiffs schlafen, und wir sassen stundenlang nebeneinander, ohne ein Wort zu wechseln: er in düstere Meditation vertieft, aus der er nur auftauchte, um ins Wasser zu spucken, ich eine Zigarette rauchend, in meinen Poncho gewickelt, den ich mir aus einem alten Segel geschnitten hatte, denn nachts dringt die Feuchtigkeit bis auf die Knochen.

Ich traute Papadakis nicht über den Weg, der vermutlich über unserer Auseinandersetzung am ersten Tag brütete und sie inzwischen wohl als eine Kränkung betrachtete. Es sollte mich wundern, wenn der Grieche sich nicht rächte. Zugegeben, ich hatte ihn in seiner Autorität und seiner Würde verletzt, schliesslich war er der Kapitän. Und weswegen, grosser Gott? Wegen eines Hundes von einem Bulgaren. Was letzteren anging, der schnarchte jede Nacht neben seinem Fass, das Gesicht den Sternen zugewandt, während durch das Schlingern des Schiffes der Schatten des Takelwerks über seinen nackten Bauch zuckte und der Schlagschatten des Flaggenkopfs aussah wie ein Loch mitten in seinem Gesicht. Ein widerwärtiger Kerl.

Papadakis, der sich in mürrisches Schweigen hüllte, seit er mich in Pozzuoli überredet hatte, mit ihm an Bord zu gehen, sagte eines Nachts unvermittelt: „Was, Mann? Bist wohl froh gewesen, mir zu begegnen, um sang- und klanglos zu verduften. Hast was ausgefressen?"

„Wie kommst du darauf, Papadakis? Du solltest dich lieber beglückwünschen, mich als Vertrauensmann an Bord zu haben. Oder nicht?"

„Stimmt", meinte er und spuckte über Bord. „Aber ..."

„Aber?"

„Nichts", meinte der Käpten.

Ein andermal war ich es, der fragte: „Sag, warum segeln wir geradewegs nach Genua? Ich versteh' das nicht. Hast doch Schmuggelware an Bord, oder, Papadakis?"

„He, Mann! Ich hab dir doch gesagt, du sollst dich um deinen eignen Dreck kümmern", antwortete der Grieche und kehrte mir den Rücken zu. Er spuckte ins Wasser, dann wandte er sich wieder zu mir. „Die immer grösseren modernen Häfen werden nur gebaut, weil sich die Zollverwaltung das Schmugglergeschäft vorbehält. Die Zeit der ausgestorbenen Strände und der Mautner ist vorbei. Unsereiner ankert direkt vor den Büros der Beamten, halbe-halbe. Kapiert?“

„Ach so!“ sagte ich. Aber ich war immer noch misstrauisch. Der Kerl kam mir zu grimmig vor.

Eine andere Nacht wiederum fragte mich Papadakis aus.

„War er reich, dein Grossvater?“

„Grossvater? Wieso?“

„Weil er dir ein Schiff gekauft hat.“

„Ach so, meinen Logger? Die ALBATROS? Ja, Grossvater war Millionär.“

„Aber warum hat er dir ausgerechnet ein Schiff gekauft? War er Seemann?“

„Du scherzt wohl, Papadakis! Grossvater war ein Pferdenarr, er hat nie den Fuss auf ein Schiff gesetzt. Aber er erfüllte mir jeden Wunsch, und ich hatte mir zum Geburtstag ein Schiff gewünscht.“

„Einen Logger?“

„I wo. Ein Blechspielzeug zum Aufziehen, das ich im Fenster eines Kaufhauses gesehen hatte und das ich gern gehabt hätte. Doch weil Grossvater mich vergötterte und stolz war auf mich, liess er für mich die ALBATROS bauen.“

„Ein richtiges Schiff?“

„Ein richtiges Schiff, Papadakis, ein richtiges und erst noch ein berühmtes! Toll, nicht wahr? Zu meinem zehnten Geburtstag. Ich war Kapitän. Grossvater ist der einzige Mensch, den ich je geliebt habe.“

„Aber ich versteh' nicht. Warum ein richtiges Schiff?"

„Warum? Weil Grossvater sich nicht mit Halbheiten zufrieden gab. Er war einfach so. Grossvater starb mit 116 Jahren. Grossmutter sechs Monate später, sie war 101. Sie hatten zusammen sieben Söhne und drei Töchter und jede Menge Enkel und Urenkel; abgesehen von Tante Claire, die bei ihren Eltern lebte, heirateten alle, so dass wir an seinem Todestag 82 waren bei Tisch. Grossvater ist mit dem Glas in der Hand gestorben. Wir waren zu irgendeinem Familienanlass zusammengekommen; nach dem Essen liess Grossvater den Champagner servieren, stand auf, hielt eine kurze Ansprache, erhob sein Glas, stiess mit Grossmutter an, setzte sich wieder in seinen Sessel, und plötzlich sagte jemand: ‚Psst, Grossvater schläft!' Da es nicht ungewöhnlich war, dass Grossvater nach dem Essen einnickte, schickte man die Kinder hinaus, doch Grossvater schlief nicht: Er war tot. Er war nie krank gewesen. Er war ein kräftiger Mann. Der einzige bei der Revolution von 1848 gefallene Schuss wurde von ihm auf die Preussen abgegeben, die aus dem Fürstentum Neuenburg flohen. Er hatte dichtes, blassgoldenes Haar, eher verblichen als weiss, denn er war von Natur aus blond. Er war immer noch ein stattlicher Mann. Ein einziger Zahn fehlte ihm, den er aber aus Eitelkeit hatte ersetzen lassen. Er sägte jeden Morgen früh eine Stunde lang Holz, um in Form zu bleiben; an seinem hundertsten Geburtstag machte er Grossmutter eine Szene und beschuldigte sie, nicht genügend Sorge zu seiner Gesundheit getragen zu haben, er hatte nämlich an jenem Tag nicht ausreiten können, weil das eine Bein steif war, es war sein erster Gichtanfall; er war stets gepflegt und elegant gekleidet. Sein

Vater war im übrigen schottischer Abstammung. Er war ein schrecklich autoritärer Mann; alle fürchteten ihn, Grossmutter vor allem, eine Heilige, der er das Leben schwermachte. Von all seinen Kindern, Enkeln und Urenkeln war ich der einzige, der das Wort an ihn richten und ihn um etwas bitten durfte; ich bekam von ihm alles, was ich mir wünschte. Er mochte mich und er verwöhnte mich, etwas noch nie Dagewesenes in der Familie, und wenn jemand in der Familie etwas von Grossvater wollte, schickte man mich vor; Vater vor allem, der immer dringender Geld benötigte, den Grossvater aber von Herzen hasste, seit Papa Grossvaters älteste Tochter mit ins Ausland genommen und deren Mitgift mehrmals durchgebracht hatte. Mama, die sich für ihre Brüder und Schwestern verwandte und sich auch durchsetzte, liess mich gewähren, denn sobald es um die Geschäfte ihres Gatten ging, des ‚Erfinders', wie Grossvater ihn verächtlich nannte und den er nicht ernster nahm als den Menschen, entzog er ihr sein Vertrauen; das dauerte so lange, bis ich eines Tages für Grossvater Partei ergriff. Das war das Zerwürfnis mit meinem Vater und die Entfremdung von Mama. Und jetzt verstehst du, ja? Warum Grossvater mich so mochte und warum er mir ein richtiges Schiff kaufte, als ich mir zu meinem Geburtstag ein Spielzeugschiff wünschte. Grossvater hat mich immer wie einen Mann behandelt. Wie schon gesagt: Grossvater war ein Pferdenarr. Wenn einer seiner Söhne zwei Jahre alt war, setzte er den kleinen Knirps auf den Rücken eines Rennpferdes aus seinem Gestüt, trieb mit einem Peitschenknall das Pferd an, das in gestrecktem Galopp davonstob; wenn nun der arme Junge das Pech hatte, abgeworfen zu werden, richtete Grossvater nie mehr das Wort an ihn, ausser bei grossen Anlässen wie der Familienzusammenkunft am Tage seines Todes. Das machte er mit seinen Söhnen, seinen Enkeln und Urenkeln. Nun soll von seinen Dutzenden von Kindern und Kindeskindern ein einziger kleiner Junge nicht vom Pferd gefallen sein, und das war ich. Ich erinnere mich natürlich nicht mehr an das denkwürdige Ereignis, doch man hat mir erzählt, Grossvater habe mich rittlings auf den Rücken eines feurigen Fuchses gesetzt, habe mit der Peitsche geknallt ... ich sei aber keineswegs vom Pferd gefallen und hätte mich sogar irgendwie an die Mähne des Tieres geklammert, das in fliegendem Galopp davonraste. Kurzum, ich blieb im Sattel. Eine Zeitlang soll mein Vater sogar das Wohlwollen seines Schwiegervaters zurückerobert haben. Mama hingegen schwebte im siebten Himmel. ‚Endlich hast du einen Sohn gemacht', sagte Grossvater zu ihr, ‚einen richtigen Mann!'"

Obwohl er nicht priemte, wandte sich Papadakis ständig ab und spuckte ins Meer. Nach kurzem Schweigen brummte er: „Ich frage mich, wozu du an Bord meiner Bark gekommen bist ..."

„Endlich eine vernünftige Frage, Käpten, das frage ich mich nämlich auch, und nicht nur das: Oft frage ich mich sogar, wozu ich geboren worden bin! Wozu die andern ..." Ich liess nachdenklich meinen Hieber zwischen den Fingern kreisen. „Ja, wozu sind die andern da? Und auch du, Papadakis ..."

„Ich?"

„Ja, du. Was zum Teufel treibst du im Leben? Was hat die ganze Plackerei für einen Sinn? Weisst du's?"

„Aber ich ..."

„Brauchst nicht nach der Antwort zu suchen, Käpten. Es gibt keine Antwort. Und es ist allein schon etwas, wenn man ins Meer spucken kann, wie du es tust. Sag mal, worauf zielst du? Auf einen Stern oder den Vollmond?"

Ich warf meinen Hieber aus Isfahan in die Luft, fing ihn im Flug wieder auf und wirbelte ihn herum. „Zum Glück kann man jederzeit von Bord gehen", fügte ich leise hinzu.

„He, Mann, was sagst du da?" fragte Papadakis.

„Nichts, Käpten, nichts."

Der Grieche blickte finster. Er zwirbelte stumm die Spitzen seines Schnurrbarts zwischen Daumen und Zeigefinger, spuckte dann ins Wasser.

Der Kerl führt nichts Gutes im Schilde, dachte ich.

Ein andermal, als ich nachts allein Steuerbordwache ging und zerstreut mit dem Blick den Bewegungen des Grossmastes folgte, der sich über die Himmelskugel bewegte und nacheinander auf die Sterne zeigte, musste ich an die Geschichte der FOEDERIS ARCA denken, eine Geschichte, die in Südfrankreich jedermann kennt und die mir mein Freund Marcellin Castaing zum erstenmal erzählt hat, dessen Vater ein bekannter Weinhändler in der Region von Toulouse war. (Ich habe mich schon lange mit dem Gedanken getragen, eine Novelle über diese düstere Seefahrtsgeschichte zu schreiben, der ich den Titel *Eine Meeresromanze* geben wollte, doch kürzlich finde ich sie, gekürzt, in einem der spannenden Bücher von Louis Lacroix, einem alten Kapitän der Segelmarine.)[12]

„[...] Die Weine hingegen hatten den grossen Nachteil, dass sie die Besatzung allzu leicht in die Versuchung brachten, sich zu betrinken. Und es war denn auch eine Weinfracht, die eines der grauenhaftesten Seefahrtsdramen auslöste, das unter dem Namen *Die Tragödie der FOEDERIS ARCA* in die Annalen der französischen Handelsmarine Eingang gefunden hat. Das im Hafen von Nantes ausklarierte und von einem Kapitän dieser Stadt befehligte Schiff hatte im letzten Drittel des vorhergehenden Jahrhunderts in Sète Wein geladen. Vom Ablegen an trank die Mannschaft, die einen geheimen Gang im Laderaum freigehalten hatte, über Gebühr und bediente sich sogar an der Fracht, benahm sich undiszipliniert und verweigerte schliesslich dem Kapitän und dem Ersten Offizier den Gehorsam, die die Meuterer warnten, sie hätten im Bestimmungshafen Sanktionen zu gewärtigen. Da beschloss die Besatzung unter der Einwirkung des Alkohols, die zwei Offiziere zu ermorden. Sie folterte sie, versenkte das Schiff und flüchtete sich in den Rettungsbooten, um sich als Schiffbrüchige auszugeben. Bevor sie in Gewässer kamen, wo sie hofften, Schiffen zu begegnen, die sie an Bord nehmen würden, warfen sie den Schiffsjungen ins Meer, der Zeuge der Tragödie gewesen war und sie hätte verraten können. Kurze Zeit später wurden sie von einem Segelschiff geborgen, und sie erzählten der Besatzung ein vorher abgesprochenes und auswendig gelerntes Märchen. Sie wären beinahe jeglicher Bestrafung entgangen, hätte ein Neuling an Bord, den sie verschont hatten, nicht Schuldgefühle bekommen und nach seiner Rückkehr nach Frankreich seiner Mutter alles erzählt. Die Meuterer wurden Monate später fast vollzählig erwischt, ins Gefängnis gebracht und zum Tode verurteilt. Sie wurden in Brest mit der Guillotine hingerichtet."

Und die Frauen, wozu sind sie die Frauen auf der Welt? Kann man sie wirklich als menschliche Spezies betrachten? Manchmal könnten einem Zweifel kommen. Und wenn ja, dann handelt es sich um eine ganz besondere Brut ...

In jedem Hafen eine Frau!

Vom fernen Festland antwortete ein tiefer Seufzer.

Es war in einer anderen Nacht.

Wir steckten wieder einmal in einer Kalme: vor der Meerenge der Insel Elba, *fuero da ilha,* wie die alten portugiesischen Seefahrer in ihrem Logbuch vermerkten, um festzuhalten, dass sie nicht durch den gefährlichen Kanal zwischen der Insel und dem Kontinent gesegelt waren, sondern auf dem offenen Meer.

Es war Vollmond, und das Meer wirkte um so unwirklicher, als in weitem Umkreis Millionen winziger Blasen glucksend auf der Wasseroberfläche platzten; es waren keine Schwefelwasserstoffblasen, aber sie strömten den genau gleichen Geruch von Rost und organischer Fäulnis mit einer Prise Salmiak aus: den typischen Geruch gewisser Thermalwässer, den von Capvern in den Pyrenäen zum Beispiel oder von Montecatini in der Toskana oder von Chichana in Andalusien, die von weitem nach feuchter Wäsche riechen, aus der Nähe nach schmutzigem Unterzeug, und Brechreiz erregen, wenn man das Wasser trinkt, das radioaktiv sein soll – Blähungen für die reichen Damen der Bourgeoisie, die eines offiziellen ärztlichen Etiketts bedürfen, um ihre zarten Eingeweide zu befeuchten!

Es stank also plötzlich nach Tod in jener Nacht; und das Deck mit seinen herumliegenden Fässern und den weissen Gipssiegeln mit Papadakis' Markenzeichen

D
A A
PAP KIS
Marina 17
S S
A O
M

die aussahen wie lauter Grabinschriften, und den senkrechten Schatten der Maste beschwor das Bild eines kleinen, mit Zypressen umstandenen muslimischen Friedhofs im Mondlicht herauf: das geblähte Grosssegel wie der bauchige Dom über dem Grabmal eines Emirs oder wie die Kuppel eines Marabut. Und als liege er verlassen inmitten von Trümmern, der Bulgare, ausgestreckt wie ein geblähter Toter, das Netz des Riggs umwickelte seinen Körper mit Seilen, mit Knoten, mit verzerrten Schaken, und der messerscharfe Schlagschatten des Flaggenkopfs fiel steil auf sein aufgedunsenes Gesicht, zeichnete ihm eine Maske, eine schmale Halbmaske, die spitz vom Brauenbogen bis zum Kinn reichte, die gedunsenen Wangen freiliess, die ins Mondlicht getauchten Wangenknochen. Und ich konnte den Blick nicht von diesem sich klar abzeichnenden schwarzen Dreieck wenden, das mich an die Zungenhöhle des Aussätzigen erinnerte, der mir Angst und Schrecken eingejagt hatte, des Königs der Calada, den ich mit neun umgebracht hatte und dessen grauenhaft zerstörte Gesichtszüge und dessen grausamer Blick mich wohl für immer verfolgen werden.

Doch plötzlich bewegt sich der zu Tode Betrunkene, rollt sich auf die eine, rollt sich auf die andere Seite, setzt sich auf, niest, niest, schnuppert die Nachtluft, schaut verstört um sich, rappelt sich mühsam auf die Beine, und da ihm niemand zu Hilfe kommt, setzt er sich mühsam in Bewegung wie Lazarus, der verwirrt mit einem Bein aus dem Grab steigt, kommt geradewegs auf mich zu, bleibt schwankend vor mir stehen, taumelt, findet aber im Rücken Halt an der Süsswassertonne, gleitet daran hinunter, sackt zusammen ... und ich bin sicher, hätte der widerliche Kerl mich erwürgt, ich hätte ihn gewähren lassen, denn seine Erscheinung war unbeschreiblich makaber, und die paar wankenden Schritte, bevor er, an den Bottich gelehnt, auf seinen Hintern rutschte, kamen mir wie ein Alptraum vor in einer Welt, in der mit einem Mal Hader und Verrat schwelten, wo der Aberwitz die Fäden der Marionette führte, die Bark mit den klatschenden Segeln dank eines technischen Effekts in eine Szenerie versetzt worden war, und die grosse nächtliche Beleuchtung beschien die Kulisse ebenso trügerisch und düster wie die einstudierten Worte, die die unsägliche Erscheinung mit krächzender Stimme ausstiess: *„Iebi, iebi"*, sagte er zu mir. „Komm, komm her, Bürschchen, ich bring' dich um, *iebi ...*" [13]

Nein, es handelte sich nicht um einen Anfall von Delirium tremens, denn der Bulgare kroch jetzt auf allen vieren auf mich zu, hob den Kopf und begann, nein, nicht den Mond anzuheulen wie ein Werwolf, wie ich es erwartet hatte, sondern flüsternd eine einstudierte Rolle zu stammeln: *„Iebi,* hast du den schönen Boris nicht gekannt, meinen Herrn? Und auch Oleg nicht, den besten Freund meines Herrn? Tagsüber war Boris Leutnant in seinem Regiment, und sein Freund Oleg war Leutnant im selben Regiment; abends aber waren sie Dichter, und sie gingen Arm in Arm in den Klub, wo der Adel verkehrte, und jeder setzte sich an einen Tisch, einer neben dem andern, und jeder schrieb ein langes Liebesgedicht, das ich dann zur Zeitung brachte, denn ich war zwar Boris' Kutscher, denn Boris war mein Herr, aber ich hatte Befehl, den Wagen für seinen Freund Oleg zur Verfügung zu halten, ja, und die Gedichte erschienen am nächsten Morgen in den zwei rivalisierenden Zeitungen der Stadt, und die ganze Stadt lachte darüber, denn die zwei Gedichte richteten sich an die gleiche Frau, eine herzlose Frau, Jasmine hiess sie, die Tänzerin, in die jeder der beiden sterblich verliebt war, und die Stadt spaltete sich in zwei Lager – wie bei der Politik –, auf der einen Seite die Anhänger Boris', auf der anderen die Anhänger Olegs, und es wurden Wetten abgeschlossen, welcher der zwei unzertrennlichen Freunde den Sieg davontragen und die Schöne entführen würde; doch Jasmine spottete über die zwei Leutnants. Das ging monatelang so weiter, und eines schönen Morgens trafen sich die zwei Freunde auf dem freien Feld vor der Stadt, denn sie hatten beschlossen, sich auf Tod zu duellieren, jeder von seinen Anhängern dazu gedrängt. Der Soldatenrock fiel ins Gras, und die beiden schlugen sich zuerst mit dem Kavalleriesäbel, dann mit der Parabellum. Weder der eine noch der andere wurde getötet. Meinem Herrn wurde von einem Säbelhieb die Nase abgeschlagen, und ich fuhr seinen Freund mit einer Kugel in der Leiste in die Stadt zurück. Mein Herr entstellt, aber heil, sein Freund rekonvaleszent auf dem Land, Jasmine durch Verfügung der Behörden aus der Stadt gewiesen; die Anhänger der zwei Freunde hatten sich auf deren Kosten amüsiert und sich dann einer anderen Belustigung zugewandt, und niemand dachte mehr an diesen alten Scherz; die zwei Freunde hatten sich auf der Wiese vor der Stadt versöhnt, und die zwei rivalisierenden Zeitungen druckten keine Liebesgedichte mehr ab, als mir eines Abends Boris dreihundert Lewa in Scheinen und einen *bull-dog* in die Hand drückte, einen kleinen, dicken Revolver, und zu mir sagte: ‚Kutscher, du wirst den Nachtzug nehmen, und morgen früh, bevor es Tag ist, wirst du dieses Schwein von einem Oleg in seinem Bett überraschen und ihm sämtliche Kugeln in den Kopf jagen, hast du verstanden? Und falls er nicht allein sein sollte, behältst du zwei, drei Kugeln für seine Gefährtin vor, es ist ein Revolver mit zwölf Schüssen [sic!]. Los, lauf, Dummkopf, sei vorsichtig und dass du dich nie mehr in der Stadt blicken lässt! Dein Kamerad Jussip wird deine Stelle einnehmen. Ich habe ihn bereits eingestellt. Mach dir keine Sorgen um die Pferde. Du brauchst nicht hierher zurückzukehren, hast du verstanden? Wegtreten!‘ Ich hatte sehr wohl verstanden. Ich nahm den Zug, und im Morgengrauen erfüllte ich die Mission, mit der mich mein Herr beauftragt hatte. Niemand hatte mich gesehen. Oleg, der treue Freund meines Herrn, war im übrigen allein im Bett; ich pumpte ihm also die ganze Ladung in den Schädel, obwohl eine Kugel genügt hätte, die erste, denn sie zertrümmerte ihm die Schläfe. Und dann begannen meine Probleme. Was sollte ich tun? Boris hatte mir 300 Lewa gegeben. Die Fahrkarte hatte mich ungefähr 180 gekostet. Ein Hundertschein und zwei Silbermünzen waren noch übrig, ein Fünflewastück und ein Zweilewastück und weiss nicht wie viele Stotinki, Kleingeld, Nickel- und Kupfermünzen. Und weil ich kein Dieb bin, kehrte ich in die Hauptstadt zurück, um meinem Herrn dieses Geld zurückzugeben; und um nicht das Vermögen meines Herrn zu verschwenden, ging ich den ganzen Weg zu Fuss. Doch als Boris mich zurückkehren sah, wurde er zornig; ohne sich meine Erklärungen anzuhören, verjagte er mich mit Peitschenhieben, verfolgte mich bis in die Strasse, brüllte: ‚Idiot! Verschwinde und lass dich nie mehr blicken. Geh, sage ich dir, scher dich zum Teufel.' Das war doch wirklich ungerecht, nicht wahr? Es machte seine Nase auch nicht mehr ganz. Ich kann ja begreifen, dass er verzweifelt war, weil er seine männliche Schönheit verloren hatte, und zwar für immer. Genau wie dieser verdammte Wein, der mich krank macht. Hast du vielleicht etwas Schnaps, *iebi?* Ich mag Schnaps lieber. Dann gib mir eben eine Papirossa ..."

Viele Jahre später, als ich eines Abends bei Max Hyène[14] in dessen Stadtwohnung in der Avenue du Bois zum Essen eingeladen war, erzählte ich bei Tisch von meiner Kreuzfahrt an Bord von Papadakis' mit Samos vollbeladener Bark, als Max mich unterbrach und fragte: „Sagen Sie, Blaise, hätten Sie Lust auf eine Flasche Samos?"

„Aber sicher, Max", antwortete ich, „um so mehr, als ich seither keinen mehr getrunken habe."

Und Max rief John, seinen ergebenen Butler, der seit je in seinen Diensten stand und den berühmten Ingenieur auf seinen Reisen begleitet hatte, selbst auf den abenteuerlichsten. Max händigte ihm also den Kellerschlüssel aus und trug ihm auf, in jenem und jenem Fach die richtige Flasche auszusuchen.

„Ich weiss", sagte John hoheitsvoll. „Monsieur kann sich

auf mich verlassen: Es handelt sich um den Wein des Grossen Türken."

„Genau", bestätigte Max.

Und Max erklärte: „Sie wissen ja, dass ich nicht trinke, aber dieser Wein muss hochkarätig sein, denn er kommt aus den persönlichen Kellereien des Sultans in Jildis-Kiosk. Ich habe fünfzig Flaschen Samoswein im Keller, die mir Abd ul-Hamid geschenkt hat, der Rote Sultan, als ich die Eisenbahnlinie Bagdad …" Und Max erzählte vom Padischah, einem Greis mit wächserner Gesichtsfarbe, einer Adlernase, langem grauem Schnauzbart und blinzelnden Augen, griesgrämig und gebückt, immer in seinem dicken torffarbenen Überzieher und mit zwei geladenen Pistolen in seinem breiten orientalischen Gürtel, wenn er in den Gärten des Alten Serails spazierte. Eines Tages richtete sich plötzlich ein uralter Gärtner auf, der hinter einer Hecke arbeitete, als der Sultan vorbeiging: Abd ul-Hamid zögerte keine Sekunde, er drückte ab und erschoss den Gärtner wie einen Hund! Danach kamen wir auf andere Dinge zu reden, unterhielten uns über dies und das, doch von der berühmten Flasche weit und breit keine Spur.

Nach dem Essen fragte mich Max: „Und was sagen Sie zu meinem Samoswein, Blaise? Wie finden Sie ihn?"

„Aber Max, ich warte immer noch darauf. Er wurde nicht serviert."

„Entschuldigen Sie", sagte Max. „ich bin wirklich zerstreut. Das Alter, wissen Sie. Wo habe ich nur meinen Kopf!" Und er rief wieder nach seinem ergebenen Diener. „Was ist mit dem Wein für Monsieur Cendrars, John? Haben Sie die Flasche gefunden?"

„Ich bitte Monsieur um Verzeihung", sagte John, „es tut mir aufrichtig leid, aber es ist keiner mehr da."

„Wie denn, John? Das ist doch nicht möglich, bei Gott! Ich habe nie daran gerührt und habe ihn auch nie servieren lassen, weil ich ihn ganz vergessen hatte."

„Genau deswegen, leider!" sagte John zerknirscht. „Der Schuldige bin ich, Monsieur. Ich hatte mir angewöhnt, jedes Jahr zu meinem Geburtstag eine Flasche zu trinken, und heute habe ich zu meiner Überraschung festgestellt, dass keine mehr da ist. Ich hatte ganz vergessen, dass ich seit fünfzig und einem Jahr in Monsieurs Diensten bin. Wie doch die Zeit vergeht!"

Wir mussten herzlich lachen.

„Bleibt mir nur, mich zu entschuldigen, Blaise", sagte Max lächelnd. „Trinken wir den Kaffee im Salon, und ich gebe Ihnen einen alten Cognac zum Probieren ... wenn noch welcher da ist."

„Aber sicher, Monsieur, zu Ihren Diensten", sagte John und stiess feierlich die grosse Flügeltür zum Salon auf. „Ich habe eine Magnum eines ganz besonderen Jahrgangs, Monsieur, und es ist nicht die letzte."

Seit drei, vier Tagen übernahm Papadakis die Mittelwache. Er war nervös. Er fuhr so nah wie möglich ans Festland, um das Gelände zu erkunden und Landmarken, Leuchttürme, Begrenzungslinien zu peilen. Tagsüber kreuzten wir immer zahlreichere Schiffe. Wir näherten uns dem Bestimmungshafen. Nachts hingegen segelten wir immer noch ohne Laternen. Der Käpten war gereizt; er wollte jedermann auf Deck haben, auf Steuerbord- und Backbordwache. Zum

Glück, denn seit der wahnwitzigen Nacht mit dem Bulgaren war ich nicht mehr ganz bei der Sache; der Gedanke an den alten Aussätzigen in Neapel verfolgte mich.

Ich will nicht etwa meine Tat entschuldigen, denn selbst wenn man mir beweisen würde, dass ein Topf Milch für Aussätzige nicht unbedingt tödlich sein muss – und seither habe ich in Südamerika Aussätzige Kuhmilch, Eselinnenmilch, Stutenmilch, Ziegenmilch, Schafmilch und sogar Vikunjamilch trinken sehen, ohne dass es ihnen geschadet hätte –, würde dieser Beweis nichts daran ändern, dass ich dem König der Calada, diesem gemeinen Aussätzigen, in böser Absicht Milch bringen liess und mit dem Hintergedanken, mich seiner zu entledigen. Ich habe also ein Verbrechen begangen; und ich war damals fest überzeugt, dass er davon sterben würde, weil ich sagen gehört hatte, dass die Milch Aussätzige umbringt, und ich es glaubte; dieses geheime Wissen um meine Schuld war es, das meine ganze Kindheit überschattete und mein Innerstes zuschnürte; ein Knoten, den ich allein nicht lösen konnte, ein gordischer Knoten, den ich nur durch einen Suizid hätte durchschneiden können, was mich sehr früh mit dem Gedanken des Todes vertraut machte, und diese Vertrautheit mit dem Gedanken an einen freiwilligen Tod, den man immer zur Hand hat, ist es, die meinen ungeselligen, stolzen, ungebundenen, widerspenstigen Charakter geformt hat, hart gegenüber mir selbst, wortkarg und scharfsichtig, barsch und in einem unwahrscheinlichen und für die anderen unerträglichen Masse sarkastisch, was dazu geführt hat, dass eine ganze Menge Leute mich nicht ausstehen können und andere mich fürchten, weil sie den Eindruck haben, ich lese durch sie hindurch und man könne nichts vor mir verheimlichen; was wiederum dazu geführt hat, dass nur wenige meine Freundschaft gewinnen konnten, doch wer sie gewonnen hat, besitzt sie für immer. Und – was aussergewöhnlich ist – es sind eher Frauen (die Männer mit ihrer Logik glauben, sich zum Jünger eines Ungeselligen zu machen; die Frauen berufen sich auf die Logik des Herzens, um ihre Einsamkeit auszufüllen oder zu überspielen, sie machen kein System daraus).

Und so kam es, dass ich das erste Mal einen Menschen umbrachte:

Die Glocke an der kleinen Pforte, die auf die Salita di San Martino hinausging, bimmelte eines Morgens früher als sonst.

„Es ist Pasquali", sagte ich zur Köchin, die mit ihrem Milchtopf hinauseilte.

Draussen stand Beppino mit Carolina, der Kuh, und bloss einem Dutzend Ziegen.

„Pasquali ist krank, er hat Bauchschmerzen, er kommt heute nicht", sagte Beppino. „Die Milch reicht nicht für alle. Aber morgen gibt es Käse. Carminella macht sie. Soll ich euch einen beiseite legen?"

„Beppino, hast du nichts dagegen? Ich begleite dich", sagte ich, als er unsere Köchin bedient hatte. „Ich will doch schon so lange mit euch auf die Runde! Nutzen wir die Gelegenheit."

Und ich legte einen grossen Stein zwischen die Pforte, damit ich ungesehen in den Garten konnte, ohne zu läuten. Und so stand ich plötzlich mitten im Feindesland und führte die Kuh am Strick, und hinter mir Beppino mit seiner kleinen Herde übermütiger, launischer Ziegen, wo ich mir doch immer vorgestellt hatte, bis auf die Zähne bewaffnet aufzutreten, mit dem Revolver meines Vaters, meiner Schleuder, die Hosentaschen voller Murmeln und einem guten Stellmesser im Ärmel, an dem Tag, da ich das wilde Abenteuer wagen würde.

Wie schon gesagt, es war noch früh am Morgen; in den verrufenen Gässchen waren erst wenige Leute unterwegs, und niemand schien mich zu beachten, obwohl ich an meiner blau-schwarz-orange gestreiften englischen Schirmmütze leicht hätte erkannt werden können. Doch alles verlief bestens: Wir gingen von Tür zu Tür, und Beppino teilte überall den Leuten mit, die – wer mit einer Tasse, wer mit einem Trinkglas, einer Flasche, einer Karaffe, einem Krug, einer Salatschüssel, einem Napf, einem kleinen Tontopf, einer Babyflasche oder einer Sauciere – aus den Häusern traten: „Pasquali ist krank, er hat Bauchschmerzen, er kommt heute nicht. Die Milch reicht nicht für alle. Aber morgen gibt es Käse. Carminella macht sie. Soll ich euch einen beiseite legen?"

Und er molk vor jeder Tür Carolina oder zog an den Eutern der Ziegen, füllte die disparatesten Gefässe, die man ihm hinstreckte, bis zur Hälfte und zählte sorgfältig das Geld nach, zwanzig Sous für die Kuhmilch, drei Sous für die Ziegenmilch, und die braven Leute schimpften, weil keiner seinen üblichen Teil Milch bekam.

„Heute reicht die Milch nicht für alle", wiederholte Beppino. „Morgen gibt es Carminellas Käse. Soll ich euch einen beiseite legen?"

Und wir stiegen langsam die Stufen der Calada hinunter,

ich führte die Kuh und Beppino sein Dutzend Ziegen, und alles verlief ohne Zwischenfälle … bis wir auf halber Höhe an die grosse Kehre gelangten: Der Aussätzige war da! Und ich wurde von Zittern gepackt.

Der Alte sass an seinem gewohnten Platz, den Napf gut sichtbar auf den Baluster gestellt: der von seinen Lehnsmännern, den Bettlern, umringte König in seinen Lumpen lehnte sich mit weit aufgerissenen Augen am Fusse der Madonna an die Mauer, das grauenhafte Loch zuckte mitten in seinem Gesicht, ein dichter Fliegenschwarm summte in seinem Atem.

„Beppino", flüsterte ich, „er ist hier! Siehst du ihn? Ich habe Angst … Ich habe niemals den Mut, an ihm vorbeizugehen. Weisst du was? Du bringst ihm eine Schale Milch, und während er trinkt, laufe ich schnell mit der Herde vorbei. Hast du verstanden?"

„Geht in Ordnung", sagte Beppino. „Nimm die Peitsche. Aber ich habe keine Schale."

„Hier, nimm meine Mütze …"

Beppino molk Carolina und brachte dem König der Calada meine bis obenauf mit schäumender Milch gefüllte Mütze, während ich die Peitsche knallen liess und, an Carolinas Halsstrick geklammert, mit dem Peitschenstock auf die Weichen der Kuh einschlug, um sie zur Eile anzutreiben; als wir um die Biegung rasten und die Ziegen Panik verbreiteten und mit ihrem diabolischen Gebimmel um uns herum hüpften, hatte ich nur gerade Zeit, mich umzublikken: Und ich sah den alten Aussätzigen mit milchüberströmtem Gesicht hintenüberfallen, während sein Hofstaat erschrocken auf ihn zueilte, und Beppino, der mir atemlos und mit klopfendem Herzen nachstürzte, schrie mir zu: „Du hast ihn getötet! Du hast ihn getötet!“

Fügte dann mit seinem gesunden neapolitanischen Menschenverstand hinzu, den nichts aus der Ruhe zu bringen vermag: „Ich kehre zurück, deine Mütze holen, sie ist ein Beweisstück! Und dann gehst du auf dem Corso nach Hause; Ernesto wird dich durch das Tor hereinlassen. Pass unterdessen auf die Tiere auf, verstanden?“

„Nein, ich komme mit dir. Jetzt habe ich keine Angst mehr.“

Und tatsächlich: Ich hatte keine Angst mehr, jetzt, wo ich wusste, dass der alte Hexer verwundbar war. Wir stiegen also wieder ruhig die Calada hinauf, als ob nichts wäre, ausser dass Beppino seine Kunden nicht mehr bedienen wollte.

„Die Milch ist alle“, verkündete er den Nachzüglern. „Aber morgen gibt es Käse. Soll ich euch einen beiseite legen?“

Wir bogen um die grosse Kehre. Der Aussätzige war verschwunden, und sein Hofstaat ebenfalls. Der kleine Platz war saubergefegt, als ob der Bettlerrat nie hier getagt hätte. Vor der Kapelle war eine Lache vergossene Milch; von meiner Mütze jedoch keine Spur.

Ich kehrte zufrieden nach Hause zurück und schenkte Beppino eine prächtige Eskimopeitsche, die er schon lange gern gehabt hätte; ihr kurzer, dicker Stiel war aus Walfischbarten, und die langen Riemen aus bunten Lederstreifen geflochten.

Die Angst würde erst später in mir erwachen, viel später, und langsam immer grösser und grösser werden und mich hartnäckig verfolgen und mich in eine Welt unsinniger Träume stürzen, in eine Welt absurder Erfindungen, in unvernünftige Reaktionen, angeberische Kraftproben, unmotivierte Handlungen, waghalsige Reisen, und meinen Geist durcheinanderbringen und meine Nerven zerrütten und mir in dramatischen Situationen unerschütterliche Kaltblütigkeit verleihen, die mir erlaubt, die komische oder humorvolle Seite auszukosten, mein Empfindungsvermögen zu schärfen, so dass ich in gewissen Nächten den alten neapolitanischen Marquis am Bug der Bark sah, der Elena die Hand gab, die andere Hand Lenotschka hinhielt, der sanften Gymnasiastin aus Viborg vor einem Jahr, und die junge Studentin winkte mir zu … Und ich sah mich zu ihnen treten, eine rote Blume an der Schläfe und einen rauchenden Revolver in der Hand … in ihren Reigen treten … zwischen den Wellen …

„Käpten, die Alpen!"

Es war eine Viertelstunde vor Tagesanbruch. Ich beobachtete einen schneebedeckten Kamm, der sich, weiss wie eine Milchspur, hoch am Horizont abzeichnete, sich kurz rosa färbte und mit dem aufsteigenden Morgenlicht verschwand.

„Bist ganz übergeschnappt, Mann, was?" knurrte Papadakis, der nichts gesehen hatte.

„Ich bin ganz sicher, Käpten, unmöglich, sich zu täuschen. In der Schweiz nennt man es das *Alpenglühn* [im Original dt.]. Es ist der Montblanc oder der Monte Rosa."

„Glaubst du! Es war ein Streifen Tag. Eine Wolkenschicht …"

„Und ich sage dir, es waren die Alpen, Käpten."

„Ja dann, Mann, wenn du richtig gesehen hast, legen wir morgen abend an", sagte Papadakis.

Ich hatte richtig gesehen, und Papadakis hatte recht gehabt: Am Abend des folgenden Tages liefen wir im Hafen von Genua ein.

GENUA, mit seinen zwei nierenförmigen Meerbecken.

Wir ankerten zuhinterst in der Reede zwischen Garnelenkraiern, alten Barken, alten Kähnen, Schuten und anderem abgetakeltem Schrott, der einst zur See gefahren war, zwischen der CONFUNDULUM, einem panamesischen Frachter, der mit seinen Rostschuppen und seinen Mennigeflicken röter war als eine abgekochte Krabbe, und der PATHLESS aus Londonderry, einem grossen Dreimaster mit einem zusätzlichen Heizkessel an Deck und einem langen, schmalen schwarzen Schornstein, der fast so hoch war wie die russigen Rahen und dessen seltsam ausladender Achtersteven uns überragte, wir lagen zuhinterst an einem sich im Bau oder im Abbruch befindenden Kai, der mit einem Betonmischer und Baumaterial verstellt war.

Kaum hatten wir angelegt, war Papadakis blitzartig verschwunden, um „vor Büroschluss bei der Hafenverwaltung" zu sein, hatte er gesagt und die Schiffsdokumente in seinen Gürtel gestopft. Doch er hatte sich trotz seiner Eile, die Papiere in Ordnung zu bringen, zweimal umgewandt: ein erstes Mal, als er die in der Kaimauer eingelassenen Eisensprossen hinaufkletterte, ein zweites Mal, als er den Kai entlanglief; das erste und das zweite Mal, als ob er etwas vergessen hätte, als ob er etwas Ungutes im Schilde führte und sich vergewissern wollte, dass die Besatzung ja an Bord blieb: und weil ich ihm nicht traute, machte mich sein zweimaliges Zögern misstrauisch.

„He, Kutscher“, sagte ich zum Bulgaren, „bleibst du an Bord? An deiner Stelle würde ich schleunigst abhauen.“

„Und warum, *iebi?*“ fragte der Bulgare.

„Und was, wenn der Käpten mit der Polizei zurückkehrt?“

„Ach ...“, sagte der Bulgare.

„Ach, du Dummkopf, hast dir das nicht überlegt, was? Los, zieh dich an, steig in deine Stiefel. Ich jedenfalls bin bereit. Man weiss nie ...“, sagte ich zu ihm. Und zum Schiffsjungen: „Kommst mit uns, Fräuleinchen? Wir gehen.“

„Was?“ sagte der Schiffsjunge.

„Ja“, erklärte ich ihm. „Wir türmen, der Bulgare und ich. Schau dir diesen baufälligen Kai an. Ist nichts für uns, die Seilwinden von Hand hieven und die Ladung mit der Handwinde löschen und die Fässer tagelang auf dem Buckel schleppen! Wir sind keine Sklaven, was? Wir ziehen Leine, der Bulgare und ich. Los, komm mit. Es lebe die Freiheit! Papadakis kann auf uns verzichten. Papadakis ...“

Und weil der Schiffsjunge diskutierte, die Interessen seines Onkels verteidigte, uns beschuldigte, ihm Schaden zuzufügen, rief eine Stimme vom Balkonbug der PATHLESS über unseren Köpfen. „Ohe! Dort unten! Habt ihr endlich fertig gezankt? Habt ihr Wein an Bord?“

Und ein Petroleumkanister schwebte an einem Seil hinunter, ein Kübel, der mindestens fünf Gallonen fasste. „Füllt ihn anständig!“ rief die Stimme. „Ich gebe euch dafür die besten Tips; ist eine ganze Menge los in der Stadt.“

Ein Mann mit nacktem Oberkörper lehnte sich weit über die Reling des Dreimasters, ein drahtiger Kerl, behaart und flink wie ein Eichhörnchen, ein rothaariger Ire, der uns mit aufmunternden Grimassen zulächelte und mit beiden Händen das andere Ende des Seils festhielt. „Los, Jungs", sagte er. „Wir sind durstig. Euer Wein ist bestimmt gut. Ihr kommt aus Griechenland, nicht wahr? Da könnt ihr's ja nicht wissen: In Genua spielt ein Damenorchester! Sagt euch das nichts? Wenn ihr euch grosszügig zeigt, führe ich euch hin! Werfe mich gleich in Schale wie der alte Knacker dort, der schon in sein Hemd schlüpft."

Ich füllte den Kanister mit Wein. Der Bulgare, der in seine Stiefel gestiegen war, knüpfte tatsächlich sein Hemd – ein besticktes Hemd – über seiner Hose, wie es die Russen tun.

„Komm mit uns", sagte ich zum Schiffsjungen. „Wir hauen ab. Wir gehen stiften ..."

„Los, beeil dich", trieb ich den Bulgaren an. „Geh du vor ... Was ist, kommst du nicht mit, Kleiner?" forderte ich den Schiffsjungen nochmals auf, den Fuss bereits auf der ersten Eisensprosse.

„Du hättest deinen Hosenboden zunähen können, Dreckskerl", schrie ich dem Bulgaren über mir zu und stieg hinter ihm her die Steigeisen in der senkrechten Kaimauer hinauf. „Man sieht ja alles ..."

Oben beugte ich mich nochmals zur Bark hinunter. Der Schiffsjunge umfing mit beiden Armen den Mast; Schluchzer schüttelten seine Schultern. Ehrlich, der Junge weinte.

„Káli níchta, Fräuleinchen!" rief ich und schwenkte meinen Paradehieber zum Abschied.

Und wir liefen davon, der Bulgare und ich, so schnell uns die Beine trugen.

„He, wartet, ich komme mit euch! Lauft doch nicht so schnell, Himmel-Schwanz-und-zugenäht! Die Frauen fliegen doch nicht davon!“ schrie der Rothaarige von der PATHLESS, der auf qualmenden Socken hinter uns her rannte und im Laufen ein ärmelloses Unterhemd über den Kopf streifte.

„Wartet“, keuchte er, als er uns eingeholt hatte, „wartet, ich zeige euch den Weg zum *Gambrinus,* ihr wisst doch nicht einmal, wo das ist! Ihr habt's überhaupt nicht eilig, was? Ja gibt's denn so was … Könnt mir dankbar sein … Ja, die Frauen für die Matrosen …“ Und er drängte sich zwischen uns beide und fasste uns unter und begann zu singen:

Dandle, dandle, dandle …

„Hast einen schönen Hieber“, sagte er zu mir. „Schlag doch den Takt damit! Mann, wird das ein Gaudi!“

Und er stimmte seine Landeshymne an und machte ein paar Tanzschritte:

Dandle, dandle, dandle …
I am not Mahomet!
Far from it,
This is the mistake
You all seem to make …

Das Orchester setzte sich aus fünf Frauen auf einer Art Podium zusammen, das mit kleinen Fähnchen, mit bunten Lämpchen und Topfpflanzen geschmückt war; vier Musikantinnen hatten sich in einer Reihe aufgestellt, um uns mit der ersten Strophe der beliebten irischen Gigue willkommen zu heissen: die Geige, das Violoncello, die Trompete und der Kontrabass; alle vier wiegten sich und wackelten mit den Hüften: lange schwarze Beine, hohe Absätze, steifer, paillettenblitzender Rock, der nicht einmal bis zu den Knien reichte, lange blosse Arme, Flittersterne im Haarknoten, flatternde Libellenflügel an einem Messingdraht im Rücken, während die fünfte, eine dicke Oma in weit ausgeschnittenem Abendkleid, mit Elefantengrazie den berühmten und lächerlichen und rührenden Refrain auf dem Klavier anstimmte.

I am a sailorman ...

Unser Erscheinen im *Gambrinus* erregte Aufsehen. Und was für ein Aufsehen! Das *Gambrinus* war ein die ganze Nacht offenes Bierlokal, gedrängt voll mit spiessigen Italienern, die sich neuerdings mit den internationalen Gepflogenheiten vertraut machten. Und ich lachte *in petto,* denn das *Gambrinus* war eines der vielen berühmten Geschäfte meines Vaters, der 1894 das Münchnerbier, nach einem von ihm erfundenen Verfahren pasteurisiert und geeist, auf den Markt gebracht und eingeführt hatte, und weil er wegen seiner Körperfülle und der Hitze im Land viel schwitzte und ständig Durst hatte, eröffnete er in jeder grösseren italienischen Stadt ein ähnliches Bierlokal, denn bevor er auf den Gedanken der Pasteurisation kam, gab es kein trinkbares Bier in Italien, wie übrigens auch in den umliegenden Mittelmeerländern nicht, wo das *Gambrinus* überall Filialen eröffnete und Bombengeschäfte machte (aber Papa hatte nichts mehr damit zu tun, denn er war nach London gezogen, um die Leuchtwerbung zu propagieren); und ich lachte, weil ich an das Schicksal meines Vaters denken musste, als die schmachtende Anmut einer kleinen, blassen, sich im Takt verrenkenden Engländerin mit fieberroten hohlen Wangen und vor Erschöpfung schmalen Augen mich mitten ins Herz traf und mich unsäglich rührte: Es war die erste Geige, die bestimmt noch nicht zwanzig war, und die ich auf der Stelle *môme fil de fer* nannte – Drahtkindchen –, weil sie so dünn und zerbrechlich aussah und meiner Cousine Rosy aus London aufs Haar glich, als seien sie Schwestern, und die Kleine musste bis ins Mark tuberkulös sein wie meine kleine, geliebte Cousine Rosy, die in einem *sana* in Arcachon im Sterben lag.

Die Frauen kamen an unseren Tisch. Flaschen wurden bestellt. Das zerbrechliche Kind sass auf meinen Knien. Die Hände und die Schläfen der Kleinen waren feucht.

Dandle, dandle, dandle ..., sang der Rothaarige von der PATHLESS, der auf die kleine Bühne geklettert war und mit einer Flasche Gin auf dem Kopf schlenkernd eine Gigue tanzte, während der von den drei anderen Frauen umringte Bulgare am anderen Ende des Tisches neben dem Orchester, den wir ungefragt mit Beschlag belegt hatten, stumm dasass und ein Glas Schnaps nach dem andern kippte.

„Mamy“, sagte ich zu der dicken Pianistin, die sich neben mich in einen Sessel gesetzt hatte und die einer dieser verteufelten Säuferinnen glich, denen man bei Einbruch der Nacht in Londons Pubs begegnet, die sich aber für eine ehrbare Lady ausgeben wollte, die Pech im Leben gehabt hatte und auf der nun Seelen und Verantwortung lasteten, „Mamy, wir entführen alle fünf, klar? Ihr habt doch eine Absteige, oder? Wir kommen alle mit euch. Wir trinken etwas zusammen. Wir machen Musik!“

„Unmöglich, *dear*. Wir stehen unter Vertrag. Wir haben bis um zwei Uhr morgens Dienst. Meine Mädchen sind anständige Mädchen."

„Aber sicher, Adelheid, alter Schatz, alle wissen, dass du nie auf das Herz eines Mannes angestossen hast. Warte, ich schenke dir ein Glas Whisky ein, mal sehen, ob er dir nicht aus den Augen sprudelt wie Champagner. Beeilt euch, ja? Wir warten solange, dann lassen wir eine Fete steigen."

Das Orchester stieg auf das Podium, und die Frauen spielten mit Brio die Ouvertüre zu *Wilhelm Tell,* deren nachgeahmte, aber poetische Klänge und ihr überschwengliches, übersteigertes Pathos ein spiessbürgerliches Publikum unweigerlich in Begeisterung zu versetzen vermögen. Die wirkliche Schönheit dieser klugen Musik aber wird mit Stillschweigen übergangen.

Dandle, dandle, dandle ..., sang der Rothaarige von der PATHLESS in jeder Pause, und in jeder Pause kamen die Frauen an unseren Tisch trinken. Das Publikum applaudierte den Possen des Rothaarigen, der tanzend seine Ginflasche auf dem Kopf balancierte, ohne dass sie je herunterfiel. Nach einer weiteren Symphonie folgten ein Harfenvortrag, ein Geigensolo, Chopin, ein vom Drahtkindchen gespieltes Solo, eine diabolische, rasende Seite Paganinis, die die Kleine recht gut meisterte, aber erschöpft und mit vorgezeichnetem Herzjagen, schliesslich rülpste Mamy auf allgemeinen Wunsch Koloraturen und sentimentale oder naturalistische Lieder am Klavier; dann wurde es nach und nach leer um die Tische, denn es war bereits spät; es wurden noch ein paar Zugaben von der Trompete verlangt, und die Trompete, eine vollbusige, pausbäckige Blonde mit Lokkenmähne, kam der Aufforderung nach, spielte wie ein virtuoser Clown Trompete, Klarinette, Flöte, Fagott, und wir lachten uns halbtot über die klagenden Laute und die geknautschten Windtöne, die sie dem Englischhorn entlockte. Endlich war die Zeit um, und wir durften hinauf; der Kontrabass, eine Bucklige, stützte den Bulgaren.

Die Frauen wohnten im Haus, die drei oberen Etagen gehörten zu einem Hotel, dem *Albergo del Vapore.* Unsere Musikerinnen hausten im obersten Stockwerk, einem riesigen Raum, der, wie bei den meisten alten Häusern in Genua, an der Vorderfront des Hauses in eine Dachloggia mit drei Arkaden überging; dort oben richteten wir uns also ein, auf der luftigen Terrasse, die sich auf den Hafen, aufs Meer, auf den Horizont öffnete; närrische Frauen, betrunkene Matrosen, volle Flaschen, die sich leerten, konzertierende Instrumente, die, wirksamer als die Flaschen, Liebe, Gefühl, Poesie ausgossen und das Herz, die Seele, den Körper zum Überfliessen brachten; eine sorglose, übermütige, lärmende, musikalische Orgie, die acht Tage, zwei Wochen, drei Wochen, einen Monat dauern sollte und zu der jeder unten auf der Strasse vorbeigehende Liebhaber des Belcanto, jeder der Lust auf Lachen, auf Wein hatte, nach Instrumentalmusik, Schlemmen, Scherzen und schlüpfrigen Witzen, hinaufkommen und daran teilnehmen konnte, ein gewaltiges Fest, das – wie auch eine beträchtliche Abstandsgebühr für das Quintett – dank der einmaligen Kirschperle aus meinem Hieber aus Isfahan berappt wurde; die anderen zwei Perlen jedoch, die zwei Tropfenperlen mit dem schönen Glanz, schimmerten, zu Ohrringen gefasst, sanft links und rechts des entspannten Gesichts des endlich ausgeruhten, glücklichen Drahtkindchens, das ich mit einem schlichten pflaumenblauen Kleid ausstaffiert hatte, mit einem schmalen Krägelchen um den Hals, mit Knopfstiefelchen und einem in die Stirn getragenen Hütchen wie eine Pensionärin im Damenstift von Sion, ihr schönes Haar zu einem Zopf geflochten mit einer grossen Schleife im Rücken; und die Kleine sass züchtig neben mir in der Kalesche, die mich zum Bahnhof fuhr (denn ich, ich reiste einmal mehr ab), und ihre Ähnlichkeit mit meiner geliebten kleinen Cousine Rosy aus London war von Raddrehung zu Raddrehung verblüffender.

„Herzchen, versprich mir, dass du die Perlen niemals verkaufst, nicht wegen der Erinnerung an mich, sondern weil sie dir Glück bringen."

„Ja, gewiss, Liebster. Ich weiss, dass sie mir Glück bringen!"

Ich nahm den Zug nach Paris.

Unterwegs versuchte ich mein Glück im Kasino von Monte Carlo. Das Glück war mir nicht hold, also bestieg ich am anderen Morgen den Zug nach Paris. Es war nicht mehr der gleiche. Es war der Tagzug. Ich hatte sogar meinen Schlafwagenplatz verspielt, und mein Rapier aus Isfahan, das nichts mehr enthielt, war nun wirklich ein hohles Rapier, und meine Taschen waren leer wie mein Herz, wie mein Kopf …

Und – unglaublich! – obwohl ich ein ganzes Kapitel der Beschreibung meiner Perlen, der Kirschperle und der zwei Tropfenperlen, widmen könnte, obwohl ich seitenweise alle Namen der Frauen aufzählen könnte, die ich kenne, und ich kann in meinem Innersten forschen, dort, wo alles Aufrichtigkeit ist, so lange ich will – ich kann den Namen, den wirklichen Namen, des Drahtkindchens einfach nicht finden, der zerbrechlichen Kleinen, die wie eine Schwester meiner kleinen Cousine Rosy aus London glich, und man könnte mich zu Tode prügeln, ohne dass mir ihr christlicher Name, ihr schlichter, kleiner Taufname wieder einfällt. *Sweet, sweetheart!* Ein Mädchen, das ich geliebt habe.

Musik.

Leb wohl.

Adieu.

Aus, die Musik.

Auch diesmal würde ich Paris nicht erobern.

Noch nicht.

Was wusste ich denn schon? Seit einiger Zeit quälte ich mich mit der Dichtung, und ich zerriss meine Dichtung; ich zerriss meine Gedichte eines nach dem andern, kaum hatte ich sie geschrieben. Was wusste ich denn schon?[15]

In Toulon stieg die übliche Schar Marineurlauber ein, die singend, trinkend, lärmend die Wagen besetzten; in Marseille war es das übliche Gedränge; in Avignon setzte sich eine junge Frau zu mir ins Abteil mit Dutzenden kleiner, überall verstreuter Tüten und einem hübschen Baby im Arm. In Lyon und in Laroche sah ich nichts anderes als die junge Frau auf der Bank mir gegenüber, die mit zärtlicher Behutsamkeit, mit tausend schamhaften, unendlich schamhaften Gesten und einem göttlich menschlichen Lächeln ihrem Kind die Brust gab; aus ihren überall verstreuten Tüten quollen Windeln, Mull, Milchflaschen, Lotionen, Schwamm, Talkdose, Watte, Pomade, elastische Binden, Sicherheitsnadeln, eine Flasche Valserwasser …

Mir wurde der schwarze Nippel einer ägyptischen Fellachin als Brust gegeben, und ich frage mich, bis zu welchem Punkt die Erstlingsmilch dieser fülligen Amme mir vielleicht die antike Todeslust eingeflösst hat, den Hang zum Todeskult und seinen Mysterien! Die Lust! Das heisst, das Unbewussteste im Erbgut einer Rasse, einer dunklen Rasse, die mir (wie übrigens auch Moses, obwohl der Hebräer nicht deren Milch getrunken hat) fremd geblieben ist.

Paris! Paris!

Alle aussteigen!

Was für ein Buch gäbe es zu schreiben über alle die vielen unbekannten jungen Menschen, die Paris erobern wollten, von Victor Hugo zu Juliette Drouet, von der Paiva zu Offenbach, von Hauptmann Dreyfus oder Mata Hari zu Marschall Joffre, von Willy zu Colette und von Coco Chanel zu Pierre Reverdy, von Monsieur Ritz, von Saint-Exupéry zum gesteppten Stern am Pariser Himmel, einer Krippe, die selbst ein Düsenflugzeug oder ein Überschallflugzeug nicht überfliegen können, vom *Kleinen Dingsda* zu *Sappho,* von der Poesie zur Tat. Das ist nicht Literatur: Es ist das Leben. Mein Leben. Ihr Leben. Unser aller Leben.

De profundis.

Anmerkungen
(für den unbekannten Leser)

[1] Johannes Cassianus, geboren 360 (?) in Marseille (?), gestorben um 435 (?) im Kloster Saint-Victor, dem von ihm zwanzig Jahre früher in Marseille gegründeten Männerkloster, wo er auch das Frauenkloster Saint-Sauveur gründete, in dem seine Schwester Äbtissin gewesen sein soll. Alles, was in diesem und im folgenden Abschnitt den heiligen Cassianus betrifft, Zusammenfassungen, [franz.] Übersetzung und Zitate, stammt aus dem schönen Buch, das Kanonikus Léon Cristiani, Dekan der Katholisch-philosophischen Fakultät von Lyon, dem grossen Lehrer gewidmet hat, dem Theoretiker der koinobitischen Mystik des Okzidents (vergl. Kanonikus Cristiani, *Figures monastiques,* Cassianus, Éditions de Fontenelle, Abbaye Saint-Wandrille 1946, 2 Bd. in-8°. Hinsichtlich der *Opera J. Cassiani* siehe J. P. Migne, *Patrologiae cursus completus,* Bd. XLIX-L.

[2] Wenn ich meine Aufzeichnungen nochmals durchlese, frage ich mich, wie stark ich Daten und Ereignisse verwechselt haben mag, denn die Erinnerung eines Kindes ist keine Synchronie. Bei einer Nachprüfung stellt sich heraus, dass die Niederlage von Adua von 1896 datiert, König Umberto I. wurde 1900 ermordet und der Prinz von Turin 1904 geboren. Die Erinnerungen meiner neapolitanischen Kindheit reichen von 1891, 1892 bis 1897, das heisst von meinem vierten oder fünften bis zu meinem zehnten Lebensjahr; 1900 wohnte ich in Paris, und im September 1904 traf ich in China ein! Ich gestehe: Meine Kindheitserinnerungen in ihrer Unschuld sind für mich wahrer als wahr; ich gestehe mir eine zeitliche Verschiebung zu, eine Verschiebung von höchstens einem oder zwei Jahren hinsichtlich einzelner Details oder unwesentlicher Szenen. So hat sich mir die Ermordung des Königs vielleicht 1900 tief eingeprägt, und ich habe sie später, unterbewusst, in meine persönlichen Erinnerungen eingeflochten, auch wenn ich, als sich das historische Ereignis abspielte, Italien bereits verlassen hatte. Doch wie meinen Irrtum erklären, wenn ich die Geburt des Sohnes des Prinzen von Neapel in einem viel früheren Zeitpunkt ansiedle, fast zehn Jahre früher? Ich weiss nicht, was darauf antworten, und bin verblüfft.
Bei genauerer Überlegung sage ich mir, dass meine Kindheitserinnerungen sich um die Familie Ricordi und um Elenas kleinen Bruder kristallisiert haben, der hätte geboren werden sollen und den die ganze Familie

bei jeder Schwangerschaft erwartete und von dem bei uns zu Hause ständig die Rede war, wie auch ständig vom kleinen Prinzen von Geblüt die Rede war, der in der königlichen Familie erwartet wurde und um dem sich die offiziösen Gespräche drehten; Gespräche im Palast, die sich wiederholten und so viele Hoffnungen weckten und ebenso viele Enttäuschungen auslösten bei Hof und in der Stadt und die der Fotograf natürlich mitbekam und mitfühlend weitertrug und wie gewöhnlich zu Hause masslos übertrieb, nicht um die Ansprüche seiner Vaterschaft zu entschuldigen, sondern um ihnen um so mehr Nachdruck zu verleihen, so dass für mich das fremde Kind, der künftige Thronfolger, nur ein blasser Widerschein war, das Doppel von Elenas kleinem Bruder, den wir alle erwarteten und der, wenn auch nie zur Welt gekommen, jeden Tag gegenwärtig war im Haus.
Die Kristallisation meiner Erinnerungen um ein Phantom hat daher möglicherweise mein Wahrnehmungsempfinden der chronologischen Abfolge der Ereignisse meiner neapolitanischen Kindheit gefälscht, mich aber nicht über die Realität der Ereignisse getäuscht. Der Empfang bei Hof, die Panzerkreuzerparade, der Vorbeimarsch der Truppen, die armen Soldaten, die nach Abessinien gingen oder von dort kamen, das grosse nächtliche Volksfest und sein infernalisches Feuerwerk haben tatsächlich an jenem Tag stattgefunden und so, wie ich es erlebt habe, auch wenn ich das genaue Jahr nicht angeben kann; und es ärgert mich, wenn ich mir vorstelle, dass die ehrfürchtig bewunderte, aber leere Wiege vielleicht die eines kleinen Mädchens war, und bin erst recht enttäuscht, wenn ich mir eingestehe, dass das feierlich dem Volk vorgestellte Baby, das mit geschlossenen Fäustchen, *die Daumen einwärts,* schlief, schliesslich nur eine Prinzessin war, nochmals eine Mafalda, eine Iolanda, eine Margarita, wie bei den Ricordis und erst noch mit den gleichen Vornamen wie die von Elenas Schwestern, und meine Verärgerung und meine Enttäuschung lassen mich heute vermuten, dass ich keinen Datumsfehler begangen habe, sondern dass ich mich hinterher und aus sublimierter Liebe im Geschlecht geirrt habe, damit man dieses Baby nicht ELENA taufte! Seltsame Verdrängung, tatsächlich – es sei denn, ich täusche mich heute nicht selbst.
P.S. Weil mich diese Frage beschäftigte und ich in einem Lexikon nachgelesen habe, dass Iolanda, die älteste Tochter Viktor Emanuels III., erst 1901 geboren wurde, verzichte ich also darauf, das chronologische Geflecht meiner Kindheitserinnerungen zu entwirren, die eher ein Almanach sind denn ein Kalender, beuge mich hingegen weiterhin über die

Wiege im Königspalast und versuche hartnäckig, diesem mit den *Daumen einwärts* schlafenden Wesen – oder dieser Fehlgeburt – einen Namen zu geben. Wer war es? War der Empfang vielleicht nur eine Hauptprobe im Hinblick auf das Ereignis, das, wie bei den Ricordis, bei Hof erwartet wurde, die Geburt des Erben? Wie dem auch sei: Wir waren gekommen, um die ausgestellte Wiege zu bestaunen! Und wir haben sie bestaunt, und sie war märchenhaft, und weil sie leer war, hätten Elena und ich gern ein kleines Baby gehabt, um es hineinzulegen und damit Mama und Papa zu spielen, wie alle Kinder es tun. Natürlich wäre ich der König gewesen und Elena die Königin, und weil *unser Kind* eine Prinzessin gewesen wäre wie im Märchen und schön wie die Sonne und unendlich traurig und *daher* der Prinz, der nach vielen Abenteuern ... Die Zukunft des Hauses Savoyen interessierte uns nicht besonders, doch die leere, mit Träumen gefüllte Wiege ...

Handelt es sich um eine Ambivalenz? Die Spiele der Kindheit sind die einzige Wirklichkeit. Sie kommen aus dem Herzen. Sie sind eine Schöpfung. Die Geschichtsschreiber tun unrecht daran, sie nicht in Betracht zu ziehen. Womit mochte Hitler gespielt haben, als er ein kleiner Junge war? Und Napoleon? Und Mohammed? Ich sehe das Kind Jesus vor mir, das die Späne, die unter dem Hobel seines Vaters, des Zimmermanns, aufwirbeln, zu einem Kreuz schlingt, und ich höre das Kind dem heiligen Joseph antworten, der es fragt, was es denn da mache: „Nichts, Papa!" Und das Kind versenkt sich in die himmlischen Geheimnisse und unterhält sich mit seinem *anderen* Vater und murmelt spontan vor sich hin:

Unser Vater im Himmel, dein Name werde geheiligt, dein Reich komme, dein Wille geschehe. (Matth., VI, 9 bis 13)

Was für ein Rätsel, das menschliche Herz! Es hat seine eigene Erinnerung. Ein Abgrund.

[3] Vgl. *L'Homme foudroyé* (Denoël, Paris 1946)

[4] In Frankreich schaffte es nur Paul Valéry, anlässlich der Eröffnung der Weltausstellung 1936, seinen Tarif durchzugeben für die drei Zeilen auf dem doppelten Frontgiebel des *umgebauten* Trocadero-Palastes.

[5] Vgl. mein Bändchen *Vol à voile* (Éditions des Cahiers romands, Lausanne 1932), in dem ich den Zyklus meiner chinesischen Erinnerungen begonnen habe.

[6] Als Ergänzung gebe ich mein astrologisches Porträt wieder, wie ich es in der Wochenzeitung *La Bataille* vom 3. September 1947 gefunden habe: *Im Sternzeichen der Jungfrau.*

„Die Jungfrau, Zeichen der Schönheit, was in besonderem Masse für die in diesem Sternzeichen geborenen Frauen zutrifft, das jedoch auch die Männer mit Stattlichkeit auszeichnet, nimmt im Tierkreis, dem riesigen Kreis, in dem sich unsere Schicksale drehen, die sechste Hierarchie ein, die die Arbeit und ihre Früchte regiert, die durch die Ähre versinnbildlichte Ernte also, kurz, *das Grosse Werk!*

Dieses Zeichen, seinem Wesen nach magnetisch, anziehend und weiblich, begünstigt die Frauen. Es gehört zum Element Erde. Es wird von einer Gottheit verkörpert: der Göttin der fruchtbaren Erde, deren Attribute, die Sonne und die Getreideähre, die Attribute der Wiederauferstehung sind.

Diese Attribute, die die weisen Völker der Antike der Ähre zuordneten, veranschaulichen die damals gebräuchlichen Bestattungsrituale: die mit Getreidekörnern gefüllte Urne, die man den sterblichen Überresten mit ins Grab gab. Solche Urnen wurden bei archäologischen Ausgrabungen in den ägyptischen Pyramiden und in den mykenischen Nekropolen gefunden. Die Toten ruhten dadurch bis zur Wiederauferstehung im Schutz der nährenden Erde, die die alten Zivilisationen durch die ägyptische Isis darstellten, später durch die griechische Demeter und die römische Ceres.

In der nördlichen Hemisphäre regiert das Zeichen der Jungfrau den Zeitabschnitt zwischen dem 23. August und dem 22. September, die Jahreszeit also, in der die Früchte der Erde reifen.

In weit zurückliegenden Zeiten versinnbildlichte dieses Zeichen das Goldene Zeitalter, das Zeitalter des Saturns; die Zeit wurde durch eine Schlange dargestellt, die sich in den Schwanz beisst, was bedeutet, dass sie zurückkehrt, woher sie kommt, Symbol des ewigen Zyklus des Lebens.

Das Zeichen der Jungfrau wird durch ein abstrahiertes M dargestellt, dessen drittem Abstrich der Buchstabe P angefügt ist. Dieses Symbol ist eine Verstümmelung der hebräischen Buchstaben *Kof* und *Taw,* die ihm, von rechts nach links gelesen wie in jeder orientalischen Schrift, zugrunde liegen. In der Kabbala stellt der Buchstabe *Kof* Jupiters Geist dar. Er entspricht dem Arkanum XIX, jenem der planetarischen Intelligenz, der Wahrheit, des strahlenden Lichts. Der numerologische Wert dieses Buchstabens ist die 100, Zahl der Sonne, Symbol der Individualität, der positiven Kraft, der Einheit. Sie bedeutet: Lebensfreude, Ekstase, Beginn des *Grossen Werkes,* Licht und Wahrheit.

Der Buchstabe *Taw* hingegen, der planetarische Geist der Sonne, entspricht dem Arkanum XXII, dem des Gelingens, des Erfolgs, des Glücks durch Arbeit. Seine Bedeutungen sind die universelle Reintegration, das Reich Gottes auf Erden, das grosse Vorhaben, *die Verwirklichung des Grossen Werkes.* Sein numerologischer Wert ist die 400, die Zahl, die der Willensbestätigung entspricht.

Soweit die Genealogie der im Zeichen der Jungfrau Geborenen.

Aufgrund dieser Eigenschaften ist verständlich, dass Jungfraugeborene alles Vulgäre hassen; sie legen grossen Wert darauf, ihren Rang zu behalten, und biedern sich nie an.

Nach aussen eher kalt wirkend, anderen gegenüber oft forsch, selbstbezogen und im allgemeinen wenig vertrauensselig, sind sie schwer zu durchschauen.

Ihre Arbeit ist praktischer und nützlicher Natur, verbunden mit dem Streben nach Perfektion, was auf ihre intellektuelle Ausdauer zurückzuführen ist. Sie verfügen über eine glückliche Hand für die Geschäfte anderer.

Die in diesem Zeichen Geborenen haben eine rasche Auffassungsgabe und einen regen, wachen Geist. Sie üben eine gefährliche Macht auf andere aus: die Macht der Überzeugung. Doch weil sie selbst für äussere Einflüsse empfänglich sind, eine Schwäche, zu der sie ihre magnetische Natur vorbestimmt, geraten sie unweigerlich auf die schiefe Bahn, wenn ihr Urteilsvermögen sie im Stich lässt.

Sie nehmen Wissen mühelos auf und passen sich daher spielend neuen Situationen an. Im allgemeinen wechseln sie häufig den Arbeitsplatz oder den Beruf; wer unter dem Zeichen des *ewigen Kreislaufs* steht, erneuert sich ständig durch seinen Fleiss. Die Jungfraugeborenen eignen sich ausgezeichnet zur Führung eines Restaurants.

Die in diesem Zeichen Geborenen können nie mit einem substantielleren Erbe rechnen. Am Anfang ihres Lebens sind sie oft arm; trotzdem erreichen sie dank ihrer Intelligenz immer den Höhepunkt ihrer Karriere. Ihr Geld verdienen sie im Dienste anderer, vor allem in hohen Verwaltungsämtern, vornehmlich in Staatsämtern, in leitenden Positionen in den Kolonien, in der Kriegsmarine, in hohen Lehrämtern, in Künsten wie Literatur oder Tanz, im Journalismus, in technischen Betrieben und handwerklichen Berufen sowie in Unterfangen, die lange Auslandsaufenthalte bedingen. Sie geben auch hohe Polizeibeamte ab; Menschen also, die die unsichtbaren Fäden in den Händen halten, die den Lauf der Welt bestimmen.

Die unter dem Zeichen der Jungfrau Geborenen haben keinen Zugang zum Gold, weder durch eigene Kraft noch durch äussere Einflüsse. Glücksspiel, Börsenspekulationen, Machenschaften, Aufsichtsratsmandate, Finanzoperationen im allgemeinen gereichen ihnen zum Schaden. Wenn sie sich dazu hinreissen lassen, bedeutet dies den unweigerlichen totalen Ruin.
Ihre Kunden hingegen, die, was das Geld angeht, unter einer glücklichen Konstellation stehen, sind reich, zahlungskräftig, treu, auch wenn sie sich in rascher Folge ablösen.
Es gibt für die in diesem Sternzeichen Geborenen immer Aussichten auf hohe Verdienste, wenn sie ihre Hände, Verlängerung ihrer geistigen Fähigkeiten und ihrer Intelligenz, für ihre Arbeit einsetzen.
Ihr Leben stützt sich auf vier Wörter: wissen, wollen, wagen, schweigen."
Abel Leiga

[7] Diese Sichtweise wird durch die Etymologie des Wortes *tante* (Sodomit, Tante, Tunte) bestätigt, die der hervorragende Argotforscher Émile Chautard, ein schlichter Druckereiangestellter, in *La Vie étrange de l'argot* gibt, einem mit nichts vergleichbaren Wörterbuch des Rotwelsch, der geheimen Sprache der Gauner. (Denoël et Steele, éditeurs, Paris 1931)

[8] Vgl. *Moravagine* (Grasset, 1926)

[9] Lieber Gérard de Nerval, ruheloser Geist, Nachtschwärmer, Argotier, unverbesserlicher Träumer, neurasthenischer Liebhaber der kleinen Theater der Hauptstadt und der grossen Nekropolen des Orients, Architekt von Salomos Tempel, Übersetzer des *Faust,* persönlicher Sekretär der Königin von Saba, Druide und Barde, zärtlicher Vagabund der Ile-de-France, letzter der Valois, Kind der Stadt Paris, Goldmund, du hast dich in einer Kanalisationsmündung erhängt, nachdem du Poesie in den Himmel gesprüht hast, vor der dein Schatten zuckt und unaufhörlich wächst zwischen Notre-Dame und Saint-Merry, deine Feuer-*Chimären,* die an diesem Himmelsviereck schweifen wie sieben zügellose, unheilverkündende Kometen. Durch die Heraufbeschwörung des Neuen Geistes hast du für alle Zeiten die moderne Empfindsamkeit getrübt: Der heutige Mensch wird nie mehr ohne diese Furcht leben können:
Der Adler flog schon vorbei, mich ruft der neue Geist …
(Horus, 3. Strophe, 9. Zeile)

Und noch eine Strophe möchte ich zitieren, die, mit anderen Versen aus den *Chimären,* einer der geheimen Schlüssel der vorliegenden Erinnerungen ist:
In Grabesnacht, du, die ein Trost mir war,
gib mir den Posilip, gib mir Italiens Meer zurück,
die Blume, die meinem verhärteten Herzen so gefiel
und das Spalier, wo Rose und Rebe innig sind.
(El Desdichado, 2. Strophe, 5.–8. Zeile)

[10] Vgl. Dmitrij Mereschkowskij: *Gogol und der Teufel* (Paris 1939; dt. Hamburg 1963)

[11] Siehe S. 280 in *Blaise Cendrars, Poésies Complètes* (Denoël, Paris 1944)

[12] Ich möchte an dieser Stelle die wunderbaren dicken Schmöker von Kapitän Lacroix würdigen, diesem Kap-Hoorner, der auf den sieben Meeren des Erdkreises segelte und der – von den grossartigen Fotografien und Dokumenten abgesehen, die man nirgends sonst findet – alles in seine Bücher gepackt hat, was er auf seinen langen Weltumsegelungen und stürmischen Überfahrten mit eigenen Augen gesehen und gelernt hat, ganz zu schweigen von den tausend Seeabenteuern und dem tausendundeinen Seemannsgeheimnis, mit denen die Matrosen nie geizen. Seine Bücher singen das Heldenlied der Segelschiffahrt, und was schert uns seine Schreibweise, hat der alte, zutiefst menschliche Seebär uns doch so viel Spannendes zu erzählen und zu lehren! Kapitän Lacroix ist im Begriff, ohne es zu wissen in seiner bescheidenen Herzlichkeit, die Geschichte der französischen Handelsmarine zu schreiben, die wahre Geschichte – für die sich ganz Frankreich nicht interessiert! Es ist bereits ein Monument, und er schreibt weiter.
Wie schade, dass es nicht irgendwo, zurückgezogen in seiner heimatlichen Provinz, einen alten Kolonialrentner gibt, der im Begriff ist, das gleiche für die Kolonien zu tun – für die sich ebenfalls ganz Frankreich nicht interessiert! Ich denke an einen Schwarzhändler oder an einen Pflanzer voller Verve und Erfahrung, der wahre Anekdoten, mit eigenen Augen gesehene Dinge, erlebte Abenteuer erzählt, damit wir uns ein Bild von der Eroberung des Pazifiks machen können, vom langsamen Vordringen der Zivilisation; ein solcher Mann schwebt mir vor, und nicht ein schreibender Soldat.

Hier ist die Liste von Kapitän Lacroix' Werken, alle sind reich bebildert und sind zwischen 1936 und 1946 bei Aux Portes du Large in Nantes erschienen: *Les Derniers Grands Voiliers; Les Derniers Cap-Horniers; Baye de Bretagne; Les Derniers Voyages de Bois d'Ébène, de Coolies et de Merles du Pacifique; Les Derniers Voyages de Forçats et de Voiliers en Guyane et les Derniers Voiliers Antillais; Les Écraseurs de Crabes sur les Derniers Voiliers caboteurs; Les Derniers Clippers.*

[13] *Iebi,* bulg. scheissegal

[14] Vgl. *Dan Yack* (Éditions de la Tour, 1946)

[15] Vor ein paar Tagen bin ich sechzig geworden, und erst heute, am Ende der vorliegenden Erinnerungen angelangt, beginne ich an meine Berufung als Schriftsteller zu glauben.

[Rudyard Kipling, *Kim;* die Zitate sind dem Band: Rudyard Kipling, *Kim, Ein Roman aus Indien,* in der Übersetzung von Hans Reisiger, entnommen (München, 1946).

Die im Text zitierten Auszüge aus dem Werk von Johannes Cassianus wurden von Ulrich Schweizer übersetzt.

Die Auszüge aus Gérard de Nervals Gedichten sind dem Band III *(Erzählungen und Gedichte)* der im Winkler Verlag, München, erschienenen Gesamtausgabe entnommen (übersetzt von Anjuta Aigner-Dünnwald).]

Rotterdam

Für
Henry Miller
In Erinnerung an seine blanken Zeiten in Paris, als ich ihn Anfang des zweiten Drittels des 20. Jahrhunderts kennenlernte, und um ihn in Big Sur, Kalifornien (USA), an die wimmelnde Hölle einer Weltstadt und ihrer Unterwelt zu erinnern in seiner Wüstenei, wohin er sich seit seiner Rückkehr aus Griechenland, 1940, in die Einsamkeit zurückgezogen hat, in eine ebenso gnadenlose und mineralisierte Wüste wie die Wüste Natrun in Ägypten, wo die Kirchenväter im 4. Jahrhundert das Anachoretentum begründeten, um, 340 in Pispir, den Aufstieg zu Gott zu versuchen, angeführt vom HEILIGEN ANTONIUS, der in der Einöde betend ausrief: „O Sonne, warum führst du mich in Versuchung?“

Mit meiner Freundeshand
Blaise Cendrars

Die Jordaannacht

1.

Alle Hauptstädte der Welt haben ihren Jubeltag oder ihre närrische Nacht: die Karnevalswoche in Rio de Janeiro, die drei Tage der „Fiesta de San Pedro“ in Mexiko; die Silvesternacht in New York und in Peking, wenn die Neger Harlems mit ihren Glocken und Schellen den Broadway stürmen und damit das Echo der Wolkenkratzer verstärken und die Chinesen, die, ob reich oder arm, zu Ehren des Himmelsdrachens ihre Feuerwerkskörper zünden und ihre brandgefährdeten Montgolfieren aufsteigen lassen über den Feldern extra muros, die aussehen wie ein riesiger, im Schlamm versunkener Friedhof; der Tag und die Nacht von Piedigrotta in Neapel, dem alljährlichen Liederwettbewerb, ein Volksfest mit Tarantellen und von Fackeln begleiteter Retraite, das nie ohne einen aufsehenerregenden Mord endet; in Marseille und in Limoges der Karfreitag und das Fest des Heiligen Martial, Tag der Fleischerburschen, die bei einem pantagruelischen Mahl tüchtig feiern; alle Nächte, die der liebe Gott in Montmartre geschaffen hat, in Miami, in New Orleans, in Chicago, in Schanghai, in den taghell beleuchteten Bars und Dancings – zahlloser als alle Kalenderheiligen zusammen –, wenn plötzlich die Lichter ausgehen und inmitten des Tanzgewoges, des Eiskübelmeeres, der knallenden Champagnerkorken und des Gluckerns des gepanschten Whiskys blutige Abrechnungen zwischen Tänzern, Prostituiertenhabitués, Gangstern, Animierdamen, Koksern, Prostituierten, Langfingerlehrlingen und jungen Dealern ausbrechen; närrische Tage und Nächte, wo es klüger ist, mit einem Revolver in der Tasche auszugehen, was Peter Van der Keer, der Bordrechnungsführer, mir übrigens riet, als der Frachter an jenem Heiligabend in Rotterdam anlegte. „Du kommst mit mir. Wir feiern bei meiner Schwester. Aber vergiss nicht, deinen Revolver einzustecken, auf dem Rückweg müssen wir nämlich durch Jordaan, und das ganze Stadtviertel wird auf den Beinen sein, besser gesagt, die Menge wird ausser Rand und Band sein, die grosse Schlacht, die Weihnachtsschlacht, ist Tradition in Jordaan! Vielleicht müssen wir uns prügeln, um aufs Schiff zurückzukehren."

Es war meine letzte Fahrt an Bord der VOLTURNO mit Kurs auf New York, wo ich abmustern und an Land gehen würde.

Wir waren in Liepaja, unserem Kopfhafen, als letzte in die Ostsee gestochen, bevor sich die Konvois hinter den russischen Eisbrechern bildeten, und der Kälteeinbruch auf dem offenen Meer und dann in der Nordsee, wo wir nach Rotterdam umgeleitet wurden, um irgendwelche Fracht zu laden, war so grimmig gewesen, dass wir nun wie ein Polarexpeditionsschiff aus dem dichten Nebel auftauchten und vor Anker gingen; der Bug steckte in einem Eispanzer, das Deck war mit einer schmutzigen Eisschicht überzogen, die Takelung mit tropfenden Stalaktiten bestückt, die Mannschaft murrend und völlig durchfroren; längs des Achterstevens waren Bahren aufgereiht, denn es hatte Arm- und Beinbrüche unter den Auswanderern gegeben, für die ich an Bord dolmetschte, und die Hinkenden, darunter drei gestürzte Matrosen, verfluchten Gott und alle Heiligen, schimpften in der Kälte und konnten es nicht erwarten, in die nebeneinander am Kai parkenden Krankenwagen transportiert zu werden und das verdammte Schiff gegen die Ruhe des Krankenhauses zu tauschen.

Es war vier Uhr abends.

Es wurde schnell Nacht. Die Bogenlampen gingen ruckweise an. An Bord wurden die Scheinwerfer aufgestellt. Kabel und Leinen wurden abgerollt. Die Trossen waren schon ausgeworfen. Die Schauerleute der Nachtmannschaft kamen bereits an Bord und verschwanden in den offenen Laderäumen; sie verströmten widerlich dampfende Hauchwolken. Wir mussten uns beeilen. Das Schiff würde um vier Uhr morgens ablegen. Wir hatten keine Minute zu verlieren. Am Fallreep herrschte Gedränge. Hinter den Docks, den Kränen, den Masten, den Fabrikschornsteinen und über den Dächern verflüchtigte sich gelblicher Nebel, eine regelrechte Erbsensuppe, es regnete mit Russ vermischten Schnee, der in Flatschen von den Fenstern und den Ziegeln und den Schieferplatten glitt, die die ersten Böen des Südwestwinds von den Giebeln wehten. Es begann zu tauen. Man patschte im glitschigen Matsch. Die Regenmantelstösse, die Haubenbänder, die Kapuzen der Matrosenjoppen und die verstümmelten Flügel der Pelerinen flatterten im Wind; Wolkenvelpel lösten sich vom verhangenen, nieselnden Himmel und wateten im herumwirbelnden Dreck.

ROTTERDAM: einer der trostlosesten und finstersten Häfen überhaupt, war abweisender denn je. Nur Van der Keer machte ein fröhliches Gesicht, denn er hatte seit Jahren keine Gelegenheit gehabt, in seiner Heimat auf Landgang zu gehen; er war immer nur auf hoher See vorbeigefahren, und von Antwerpen aus, unserem Heimathafen, fand er es zu umständlich, seine Familie zu besuchen; und wenn, hätte er den Zug nehmen müssen, was eine Demütigung gewesen wäre für ihn, der sein Heimatdorf mit vierzehn verlassen hatte, um Seemann zu werden und die Welt zu umsegeln.

„Weisst du", sagte Peter, „ich habe die Familie seit fast zehn Jahren nicht mehr besucht. Die Alten sind gestorben. Ich habe nur noch eine Schwester, sie hat inzwischen geheiratet und hat Kinder bekommen, ihr Mann arbeitet bei der Eisenbahn. Ich kaufe in jedem Hafen Spielsachen für die Kleinen, denn ich habe immer vorgehabt, eines Tages zurückzukehren, um meine Neffen kennenzulernen; aber ich weiss nicht, wie viele sie bekommen hat, Kleine meine ich, doch auch wenn es mehr als ein halbes Dutzend sind, werden wir willkommen sein, mach dir keine Gedanken, mein Sack ist voller Spielsachen, kein gewöhnliches Spielzeug, exotische Dinger, japanische Puppen und mexikanische Krippenfiguren, grosse polynesische Fetische und Negerhokuspokus mit einer Spiegelscherbe im Bauch, Muschelketten und Glasperlen, indianische Vögel aus leuchtenden zerzausten Federbüscheln, die man an einem unsichtbaren Faden aufhängt und die beim kleinsten Windhauch zu fliegen scheinen, und Frösche aus Guatemala mit einem aufgespulten Gummiband im Bauch, die quaken und Purzelbäume schlagen, wenn man sie auf einem Tisch loslässt, und hübsches kleines Spielzeug zum Aufziehen, das ich voriges Mal in New York für die Jungen gekauft habe. Mann, das wird ein fröhlicher Abend; ich freue mich, die Familie wiederzusehen. Beeil dich, komm schon!"

Und Peter Van der Keer schritt schneller aus, weil er es nicht erwarten konnte, seine Wundertüte zu leeren.

Wir waren um die Hafenbecken herumgegangen, hatten das Hafentor durchschritten und die Brücke über dem Kanal überquert, um nach Jordaan zu gelangen; wir mussten durch das alte Stadtviertel Rotterdams und seine verrufenen Gässchen gehen, um die Strassenbahn nach Overschie zu nehmen, einem entfernten Vorort, wo die Schwester meines Kameraden mitten im flachen Feld wohnte, eine Stunde zu Fuss von der Endstation entfernt.

„Es sind arme Leute“, erklärte mir Peter. „Sie mästen bestimmt ein Schwein. Meine Schwester bewirtschaftet ein kleines Bauernanwesen, das sie von meinen Eltern geerbt hat. Meine übrigen Geschwister sind ebenfalls gestorben. Sie besitzt vielleicht zwei, drei Schafe mit einem blauen Streifen auf dem Rücken, und dazu zwei, drei verkrüppelte Apfelbäume, die ebenfalls einen blauen Streifen tragen, aber um den Stamm, um das verdammte Ungeziefer abzuhalten, weisst du. Sie wohnt mitten im Polder, das musst du gesehen haben. Eine Kate. Nicht höher als ein Torfhaufen. Mit rohen Brettern eingezäunt, die mit Pech bestrichen sind. In dieser Gegend vermodert alles. Das Wasser dringt durch alle Ritzen. Ich habe gut daran getan wegzugehen. Arme Hanna! Ich frage mich, wie viele Kinder sie bekommen haben mag. Fünf oder sechs, laut ihren Briefen. Vielleicht sogar sieben. Ich weiss nicht genau. Was für ein Leben! Eine Schande ist das. Ich hätte ihr vielleicht lieber eine Postanweisung aus New York geschickt.“

Und der Bordrechnungsführer hängte den Sack über die andere Schulter und blies durch die Finger, um seine blau gefrorenen Hände zu wärmen, und stellte den Kragen seiner Matrosenjoppe hoch und drückte seine Mütze tiefer in die Stirn.

Es nieselte.

Die Böen wehten immer heftiger.

Wir hatten eine zweite Brücke überschritten, einen schmalen, verstopften Kanal hinter uns gelassen.

Wir gingen mitten durch Jordaan hindurch.

Das berühmte Rotlichtviertel wirkte ganz friedlich – oder es war noch zu früh. Die Häuser waren von der Feuchtigkeit zerfressen, die Grundmauern tauchten ins schwarze Wasser des Kanals, und die Giebelfassaden mit den zwei oder drei aneinandergereihten Fenstern verstreuten ihre brüchigen Backsteine, die auf die Fahrbahn klatschten wie zäher, schleimiger Priem. Aus einem gärenden Pfuhl in einer grünlich-fauligen Wolke stieg der Pestilenzgeruch des Brackwassers auf; das bellende Husten der Pianolas oder die krampfhaften Keuchhustenanfälle der pneumatischen Orgeln drangen aus den schnell zugeschlagenen Türen der Kneipen, und aus den Hinterhöfen erhoben sich die heiseren Klagen der Drehorgeln und kreisten erschöpft in den gierigen Windstössen.

Eine schweigende und eher trübetümplige, jedoch mit den Füssen lärmende Menge – denn jedermann trug auf dem Kopfsteinpflaster klappernde Pantinen oder Holzschuhe – schlenderte durch die engen Strassen, umstand die kleinen Karren der Fisch- und Gemüsehändlerinnen, tätigte ihre Sonnabendeinkäufe, darunter waren viele Hausfrauen, die, obwohl Heiligabend, überhaupt nicht festlich herausgeputzt waren, sondern schlampig angezogen, mit Barchentblusen und ohne Schultertuch, das strähnige Haar war schimmlig vom fisselnden Regen, der Rock mit Kot verspritzt, die durchnässten Strümpfe schlampten über den Knöcheln, eine Strohtasche oder ein Einkaufsnetz am Arm, den Geldbeutel in der Hand, eine drängelnde Kinderschar zwischen den Beinen, standen sie Schlange vor den Fleisch- und Wurstwarengeschäften, die in Anbetracht des Weihnachtsfestes besonders üppig ausgestattet waren: mit reich garnierten Sauerkrautbergen in den Auslagen, mit Docken aus prallen, mit bunten Bändern geschmückten schwarzen Blutwürsten, mit Kunkeln aus verlockenden Landleberwürsten; an allen Haken längs der Wände der hellerleuchteten Läden baumelten rote Wurstgirlanden, pausbackige braunglänzende Schinken waren zu deckenhohen Pyramiden gestapelt; zwischen den ganz besonderen Delikatessen brannten elektrische Kerzen; Werbeaufschriften, mit goldenem oder silbernem Rauhreif überzogene *Fröhliche Weihnachten,* kichernde Sparschweinchen aus gebranntem Ton mit einem Schlitz im Rücken, die man den Kindern als Belohnung schenkt, und mit farbiger Tinte auf die verschnörkelten Schilder gezeichnete Zahlen: Preise, zu horrende Preise für den Geldbeutel, egal, wie hoch der Tagespreis für Schweinefleisch und die Gelüste und der Appetit der Kunden waren, unwiderstehliche Preise, die der Ladenbesitzer schmücken und vorteilhaft präsentieren muss, damit man daran glaubt, Magie eines subtilen metaphysischen Hokuspokus, der die harte, die prosaische Wirklichkeit wegzaubert! Je ärmer ein Stadtviertel, desto lauter und hinterhältiger die Werbung.

An den Ecken der Gassen lungerten Grüppchen lässiger

Matrosen, die Hände in den Taschen, was das Tuch der Hose spannte, so dass der Po sich satt darunter abzeichnete. Vor den Türen der Bars standen finstere Kerle herum, die Mütze tief über die lauernden, von Koteletten eingerahmten Augen gezogen, oder die Melone herausfordernd in den Nakken geschoben, damit man das glattrasierte, gebrühte, schweinische, rosige Gesicht sah, die schweren, zuckenden Kinnbacken um die lange Zigarre verkrampft, die ein nervöser Tick von einem Mundwinkel zum anderen schob, ein gelbes Seidentuch um den Hals, die Pranken höckerig von massiven Ringen, ein oder zwei Goldzähne, die die Kerle beim Spucken bleckten, nachdem sie sich lange geräuspert und einen provozierend gemustert hatten. Die Tingeltangel und die Bierhallen füllten sich zusehends, und man sah im Innern grell beleuchtete, aber durch die beschlagenen Scheiben verzerrte Kraftprotze und Schlitzohren vom Hafen, die den Tresen belagerten, abwechslungsweise kleine Schnapsgläschen und grosse schäumende Krüge hinter die Binde gossen, neben ihnen Arbeiter in blauem Arbeitskittel, Matrosen im Caban, die im Stehen tranken, mit vollen Backen kauten, hastig etwas hinunterschlangen, sich vollstopften, sich vollaufen liessen, andere wiederum lehnten sich an die verrauchten Täferwände der Bierhallen und der Tavernen und zündeten liebevoll ihre Pfeife an wie Asiaten und nuckelten daran und pafften und bliesen verträumt den Rauch aus, entzogen sich dem Ellbogengedränge der grossen Schiedamer- und Biertrinker und dem verbissenen Gekaue der unersättlichen Esser.

„Komm, trinken wir einen!" sagte ich zu meinem Gefährten. „Ich spendiere eine Runde."

„Wir haben keine Zeit“, antwortete Peter. „Wir dürfen die Strassenbahn nicht versäumen. Weisst du, es ist weit bis zu meiner Schwester.“ Und er stopfte seinen Sack unter den Arm und stützte ihn auf der Hüfte auf.

Es regnete.

Die Strasse endete an einem breiten Kanal, einem der vielen Arme der Maas; wir bogen um die Ecke und gingen einen anderen Kanal entlang, über den der Wind schneidend hinwegpfiff und die Strassenlampen auslöschte und an den Ästen der kahlen Bäume einer verkümmerten Baumreihe längs der Häuserzeile zerrte; jähe Böen blähten die Zeltdächer der Schaustellerbuden am Kanalufer. Es war noch zu früh. Die Kirmes würde erst um sechs anfangen. Der Kai war finster. Der heftige Wind, dem man sich gebückt entgegenstemmen musste, um vorwärtszukommen, jagte verweste Platanenblätter und Zeitungen vor sich her, Strohknäuel, Pappfetzen, Sand, der weiss Gott woher kam, ja sogar Muschelsplitter und Tangfäden. Der Regen peitschte mit Wassergeisseln; die Wirbelstürme rasten nach Norden. Wir würden in der Nacht die Anker bei Sturm lichten müssen, und in der Frühe würde der Orkan auf dem offenen Meer über uns herfallen. Gott weiss, was das in der Nordsee und im Atlantik verhiess! Wir gingen schneller. Die Lastkähne und die Barkassen, gewissermassen die Wasserwohnwagen der Schausteller, die in Holland, dem Land der Kanäle, von Jahrmarkt zu Jahrmarkt ziehen, zerrten an ihrer Vertäuung, die unsorgfältig geborgenen Segel an den langen Spieren entrollten sich und klatschten im Wind. Durch die Bullaugen sah man die Bootsbesitzer in ihrem Nachthaus um den Tisch sitzen, den im Heck an einem Spant aufgehängten, schwankenden Karbidbrenner, die Familie im Lichtkegel der sich im Einklang mit der Suppenschüssel wiegenden und neigenden Petroleumlampe. Das Gangbord stiess ächzend an die Kanalmauer. Das stehende Wasser gluckste. Die runden Buckel der Schuten, die bauchigen Kästen der überwinternden Pontons, die in einer Biegung untergestellt waren wie in einer Kanalhaltung, rollten ihre ins Wasser getauchte Masse; man hörte das Knirschen an der Kanalmauer, den Aufprall und den Gegenprall und dumpfe Schläge, die sich zwischen den unter Wasser liegenden Kästen fortsetzten.

Abgesehen von einer Bande Lausbuben, die die schauernde Plane der Karussells hoben, um die in der Dunkelheit ausschlagenden Holzpferde zu bewundern, nichtsnutzige Schlingel, die die Risse im Segeltuch einer Lebkuchen- und Nugatbude oder die Löcher im heruntergelassenen Vorhang eines Schiessstandes weiteten, wahrscheinlich um den Arm auszustrecken in der begehrlichen Hoffnung, eine klebrige Süssigkeit oder eine Handvoll Glimmstengel zu ergattern; abgesehen vom Türkenkopf auf seinem Schafott, der binnen kurzem mit Holzhammerschlägen abgeschlagen werden würde, der aber vorläufig allein dem Sturm trotzte, wirkte der Kai ausgestorben; doch wenn wir vorbeigingen, bewegte sich ein Vorhang hinter jedem Fenster im Erdgeschoss, und ein Rockzipfel flatterte in jeder Tür, hinter den Fallfenstern tauchten blonde oder braune Köpfe auf, magere oder fette Gestalten traten im flackernden Licht der Strassenlampen einen Schritt vor, Frauen riefen uns etwas zu, Nutten in der Ruhepause und trotzdem auf der Lauer, obwohl die Tageszeit flau war; die kindlich geschminkten Köpfe hinter den

Fenstern verschwanden, und die Frauen im Morgenmantel tauchten in der Dunkelheit des Flurs unter, ohne zu beharren, und die Mädchen, die Glücklichen, die drinnen sassen, fühlten sich geborgen und griffen mit drallen oder mit schlaffen Armen wieder nach ihrer Strickarbeit, den Busen zur Schau gestellt, den breiten Hintern in der Auslage, die Beine zum Kamin ausgestreckt oder vor dem Feuer gespreizt; im Gegensatz zu den armen Dingern, die fröstelnd in den Toreingängen herumstanden, nackt unter ihrem Regenmantel oder seltsam eingemummelt, mit angezogenen, zusammengeklemmten, verkrampften Beinen, lauter junge Dinger, die eine wie die andere schlapp und bis zu einem unvorstellbaren Grad friedlich und passiv, und jede flüsterte einem schläfrig Wollust zu, eher mütterliche Puppenspiele als stürmische Ausschweifungen wie zum Beispiel in Marseille oder in Alexandria oder in Cristóbal, wo die Nutten zwitschern wie Wellensittiche in der Voliere, mit den Krallen spielen, mit den Augen, dem Fächer, der in ihrem Haarknoten steckenden Klinge, sich nach einer *cucaraja*-Melodie in den Hüften wiegen, alles einfältige, kränkliche, aber diabolische Mestizinnen. Nach dem Gelbfieber und dem *vomito negro* die gefährlichsten Landgänge für einen jungen Matrosen.

Am Ende des Kais befand sich eine Konfiserie.

„Wart einen Moment", sagte ich zu Peter. „Ich möchte etwas für die Kinder deiner Schwester kaufen."

„Eine gute Idee", meinte er.

Als ich die Konfiserie verliess, überquerten wir noch eine Brücke, er seinen Sack mit den Spielsachen über der Schulter, ich eine zerbrechliche und ziemlich sperrige Schachtel in den Fingern, und wir mussten rennen, um die Strassenbahn zu erwischen, die genau in dem Moment auf dem Alten Marktplatz losfuhr, eine Strassenbahn mit ächzenden Kurven, in der es nach nassem Wollzeug, nach Wollfett, nach Holzpantinen, nach schmelzendem Schnee roch, und die das Tempo beschleunigte, als sie die Vororte erreichte, und es kam mir vor, als würde sie aufs Geratewohl durch Nacht und Nebel und Wind über das flache, offene Land rattern.

2.

„Wie heisst du?“

„Jantje.“

Er war der Älteste, ein neun- oder zehnjähriger Junge, der seinen kleinen Bruder auf den Knien hielt, den Jüngsten, dessen Zipfelchen unter dem Hemdchen hervorlugte, ein einjähriges Baby, dem er die Flasche gab.

„Und dieser kleine Engel, wie heisst er?“

„Sjanke.“

„Und du?“ wandte ich mich an den nächsten.

„Fons.“

„Und du?“

„Peer.“

„Und du?“

„Flip“, antwortete eine kleine Rotznase, die greinend auf dem Fussboden in einer Pipilache sass.

„Und der da, wie alt ist er, und wie heisst er?“

„Das ist Guust, und er ist zwei, er ist ein drolliger Kerl“, antwortete Jan, der älteste Junge.

Tatsächlich, der Kleine, der, in ein zerrissenes Umtuch gewickelt, auf dem Rücken in einer alten Seifenkiste lag, einen Schnuller an einem Stück Schnur um den Hals gebunden, liess mich nicht aus den Augen, er lächelte mit offenem Mund und zeigte seine winzigen Beisserchen, streckte mir die Ärmchen entgegen, die Patschhändchen, die gespreizten Fingerchen.

„Du bist wirklich ein niedliches kleines Kerlchen!" sagte ich zu dem Baby und tätschelte ihm die Wange, und es gluckste vor Freude.

„Ist es ein Mädchen?"

„Aber nein. Es ist auch ein Junge", sagte der Grosse.

„Sag mal, Jantje, wie viele seid ihr? Warte, ich zähle an den Fingern ab, mal sehen, ob ich alle eure Namen behalten habe. Du, Jantje, der Älteste, macht eins. Sjanke, der Kleinste, macht zwei; Fons, der Kräftige, macht drei; vier ... Peer, der einen grossen Kopf hat wie sein Onkel, der Seemann, und der bestimmt Matrose werden wird wie er; fünf ..."

„Fons und Peer sind Zwillinge", rief Jan hämisch, „Onkel Peter ist ihr Pate, aber sie wollen nicht aufs Meer, weil es gefährlich ist, sagen sie."

„Stimmt das?" fragte ich die Zwillinge.

Aber Fons und Peer schauten mich feindselig an und gaben keine Antwort.

„Und du, was willst du später werden, Jantje?"

„Ich weiss noch nicht", erklärte der Junge. „Jedenfalls will ich nicht zu Hause bleiben und das Dienstmädchen spielen und mich um die Kleinen kümmern."

„Möchtest du vielleicht mit deinem Vater bei der Bahn arbeiten?"

„Nein, das ist zu anstrengend und zu langweilig! Ich will ... ich will ..."

„Was denn?“

„Ich weiss noch nicht“, sagte der Junge verschmitzt lächelnd. „Das hat noch Zeit!“

„Gut, warten wir's ab. Also, wo sind wir steckengeblieben? Fünf … fünf und sechs, Flip, der weint, und Guust, der lacht. Stimmt's, ihr seid sechs …“

„Nein, wir sind sieben! Ätsch!“ rief der Älteste und streckte mir die Zunge heraus.

„Sieben?“

„Da ist noch Tontje, die schwarze Viper!“

„Und wo ist er?“

„Och, der! Er hat sich verkrochen wie die Schlangen, als du eingetreten bist. Er ist böse, weisst du. Du musst ihn suchen. Er ist im Reisig, schau, dort!“

Ich rief nach Tontje und ging ihn zwischen den Reisigbündeln hervorziehen. Er war ein schmächtiger Knirps, fünf oder sechs Jahre alt; doch während seine Brüder blond waren, weissblond, und ihre Brauen wie seidiger Flaum, die langen, geraden Wimpern wie silberne Hanffäden und die Augen heliotropblau, wie zwei Kolibris in einem Nest, war er dunkelhaarig mit glühendem Blick; er war schlank, geschmeidig und schlaksig, seine Brüder hingegen waren gedrungen, stämmig und linkisch wie ihr Onkel Peter, der Bordrechnungsführer, mein Kollege, der mir nur bis zur Schulter reichte, und wie auch ihr Vater es war, den ich bei unserer Ankunft nur kurz gesehen hatte; vielleicht schämte sich Tontje deswegen, weil er nicht seinen Brüdern glich, und das war vielleicht auch der Grund, warum er um sich schlug und brüllte und mich mit seinen Holzpantinen traktierte, mich in die Hand biss, als ich ihn am Arm unter die Öllampe im düsteren Schopf schleppte, wo ich die sieben Brüder eingeschlossen vorgefunden hatte, die grösseren hockten um ein qualmendes Torffeuer, auf dem ein grosser Wassertopf erhitzt wurde, Herr Tontje aber wollte sich nicht zeigen.

„Geh dort hinüber“, hatte Peter mich geheissen, „die Kleinen sind dort. Mein Schwager hat gesagt, Hanna liege in den Wehen. Wir haben Pech. Da, nimm den Sack, und verteile das Zeug, während ich meine Schwester begrüsse. Nur eine Minute, und wir ziehen Leine.“

Und Peter folgte seinem Schwager, dem Eisenbahner, den wir beim Holzsägen im Hof angetroffen hatten und der nun einen Armvoll Holzscheite ins Haus trug, und er verschwand in der kleinen, einsamen, abgeschiedenen Bauernkate zwischen Deich und Polder, unter Wolken, die vom Himmel fielen, inmitten von Dämpfen, die von der verwesenden, mit Wasser vollgesogenen Erde aufstiegen, umbrandet vom entfesselten Sturm, der wie ein Expresszug durch den Tunnel der Nacht heranbrauste und dem sich in der weiten Ebene nichts in den Weg stellte ausser dieser elenden Kate, die der Orkan zornig heulend umringte. Und ich begriff die Tragödie der Kleinbauern der Niederlande, die gezwungen waren, gleichsam zwischen Deich und Polder schicksalsergeben in Maulwurfshügeln unter der Erde zu leben.

„Hör auf, Tontje“, sagte ich zum Schreihals. „Sei still. Schau, dein Onkel hat dir schöne Spielsachen zu Weihnachten mitgebracht. Kommt alle näher, schaut, es gibt für jeden etwas. Das rote Feuerwehrauto der New Yorker Feuerwehr mit seiner langen Leiter ... das ist für dich, Tontje. Beruhige dich doch! Und die Frösche hier, schau, sie hüpfen und quaken ... das ist für Flip, der weint, und für Guust, der lacht ... Und die Masken aus Afrika sind für Peer mit dem grossen Kopf; der Bogen und die Pfeile sind für dich, Fons, du bist ein kräftiger Bursche, du kannst die Holzfiguren als Zielscheiben nehmen. Habt ihr keine kleine Schwester, Jantje?"

„Nein, warum? Wir brauchen keine kleine Schwester!"

„Weil ich auch Puppen habe und Halsketten, Ringe, Armbänder, Fingerringe und Glasperlen. Geben wir also Sjanke eine Puppe und die andere diesem Schlingel von einem Guust, und du gibst die Schildpattkämme und die langen Korallennadeln und das Glitzerzeug hier deiner Mama, damit sie es aufbewahrt, sie freut sich bestimmt darüber, und auch diese bedruckten Taschentücher und diesen Schal ... "

Und ich leerte den Sack auf dem Lehmboden aus, stellte die Fetische aus Ozeanien und Guinea in einer Reihe auf, setzte die Puppen nebeneinander, stapelte den Glitzerschmuck zu einem Häufchen, damit er nicht verlorenging, zog die kleinen amerikanischen Autos auf und liess sie auf dem Fussboden kreisen. Die Kinder waren sprachlos, aber Tontje schrie immer noch und wollte von allem nichts wissen.

„Schaut alle her", sagte ich, „schaut die Feuervögel, die nachts fliegen." Und ich hängte die gefiederten Vögel der guatemaltekischen Indianer an die Öllampe, wo sie im Qualm zu schweben und sich zu drehen begannen. Es war wie ein Wunder. Ein funkelnder Zauber, der die ewig düstere Kate erhellte.

„Und hier die Krippe mit ihren Hirten und Hirtinnen und den Tieren und dem kleinen Jesuskind aus Mexiko, die sind auch für die Zwillinge; nein, ich habe dich nicht vergessen, Jantje, das ist für dich, weil du der Älteste bist und wahrscheinlich gern bastelst, schau, die grosse *Meccano*-Schachtel hier, sie ist für dich ganz allein, und dazu einen ganzen Satz Gabelschlüssel und anderes Werkzeug, eine Beisszange, Feilen, ein Hammer, ein Löteisen, eine Spule Kupferdraht, ein Schraubenzieher, in diesem Beutel sind ein Handbohrer und dazu passende Spiralbohrer, und in dieser Schachtel Schrauben in allen Grössen, ein Senkblei, eine Wasserwaage, ein Winkeldreieck, nimm, das ist alles für dich, du kannst damit Kräne bauen, Brücken, Bahnhöfe, Eisenbahnwagen, einen grossen Lastwagen, ein grosses Schiff, ein grosses Flugzeug, alles, wozu du Lust hast ... Und das ist nicht alles, Kinder, ich habe an den Bauch gedacht. Nehmt, greift zu!"

Und ich öffnete die sperrige Konditoreischachtel, die nicht allzu beschädigt war, wenn auch vom Regen etwas verzogen, und die bis obenauf mit Fruchttörtchen gefüllt war, mit Sahnehörnchen, Meringues, Cremeschnitten, kleinen Kuchen mit Schokoladenfüllung oder mit Mandeln, mit Zimt, Vanille, kandiertem Engelwurz, kandierten Kirschen bestreut oder mit Zucker glasiert, kleinen Rum-Babas, Johannisbeerkränzchen ... lauter köstliche Pariser Süssigkeiten! Ich hatte die Konditorei geplündert. Aber die Kinder rührten nichts an. So etwas hatten sie noch nicht gesehen. Sie wussten nicht, was es war. Und sie waren zudem von den verstreuten Spielsachen überwältigt, ja verängstigt. Tontje trat hinterhältig nach ihnen. Flip, der nicht aufgehört hatte zu greinen, brach plötzlich in Heulen aus, und Fons und Peer stimmten in das Geheul ein und schluchzten herzzerreissend. Ich wusste nicht, was tun. Sogar der kleine Sjanke, den Jantje in sein Bettchen gelegt hatte, um sich die Spielsachen näher anzusehen, verlangte seine Milch und schrie aus Leibeskräften. Das brodelnde Wasser auf dem Feuer floss über, und der sich verbreitende Dampf durchnässte und trübte das leuchtende Gefieder und die zerbrechlichen Flügel der tropischen Vögel. Nur Guust schlief friedlich in seiner Kiste, eine Japanerin in den Armen. Der Älteste, Jan, blickte mich herausfordernd an. Er ballte die Fäuste, und ich bin sicher, er hätte sich auf mich gestürzt, um mich aufzufordern, „den ganzen Kram zusammenzupacken", wäre in dem Moment, als er sich verzweifelt auf mich stürzen wollte, nicht die Tür aufgegangen und hätte Peter Van der Keer nicht gerufen: „Verschwinden wir. Kommst du?"

Ich ging hinaus.

Im Hof war es nicht der Sturm, der mich packte und mich herumwirbelte wie einen mit der Peitsche angetriebenen Kreisel, sondern es waren Verwünschungen, schrille Schreie, gellende Laute und Stöhnen, Klagen, die aus der kleinen Bauernkate drangen, als hätte man in der Küche das Schwein abgestochen.

„Was ist los?" fragte ich Peter, als ich meinen Kameraden eingeholt hatte, der bereits die Landstrasse voll überfliessender Karrengleise auf der anderen Seite der Einzäunung entlanglief.

„Das ist meine gebärende Schwester. Es ist entsetzlich, grauenhaft … du kannst dir nicht vorstellen …"

Wir rannten wie Diebe.

Als wir endlich in der Strassenbahn sassen, die uns in die Stadt zurückführte, fuhr mein Kamerad fort: „Du kannst dir nicht vorstellen ... Will, Hannas Mann ... Er ist ein Unmensch ... ohne Vorstellungsvermögen ... gefühllos ... unfähig, die Schmerzen meiner Schwester nachzuempfinden ... Er stand einfach dort ... Er schaute ... Er hat zu mir gesagt, er sei es gewohnt ... man müsse halt hindurch ... das sei weiter nicht schlimm ..."

Und bis wir in der Stadt ankamen – Rotterdam, ein Band aus Frontgiebeln und Rundgiebeln, aus Fabrikschloten am Horizont, aus den Lichtern der grossen Weihnachtskirmes, die die über dem Meer dräuenden Sturmwolken rot beleuchteten –, sass Peter grimmig da und machte den Mund nicht mehr auf.

Der Seemann hatte seine Neffen nicht gesehen, derentwegen er vom anderen Ufer des Ozeans gekommen war, um ihnen eine Welt aus Spielsachen zu bringen. Er fragte nicht einmal nach seinem leeren Seemannssack, den ich im Schopf hatte liegenlassen und an dem die Matrosen hängen wie an einem treuen Hund.

Er war zornig.

Genau wie Jan vorhin.

Diese Kinder ...

Ein Donner hallte. Die Schleusen des Himmels öffneten sich, und alles um uns herum wurde um eine Stufe düsterer. Es begann lauwarmes Wasser zu regnen, seltsames, gelbliches, brackiges Wasser, das mit Heringsschuppenpartikeln durchsetzt war, als würde es Fischlake giessen.

3.

Sonderbares Land, seltsame Leute!

Wir waren im *Middernacht-Tango* eingekehrt, und da unser Schiff nicht vor vier Uhr morgens ablegte und es noch lange nicht Mitternacht war, sassen wir gemütlich zuhinterst in einer Koje, Peter und ich, und gönnten uns ein richtiges Weihnachtsabendessen, zu dem ich eingeladen hatte.

Das *Middernacht-Tango* war das einzige moderne Gebäude im alten berüchtigten Stadtviertel Jordaan, ein Eisenbetonkasten, drei, vier, fünf, sechs Stockwerke inmitten krummer Gässchen, mit einer Leuchtschrift auf dem Dach und unzähligen Kugellampen vor jedem Fenster und über jedem Eingang. Es war damals das beliebteste Restaurant. Das Innere war, Stockwerk für Stockwerk, in verschiedene Zonen unterteilt; die Krösusse soupierten im obersten Stockwerk in einem Wintergarten mit Blick aufs Hafendelta; die Masse, das gewöhnliche Volk, speiste zuunterst, doch auch der Saal im Erdgeschoss war in lauter kleine Kojen unterteilt, die mit halbhohen Holzwänden voneinander abgetrennt waren, wie es sich gehört, weil sich die Holländer, und selbst die Arbeiter, mit Vorliebe absondern und unter sich bleiben, sogar bei Tisch und in einem öffentlichen Lokal wie diesem Dancing. Ich glaube, dass der Architekt dieses Gebäudes – oder sonst ein scheinheiliger opportunistischer Regisseur – aus rein puritanischem Geist auf den originellen Gedanken gekommen war (ich habe nirgends auf der Welt etwas Ähnliches gesehen), das Orchester des Nachtlokals in einem Aufzug unterzubringen, der in einem pausenlosen Auf und Ab auf jeder Etage anhielt, wo er nur so lange stehenblieb, um die Soupierenden jeder einzelnen

Kategorie zum Tanzen zu animieren, wobei der akustische Käfig, der schwebende Musikpavillon, sich hermetisch genau zwischen Parkett und Decke einfügte und so die übereinanderliegenden Tanzsäle zusätzlich in ebenso viele Kojen unterteilte, wo jede Klasse sich nach Herzenslust und ganz unter sich vergnügen konnte, von den anderen ungesehen, vor neugierigen und unerwünschten Blicken geschützt. Es handelte sich offensichtlich um eine gute Idee, und der Besitzer war eindeutig ein geschickter Mann, denn die Gäste drängten sich im *Middernacht-Tango;* sämtliche Tische waren Abend für Abend besetzt.

Unsere Koje befand sich natürlich im untersten Saal, und ich verfolgte belustigt das Treiben der Gäste, es waren alles Leute, die einen friedlichen Eindruck machten, die Männer sonntäglich gekleidet, die Frauen in ihrem schönsten Staat, alle tüchtige Esser, reichliche Trinker, die stumm am Tisch sassen, die Nase über dem Essen, die sie sichtlich befriedigt erst hoben, wenn die Sauce mit Brot aufgetunkt war und der Teller blitzblank; war die Reihe an uns, in den Genuss des Orchesters zu kommen, hielt der Aufzug eine knappe Viertelstunde im Erdgeschoss an, wo es am längsten spielte, und die Paare, ungefähr alle vom selben Schlag, jedenfalls alle gleich massig und altmodisch, standen ernst auf und begannen vor dem Schachbrett der Trennwände zu tanzen, ohne Anmut, ohne Eleganz, ohne jegliches rhythmisches Gefühl, einzig von der schmachtenden Sinnlichkeit der argentinischen Tangos durchdrungen – die im übrigen wie Bachs Musik orchestriert sind, die Stimmen werden im Kontrapunkt geführt und beschleunigen sich zunehmend wie der sich schlängelnde Verlauf der drei, vier *glissando*-Fugen –, und ich konnte das Lachen nur mühsam unterdrücken beim Anblick der Plumpsäcke und der schwerfälligen, sentimentalen Frauen in den Armen ihrer schleppenden Kavaliere, die, kaum war das Orchester verschwunden, die Tänzerinnen zu ihrem Platz begleiteten, zum Tisch (wo ein neues Gedeck aufgelegt worden war, während die Tänzer sich stumm die Beine vertraten), und sie setzten sich stumm, ohne Herzensergüsse, ohne Mitteilungsbedürfnis, und begannen wieder genüsslich zu trinken und zu essen (das Festmenü war üppig), den Gürtel um ein Loch gelockert, die Serviette unter dem Kinn, die Gabel in der Faust, und angesichts des eindeutigen Mangels an Leidenschaft und der Passivität der Menschen um mich herum fragte ich mich, ob mein Freund Van der Keer nicht übertrieben hatte, als er mögliche Ausschreitungen erwähnte, die traditionelle Jordaannacht, die grosse Weihnachtsschlacht, und mir sogar geraten hatte, nicht zu vergessen, einen Revolver in die Tasche zu stecken, was ich natürlich unterlassen hatte, weil wir an jenem Abend ja bei seiner Schwester im trauten Familienkreis und von den Kindern umringt hätten Weihnachten feiern sollen; eine Schlägerei, die plötzlich losbrach wie ein Donnerschlag und sich mit einer solchen Brutalität in jener Simililuxuswelt und durch und durch biederen Umgebung entfesselte, dass das beliebte Restaurant innerhalb von Sekunden zur Hälfte zerstört wurde und es in den Strassen Trümmer, Tote und Verletzte gab und wir uns tüchtig prügeln mussten. Und wie! Und mit was für einem Vergnügen! (Ich, weil ich damals Schlägereien über alles mochte und mich gern raufte, ich war jung, 1911 war das, ich war vierundzwanzig; Peter, weil er seit dem Besuch bei seiner Schwester zornig war und um jeden Preis ein Ventil für seine Empörung über die Ungerechtigkeit des Lebens brauchte.) Und wir schlugen beide stundenlang wild drauflos, um uns einen Weg durch die Menge zu bahnen und zum Schiff zu gelangen, von wo aus Peter dann mit zwei vom Dreinschlagen verstauchten oder sogar ausgerenkten oder gebrochenen Handgelenken ins Krankenhaus spediert wurde (er hätte seine Feder nicht halten können, was ihn für seine Arbeit als Bordrechnungsführer untauglich machte), und von wo ich mich drei Wochen später in New York ausschiffen würde, den Kopf immer noch geschwollen und mit einem dicken Verband darum, der meine Rübe der phantastischen von *Je-sais-tout* gleichen liess, dem Vorläufer von *Bibendum* oder von *Bébé Cadum* in der Familie der Makrozephalen, und unter dem ich, als man mich endlich von der lächerlichen Polsterung befreite, mit dem Gesicht voller Narben hervorkam, darunter eine tiefe, die heute noch die Oberlippe entzweischneidet, und wenn ich mich im Spiegel betrachte, muss ich lachen bei der Erinnerung, wie ich mit dem Kopf voran auf die bulligen Holländer aus Jordaan losging, um mir einen Weg zu bahnen und das Schiff zu erreichen, und ich muss an die VOLTURNO denken, das verdammte Frachtschiff, auf dem ich alle Meere befuhr, bevor ich in New York abmusterte.

Eine solche Strassenschlacht lässt sich nicht mit Worten schildern, und ebensowenig liesse sich über den Ursprung der Ausschreitungen etwas sagen. In jener Weihnachtsnacht lag Sturm in der Luft, Jordaan war den ganzen Abend vom Südwestwind geschüttelt worden. Selbst in den Prärien des Wilden Westens wissen die Cowboys, dass, wenn Sturm in der Luft liegt und der Wind von Süden bläst, der die Nerven bis zum Zerreissen spannt und einen vor sich her treibt, und die Tiere unruhig sind, die Hirten in den Sattel steigen und die ganze Nacht singend um ihre riesigen Herden reiten müssen, um Panik zu verhindern, denn selbst die Rinder sind empfindlich. Jeder Matrose, der nur kurz zur See gefahren ist, weiss, wie leicht entflammbar die Hafenviertel sind und wie leicht die Rotlichtviertel Feuer fangen, ohne dass man jemals wüsste warum. Es gibt schicksalhafte Nächte. Es sind nicht immer die schweren Jungen, bei denen, gewiss, das Messer locker sitzt, die daran schuld sind, und auch nicht die unmenschlichen, monströsen, histrionischen, neronischen Besäufnisse der Matrosen. Dass so etwas mit der Plötzlichkeit und der Heftigkeit eines zerstörerischen Taifuns losbricht, hat damit zu tun, dass es zuviel Elend gibt, zuviel konträre Energie also, in den alten Stadtvierteln oder in den modernen Barackensiedlungen, die in allen Breitengraden die Häfen umgeben; zahllose Seeleute haben dabei ihr Leben gelassen, erdolcht an der Ecke der berühmten Gässchen oder längs der anonymen Stacheldrahtzäune eines *settlement.* Die Polizei weiss das, obwohl die Ermittlungen hinterher zu nichts führen; es handelt sich nur in den seltensten Fällen um Frauengeschichten oder Abrechnungen unter Ganoven oder gemeine Verbrechen, denn das Leben sowohl der einen als auch der anderen ist schon hart genug, und es lohnt sich wirklich nicht, egal, was die Zeitungen erzählen mögen, nein, in neun von zehn Fällen handelt es sich um kollektiven Wahnsinn, ausgelöst von Verzweiflung, von Trübsal, von Hilflosigkeit, die in Gewalt ausarten, in nutzlose Revolte. Dagegen gibt es kein Mittel.

Es ist das Elend der Menschen, das danach ruft und sie grössenwahnsinnig dazu treibt. Unwiderstehlich und nicht zu bremsen. Der einzelne hat nichts damit zu tun. Mehr lässt sich dazu nicht sagen.

In jener Weihnachtsnacht war das Orchester im *Middernacht-Tango* verstummt, und alle Gäste waren aufgestanden, um barhäuptig eine Schweigeminute einzuhalten und, wie in Holland üblich, den Glocken der Kathedrale zu lauschen, die die Geburt Christi feierten ... Und genau in dieser feierlichen Minute brach die unsägliche Keilerei aus. Ein Mann mit einem Bierkrug in der Hand wollte mit einer Frau anstossen. Ein anderer schlug ihm von hinten auf den Arm. Das Bier ergoss sich über den Busen der Frau. Die schrie empört auf. Der Mann, der anstossen wollte, zerschmetterte seinen Krug auf der Marmortischplatte, und mit der Scherbe, die noch am Henkel des Kruges haftete, schlug er seiner Begleiterin mitten ins Gesicht. Doch war es wirklich seine Begleiterin? War es nicht die des anderen? Egal, ich hatte keine Zeit, mir Fragen zu stellen. Peter schlug bereits blindlings um sich, und Gläser, Flaschen, Teller, Platten, Gedecke wirbelten durch die Luft.

Was für ein Fest!

Plötzlich gingen die Lichter aus. Gewaltiges Brüllen erhob sich, und die allgemeine Schlägerei brach aus. Die Tische brachen klirrend zusammen, die Stühle flogen, ein Lüster krachte auf die Köpfe herunter, die von herumfliegenden Blumentöpfen eingeschlagenen Scheiben, die grossen Spiegel an der Wand zerklirrten hysterisch kreischend. Die niedergetretenen Frauen heulten vor Panik. Die Anrichten, die Servierwagen flogen herum, und ehe ich mich's versah, wurde ich auf die Strasse hinausgeschwemmt, die bereits in voller Revolte war, die Strassenlampen waren zerscherbelt, die Gaslampen umgestürzt, die Schaufenster zertrümmert, die Auslagen von einer Bande Gassenbengel geplündert, die von allen Seiten durch die Gassen herbeistürzten; Peter und ich wurden von einer Kolonne Matrosen mitgerissen, die die Hauptstrasse hinaufzog und der sich alle armen Kerle in verwaschener Seemannskleidung, blauer Heizermontur, Mütze, Matrosenjoppe, Gummistiefeln, schmierigem Ölzeug anschlossen, die aus den Bordellen und Kneipen flüchteten und auf die die ganze Jordaaner Bevölkerung einschlug. Die Randale war also nicht wegen des Zwischenfalls im Restaurant entflammt; das ganze Hafenviertel war bereits in Aufruhr und geplündert. Man ging auf zerstossenem Glas. In den Fenstern waren keine Scheiben mehr. Türen wurden eingedrückt. Die Türpfosten wurden als Pranken oder Keulen benützt. Man schlug sich gegenseitig nieder. Die Kolonne rückte unter den Buhrufen der Nutten vor, die uns von den oberen Stockwerken aus mit allem bewarfen, was ihnen in den Zimmern in die Hände kam, mit Wasserkrügen, Kehrichteimern, Brennscheren, Parfümflaschen, Bügeleisen, Nachttöpfen, Toilettenbeuteln, Kohleneimern, Grammophonplatten, Sektflaschen ... Um uns herum herrschte ein einziges Schlägeausteilen und Schlägeeinstecken. Die abgebrühten Jordaaner versperrten uns an der Spitze und am Schluss der Kolonne den Weg. Wir kamen nur schrittweise vorwärts. Zwischendurch mussten wir zurückweichen und wurden wiederholt in die Seitengassen gedrängt, während das Volk sich zusammenrottete und die Zahl der zu allem entschlossenen Raufer in beiden

Lagern ständig zunahm. Plötzlich befand ich mich an der Angriffsspitze vor einer Menschenmauer, die die Strasse abriegelte, also stürzte ich mich mit dem Kopf voran in die Bäuche unserer Gegner und bohrte mir ein Loch, während Peter zu meiner Rechten gewissenhaft mit beiden Fäusten auf die Kinnladen zielte und ein Unbekannter zu meiner Linken, ein baumlanger amerikanischer Matrose, seine langen Arme blitzschnell kreisen liess, zwei vom Strassenpflaster aufgelesene rasiermesserscharfe Schallplattenscherben in den Händen, Gesichter zerschnitt, Nasen aufschlitzte, Wangen anschnitt, Ohren abschnitt. Das Blut spritzte aus den schlimmen Schmarren. Man wich vor dem langen Lulatsch zurück. Erst jetzt wurden die Messer gezückt und die Revolver gezogen. Und es herrschte ein einziges gewaltiges Kuddelmuddel.

Das schwierigste war, den Weg zu einer schmalen Brükke zu erkämpfen, die zu einem der Hafentore auf der gegenüberliegenden Seite des Kanals führte, wo die Schlacht besonders blutig war, und das wir wahrscheinlich nie erreicht hätten, denn dort, wo wir uns befanden, war das Handgemenge unentwirrbar und in ein Gemetzel ausgeartet – wäre nicht plötzlich ein Klavier von einem dritten Stockwerk heruntergesegelt, das Leere um uns schaffte, die wir schleunigst nutzten, Peter und ich, um die verdammte Brücke zu überqueren und die natürlich geschlossenen Hafentore zu überklettern, von einer Bande junger Burschen verfolgt, die neben uns her liefen und die nicht zu unserer Besatzung gehörten. Das Schiff stand kurz vor dem Ablegen, wir hatten also über drei Stunden gekämpft. Von Polizei und Zöllnern war, wie üblich, weit und breit nichts zu sehen.

Peter wurde also mit anderen mehr oder weniger schwer verletzten Seeleuten ins Krankenhaus abtransportiert. Ich habe Peter Van der Keer nie wiedergesehen. Ich kann daher nicht sagen, wie die Geschichte für meinen Freund ausging, und auch nicht, wie sie für die anderen endete und wie hoch die endgültige, sinnlose und vergebliche Bilanz war. Es war die heisseste Strassenschlacht, an der ich je teilgenommen habe. *A windy corner.* Man vergisst alles. Aber ich werde nie vergessen, wie das tönt, wenn ein Klavier von einem dritten Stockwerk segelt und krachend am Boden zerschellt. Tausend liebestolle raulende Kater auf einem Dachsims oder tausend brünstige Katzen, die einander zwischen den Wasserspeiern an der Fassade einer Kathedrale in einer miauenden Sarabande verfolgen, sind nichts im Vergleich zu einem Klavier, dessen sämtliche Saiten gleichzeitig reissen und den Resonanzboden zum Bersten bringen und kreischend alle Noten, vom Bass bis zum Diskant, arpeggieren. Es klingt ebenso ohrenbetäubend, nur andersherum: Es klingt wie das bum! eines Kanonendonners, weil die Explosion eines Klaviers trotz allem einer harmonischen Tonleiter verhaftet bleibt.

Was für ein Fest!

Ja, es war eines. Ich sehne mich manchmal danach, dieses vom Himmel fallende Klavier nochmals zu hören. Doch welchen von den berühmten Virtuosen einladen, um den verdammten Flügel hallen und widerhallen zu lassen? Ich kann mir nur Rubinstein vorstellen, der imstande wäre, auf diesem vom Himmel gefallenen Instrument zu improvisieren, Arthur Rubinstein, den unermüdlichen Globetrotter, der mit seinem Klavier mehrmals um die Welt gereist ist wie *der Reisende und sein Schatten* und der überall Freude verbreitet, in den Salons, in den Villen der Bankiers, am Spanischen Hof, im Vatikan, an Bord der die Wellen durchschneidenden Ozeandampfer, in den eisigen Konzertsälen, wo er Begeisterungsstürme oder dionysische Delirien entfacht, mein guter Freund Rubinstein, Arthur, der Bonvivant. Oder vielleicht Oscar, den Kanonenmenschen aus dem *Luna-Park*, falls er Klavier spielen kann, der Athlet, der ebenfalls vom Himmel fällt und Übung darin hat. Oder Savinio, den Scharlatan.[1]

ANMERKUNGEN
(für den unbekannten Leser)

[1] Der Pianist Savinio, der eine der Brüder De Chirico, Maler des gequälten Gewissens, der einen Prozess gegen *White Horse* und *Black and White* anstrengen wollte, weil er in New York entdeckt hatte, dass die berühmten Whiskymarken in allen Bars Statuetten von Pferden und weissen und schwarzen Hunden ausstellten, daher war er überzeugt, dass diese plastische Reklame das Werk Salvador Dalís sei, den er tödlich hasste und den er der Schmutzkonkurrenz bezichtigte und die Whiskymarken des Plagiats beschuldigte. Das war 1936! 1914 krempelte Savinio die Ärmel hoch und schlug sich die Finger blutig auf den Tasten des grossen *Erard* der Baronin, der Freundin Apollinaires, jener, die in ihrem Arbeitszimmer *La Noce* des Zöllners Rousseau hängen hatte, der Muse der *Soirées de Paris*. Ich erinnere mich durch den Bauch. Die adlige Polin hatte mir am Heiligabend 1918 gefüllte Zwiebeln vorgesetzt, dicke, spanische Zwiebeln. Es war kaum zwei Monate her, seit der arme Guillaume begraben worden war. Sie wollte die *Soirées de Paris* wiederaufleben lassen. Sie zeichnete mit Roch Grey …
Als ob man die Dinge wieder zum Leben erwecken könnte! Den Körper vielleicht, ja. Doch nicht den Geist. Und selbst wenn heute Max Jacob

nicht in unserem Kreis fehlen würde: Der Zweite Weltkrieg hat es erneut bewiesen. Es ist nicht mehr das gleiche!
Die Burschen sind für die Mädchen,
Die Mädchen für die Burschen.
Rücken wir zusammen. Stopfen wir die Lücken. Oder treten wir zur Seite und strecken wir die Arme aus, um die neu Hinzugekommenen in unseren Kreis eintreten zu lassen. Wir mögen uns noch so anstrengen: Es ist ein makabrer Tanz.
Ich habe zuviel erlebt.
Aber ich will die Ankunft der Gegenwart, des neuen Mittelalters, noch erleben und das Atomzeitalter nicht verpassen. Ich habe sogar einen Platz im ersten zum Mond fahrenden Zug reserviert!

O Tod, alter Kapitän, es ist Zeit! lass uns die Anker lichten!
Dieses Land hier sind wir leid, o Tod! Lass uns ausfahren!
Ob Meer und Himmel auch schwarz wie Tinte sind,
unsre Herzen, die du kennst, sind voller Strahlen!

Flösse uns dein Gift ein, dass es uns stärke!
Wir wollen, so sehr sengt dieses Feuer uns das Hirn,
zur Tiefe des Abgrunds tauchen, Hölle oder Himmel, gleichviel!
Zur Tiefe des Unbekannten, etwas Neues *zu erfahren!*

(Baudelaire: *Die Blumen des Bösen)*

[Die deutsche Fassung ist dem Band: Baudelaire, *Die Blumen des Bösen* (Frankfurt, 1962) entnommen, aus dem Französischen übertragen von Friedhelm Kemp.
Blaise Cendrars schrieb für die 1946 erschienene Gesamtausgabe von Baudelaires Werk (Collection Vox, Paris) die Einführung zu *Les Fleurs du Mal.*]

Hamburg

Für
Cousin Blaise
(aus dem Jura),
verdienstvoller Schlepper,
von seinem Kollegen, dem anderen Cousin,
den er nie gesehen hat

Blaise
(aus der Provence)

Gegenschlag

„Die zahlen es ihnen heim, den Boches, Ihre Engländerfreunde!“ begrüsste mich der Patron des *Restaurant de l'Opéra,* als ich mich in seiner Küche an den berühmten „runden Tisch“ setzte, wo ich vier Jahre lang, bis zur Befreiung, alle Mahlzeiten einnahm und wo trotz der Rationierungskontrollen manche kleine und grosse Leckerbissen aufgetragen wurden, war doch der Wirt des *Opéra* vor dem Krieg der bevorzugte Küchenchef Gustavs V. gewesen, wenn sich Schwedens König in seiner Villa in Menton aufhielt und täglich ins *Ermitage* hinunterging, wegen Félicien, seines Lieblingskochs, der für seine Fischspezialitäten berühmt war, der König ass nämlich für sein Leben gern Fisch. „Heute morgen hat ein junger Mann hier gefrühstückt, er hat gesagt, er kommt zum Mittagessen wieder. Ein S.T.O. oder etwas Ähnliches, auf der Flucht oder auf Urlaub oder in Rekonvaleszenz, ich weiss nicht genau, ich weiss bloss, dass er geradewegs aus Deutschland kommt; unbeschreiblich, was der Junge über die Bombenangriffe erzählt. Sie sollten ihn befragen und zum Reden bringen. Vor ein paar Tagen soll es in Hamburg 200'000 Tote gegeben haben …“

„200'000? Er übertreibt wohl …“

„Nein, ich versichere Ihnen, der Junge hat von 200'000 Toten gesprochen. Es handelt sich um einen Eisenbahner. Einen Lokführer. Sein Zug kam nicht mehr durch, da hat er sich aus dem Staub gemacht. Er hat den Bombenangriff miterlebt. Die ganze Stadt stand in Flammen. Der Hamburger Hafen ist zerstört. Er hat das Chaos genutzt und ist abgehauen. Er schaut nicht wie ein Lügner aus. Im Gegenteil, er sucht jemanden, der ihm einen Tip gibt. Er will sich dem Maquis anschliessen. Er will auf keinen Fall nach Deutschland zurück. Die Augen sind ihm wohl aufgegangen. Er sagt, die Boches seien am Ende. Die englischen Bomber kämen jede Nacht und zerstörten die Städte, eine nach der anderen. Überall, wo er durchgekommen ist, gibt's nur noch Ruinen und Trümmer."

„Ist schon gut. Lassen Sie ein Gedeck neben meinem auflegen, Renée soll ihn an meinen Tisch setzen, mal sehen, was er im Sinn hat, der Bursche. Was gibt's denn zu essen?"

„Die Auswahl ist heute eher mager, Frikadellen ..."

„Puh! Frikadellen mag ich nicht. Wenn Sie sie mir wenigstens nach griechischer Art zubereiten würden, in Olivenöl schwimmend und das Hackfleisch anständig mit Pfefferkörnern und Korinthen und Kapern gewürzt. Ich habe einen Horror vor Schweinsnetz. In Griechenland wälzt man die Füllung in Lorbeer und Muskat und wickelt sie in Weinblätter. Ist er aus Fleisch oder Fisch, ihr falscher Hase?"

„Tut mir leid. Sie wissen doch, dass man keinen Fisch mehr bekommt, Monsieur Cendrars."

„Als ob's keine Fische mehr gäbe im Mittelmeer!"

Eine kuriose Zeit! Wenn man hundert Gramm Brot zuviel verzehrte oder an den fleischlosen Tagen ein Schnitzel ass, riskierte man eine Busse, wenn nicht sogar eine Gefängnisstrafe. Radio Vichy redete innerhalb von vierundzwanzig Stunden den Franzosen dreimal ins Gewissen, um sie dazu zu bewegen, Soja zu essen wie chinesische Kulis, und die Sendungen, egal ob aus London, New York oder Paris, priesen Abfallprodukte und chemische Synthesen, wobei es weniger darum ging, die Hörer zu ernähren, als vielmehr darum, ihnen mit Statistiken und Kalorienadditionen Sand in die Augen zu streuen. Alles Lug und Trug! Ich erinnere mich an einen Wissenschaftler in Chicago, der behauptete, Präriegras sei die vitaminreichste Pflanze, und den Völkern in den demokratischen Ländern empfahl, weiden zu gehen, als ob die Menschheit nicht seit grauen Vorzeiten imstande gewesen wäre, aus wilden Gräsern sowohl Getreide als auch Spargel zu züchten; eine Schweizer Zeitung veröffentlichte eine Meldung, laut der, ich weiss nicht mehr wo in Ungarn, ein Dorfbewohner zum Tode verurteilt worden war, weil er weiterhin Rosen in seinem Garten gezogen hatte und sich weigerte, Steckrüben und Kohlrabi zu pflanzen, wie von den Behörden verordnet! So weit hatte es die von den Kriegswissenschaftlern regierte Welt gebracht, und die Dummheit triumphierte sogar in den neutralen Ländern, die sich von soviel Propaganda beeindrucken liessen. Währenddes liessen sich's die Boches in Frankreich wohl sein, taten sich an unserer Küche gütlich, setzten Bauch an, tranken unsere Weine, sahen rosig und gesund und munter aus.

Es war Ende Juli 1943. Ich wusste nicht, was vom Kriegsverlauf halten; abgesehen von den Russen gab's nicht mehr viel Hoffnung; seit die Deutschen in die Zone Süd einmarschiert waren, das heisst, seit sie im vorigen November Aix-en-Provence besetzt hatten, ass ich nur noch einmal täglich, weniger wegen der allgemeinen Nahrungsmittelknappheit und meiner knappen Ressourcen, sondern weil ich mich lieber nicht zu oft in den Strassen zeigte; ich ging also nur einmal täglich zum Restaurant hinunter und nahm dort nur eine Mahlzeit ein, legte aber um so mehr Wert darauf, dass sie mir schmeckte, aus Widerspruchsgeist, aus Spass, um bis zum Ende durchhalten zu können, aber auch um eine wichtige Tradition aufrechtzuerhalten, und der Wirt des *Opéra* beklagte sich keineswegs über seinen schwer zu befriedigenden Kunden, im Gegenteil, er war begeistert von meiner Beharrlichkeit, denn der Frass, den er gezwungen war, seinen Gästen vorzusetzen, Studenten, Büroangestellten, Verkäuferinnen, deren Geldbeutel schmal war, widerte ihn an, auch wenn er sich alle Mühe gab, sie anständig zu ernähren, trotz der Lebensmittelknappheit, der unsinnigen Rationierungsvorschriften, der läppischen Polizeiüberwachung und der astronomischen Schwarzmarktpreise seit Juni 1940, als er nach dem „hinterhältigen Dolchstoss der Italiener" zwangsweise aus Menton evakuiert worden war. Félicien hatte alles verloren, Haus, Möbel, Geschirr, Kücheneinrichtung, Kleider, Wäsche, sein Boot, mit dem er nachts fischen ging (Félicien war ein leidenschaftlicher Fischer), seine Bassins voller Langusten und seine einmalige Stellung im *Hôtel Palace L'Ermitage.* Er hatte sich mit Frau und Kindern nach Aix geflüchtet, hatte das Restaurant eröffnet, wo er sich an seinem Herd zu Tode schuftete, um den Leuten etwas Anständiges vorzusetzen, und er schaffte es dank Arbeit, List, Hingabe, abwegigen Risiken, aber auch aus Liebe – ich kann es bezeugen –, nicht zu den ausgehungerten, undankbaren, kritteligen, knauserigen, nie zufriedenen Kunden, die zur Denunziation neigten, sondern aus Liebe zur Kunst und um seinen Ruf eines unübertrefflichen Küchenchefs nicht zu verlieren. Ich mochte Félicien. Er war ein aufrichtiger Franzose. Er war ein äusserst gewissenhafter Mensch, wie viele berühmte Köche. Er quälte sich ständig. Er hatte eine schwere Kindheit gehabt und hatte weitherum auf Wanderschaft gehen müssen, um seinen Beruf zu erlernen und es zu etwas zu bringen. Er war auf Transatlantikdampfern bis in die chinesischen Meere vorgedrungen, so dass wir ausser den raffinierten Rezepten – über die wir endlos diskutierten, und der Kochkunst schlechthin, über die wir nicht müde wurden zu reden, und dies um so mehr, als unter den herrschenden Umständen das bescheidenste Gericht ein riesiger Erfolg war und an ein Wunder grenzte sowohl für ihn, der es zubereitet hatte, als auch für mich, der es mit Genuss kostete – eine Menge gemeinsame Erinnerungen an Zwischenlandungen im Orient und im Fernen Osten teilten, Djibouti, Ceylon, Schanghai, Yokohama – Bauchtänze, Bajaderen, Blumenboote, Geishas –, wo wir beide, jung und zur gleichen Zeit, umhergezogen waren und mit staunenden Augen fremde Länder kennengelernt hatten und in fremde Welten eintauchten, wo wir einander hätten treffen können, aber uns nie begegnet waren, er, der im Alter von zehn Jahren von seinem Vater auf die Strasse gestellt worden war, und ich, der mit siebzehn Jahren von zu Hause abgehauen war, er, der von Süden nach Japan gereist war und ich von Norden nach China, von dort aus waren wir beide auf allen Meeren weit herumgekommen und durch mehr oder weniger die gleichen Gegenden vagabundiert, er, der seinen Beruf erlernte, und ich, der ich ziellos mir das Leben mit Höhen und Tiefen verdiente, darunter im Winter 1904 mit Tellerwaschen in den Kellergeschossen des *Hôtel des Wagons-Lits* in Peking, aber alle beide von der gleichen Stufe ausgehend, das heisst von Null ... und beide hungernd.

„Dort kommt er! Also, soll ich den jungen Mann an Ihren Tisch setzen?“ fragte Renée, die hübscheste Serviererin von ganz Aix, ein Mädchen aus Saint-Martin-de-Crau, immer fröhlich, immer fleissig, dem nie etwas zuviel war und das sich seine Mitgift verdiente.

„Richtig. Bring ihn her“, sagte ich zu Renée. Und zum Wirt: „Hören Sie, ist es wirklich ganz unmöglich, uns ein Steak zu braten?“

„Heute geht's wirklich nicht. Aber ich bringe Ihnen ein Schweinskotelett, in Ordnung?“

„Mit einem Topf Gürkchen?“

„Keine Gürkchen.“

„Senf?“

„Kein Senf.“

„Verflixt! Fritten?“

„Wenn Sie möchten!“

„Prima. Und eine gute Flasche. Einen Bleichert. Eine Flasche mehr, die die Boches nicht in die Hände kriegen.“

„Ich bin Lokomotivführer. Ich gehöre zum Betriebswerk Arles. Ich bin als Freiwilliger nach Deutschland gegangen. Ich wollte mich in der Welt umsehen. Und weil überall von der *relève* die Rede war, habe ich die Gelegenheit genutzt. Ich habe daran geglaubt. Ich heisse Albarelle, Louis Albarelle, Wehrstammnummer 212/731. Ich komme aus den Cevennen, aus Fonterault, wo mein Vater auch jetzt noch Feldhüter ist. Fonterault liegt in der Nähe von Saint-Germain-de-Calberte. Alle kennen uns in der Gegend“, erklärte der Bursche, als Féliciens Frau, die Gute, uns unauffällig, unter einer Serviette versteckt, eine Fleischpastete – und Gürkchen! – hingestellt und eine Flasche Wein entkorkt hatte, nicht den zwiebelschalenfarbenen Bleichert, sie hatte keinen mehr, sondern ein spritziges Roussillon-Weinchen, das man trinken konnte.

„Ah, wie schön, wieder in Frankreich zu sein", sagte der junge Mann.

Er trug ein Hemd mit Reissverschluss, der nicht ganz zugezogen war. Seine Schläfen im wettergebräunten Gesicht waren blass, wie bei jenen, die es gewohnt sind, eine Mütze mit langem Schild zu tragen, um, wie im Führerstand einer Lokomotive üblich, die Augen vor der Flugasche zu schützen; seine Wangen waren hohl, er machte einen sichtlich erschöpften Eindruck. Er kam frisch vom Friseur und war sauber rasiert, sein Haar war dicht und gewellt. Er schien sich nicht ganz wohl zu fühlen in seiner Haut, und er wäre mir unruhig, verlegen vorgekommen, hätte er mir beim Sprechen nicht offen in die Augen geschaut; sein Blick wollte mich nicht eigentlich überzeugen, war aber rührend durch alles, was er andeutete oder was sich darin an Schlafmangel erraten liess, an Herumirren, enttäuschter Hoffnung, Ratlosigkeit, nicht eigentlich an schlechtem Gewissen, nein, aber lange innere Kämpfe, ein langsam erkannter Irrtum, schmerzliches Zögern, heikles Abwägen, Auf-der Stelle-Treten. Es lag etwas Pathetisches, nicht in seinen Worten, sondern in dem, was er verdrängte und trotzdem durch seine ganze Person ausdrückte, seinen entkräfteten athletischen Körper, der in einem abgetragenen grauen Strassenanzug voller ausgebleichter grünlicher Ringe steckte und der an ihm schlotterte. Man spürte, dass er zum Geständnis bereit war. Er trug immer noch seine schweren, russigen Lokomotivführerschuhe an den Füssen, deren Leder von der Hitze des Heizkessels matt und brüchig war.

„Es kommt Ihnen wohl seltsam vor, einen jungen Mann vor sich zu haben, der zugibt, dass er geradewegs aus Deutschland kommt, wohin er als Freiwilliger gegangen war, um für die Deutschen zu arbeiten. Doch was soll ich anderes sagen? Es ist schliesslich die Wahrheit. Ich habe mich geirrt. Jetzt habe ich es eingesehen. Ich bin nicht geflüchtet, nein. Ich habe mich in Sicherheit gebracht. Ich habe das Chaos genutzt, um zu türmen. Ich will nicht zurück. Und weil ich mich in meinem Betriebswerk in Arles nicht mehr zeigen kann, wegen der Kollegen, die mich wahrscheinlich für einen Scheisskerl halten, möchte ich mich dem Maquis anschliessen. Ich ziehe es vor, eine Kugel zu kassieren, sollte man mich verurteilen, als in Deutschland zu krepieren. Ich habe lange darüber nachgedacht. Ich glaube nicht, dass ich mich schuldig gemacht habe. Vielleicht irre ich mich. Der Wirt hat mir angedeutet, dass Sie vielleicht …"

„Nicht so schnell, Kleiner. Woher kommst du?"

„Aus Hamburg!"

„Wann bist du dort weg?"

„Vor fünf Tagen."

„Wie? Doch nicht zu Fuss?"

„Nein, mit der Bahn."

„Linkes oder rechtes Rheinufer?"

„Linkes."

„Hast du eine Fahrkarte gelöst?"

„Es werden keine Fahrkarten mehr ausgegeben, überall herrscht ein unglaubliches Chaos."

„Hattest du einen Passierschein? Ausweise? Bist du unterwegs kontrolliert worden?“

„Ich habe meine Papiere zerrissen, niemand kontrolliert mehr unterwegs, es herrscht ein unglaubliches Chaos. Sie können sich's nicht vorstellen. Alles ist zerstört in Deutschland, ganze Städte.“

„Sprichst du Deutsch?“

„Nein.“

„Wie hast du's dann gemacht?“

„Keine Ahnung. Niemand kümmert sich um einen. Jeder schaut für sich. Ich bin durchgekommen. Ich habe seit drei Tagen nichts gegessen.“

„Hast du Geld?“

„Mark.“

„Und wo bist du in Frankreich eingereist?“

„Bei Strassburg. Dann bin ich in Lyon angekommen, bin umgestiegen und habe den Zug nach Grenoble und Veynes genommen und bin in Aix ausgestiegen. Ich hielt es für klüger, die Alpenstrecke zu nehmen und nicht über Arles zu fahren … wegen der Kollegen. Ich hatte Angst, man könnte mich erkennen. Jeder kennt mich längs der ganzen Strecke!“

„Schämst du dich, oder hast du Schiss?“

„Weder noch. Und wenn Sie es für richtig halten, bin ich bereit, nach Arles zu gehen, und ja, dann eben, wenn die Kameraden nicht verstehen, dass man sich irren kann! Ich habe darüber nachgedacht. Ich bin bereit. Aber ich möchte mich zuerst nützlich erweisen. Der Maquis …“

„Sag, kann man beim Nachrichtendienst in Arles Erkundigungen einziehen?“

„Ich gehöre der Gewerkschaft an. Meine Akte liegt dort. Sie können dort nachfragen."

„Du kannst sicher sein, dass wir's tun. Sag, hattest du eine Adresse in Strassburg? Wer hat dir diese Zivilkleider gegeben?"

„Nein, ich hatte keine Adresse. Ich bin zu einem Priester gegangen. Er hat mir diese Klamotten gegeben. Bloss Schuhe hat er keine gehabt. Ich hatte sagen hören, dass die Pfarrer im Elsass den Flüchtlingen helfen."

„Gut. Und das Geld für die Fahrkarte in Frankreich?"

„Ich habe mein Ölzeug verkauft."

„Und dann?"

„Dann bin ich in Lyon umgestiegen."

„Und wie bist du über die Demarkationslinie gekommen?"

„Ich weiss nicht. Ich hab's nicht einmal bemerkt. Es war ganz einfach. Ich war im Schnellzug aus Strassburg. Niemand ist ausgestiegen, als der Zug unterwegs anhielt. Es hat keine Kontrolle gegeben. In Lyon bin ich umgestiegen."

„Hast Glück gehabt! Aber ich glaube dir. Die Boches werden nachlässig. Das ist ein Zeichen. Etwas tut sich. Ich traue dem Ganzen nicht. Es wird nicht lange dauern, und sie geraten in Rage und schlagen zurück. Ich kenne sie. Sag mal, warum bist du nicht gleich zu deinem Vater gegangen?"

„Ich hatte es zuerst vor. Dann habe ich es unterlassen."

„Und warum gehst du nicht von hier aus nach Hause?"

„Wegen der Leute. Man weiss inzwischen bestimmt, dass ich als Freiwilliger zu den Deutschen gegangen bin."

„Du hast also Angst?"

„Ich habe Ihnen schon gesagt, nein. Aber ich will dem

Alten keine Scherereien bereiten. Ich möchte lieber kämpfen."

„Was nicht immer einfach ist."

„Warum?"

„Darum."

„...?"

„Ja", sagte ich. „Verräter ..."

Der Junge schaute untröstlich drein.

Félicien, der die Frittenpfanne über den Feuer schüttelte, tat, als sei er ganz mit seiner Arbeit beschäftigt, doch er spitzte zwinkernd die Ohren. „Sie übertreiben, Monsieur Cendrars!" flüsterte er mir zu, als er an den Tisch trat und sich zu mir hinunterbeugte, um die brutzelnden Fritten zu servieren und mit seinem grossen Küchenmesser das Kotelett in meinem Teller aufzuschneiden, wie er es immer tat. „Sehen Sie denn nicht, dass der Junge am Ende ist? Er ist ein braver kleiner Lokführer! Ich hab den Blick dafür. Er gibt ja zu, dass er sich geirrt hat. Man muss ihm helfen. Erinnern Sie sich, auch wir haben Mist gebaut in seinem Alter. Es gab nicht jeden Tag etwas zu lachen ..."

Ich war mir der ungemütlichen Lage sehr wohl bewusst, in die der arme Kerl sich manövriert hatte, und ich konnte mir sehr gut vorstellen, was für Todesängste er ausgestanden hatte, bevor er den Entschluss fasste, nach Frankreich zurückzukehren. Doch durch seine Rückkehr nach Frankreich hatte er sich in ein Wespennest gesetzt. Zum Maquis gehen zu wollen war nicht weiter schwierig, aber womöglich wollte der Maquis nichts von ihm wissen. Es war ein schwieriger Fall. Nein, der Junge hatte wirklich nichts zu lachen.

Ich füllte die Gläser. „Zu welchem Einberufungsjahrgang gehörst du?"

„Jahrgang 40", antwortete er, „ich bin an Ort und Stelle eingezogen und der Bahn zugeteilt worden. Ich war Heizer."

„Und die Boches haben dich als Lokomotivführer eingesetzt. Bist auch noch befördert worden, was? Sie sind prächtig, ihre Loks, nicht wahr?"

„Viel besser als in Frankreich, und viel solider. Aber was mir gleich aufgefallen ist, ist der Unterhalt. Man ist noch kaum im Bahnhof eingefahren, und schon steigt eine Equipe ein. Man braucht sich um nichts mehr zu kümmern. Man kann schlafen gehen, sich im Mannschaftsraum entspannen, und wenn man den Dienst wieder aufnimmt, ist die Maschine bereit, alles ist blitzblank poliert, alles funktioniert, und es sind erst noch Frauen, die diese Arbeit verrichten. Unglaublich. In Arles ..."

„Ich weiss", sagte ich, „bei uns sind die Loks verlottert, und heute sind sie nur noch Rosthaufen. Wie lange warst du in Deutschland?"

„Nicht ganz ein Jahr. Ich bin im September gegangen. Am 21."

„Und wo hast du gearbeitet in Hamburg? Im Bahnhof Altona?"

„Kennen Sie Hamburg?" Der Junge lächelte zum erstenmal, seit ich ihn ausfragte, und atmete erleichtert auf.

„Ob ich Hamburg kenne? Ich war über zwanzigmal dort! Monsieur Félicien auch. Eine schöne Stadt, nicht wahr, Félicien? Heiter, sauber, immer etwas los, die einzige Stadt Deutschlands, wo man sich nicht langweilt. Wegen des Hafens! Was für ein wunderbarer Hafen! Und Hagenbeck!

Und die Menschen dort. Die Hamburger sind kein bisschen stur, nicht wie die Preussen. Einst war es eine freie Stadt, und die Zimmerleute der Marine sind alle Kommunisten und haben die Revolution von 18/19, 21 und 23 gemacht, sie sind die einzigen in ganz Deutschland, die den Nazis Widerstand geleistet haben. Sieht man noch welche in den Strassen, von diesen fidelen Burschen mit ihren flatternden Buxen und ihrem breiten Samthut und dem langen, knotigen Stock?"

„Ich habe nie einen gesehen."

„Und den Marinefriedhof, kennst du ihn?"

„Nie etwas davon gehört."

„Es ist der alte Friedhof hinter der Kirche von Stephani, im Stadtviertel der Zimmerleute; man trifft dort selten jemanden, aber es ist ein ganz besonderer Friedhof. Ein Teil ist den auf See vermissten Seeleuten vorbehalten; überall liegen alte Anker herum, rostige Ketten, Wrackteile, zu Kreuzen genagelte Ruder, Planken, Heckbeschriftungen, Flaschen mit dem verkleinerten Modell der untergegangenen Schiffe und einem Pergamentstreifen mit dem Namen des Schiffes und den Namen der Besatzung, vom Kapitän bis zum Schiffsjungen; bunt durcheinandergewürfelte Grabsteine aus muschelbesetzten Schiffsüberbleibseln und verfaulten Spieren, die zu lange im Wasser gelegen haben, aus geschwärzten, mit Algen überzogenen Spanten, zur Erinnerung an ein untergegangenes Schiff. Ein ergreifender Anblick. Ich unterliess es nie, in Hamburg den Marinefriedhof zu besuchen – wenn ich nicht vor Hagenbecks Käfigen stand. Einmal bin ich auf dem Friedhof einem kleinen Schiffsjungen begegnet, der verzweifelt im Sand lag und heisse Tränen vergoss. Ich glaubte, er trauere um einen Angehörigen, einen Verwandten oder Kameraden, aber als ich ihn fragte, antwortete er, er habe eben seine erste Heuer unterschrieben, er schiffe sich auf einem Viermaster ein, auf dem Schoner MARKUS, der nach Chile Salpeter laden fuhr, er sei noch nie zur See gefahren und er weine vor Angst. Armer Junge! Ich habe gute alte Freunde in Hamburg, die Woehrmans, die Reeder, doch die kennst du kaum. Du sagst also, von Hamburg sei nichts übriggeblieben? Wann soll das denn passiert sein? Das musst du mir genau erzählen. Die ganze Stadt soll zerstört worden sein? Seltsam, weder die Zeitungen noch Radio London haben davon berichtet. 200'000 Tote soll es gegeben haben, hast du gesagt? Das wüsste man doch!"

„Die Deutschen lassen solche Nachrichten nicht durchsickern. Aber es ist eine Katastrophe. In ganz Deutschland. Sämtliche Städte kommen dran. Eine nach der anderen. Es ist das Ende. Alle sind davon überzeugt", sagte der Junge. „Die englischen Bomber kommen jede Nacht."

„Vielleicht wartet die BBC auf nähere Einzelheiten, bevor sie die Meldung bringt!" meinte Félicien ganz aufgeregt.

„Die Coventrysierung eines Hafens wie Hamburg! Und Sie nennen das Einzelheiten, Félicien? Das ist die grossartigste Kriegsmeldung seit dem Ausgang der Schlacht um Stalingrad an Weihnachten, dem Verdun der Russen. Es ist die Kriegswende! Wenn das stimmt, sind die Boches erledigt. Und wenn es tatsächlich stimmt, hätten die Engländer es ganz sicher nicht verheimlicht. Schliesslich meldeten im September 40 auch die Fritz den *Blitz* am Londoner Himmel und die Zerstörung der Docks. Erinnert ihr euch? Das

Radio jubelte! Verdammtes Radio, dem wir uns verschrieben haben, man lässt es überall auf der Welt alles Beliebige sagen. Ich glaube keinem einzigen mehr. Und höre doch alle. Ich verbringe die Nächte damit. Nein, es ist wirklich ein einziges grosses Geflunker. Ich habe es satt …"

„Am Freitag voriger Woche war's", sagte der Junge und stützte die Ellbogen auf dem Tisch auf; er beugte sich vor und senkte die Stimme, als ob er noch in Bochnien wäre und feindliche Ohren die sensationelle Nachricht hören könnten, deren Überbringer er war.

Die Wirtin trug den Kaffee auf, einen Kaffee-*Ersatz* [im Original dt.], den Kaffee der Borgias, wie ich das Gebräu nannte, das ich nicht anrührte, nie, trotz des Drängens von Féliciens Frau, die gekränkt war und mir jedesmal versicherte, ihr Kaffee sei aus reinem Bohnenkaffee, ohne Zichorie, ohne Zusätze, weder Gerste noch Eicheln, noch Queckenwurzeln, noch Holunderbeeren, Mohnsamen, Eschenrinde, grüne Walnussschalen, Akazienhülsen und Gott weiss was alles, aus Kräutern, Halmen oder Schötchen, die die Leute in den Hügeln sammelten, um die Brühe zuzubereiten.

„Sicherlich, Madame", sagte ich zu ihr, „ich weiss. Doch was wollen Sie, er riecht nach Boches, ich mag nur schwarzen Kaffee, der nach Brasilianer Neger riecht! Warten Sie, bis der Krieg zu Ende ist, und ich lasse Sie Kaffee vom Morro Azul kosten, den Kaffee Sarah Bernhardts, direkt von der Plantage!"

Die Mittagspause ging zu Ende. Die Stammgäste im Speisesaal des Restaurants standen auf oder waren bereits gegangen. Renée stapelte das schmutzige Geschirr in einer grossen irdenen Schüssel und goss kochendheisses Wasser darüber, spülte, fegte, trocknete ab, war ganz in ihre Arbeit vertieft; sie kümmerte sich überhaupt nicht um das, was wir am „runden Tisch" erzählen mochten, und dachte an ihren Verlobten, den Geiger. Félicien hingegen hatte sich rittlings auf einen Stuhl gesetzt, trocknete die Hände an seiner Schürze ab, die Ärmel hochgekrempelt, einen Lappen um diesen oder jenen Finger gewickelt, denn er schnitt sich ständig; er rollte sich eine Zigarette, zündete sie an, wippte gefährlich auf dem Stuhl, Schweissperlen am Nacken, die hohe Kochmütze schwebte auf seinem Kopf wie eine Emanation, klebte aber an der Stirne, an seinem Kochkittel fehlten die zwei, drei obersten Knöpfe, die nackten Füsse steckten in Holzclogs. Die Hitze in der engen Küche benahm einem den Atem, die agonisierenden Fliegen an den klebrigen, von der Decke hängenden Fliegenfängern oder im feinen Drahtnetz am abnehmbaren Rahmen vor dem Fenster wisperten, während jene, die den Fallen entgangen waren, sich im Steilflug auf den Tisch stürzten, sich hastig paarten, kopflos wieder davonflogen, um sich fangen zu lassen. Aus dem *Mule Noire,* dem requirierten Hotel auf der gegenüberliegenden Strassenseite, wo die Boches ein Büro der Intendantur und eine Gardetruppe einquartiert hatten, drangen laute Stimmen, schallendes Lachen, Stiefelscharren, Tellerklappern, das Geräusch von verschobenen Bänken, von Kommen und Gehen; sie hatten ebenfalls fertig zu Mittag gegessen, durchs offene Fenster sah man einen Fettwanst auf und ab gehen, immer den gleichen, einen Offizier, der, die Zigarre im Maul, ständig seine Uniform auf- oder zuknöpfte, auf den Abort ging oder von dort kam; die anderen, alles eher ältere Soldaten, darunter viele Eisenbahnpioniere im Felddienst, standen bereits in Reih und Glied auf der Strasse stramm, während ein Feldwebel hochmütig den Appell verlas; sie fassten ihre Weisungen oder ihr Fahrtenbuch, entfernten sich zu zweit oder zu dritt in Richtung Bahnhof, gebückt, als würde das Gewicht der Porzellanpfeife ihren Kopf nach unten ziehen, einen schwarzen Korb am Arm oder einen Beutel über die Schulter gehängt, gingen stumm ihren Nachtdienst antreten, jetzt schon erschöpft und überhaupt nicht zuversichtlich, denn seit kurzem wurden in Frankreich Züge in die Luft gejagt.

„Schaut sie euch an, die Michel, möglicherweise sieht man sie morgen nicht zurückkehren", meinte Félicien und lutschte schadenfroh grinsend an seinem Zigarettenstummel. „Sie machen keinen besonders fröhlichen Eindruck. Vielleicht sind sie aus Hamburg und wissen bereits Bescheid. Sie können ruhig laut reden, junger Mann. Ich hätte grösste Lust, den Kerlen hinterherzulaufen und ihnen die Nachricht zu verkünden und einen Tritt in den Arsch zu geben, diesen Laatschern!"

Doch der junge Mann liess sich nicht ablenken und schilderte uns den Bombenangriff: „Es ist aus. Alle in Deutschland sind davon überzeugt. Der Krieg ist zu Ende … Sie sagen, sie hätten ihn verloren … Die englischen Bomber kommen jede Nacht … Ihr könnt euch nicht vorstellen, es ist die Hölle … Hamburg gibt's nicht mehr …"

Heute, 1947, fünf Jahre später, lese ich in einem englischen Bericht: „Im Frühjahr 1942 gingen die alliierten Nationen zur Luftoffensive über. Von da an wurden die feindlichen Städte systematisch zerstört. Im Laufe einer Reihe von

Flächenbombardements wurden nacheinander Lübeck, Rostock, Kiel und Trondheim mit Bomben belegt. In der Nacht vom 30. auf den 31. Mai griffen 1000 englische Bomber die Stadt Köln an, das heisst eine viel grössere Anzahl Flugzeuge, als die Deutschen je gleichzeitig nach Grossbritannien geschickt hatten.

1940 und 1941 arbeiteten die englischen Fabriken Tag und Nacht und stellten Tausende von leistungsfähigen *Lancaster-*, *Sterling-*, *Halifax-* und *Wellington*-Flugzeuge her; die Bomber der Vereinigten Staaten trafen in zunehmender Zahl ein. Noch vor dem Eintritt der USA in den Krieg war England zu einem riesigen Flughafen geworden; die Alliierten konzentrierten den Grossteil ihrer Luftoffensive auf die Zerstörung der Industriezentren und der Unterseebootgeschwader Deutschlands.

Die englischen Bomber flogen nachts in niedriger Höhe und fügten den sorgfältig ausgewählten Industriezentren schwere Schäden zu. Die Deutschen, die mit einem raschen Sieg gerechnet hatten und ihr Land vor Fliegerangriffen gefeit glaubten, hatten die Luftabwehr vernachlässigt. Sie versuchten in aller Eile, diesen Fehler gutzumachen. Zu diesem Zweck transportierten sie gewisse Industriebetriebe nach Polen, Böhmen und Österreich; jene, die nicht transportiert werden konnten, wurden mit Flakbatterien umgeben. In den Vereinigten Staaten hergestellte *B 24-Liberators* und *B17-Flying Fortresses* für Flüge in geschlossenen Formationen in grosser Höhe verstärkten die Angriffe bei Tag. Vom 27. Januar 1943 an, ein paar Tage nach der Konferenz von Casablanca, bombardierte die englische Flugwaffe Tag und Nacht systematisch und pausenlos Hitlers ‚Festung ohne Dach'. Kurz darauf griffen auch die Russen von Osten her Deutschland von der Luft aus an. Brandbomben von bisher unbekannter Stärke zerstörten, Stadt um Stadt, die Industriezentren des Ruhrgebiets und machten sie dem Erdboden gleich. Die Ziele wurden sorgfältig ausgewählt: Rüstungsfabriken, Werften, Docks, Verbindungsstrassen, Kraftwerke und Flughäfen. Vom Frühjahr 1942 an belegten die von Amerikanern, Engländern, Belgiern, Tschechen, Franzosen, Polen, Norwegern, Holländern gesteuerten Flugzeuge der Alliierten das Getriebe der deutschen Kriegsmaschinerie mit einem Bombenteppich.

Im Laufe dieser kühnen Luftraids zerstörten neunzehn *Lancaster*-Bomber der R.A.F. die Edertalsperre sowie die Talsperren der Möhne und der Sorpe. Gigantische Wassermassen überfluteten das Ruhrgebiet, überschwemmten Fabriken, brachten die Generatoren zum Stillstand. Mehr als tausend Menschen fanden in den Überschwemmungen den Tod. Anschliessend richteten sich die Bombenangriffe auf die deutschen Unterseebootbasen. Danach kamen die grossen Industriestädte an die Reihe, Köln, Hamburg, Bremen, Düsseldorf, Hannover und Mannheim. Im Juli 1943 machten zehn flächendeckende Bombardements Hamburg, den grössten Hafen Deutschlands, dem Erdboden gleich."

Ich erzähle nun meinerseits, was der junge Lokomotivführer berichtete, der offenbar einen der ersten der im englischen Bericht erwähnten zehn Bombenangriffe miterlebt hatte. Der Eisenbahner erzählte, als stehe er immer noch unter dem halluzinierenden Eindruck des grauenhaften Schauspiels. Sein vor der Einfahrt in den Bahnhof Altona gestoppter Zug hatte sich in Luft aufgelöst. Er konnte sich nicht erklären, warum die englischen Flieger alle aus der gleichen Richtung kamen, von Osten nämlich, als hätte er ihnen den Weg gezeigt, und warum sein Konvoi sich vom Schlusswagen her zu verflüssigen begann. Und gleich darauf schmolz der ganze Zug. Er hatte den Eindruck, Hamburg werde heimtückisch von hinten angegriffen, und nach getaner Arbeit flüchteten die Bombergeschwader übers Meer und verschwanden am Horizont und liessen lodernde Schiffe auf der Elbe zurück, die längs der Hafenwehr knisterten, die Takelungen sprühten Funken, die Frachter schmolzen und explodierten. Der Hafen war nur noch ein einziges Flammenmeer, das sich über das Stadtzentrum ergoss. Ganze Stadtviertel wurden innerhalb weniger Sekunden verschluckt, die Kirchtürme verbogen sich wie Fackeln, alles war in einen phosphoreszierenden rosa Nebel gehüllt, der sich plötzlich in einer dicken schwarzen Wolkenwand auflöste, die von unten und von innen heraus hell beleuchtet war; riesige brennende Weihnachtsbäume schwebten schaukelnd vom verhangenen Himmel und lösten sich in einem Funkenregen und in Splitterfontänen auf; Lichtbündel zuckten am Himmel, trügerische Scheinwerferstrahlen kreisten und kreuzten sich, die aufsteigenden Leuchtspuren der Flak, die Scheinwerfer der im Sturzflug herabstossenden Nachtjäger, die sich in einer Vrille auffingen, schwarz und golden glänzend im rötlichen Kielwasser der abgeschossenen Bomber, deren Rumpf aufklaffte und beim Aufschlag seine Donnerlast ausgoss. Ein gewaltiges Schauspiel! Die Bomben tollten herum wie übermütige Tümmler. Der menschliche Faktor zählte überhaupt nicht mehr. So schilderte der Lokführer beiläufig, als handle es sich um eine flüchtige Vision, um eine Anekdote, das Schicksal von Tausenden russischer und französischer Kriegsgefangener, die in jener Nacht in einem Graben längs der Eisenbahnlinie eine Pipeline verlegten und die sich beim Fliegeralarm in die Gussrohre geflüchtet hatten; nichts war von ihnen übriggeblieben, keine Spur, nicht einmal Staub, als er selbst Schutz suchte und in ein Rohr schlüpfen wollte: Die riesige Leitung war von einem Ende zum andern vom glühenden Atem der Bomben eingesogen worden, und der Graben schloss sich wie ein automatischer Kiefer über dem Grauen. Doch was ihm am unvergesslichsten geblieben war von dem unsäglichen Schauspiel der Zerstörung einer grossen Stadt und eines grossen Hafens und der Erschütterung von Himmel und Erde, war der märchenhafte Anblick!

„Ich kann nicht mehr schlafen", sagte er. „Ich habe seit acht Tagen nicht mehr geschlafen. Es war wie ein riesiges Fest, und im Morgengrauen waren die Ruinen mit Milliarden von silbernen Blättern bestreut, die zwischen den Toten herumwirbelten, an den Trümmern flatterten, in den Rauchschwaden zum Himmel flirrten, und es kam mir trotz des Schreckens vor wie an einem Karnevalstag, denn die verwüstete Stadt war mit Konfetti und silbernen Luftschlangen bedeckt."

„Seltsamer Karneval!" sagte ich.

„Was hat es mit diesen silbernen Blättern auf sich?" fragte Félicien.

„Ich weiss nicht", antwortete der Davongekommene gedankenverloren. „Sie sind aus Silberpapier, grosse und kleine Blätter und aufgespulte Streifen, die sich im Wind entrollen, genau wie Luftschlangen. Ich weiss nicht, wozu sie dienen. Die Leute behaupten, die englischen Flugzeuge würden sie abwerfen. Sie tragen keine Beschriftungen, nichts. Vielleicht ist es ein Desinfektionsmittel gegen Seuchen, denn Tausende, Zehntausende, Hunderttausende Tote liegen kreuz und quer und in Haufen herum wie nach einer Flutwelle; vielleicht ist es ein Gift. Sieht aus wie Schokoladenpapier. Jedenfalls rührt sie niemand an."

Das stimmte uns nachdenklich. Ich hatte damals noch nie etwas von Radar gehört. Ich wusste, dass es Flugzeuge gab, die die Funkwellen störten; sie waren mit Antennen gespickt, die ein fliegendes Netz aus unverständlichen Signalen um jede Bomberstaffel woben, die Deutschland überflog; ich kannte natürlich den *asdic,* den Detektor der Unterseeboote, weil ich ihn Tag und Nacht hatte senden hören auf einer Erkundungsfahrt in der Nordsee, an der ich im März 1940 als *war-correspondent* an Bord eines Zerstörers teilgenommen hatte; aber ich hatte keine Ahnung vom Radar und wusste nicht, dass die englischen Flugzeuge bei jedem Raid Millionen und Abermillionen Silberpapierstreifen aus ihren Maschinen in den deutschen Himmel warfen, die den Zweck hatten, jegliche Radarortung zu stören.

„Schenken Sie uns ein Schlückchen Rum ein", sagte ich zur Wirtin. Und zu dem Jungen: „Fröhlich, was du da erzählst; aber alles in allem eine gute Nachricht, denn schliesslich verkündest du uns das Ende des Krieges und die Niederlage der Boches. Also, hör mir gut zu, merke dir alles genau, und Gott möge dir helfen! Du reist auf der Stelle ab, nimmst wieder die Alpenstrecke. Um fünf hast du einen Zug. Du hast keine Minute zu verlieren. Geh! In Veynes löst du eine Fahrkarte zu *Cousin Blaise*, das ist im Jura. Und wenn dich der Beamte fragt, woher du kommst, sagst du ihm, vom *Cousin Blaise* in der Provence. Das ist alles, was ich für dich tun kann. Mehr brauchst du nicht zu wissen. Und mach dir weiter keine Gedanken, wenn man dich nicht mit offenen Armen empfängt. Ich denke, es könnte klappen. Los! Verschwinde!"

„Danke, Monsieur ... Monsieur ..."

„*Cousin Blaise*, das ist alles. Brauchst du Geld?"

„Nein, Monsieur."

„Also denn, viel Glück!"

„Arme junge Menschen", rief Féliciens Frau aus.

„Sie hätten ihm ein paar belegte Brote mitgeben sollen, er ist noch lange nicht am Ziel und wird diese Nacht wohl noch nicht zum Schlafen kommen", sagte ich zur Wirtin.

„Wenn sie alle sind wie der, im Maquis", meinte Félicien, „nein, es ist weiss Gott nicht lustig, zwanzig zu sein heutzutage. Was für eine beschissene Zeit."

Renée sass nähend auf einem Stuhl und summte vor sich hin. „Nähst du deine Aussteuer, meine Schöne?" fragte ich. Und fügte kurz an die anderen gerichtet hinzu: „Auf Wiedersehen. Vielleicht heute abend, sehr spät ..." Und verliess das Gasthaus.

„Eine beschissene Zeit!" brummte ich auf dem Heimweg.

Ich begegnete dem Postboten auf seiner täglichen Runde.

Er hatte keinen Brief für mich.

Und mein ältester Sohn war seit Juni 40 in Kriegsgefangenschaft, in Ziegenhain in der Nähe von Kassel, in Hessen.

Unmöglich, ihm zur Flucht zu verhelfen.

Und er kehrte nicht zurück.

An jenem Abend ging ich nicht ins *Opéra* hinunter, um nachzusehen, ob der Bursche tatsächlich abgereist war, ob er den Zug nicht verpasst hatte und nicht zufällig zurückgekehrt war und sich an den Tisch gesetzt hatte.
Es war Fliegeralarm.

Das Licht ging aus: Stromunterbrechung.

Ich zündete eine Kerze an.

Schaltete kein Radio ein.

„Licht! Licht!“ [im Orig. dt.] brüllten die deutschen Patrouillen in den Strassen, und die Knallköpfe schossen in die schlecht verdunkelten Fenster, aus denen auch nur der kleinste Lichtstrahl drang.

Scheiben zersplitterten.

Unmöglich, etwas zu lesen, also begann ich, ruhelos im Zimmer auf und ab zu gehen, wie die Gefangenen zwischen vier Wänden auf und ab gehen und wie zu dieser gleichen Stunde Hunderttausende in allen Verliesen der Gestapo auf und ab gingen, vom elektrischen Auge geblendet, das an der Decke ihrer Zelle festgeschraubt war, die Unglücklichen in den Folterkellern, an die ich ständig denken musste.

Schliesslich streckte ich mich in den Kleidern auf dem Bett aus. Noch eine schlaflose Nacht!

Ich blies die Kerze aus.

Man hörte das ferne Dröhnen der alliierten Flugzeuge, die sehr hoch vorbeiflogen. Ich hörte die Nachbarn in den Keller hinuntergehen. Was würden sie bombardieren, unsere Freunde? Arles? Avignon? Lyon? Marseille? Den Viadukt von Anthéor? Grenoble? Toulon? Oder Turin auf der anderen Seite der Alpen? Es nahm kein Ende. Es mussten viele sein.

„Licht! Licht!" brüllten die Boches.

Was hatte er gesagt, der Junge? Schokoladenpapier, das niemand anrührt aus Angst vor Gift? Silberpapier?

Und ich stellte mir Hamburg unter einem Leichentuch aus Silberpapier vor. Und ich erlebte meinen letzten Aufenthalt in England in allen Einzelheiten wieder, wohin ich als Kriegskorrespondent geschickt worden war und wo ich die grosse Insel von Ost nach West und von Süd nach Nord bereist und die neuen Waffenschmieden besucht hatte, die königlichen Waffenarsenale, die Kriegsakademien, die Ausbildungslager, die Unterseebootbasen, die Artilleriestützpunkte, die Luftwaffenstützpunkte, und mit Ministern und Generälen verabredet war.[1]

Es war gegen Ende des schrecklichen Winters 1939–1940. Ich kam von der Maginot-Linie. Die Klippen von Dover waren verschneiter als die Vogesen. Ich erkannte das Land nicht wieder. Wo war ich? Auf Spitzbergen? England war in ein Leichentuch aus Schnee und Rauhreif gehüllt. Die Nebelfetzen schwebten wie Silberpapierblätter über der Landschaft. Was würde aus der „Drôle de Guerre" werden? Niemand wusste es. Aber die Engländer waren auf den unabwendbaren Schlag gefasst und rüsteten zum gnadenlosen Gegenschlag; jeder einzelne bereitete sich stumm darauf vor. *Keep smiling!* forderten die überall angeschlagenen Plakate die Menschen auf, in den Ministerien, in den einfachen Cottages, in den Offiziersmessen, an Bord der Zerstörer und der Unterseeboote, bei den Panzerfahrern und den Piloten; in allen Arbeiterpubs Londons und in den mondänen Nachtlokalen, in den Theatern und den Dancings, in den Hallen der Milliardärspaläste und der Luxushotels wie dem *Dor-*

chester, wo man mich fürstlich einquartiert hatte, konnte man Anschläge mit einer unendlichen Vielfalt von Darstellungen und Slogans lesen, die alle das gleiche sagten: „Schweigt. Traut niemandem. Der Feind hört zu!“ Überall Verschwiegenheit und ein Lächeln auf den Lippen. Ich musste sehr genau hinschauen, damit mir nichts entging vom bösen Wachtraum eines ganzen Volkes, das auf einen Alptraum gefasst war und nichts von seinen Ängsten und seiner Hoffnung verriet und – vor allem in den oberen Gesellschaftskreisen – seiner traditionellen, zur Schau getragenen und für einen Ausländer rätselhaften Sorglosigkeit frönte, denn jeder, der in der Welt herumgekommen ist, weiss, wie geldgierig, habgierig und prozesswütig die Briten sind hinter ihren konformistischen, konventionellen Manieren schlaksiger, sportlicher, eleganter Jungen oder würdiger, distinguierter alter Herren, die keine Sonntagspredigt auslassen.

Wer hat *Alice im Wunderland* nicht gelesen! Alices Reise durch den Spiegel und ihre Abenteuer im Land, nicht der vierten Dimension, aber im Land des Märchens, dem Universum der Kinder, der einzig wahren Welt, denn nichts ist dort unmöglich. Lewis Carrolls Buch ist ein Schlüssel, der alle Türen, alle englischen Seelen öffnet. Man sagt gewöhnlich, *impossible* sei nicht französisch, aber ich glaube, dass für die Franzosen dieses *impossible* vor allem eine moralische Bedeutung hat, während für die Engländer das *impossible* ein täglicher Sieg ist, ein materieller Sieg, eine Verwirklichung, denn schliesslich haben sie das britische Empire erbaut, und Gott weiss mit was für einem Glauben in die Macht des Traums!

Seit meiner frühen Kindheit und jedesmal, wenn ich später dort war, ist mir Grossbritannien als das Land der Märchen vorgekommen. Seine Landschaft scheint ausserhalb der Zeit zu liegen, und seine Bewohner gehorchen wie Initiierte einem ungeschriebenen Gesetz, scheinen ein einzigartiges Leben zu führen, denn jeder Bürger, bestärkt durch eine lange Tradition freiheitlicher staatsbürgerlicher Gesinnung, kultiviert seine Persönlichkeit bis zum Äussersten, so dass jeder vornehme Engländer in den Augen eines Ausländers schnell einmal als Amateur oder Exzentriker wahrgenommen wird, auf historischer Ebene hingegen als Held oder Eroberer, denn sämtliche englischen Erfolge, selbst die prosaischsten und eigennützigsten, die auf dem Konkurrenz- oder Unternehmungsgeist einfacher Händler oder Kaufleute beruhen – wie zum Beispiel kürzlich, zwischen den zwei Kriegen, die Eroberung des Kautschukhandels oder des Fleischhandels in Argentinien –, werden wie Legenden erzählt.

Das waren meine Überlegungen im kleinen Armeeauto, das mich von der West- zur Ostküste brachte, von einer Werft zu einem Torpedoversuchsgelände. Die Autoscheiben waren mit Eisblumen überzogen. Ein Schneesturm verwischte die Landschaft. Die Strasse unter dem Schnee war glitschig. Mein Fahrer war ein eigenwilliger Schotte, der mit dem leichten Wagen die Hohe Schule fuhr und ihm das Äusserste abforderte. Was mir, zugegeben, Spass machte. Wir hatten uns offenbar in einer ausgestorbenen Heide verirrt. Der Fahrer wusste nicht, wo wir uns befanden. Und ich war nervös, denn ich hatte noch am gleichen Abend eine Verabredung mit einem Minister in London.

Dieser Krieg hat etwas Magisches, sagte ich mir. Mit seinem permanenten Alarmzustand, seiner Blockade, den Raids, den durch T.S.F. übermittelten Befehlen, dem Propagandaradio, den fliegenden oder tauchenden Kriegsmaschinen, den Flugzeugen und Unterseebooten, den Abhörgeräten, Detektoren, den schwarzen Rauchvorhängen, die über die Meeresoberfläche gezogen werden, den Fabriken, die sich mimetisch der Umgebung anpassen oder sich unter der Erde vergraben, mit all den Tarnungen und ultramodernen Technologien hat dieser Krieg etwas Magisches von *Tausendundeiner Nacht,* und das ist der Grund, warum die Engländer, die eine angeborene Vorliebe für das Märchenhafte haben, sich darin so gut zurechtfinden und ihnen der totale *black-out* Londons gelungen ist, der sich, von einem Ende zum anderen, über das ganze Land ausbreitet wie der böse Geist, der schwarze Riese, der in der Geschichte von Sindbad, dem Seefahrer, aus der Flasche entweicht.

Plötzlich riss mein Original von einem Fahrer das Lenkrad herum. Wo waren wir? Ich wischte die Scheibe ab. Ich erkannte an einem quer zur Strasse stehenden Wegweiser, dass wir nach London abzweigten. Es hatte fast aufgehört zu schneien. Die letzten Flocken wirbelten zur Erde. Doch gleich darauf stiess ich einen erstaunten Ausruf aus: Hunderte von Würsten schwebten in der Atmosphäre. Jede Menge Würste, ein paar Meter über der Erde oder sehr hoch am Himmel. Die in unmittelbarer Nähe glitzerten und glichen friedlichen, dicken, auf der Weide angepflockten Kühen, doch die höchsten, die an ihrer straff gespannten Leine halb in den Wolken steckten, wirkten gereizt, aufgeregt, ungeduldig, als wollten sie sich von ihren Fesseln losreissen und davonsausen. Die angebundene, in der Luft schwebende Herde bot ein unerwartetes und ziemlich ungewohntes Bild; als der Wagen nach einer kurzen Strecke um eine Kurve bog und vor dem Stall dieser neuartigen fliegenden Tiere vorbeifuhr, glaubte ich mich ins Land meiner Kindheit zurückversetzt, denn die Fabrik, vor der wir nicht anhielten und wo diese Fesselballone hergestellt wurden, die, am Himmel zu einem Damm errichtet, die Sicherheit der englischen Städte und Häfen gewährleisteten, hatte etwas von einem alten Spielzeugkasten und gleichzeitig von wissenschaftlicher Utopie.

Man stelle sich Fabrikhallen vor so hoch wie die Türme von Notre-Dame, deren weit offene Schiebetore den Blick auf Hunderte und nochmals Hunderte nagelneuer Würste freigaben, die wie Spielzeuge in einem Kaufhaus aufgereiht waren, Hunderte und nochmals Hunderte funkelnder Würste, die rundum mit Aluminiumstaub überzogen waren, jede, nein, nicht mit ihrem Marken- und Preisschild versehen, sondern mit einer Stammnummer, denn die hübschen Dinger waren immerhin Kriegsmaterial und ihre Anzahl bedrohlich; jede Wurst steckte in einer der übereinander angeordneten Waben der bis zum First reichenden, riesigen Bienenkörbe aus Well- oder Panzerblech, denn der Schafstall war immerhin ein Waffenarsenal, und jede Wurst war unheimlich wie die schlafende Larve eines vorsintflutlichen Monsters oder eines urzeitlichen Rieseninsekts, von dem man sich aber vorstellen kann, wie es wiederaufersteht und wie sich sein Leib bläht und pulsiert wie die Kehle einer Riesenechse aus dem Tertiär, deren äussere Bronchien verkümmert sind; das Ganze wirkte wie ein seltsames, aber gleichzeitig vertrautes Tier, man brauchte nur jede Larve aus ihrer Zelle zu nehmen und ihr im Wind Leben einzuatmen und sie an einem Seil auf die Weide zu führen, hoch, hoch oben auf den Wiesen des Himmels.

Dieses Schauspiel faszinierte mich durch seine Neuartigkeit, aber auch, weil es in jedem von uns Erinnerungen an die Kindheit geweckt hätte: Spiele, Träume, Bücher, für mich Jules Verne, und für meinen Fahrer – wenn der schrullige Kauz überhaupt lesen konnte, woran ich zweifelte, Strassenkarten jedenfalls konnte er nicht lesen –, für meinen fliegenden Schotten, Wells.

Wo befanden wir uns?

Die Fabrik passiver Verteidigung stand nicht auf meinem Programm. Ich besuchte sie nicht. Wir fuhren nur daran vorbei. Ich habe mein Original von einem Fahrer immer noch im Verdacht, dass er mit mir absichtlich einen Umweg gefahren war, um sie mir zu zeigen und meine Verblüffung zu sehen. Mir schien, als betrachte er mich belustigt aus dem Augenwinkel. Und noch eine Wegbiegung – und die Farm mit ihren silberglitzernden weidenden Tieren am Himmel verschwand wie durch einen Zauber. Ich aber stand noch lange im Banne dieses Anblicks.

Wo befanden wir uns?

Auf dem Weg nach London natürlich, dem wir uns im *black-out* näherten und von dem man nicht das kleinste Anzeichen entdecken konnte, als plötzlich tausend Kanonen ihr Glockenspiel ertönen liessen. Es war noch nicht der *Blitz;* die Londoner sollten in Kürze von der Abenddämmerung bis zum Morgengrauen noch ganz anderes erleben! Aber wir waren am Abend zuvor bereits zwei Stunden unter den Kreuzfeuern der Scheinwerfer gefahren, die am nächtlichen Himmel flammten und zuckten und Flecken bildeten und Kreise wie Blut aus überfliessenden Schröpfköpfen, wie die Anzeichen einer bösartigen schleichenden Krankheit, einer Metachromasie auf der Haut eines anämischen Leoparden in Gefangenschaft. Ich war also auf jedes Schauspiel gefasst gewesen, nur nicht – als mein Fahrer mich im Vorbeifahren vor dem Versorgungs- und Rüstungsministerium im Adelphi in London absetzte, wo ich eine Verabredung mit dem Minister zu einem einstündigen Gespräch hatte –, nur nicht auf einen shakespearischen Minister. Solche Überraschungen erlebt man nur in England!

Im Kriegsministerium spielt sich das Magische im Inneren ab. Äusserlich gleicht das *Ministry of Supply* viel eher einer grossen New Yorker Bank als einem Bagdader Palast. Im Innern des mächtigen, vornehmen Gebäudes aber trifft man trotzdem auf etwas Märchenhaftes, und das liegt nicht so sehr am Minister selbst, der die Macht eines Grosswesirs besitzt, als vielmehr an dem, was an Erstaunlichem und Magischem aus dem Mund dieses Beamten kommt, der seit der Kriegserklärung wahrscheinlich der meistbeschäftigte Mann Grossbritanniens ist, denn auf ihm lastet die schwere Verantwortung, Truppen und Zivilbevölkerung mit Nachschub zu versorgen, sie zu kleiden, sie auszurüsten, sie zu bewaffnen, das ganze Empire für den Krieg aufzurüsten, die Friedensindustrie zu verwandeln, ihre Produktion umzuwandeln, sie zu beschleunigen, neue Industrien zu schaffen, neue, riesige Fabriken und Waffenarsenale bauen zu lassen, sie innerhalb einer vorgegebenen Frist in Betrieb zu setzen, dann darüber zu wachen, dass die Fliessbänder nicht stillstehen und dass der Arbeitsrhythmus von Tausenden und Abertausenden Produktionsstätten nicht nachlässt, die Tag und Nacht arbeiten, um innerhalb von vierundzwanzig Stunden Tausende Kilometer Khakistoffe zu produzieren, Zehntausende Paar Schuhe, Hunderttausende Granaten, Millionen Kugeln, Milliarden Nietbolzen und Schraubenmuttern, Millionen Gewehre, Säbel, Bajonette, Revolver, Taschenmesser, Dosenöffner, Bierflaschen, Hunderttausende Maschinengewehre, Zehntausende Kanonen, Panzer, Flugzeuge, jede Woche ein Unterseebootgeschwader, jeden Monat eine kleine Flotte Zerstörer oder Schnellboote, eine Hochseekriegsflotte bis Ende des Jahres, und er muss den Öl- und Petroleumbedarf all dieser motorisierten Vorrichtungen gewährleisten, für Nachschub sorgen, deren Zerstörung im Kampf einplanen, er muss an alles denken, selbst an die Kondensmilchvorräte für die Neugeborenen, denn nichts, weder fehlende Arbeitskräfte noch eine Epidemie, darf den gnadenlosen industriellen Arbeitsrhythmus zum Erliegen bringen, den dieser Mann dem Land aufgezwungen hat und von dem das Leben der Truppen abhängt, das heisst die Existenz der Nation selbst – oder besser gesagt, die Existenz des britischen Commonwealth und seiner Alliierten. Und vielleicht auch der ganzen Welt, denn von allen fünf Kontinenten wendet man sich täglich via Kabel oder Telefon an diesen Mann, der auch das Komitee der Zehn präsidiert, das seinen Sitz im Adelphi hat und von dem die Verteilung von Rohstoffen an die neutralen Länder abhängt.

Man braucht ihm nur zuzuhören, und man kann sich vorstellen, wie komplex die Probleme sind, die sich täglich hundertfach diesem Mann stellen, der sie sofort lösen muss, ohne eine Sekunde zu zögern, ist der Fragesteller doch in neun von zehn Fällen am Draht, und er muss zu seinen Entscheidungen stehen und sie allen Widerständen zum Trotz durchsetzen, um was für Lösungen es sich auch handelt, Lösungen, die oft von irrwitziger Kühnheit oder zumindest ungewöhnlich sind, Lösungen von Problemen, die alle Fragen berühren und sich pausenlos unter anderen Aspekten erneuern. Man schaudert angesichts der Verantwortung dieses Mannes. Doch Mr. Leslie Burgin, der *Supply*-Minister, der mich begrüsst, ist ein freundlicher, liebenswürdiger Herr, der überhaupt nicht wirkt, als erdrücke ihn die Last seiner Aufgabe. Er ist ein gewandter, gebildeter Mann, der fünf Sprachen spricht, unter anderem ausgezeichnet Französisch. Er hat Witz und einen schelmischen Blick. Er ist offenbar in Hochform und sehr selbstbewusst.

„Allein schon der Aluminiumbedarf der Flugwaffe übersteigt bei weitem die weltweiten Lager, ja die Aluminiumproduktionsmöglichkeiten in der ganzen Welt ..." Alle Probleme, die sich Mr. Burgin stellen, entsprechen dieser Grössenordnung, es liegt also auf der Hand, dass er gewohnt ist, in weltweiten Zusammenhängen zu denken.

Es ist ein Vergnügen, ihm zuzuhören, denn Mr. Burgin ist ein quirliger Geist.

„Von 1914 bis 1939 ist der Lebenshaltungsindex von 3 auf 5 gestiegen. Doch auf der ganzen Welt hat alles im gleichen Verhältnis zugenommen: die Geschwindigkeit der Flugzeuge und der Autos, aber auch der Benzinverbrauch der Motoren; die Schnelligkeit der Maschinengewehrgeschosse oder die Reichweite der Kanonen, aber auch ihr Munitionsverbrauch und ihre Abnutzung; der Produktionsausstoss der Industrie, aber auch die Gestehungskosten, ganz zu schweigen von den Abschreibungen der Werkzeugmaschinen. Nur die Truppenbestände haben im Vergleich zu 1914 abgenommen oder sind unverändert geblieben; im gegenwärtigen Krieg braucht es sieben Männer, um einen Mann an der Front zu ernähren, auszurüsten, zu bewaffnen und für seinen Unterhalt zu sorgen, doch dieses ungleiche Verhältnis wird durch die Effizienz und die Stärke der automatischen Feuerwaffen ausgeglichen, mit denen die Truppen in diesem Zweiten Weltkrieg ausgerüstet sind."

Doch der Minister ist auch ein Enthusiast.

Als er mich nach meiner Meinung zu den neuen Rüstungsfabriken fragte, die ich eben besucht hatte, und als er spürte, wie aufrichtig meine Bewunderung für das Gesehene war und mein Staunen und meine Betroffenheit angesichts der vielen geheimen Erfindungen, als ich ihn fragte, wie das alles innerhalb so kurzer Zeit möglich war, verriet mir Mr. Leslie Burgin: „Sehen Sie, ich habe das Glück, einen aussergewöhnlichen Mann an meiner Seite zu haben, ja einen Visionär, wie es nicht einmal jedes Jahrhundert einen gibt. Es ist der Direktor der Waffenarsenale. Er ist Ingenieur, ein Mann, den man nur auf die leere Heide führen muss, wo wir eine unserer grossen Waffenfabriken errichten möchten, und er sieht in der Vorstellung bereits die Werkzeugmaschinen laufen, die noch nicht einmal in Amerika bestellt worden sind, und er beginnt gleich, das Gelände abzustecken, den Standort der Dampfkessel und der Öfen in diesem abgelegenen Ort festzulegen, die Reihenfolge der Maschinenhämmer, der Drehbänke und der kompletten technischen Ausrüstung, die es für das Fliessband braucht, über das die Serienproduktion der geplanten Fabrik laufen wird. Wenn man ihn fragt, wieviel Zeit er braucht, um die Fabrik zu bauen und in Betrieb zu setzen, antwortet er zum Beispiel, er brauche drei Monate und vier Tage. Und wenn man ihn fragt: ‚Warum diese vier Tage?', antwortet er: ‚Was macht das für Sie aus? Ich brauche sie. Gestehen Sie sie mir zu.' Und das Aussergewöhnlichste ist, dass dieser Mathematiker sich nie irrt und die Fabrik am angegebenen Datum und zur vereinbarten Stunde zu produzieren beginnt. Gewiss, manchmal stehen die Wände noch nicht, oder das Dach ist noch nicht aufgesetzt, und die Maschinen brummen unter freiem Himmel, doch das spielt keine Rolle, Hauptsache, sie sind da, in ihrem Betonsockel verankert, jede an ihrem Platz am Fliessband, genau in der am ersten Tag auf der leeren Heide ausgesteckten Reihenfolge und genau an der vorgesehenen Stelle, und am vorgesehenen Datum laufen alle und produzieren. Die Wände, die Dächer werden nachträglich gebaut. Es ist ein einmaliges Glück für mich, einen solchen Mann zum Mitarbeiter zu haben und in einem solchen Moment auf ihn zählen zu können, in einer Situation, in der wir uns nicht erlauben können, auch nur eine Minute zu verlieren, denn wir kämpfen gegen die Uhr, um die Zeit einzuholen, die wir damit verloren haben, uns Master Hitlers Gebrüll und Gezeter anzuhören und wie er, einem nach dem andern, den alliierten Ländern im geheimen den Frieden anbot, um sie hinzuhalten, und sie schliesslich eines nach dem andern zu schlucken."

„Verzeihen Sie, Herr Minister, darf man den Namen dieser shakespearischen Gestalt kennen? Und darf ich ihn veröffentlichen?"

„Aber sicher", antwortete Mr. Leslie Burgin. „Es handelt sich um meinen Freund MacClaren; ein Visionär, aber ein grosser Realist. ‚Haltet die Deutschen mit der Marine in Schach, zerstört sie mit den Flugzeugen', pflegt er zu sagen, ‚doch lasst mir Zeit, genügend Rüstungsmaterial zu produzieren. An Bomben soll es nicht mangeln.' Er verliert keine Zeit, das können Sie mir glauben. Im übrigen, Sie haben seine Fabriken gesehen. Der deutsche Schlag wird einen Gegenschlag zur Folge haben. Wer nicht hören will, muss fühlen! MacClaren hat die Wirkung berechnet."

Die Zerstörung Hamburgs war bloss das Ergebnis dieser Theorie vom Schlag und Gegenschlag.

In jener Nacht in Aix hörte ich das Dröhnen der alliierten Bomberstaffeln, die, von ihrer Zerstörungsmission zurück, wieder sehr hoch am Himmel vorbeiflogen. Es mussten viele sein. Ich weiss nicht, warum sie sich über Aix sammelten und lange kreisten, bevor sie ihre einen Pfeilwurf entfernten Stützpunkte in Nordafrika, auf Sizilien und vielleicht bereits in Süditalien oder auf Korsika ansteuerten. Doch woher kehrten sie zurück?

Armes Frankreich!

„Licht! Licht!" brüllten die Boches in der Strasse.

Es war genau Goethes Wort auf seinem Sterbebett; doch im Gegensatz zu ihrem grossen Mann riefen die in die Verdunkelung ballernden Mistkerle in der Strasse nicht nach *mehr Licht.*

Ich zündete meine Kerze wieder an.

Fensterscheiben zersplitterten.

Anmerkungen
(für den unbekannten Leser)

[1] s. Blaise Cendrars: *Chez l'Armée anglaise,* Kriegsreportagen mit Dokumenten und Fotografien aus dem *War Office* und dem *Ministry of Information* in London (Éditions Corréâ, Paris 1940). Das Werk stand auf der Liste Otto (Juli–August 1942). Die Auflage wurde von den Deutschen beschlagnahmt und vernichtet.

(Der Text *Chez l'Armée anglaise* wurde 1964 in Band VII der französischen Gesamtausgabe, Éditions Denoël, Paris, neu veröffentlicht.)

Paris, Tor zum Meer

Für Dich, altes Haus, alter Gauner,
alter Freund,
William S. Kundig,
Buchhändler in Genf.
Du hast tausendmal das Kreuz der Ehrenlegion verdient für Deine Liebe zu Frankreich. Und zu seinen Büchern, seiner Malerei, seinen Weinen, seiner Küche, seinen Blumen. Und zu seinen Bühnensternchen, zu seinen Frauen und zu seinen Söhnen aus allen Provinzen; und Du hast keine Sekunde gezögert, als es 1914–1918 darum ging, sich ihnen anzuschliessen, und Du gewisse keineswegs risikolose Missionen erfülltest; wie auch 1940 und 1944–1945, als Du die Schweizer Grenze überschrittest, um in Savoyen alles in Bewegung zu setzen, um an der Befreiung teilzunehmen. (Ich werde das Geheimfach inmitten Deiner seltenen und äusserst wertvollen Bücher nie vergessen, in dem Du jede Menge Colts, Parabellums und Maschinenpistolen SUB VITRO aufbewahrtest, die aber IN ANIMA VILI benutzt worden waren. Was für eine Zeit!)
Du bist mein Gefährte, mein Bruder.

Blaise

Die schönste Bibliothek der Welt

1.

Paris, Tor zum Meer: Das Projekt eines Seehafens im Seinebecken gehört, wie das Ungeheuer von Loch Ness, zu den immer wieder aufgewärmten Themen, die in der Sauregurkenzeit, im August, wenn die Zeitungen nichts haben, was sie in grosser Aufmachung bringen könnten (man kann nicht jedes Jahr aus einem Weltkrieg eine höchst aktuelle Urlaubsschlagzeile machen!), und wenn die auf dem Posten ausharrenden Redakteure auf die Kollegen in der Sommerfrische am Meer oder in den Bergen schimpfen und sie verunglimpfen und beneiden und ungeduldig darauf warten, auch wegfahren zu können, und sich den Kopf zerbrechen und nicht wissen, womit die Seiten füllen, um schliesslich gähnend der Routine zu erliegen (so paradox es erscheinen mag, selbst der hektische Beruf des Umbrechens, der Improvisation, der Jagd nach Sensationen, des täglichen Überschriften- und Schlagzeilenwettstreits ist vor Routine nicht gefeit!) und vor einem letzten Halben einzudösen; hemdsärmelig, das grüne Schild oder die dunkle Brille über den Augen, lehnen sie sich zurück, die Füsse auf dem Schreibtisch, den Gewindestuhl oder den Drehsessel gefährlich nach hinten gekippt, mit offenem Mund, erloschener Pfeife, die vielleicht aus der Hand gefallen ist, die ganze Redaktion von der Hitze erledigt und den Schlaf der Gerechten schnarchend, trotz der Rotationsmaschinen, die Sommerlügen und todlangweilige Geschichten drucken und das ganze Gebäude erschüttern, von den Kellerräumen bis zur Terrasse im obersten Geschoss.

Paris, Tor zum Meer!

Ich habe oft Lust gehabt, darüber eine Reportage zu machen. Doch ich habe es jedesmal unterlassen und mir gesagt, ich würde im Ministerium für öffentliche Bauten die gleiche Stimmung antreffen wie bei der Zeitung, das heisst dreiviertelleere Büros, der Vorsteher abwesend, die Ingenieure und die zuständigen Abteilungsleiter, die meine Fragen hätten beantworten können, im Urlaub, die Beamten in den ungelüfteten Räumen über den verstaubten Akten dösend, Fenster und Türen offen, um einen Luftzug herzustellen, eine summende Schmeissfliege in einem Sonnenstrahl, der durch einen Riss oder eine verklemmte Lamelle in den heruntergelassenen Rolladen in den Halbschatten sickert, die ehrenwerten Bürokraten schwitzend, den abknöpfbaren Kragen abgelegt, das Hemd aufgeknöpft, vor Hitze halbtot, während von der Rue de Grenelle oder vom Boulevard Saint-Germain der säuerliche Hundstagsgeruch der Kanalisation aufsteigt und das Geschepper der auf dem Strassenpflaster vorbeiholpernden Autobusse und der Autocars voller staunender Touristen, die die Hauptstadt von Napoleons bis Victor Hugos Grab besuchen, das ganze Viertel erschüttert.

Trotzdem, was für ein hübscher Skandal! Und wie viele verzwickte und ziemlich peinliche Fragen an die Beamten, über den nicht existierenden Hafen, von dem seit hundert Jahren die Rede ist und der, nicht nur in den Zeitungen, periodisch in offiziellen Ansprachen zum Thema wird, in Regierungserklärungen, parlamentarischen Anfragen, Forderungen der Handelskammern, Wahlversprechen der Bürgermeister der Vorstädte, formellen Zusicherungen anhand von Zahlen – Hand aufs Herz! –, Kreditdebatten im Finanzamt, und im Laufe der Zeit sind die am Rand verschiedener Budgets – des Staatsbudgets, des Departementsbudgets, des Stadtbudgets, der Budgets der betroffenen Gemeinden – abgezeichneten astronomischen Summen nicht ausschliesslich für Planskizzen ausgegeben worden, für Blaupausen, Diagramme, Projekte und Gegenprojekte, Wirtschaftlichkeitsstudien, Kostenvoranschläge und Vergleichsvoranschläge, für schimärische, für überflüssige, angefangene, rückgängig gemachte, wiederangefangene, gestoppte, vorangetriebene, tausendmal auf dem von den Geometern und Fachleuten ausgesteckten Gelände aufgenommene Arbeiten. Und die ganze Angelegenheit landete wieder als neue Dokumenten- und Aktenflut auf dem Schreibtisch des zuständigen Ministers; wobei es auch um politische Interessen geht und um ein gutes Geschäft für die Parteien, denn in den hundert Jahren, seit von dem Hafenprojekt die Rede ist, haben Generationen von Schlitzohren, Senatoren, Deputierten, Beratern, Magistraten, Spekulanten, Unternehmern sich die Taschen gefüllt und haben Zeit gehabt, reich zu werden; ganz zu schweigen von den Beamten auf allen Stufen, die, vor Alltagsbanalitäten geschützt, aber redlich bestochen, ihrerseits Zeit gehabt haben, sich unendlich zu vermehren, Karriere zu machen, entsprechend dem Dienstalter befördert zu werden, schliesslich in den verdienten Ruhestand zu treten, weil sie die Prärogative der Verwaltung verteidigt und dafür gesorgt haben, dass dieses grandiose Vorhaben nicht ihre grünen Aktenordner sprengt und nicht zu einem Jahrhundertbauwerk wird: Paris, Tor zum Meer.

Gewiss, es gibt erste Ansätze auf dem Baugelände, aufgerissene Gräben, Becken, Rammpfähle, Stützmauern aus Beton, rostige Armierungseisen, Kanäle ohne Abfluss, künstliche Seen und ausgetrocknete Weiher, Betonpfeiler, Schwellen, zerlegte Schleusentore, Schienen, Gabelweichen, die nirgendwo hinführen, Gleise, Rollbahnen zwischen den Schlammpfützen, die von den Frühlingsüberschwemmungen zurückgeblieben sind, Berge von Baumaterial, das in der Winterkälte vor sich hin rottet, windschiefe Baracken, Licht und Strom, Hochspannungsleitungen, Lattenzäune und überwucherte Stacheldrähte: ein riesiges Areal, das sich zwischen Argenteuil, Gennevilliers und Ivry bis fast nach Villeneuve-Saint-Georges in alle Richtungen ausdehnt, doch die riesige, trostlose Baustelle dieses auf den Nimmerleinstag aufgeschobenen Projekts ist die meiste Zeit ausgestorben, die Schwimmbagger, die Baggerschuten, die Zillen stecken im rostschwarzen Morast fest, wo ein stillgelegter Maschinenpark vor sich hin schmort und verkommt, die Schächte, die Wälle, die Dächer der eingestürzten oder unter den Bergen von Grosstadtmüll begrabenen Baracken, die die Müllkippen darüber ausleeren, wenn zwischendurch die Bagger in Betrieb gesetzt werden; und wenn ich hin und wieder im August dieses gespenstische Gelände besuchte, eine trostlose Öde, die J.-K. Huysmans in Entzücken versetzt hätte – sein Lieblingsspaziergang führte das Geröllufer der Bièvre oder die kahlen Hügel der Stadtwälle entlang –, traf ich an den aufgeschütteten Kiesstränden ein munteres Völkchen von Pariser Clochards an, die im verpesteten Wasser planschten, das, kein Mensch weiss woher, aus dem Boden sickerte, die Penner aus dem Hallenviertel und vom Place Maubert, aus Bercy und Javel, die gewöhnlich unter den Brücken schlafen und die sich an der Sonne räkelten und sich lausten und tranken und sich zankten, ihre Wunden und ihre Geschwüre pflegten, einen Streit beilegten oder mit einer Lumpensammlerin auf Urlaub oder einer zigeunernden Strassennutte bumsten oder in den bis zwei Meter hohen Kardendisteln und im Flughafer ein Nickerchen machten, inmitten prächtig blühender Wildpflanzen, deren Name ich nicht kenne, ich werde aber Alexandre Arnoux darauf ansprechen, ihn, der die Wanderung eines exotischen Mooses verfolgt hat, das jährlich in den Ritzen des Obelisken am Place de la Concorde blüht! Und ich kehrte vergnügt und den Kopf voller Bilder von diesen kühnen Ausflügen in die Pariser Banlieue zurück, die mir immer wieder neue Geheimnisse offenbarte, staunend, als hätte ich den ganzen Tag die Liebesspiele der Eidechsen beobachtet, der Salamander, der Kaulquappen und der Lurche, die Jean Lorrain so sehr am Herzen lagen, und den seltsamen Libationen und Zeremoniellen der Schildkröten, die man das Tier mit den zwei Rücken nennt, das allerdings wenig mit dem manierlichen, häuslichen von Des Esseintes zu tun hat; ganz im Gegenteil, sie wälzen sich widerlich feixend in Brennesselbüschen und Stachelgräsern, und ich sagte mir jedesmal, den Kopf voller Bilder: Was für ein Film! Was für einen herrlich komischen Film man hier drehen könnte, mit einer unerschöpflichen Menge skurriler Gags, mit den Hanswursten aus dem Ministerium, den galligen Politikern, den Filous, den Profiteuren, der wimmelnden Pariser Fauna und der wuchernden Pariser Flora, einen Film über ein ernstes, pathetisches, zukunftsträchtiges, gewinnverheissendes, revolutionäres Thema: PARIS, TOR ZUM MEER, in der Kulisse eines trostlosen industrialisierten Hinterlands, in einem Maschinenfriedhof mit durchgerosteten Gaskesseln, eingestürzten Teerfässerpyramiden, im Schlamm treibenden Schützen, äschernen Pisten; ein mit Flaschenscherben übersätes Gelände mit Bergen aus verbeulten Kanistern, mit Matratzenfedern und anderem unsäglichen Abfall der menschlichen Zivilisation gespickten Erdwällen, ja sogar mit einer geheimnisvollen Nähmaschine auf einem aufgeschütteten Erddamm und einem verlassenen Kinderwagen, der eine Böschung hinunterrollt und sich in einem Rattenloch überschlägt; und man fragt sich, wie und warum diese Gebrauchsgegenstände hier in dieser Einöde gelandet sind.

Und drum herum ein gezahnter Horizont aus Fabrikschloten und luftverpestenden Rauchfahnen.

Paris, Tor zum Meer.

Ich hatte den Gedanken an eine Reportage fallengelassen, um mir einen Film auszudenken. Und ich erinnerte mich an Jouvets Triumph in *La Folle Journée* von Émile Mazaud, einer Tragödie im Stil einer unbeschreiblich bitteren, bedrückenden psychologischen Farce; Jouvet, bemerkenswert und beachtet und unvergesslich in der Rolle des Truchard im *Vieux Colombier*, diesem hässlichen Theater, vor dem vierzehner Krieg war das gewesen, und ich sah Jouvet in der Hauptrolle als die Seele meines Films. Ich sprach eines Abends mit Jouvet darüber, schüttete vor ihm meinen Sack Intrigen und komischer Szenen aus, legte mein

Thema in grossen Zügen dar, skizzierte seine Rolle, erfand fortlaufend Gags, die sich spontan aus meinem Exposé ergaben. Jouvet kugelte sich vor Lachen. Meine Geschichte von „Paris, Tor zum Meer" amüsierte ihn köstlich. Wir tranken bis spät in die Nacht. Wir sassen *Chez Francis,* gleich neben Jouvets Theater und zwei Schritte von meiner Wohnung entfernt. Das Lokal würde später den Rahmen zu Jean Giraudoux' *Die Irre von Chaillot* abgeben. Alles, was in Paris Rang und Namen hatte, zeigte sich an den Premierenabenden der *Comédie des Champs-Élysées* im beliebten *Grillroom*, einem einstigen Bistro, Treffpunkt der Droschkenkutscher, das um 1900 *A la Vue de la Tour Eiffel* hiess. Als Freund Francis uns hinauswarf, denn es war bereits spät, sehr spät, verabschiedeten wir uns lachend voneinander. Ich hatte Jouvet von Monsieur Friede erzählt, einem Werbeagenten, von Mademoiselle Margoline, einer Produktionsagentin, von Monsieur Pérez, einem Kommanditisten, der bereit war, Millionen aufs Spiel zu setzen, um ins Filmgeschäft zu kommen, und von anderen staatenlosen Juden mit unaussprechlichen Namen – Zuckor, Nathan, Kastanienbaum, Szmigelsky, Baranowitz, Himmelfarb –, die kaum ein Wort Französisch sprachen und sich zusammengeschlossen hatten, um einen Star weltweit bekannt zu machen und internationale Erfolgsfilme auf den Markt zu bringen; sie kamen alle aus Deutschland und den angrenzenden Ländern Osteuropas und waren vor Hitler und den vereidigten Nazihorden geflohen, die mittlerweile ihr wahres Gesicht zeigten; seit dem Sturm vom Juni 40 waren alle in Amerika oder in der Gegend von Auschwitz oder von Buchenwald (Hegels Jena, Goethes Weimar) untergetaucht, die Ärmsten (wer wird mir meine Champs-Élysées zwischen den zwei Weltkriegen mit ihrer herrlichen kosmopolitischen Sorglosigkeit wieder zurückgeben?), doch Jouvet schien an meinem Projekt nicht sonderlich interessiert zu sein. Louis Jouvet hatte damals noch keinen Film gedreht, so unwahrscheinlich das heute erscheinen mag. Aber es stimmt. Es war zu den Anfängen des Tonfilms, 1930–1931 also, kurz nach René Clairs schönem Film *Unter den Dächern von Paris,* einem sentimentalen Film, der einen Riesenerfolg hatte. Jouvet glaubte nicht an den Tonfilm. Das Projekt gedieh nicht weiter. Zwei Wochen später schiffte ich mich nach Südamerika ein, um wilde Tiere zu filmen. Ich hatte den Plan aufgegeben.

Paris, Tor zum Meer!

Ein endloses Gelächter.

Und ich lache immer noch beim blossen Gedanken an die Visage von gewissen Ministern und Beamten. Die besten Filme sind die, die nicht gedreht werden.

2.

Doch trotz des Versagens der Hafenkommission gibt es Hochseeschiffe, die in Paris anlegen, und nicht etwa in der Banlieue, sondern mitten in der Stadt. Kleine Steamer, deren Kopfhafen an der Tower Bridge liegt und die Endstation vor den Portalen zum Louvre, halten regelmässig die Verbindung zwischen London und Paris aufrecht, fahren die Themse hinunter, überqueren den Ärmelkanal, fahren die Seine hinauf, legen an und fügen sich unauffällig in die königliche Perspektive ein, die die Fassade des Louvre bildet, die Terrasse der Tuilerien über dem rechten Seineufer, die

Kuppel des Institut de France, die alten Häuser des Quai Voltaire am linken Seineufer, der sich verengende Vorhang der schönsten Silberpappeln der Welt und der ersten, die im Spätsommer gelb werden, der hundertjährigen Zitterpappeln, die unterhalb des Kais die beiden Ufer säumen, sich in Richtung der Strömung über den Fluss neigen und deren Zweige die Wirbel berühren und sie beim kleinsten Windhauch mit rotgefärbten Blättern übersäen, golden und kupfern leuchtende Tupfer in den letzten Strahlen der untergehenden Sonne, die durch die kahlen Wipfel dringt: eine einzige Herrlichkeit, die den Betrachter blendet, der von der Pont des Arts aus das grossartige Panorama bewundert: das majestätische Fliessen des Wassers im breiten Bett des Flusses, die ergreifenden Schattierungen des Lichts in einem grenzenlosen, klaren Himmel, den Übergang der Dinge vom verblassenden Licht zum sich ausbreitenden Schatten, die langsam von der Dunkelheit eingehüllten Menschen, als ob Menschen und Dinge schon bei Lebzeiten in die Geschichte eingingen, in die Legende der Stadt, einen Fuss in der ewigen Schönheit von Paris, wie man für alle Ewigkeit einen Fuss im Grab hat, während die ersten Sterne aufflakkern und sich die ersten Lämpchen längs der Uferstrassen im Wasser spiegeln und sich in einem durchsichtigen Dämmerhauch aus Staub und schimmerndem Licht auf dem Wasser verzerren; und man ahnt in der Tiefe der Jahrhunderte und in der Tiefe des Wassers die Nacht, die zu voll, zu üppig, zu prächtig, zu verlockend, zu tief hereinbricht, überschwenglich und von einer Schönheit, die einen mit Wollust und beklemmender Wehmut erfüllt und einen das ganze Leben lang unwiderstehlich anzieht.

Ich selber habe diese Schiffslinie nie benutzt, weder in die eine noch in die andere Richtung, doch die paar englischen Freunde, die ich darauf hingewiesen habe, gingen begeistert an Land, als ob sie die herrlichste Kreuzfahrt an Bord einer Jacht gemacht hätten, wo doch die kleinen Frachtdampfer keinerlei Komfort aufweisen, nicht einmal eine Kabine, und es grosser Überredungskunst bedarf, um an Bord gelassen zu werden. Die ersten waren, einer nach dem anderen: drei junge Dichter, wie es sie nur in London gibt, die letzten Jünger Oscar Wildes, für die das Leben Kunst war, angewandte Kunst, und sie wandten sie gewissenhaft an; dann zwei seraphische und entzückend schräge Musiker; ein begabter Maler, der hübsche Zeichnungen in einer auflagestarken Tageszeitung veröffentlichte, ein weitgereister Mann, der in Paris verliebt war; und der letzte, der siebte, ein Radioreporter, der schwer mit Koffer und Reisetaschen, mit jeder Menge Aufnahme- und Sendegeräten beladen war, ein abgebrühter Säufer, ein gutmütiger, sympathischer Draufgänger, der sein Handwerk beherrschte, der Kerl, für den ich im *Hôtel Loti* in der Rue Castiglione ein Zimmer reserviert hatte und der sich vor Staunen nicht fassen konnte, bloss zwei Schritte von seinem Hotel entfernt an Land gegangen zu sein, gleich vor dem Louvre, und Frankreich auf diesem königlichen Weg entdeckt zu haben.

„Es kommt mir vor, als sei ich die Aorta hinaufgefahren und sei mitten im Herz gelandet“, erklärte er mir, als wäre ich einer seiner Hörer. „Ein unbeschreibliches Gefühl! Und erst Paris! Die ganze Schönheit des Seinetals, die in Paris ihren Höhepunkt findet.“

„Sie irren sich“, neckte ich ihn, „diese Schönheit stürzt

sich ins Meer, ja ertränkt sich im Meer. Alles ist für ewig verloren."

„Nie im Leben", entgegnete er. „Es ist eine Läuterung. Das Blut steigt wieder zum Herz. Ein majestätisches Gefühl. Mein Solarplexus ist ganz erfüllt davon."

„Gehen wir einen trinken!" schlug ich vor. „Sonst bekommen Sie mir noch einen Schlaganfall, eine Angina pectoris oder eine Hirnblutung."

„Gehen wir einen trinken!" pflichtete er mir bei. „*Vive la France!* Doch Paris ... diese Schönheit ... ich bin hingerissen ..."

Und er stimmte wieder seinen Lobgesang an. Er fand keine Worte. Seine Begeisterung war grenzenlos, es war, als ob er schwebte. Obwohl er ein kräftiger Ire war, der an die 200 Pfund wiegen mochte.

Er stammelte. Er schwankte.

Und wir hatten noch gar nichts getrunken!

Also beschloss ich, ihn nicht in eine Cocktailbar in der Rue de Rivoli zu schleppen, sondern zur Witwe Moreau, Rue de l'Arbre-Sec, Ecke Quai du Louvre, am Place de l'École.

„Da, schauen Sie sich um", sagte ich, „hier bekommen Sie das Raffinierteste, was Frankreich zu bieten hat. Dieses Bistro ist einzigartig auf der Welt, einmalig, so etwas habt ihr in London nicht."

Und ich zeigte ihm die Gläser, die Flaschen, die Karaffen auf den Regalen und zählte die Namen der schönen, in parfümiertem Alkohol konservierten Früchte auf: Pfirsiche in Cognac aus der Champagne, in Branntwein eingelegte Kirschen, schimmernde Zwetschen, Mirabellen, Renekloden in Himbeergeist, Erdbeerlikör, Heidelbeerlikör, in Burgundertrester reifende Traubenbeeren, von altem Armagnac triefende schwarzblaue Pflaumen aus Agen, mit Cherry Brandy vollgesogene Brügnolen ... Doch was den masslosen Säufer in Ekstase versetzte, der von all diesen Köstlichkeiten – Herz, was begehrst du mehr? – hatte kosten wollen, ohne sich die Zeit zu nehmen, sie anständig zu degustieren, war die plötzlich entdeckte Calvadoskaraffe mit der darin schwebenden Bergamotte. Der Ire konnte sich einfach nicht erklären, wie die fleischige Birne durch den engen Flaschenhals gekommen war. Was für eine Versuchung, die pausbäckige gefangene Frucht! Der Hitzkopf wollte den ganzen Laden aufkaufen. Die Witwe Moreau jubelte. Ein Taxi wurde geholt, um den Heisssporn, dessen Augen grösser waren als der Magen und dem langsam übel wurde, in sein Hotel zu bringen. Seine Einkäufe waren bereits im Auto. Doch mein Freund wollte partout nicht gehen und verlangte jetzt ein Bier, wie bei den Engländern üblich, wenn sie etwas zuviel getrunken haben.

„Schweigen Sie endlich", sagte ich zu dem Unersättlichen, der sich auf einen Satz zinnerne Messbecher gestürzt hatte und hineinblies und fragte, der verdammte Säufer, was jedes einzelne Messkännchen an Spiritus fassen konnte.

„Ein paar Tage in Paris, und Sie werden den Inhalt dieser Becher und ihren Verwendungszweck kennenlernen, die nicht etwa den englischen Pints entsprechen. Hier schenkt man kein Bier aus und trinkt kein Spund-Ale!"

Er war mehr als beschwipst.

Ich bestellte Ratafia.

Das Grüppchen Stammgäste und Geniesser war empört

über den Krakeel, den wir veranstalteten, wir zwei Glorreichen am Zinktresen, während sie friedlich an ihrem ganz besonderen Likör nippten, in dem eine einheimische Frucht schwamm – ganz zu schweigen von den exotischen Köstlichkeiten aus unseren Kolonien, Zedrat aus Réunion, Pampelmuse, Ananas, *kako-chouva* oder Kakaobohnen aus Martinique –, jeder sass an seinem runden Marmortischchen, jeder für sich allein, jeder genüsslich und misstrauisch wie Robinson Crusoe auf seiner einsamen Insel: Wärter aus dem Louvre, Handwerker in langem Arbeitskittel und Pantoffeln, fröstelnde neurasthenische Kolonisten, schläfrige Archivare aus der Marinebibliothek, die damals ganz in der Nähe lag, Portiersfrauen aus der Nachbarschaft, die am Tresen ihren Cassis schlürften oder ihr Gläschen Arkebusade zischten, Kraftweine und Stärkungsmittel, Spezialitäten des Hauses, von denen die Witwe Moreau fachkundig ein beträchtliches Sortiment zusammengestellt hatte: Alaunwein aus grünen Nüssen, gelöschter Wein mit Diptam und Heidelbeere, hausgemachter Chinarindenwein … und erst die adstringierenden und menstruationsfördernden Mixturen, die den Angestellten des Kaufhauses *La Samaritaine* und den Midinetten aus der Auxerre vorbehalten waren, Jungfernessig, der in einer Sodawasserflasche serviert wurde, Armesünderwasser, eine sprudelnde blaue Limonade, die in den Gläsern schäumte, und der *foutouille,* ein Quittenschleim, dessen Rezept von Restif de la Bretonne stammen soll und der den Mädchen die Jungfräulichkeit zurückgibt; und die unter dem Namen eines Digestifs angebotenen Mittel, Triple-sec, Chartreuse, Benedictine, oder ein kleiner Aufsteller mit dem Etikett eines gewöhnlichen Aperitifs, ein noch viel selteneres und viel diskreteres Mittelchen, ein Dryakel für alte Herren, Ordensträger oder nicht, aber noch rüstig, von denen der eine oder der andere länger verweilte und viele Umstände machte und sich zierte im Hinterraum und sich diskret verdrückte mit seinem Kauf, dem „Diavolino", einem Aphrodisiakum, das in einem Tonkrug verkauft wird und im Wasserbad erhitzt werden muss und den Krampf gibt.

Ich bat die Witwe Moreau, auch uns einen Fingerbreit Arkebusade einzuschenken. Das pharmazeutische Destillat war diabolisch goldgesprenkelt und hatte einen kampferartigen Beigeschmack. Dann liess ich von sämtlichen Stärkungsmitteln das geheimnisvollste servieren: einen Aufguss in einer rechteckigen Karline, in dem ein Sträusschen Alpenkräuter eingelegt war und eine Wurzel oder ein mit Kristallen behängter Zweig, der aussah wie ein schwarzer Korallenstock, eine dickflüssige, klebrige Flüssigkeit – so stelle ich mir den faserigen Saft des Alrauns vor –, die nach Enzian schmeckte. Sie schmeckte unwahrscheinlich bitter. Ich habe einen Horror vor Enzian, und das Gebräu gab uns beiden den Rest. Ich sah inzwischen auch doppelt. Also bestellte ich für meinen Freund eine Nagelspitze von der Nuss, die einen richtig durchputzt. Das war der Gnadenstoss! Ich wollte gehen. Doch der verdammte Ire wollte nicht gehen, bevor man ihm nicht die grosse geschliffene Flasche entstöpselt hatte mit dem Gekreuzigten zwischen den zwei Räubern, dem guten und dem bösen, ein grotesk farbenprächtiges Miniatur-Golgatha, das unbeholfen aus einem Stück Sandelholz geschnitzt und in einer kubischen Flasche in eine wasserklare Flüssigkeit getaucht war, mit goldenen Akanthusblättern an den Ecken, einem ganz engen Flaschenhals, der die Form einer Bischofsmitra oder einer päpstlichen Tiara hatte, in dem ein eingeschliffener Stöpsel steckte, eine gläserne Dornenkrone, damit man ihn besser mit Daumen und Zeigefinger fassen konnte, eine Flasche, von der ich immer angenommen hatte, sie habe eine rein dekorative Funktion, und die seit je über der Kasse thronte und aus der ich die Witwe Moreau nie einem Kunden hatte einschenken sehen, und als der knirschende Stöpsel herausgezogen worden war und das Wasser zu gluckern begann – nein, es war kein Weihwasser, wie man der Durchsichtigkeit nach hätte schliessen können, sondern ein Feuerwasser, das einen Toten zum Leben erweckt hätte und uns das Gesicht zu einer Fratze verzerrte, als wir einen ganzen Becher kippten.

„*Goddam!* Warum ist dieses Höllenfeuer nicht blutrot gefärbt?" hauchte mein Radioreporter schwankend, als sei er vom Blitz getroffen. „Das ist ja Donnerwasser! Es müsste rot sein, Herrgott noch mal! Ich will rotes, das ist die Hölle! Ich will noch einen Schluck! Schenkt mir noch ein Glas ein, damit ich hunderttausend Kerzen auf einmal spucke! Mein Blut beginnt zu brodeln, bei San Gennaro! Gebt die Ampulle her, bei Barabbas. Ich kaufe sie. Wir stellen sie in der Pressebar in der Fleet Street[1] aus."

Doch die Flasche war unverkäuflich. Ich weiss nicht mehr, wie das Ganze endete. Wahrscheinlich bestens, denn wir sind immer noch befreundet, nach einem leichten Zerwürfnis allerdings, einer kleinen Verstimmung, die darauf zurückzuführen war, dass die Zunge des Iren am Tag nach dem denkwürdigen Suff gelähmt war und er nicht im Radio reden konnte und daher auf seine Reportage verzichten musste. Was seine Begeisterung nicht schmälerte, die bis heute noch andauert. Der Junge hat Heimweh nach Paris und bedauert mit mir, dass die Witwe Moreau gestorben ist und ihre „himmlische" Kneipe (das Adjektiv stammt von ihm, dem Lügner, der Beruf erfordert das nun mal) verschwunden ist. *Sic transit gloria mundi.* So gehen die Traditionen verloren.

Andere Zeiten, andere Sitten.

3.

Eines schönen Spätsommernachmittags flanierte ich das Seineufer entlang. Lehnte mich unterwegs zwischen zwei Bouquinistenkästen an die Mauerbrüstung, stellte mich neben einen Mann, dem ich seit geraumer Zeit folgte und der jetzt in dieser Art Fensterrahmen stand und auf die unter uns dahinfliessende Seine blickte; er stützte die Hände auf einen Folioband, ein Antiphonar vielleicht, mit beschädigtem Einband, den er eben in einem Bücherstapel entdeckt hatte. Ein Schwimmbagger, besser gesagt, einer der Flussschlepper, die mit einem Schaufelrad anstatt mit einer dampfbetriebenen Winsch versehen sind und die eine endlose, im Bett der Seine versenkte Trosse auf- und aufwickeln und sich gewissermassen flussaufwärts ziehen, tuckerte scheppernd vorbei und zog laut hupend den Schornstein ein, um unter der Pont des Arts hindurchzufahren. Das Herz schlug mir bis zur Kehle vor Erregung, so dicht neben dem berühmten Mann zu stehen, der widerstrebend etwas zur Seite gerückt war, als ob er eine Zudringlichkeit meinerseits fürchtete. Der in der Tiefe dahinfliessende Fluss war mit

Sonnenflecken gesprenkelt, der frische Wind, der wie die Schleppkähne stromaufwärts kam, wehte die wirbelnden Blätterschwärme der Zitterpappeln ins Wasser, trieb die Rauchfahne des Schleppkahns vor sich her und kräuselte die glitzernden grünspanfarbenen Wellen. Ich hätte mich eher lebendigen Leibes in Stücke reissen lassen, als mich zu erdreisten, das Wort an den berühmten Schriftsteller zu richten, den Mann, den ich am meisten verehrte und dem ich am liebsten die Meinung gesagt hätte und der stumm dastand und mit dem Blick dem plätschernden Konvoi der Schuten folgte – an Deck der letzten, die hoch aus dem Wasser ragte, flatterte Wäsche an der Leine, und der Schiffsführer und seine Frau, er mit windzerzaustem Haar, sie mit klatschendem Rock, standen am Heck und stemmten sich mit dem ganzen Gewicht gegen die Ruderpinne, um knapp einem der Brückenpfeiler auszuweichen, während der Schleppkahn stark krängte, um sich aufzurichten und korrekt unter der Pont Neuf hindurchzufahren –, dann schweifte der Blick meines Nachbarn zum gegenüberliegenden Ufer, zum Port-du-Louvre, wo Hunderte, Tausende Spirituosenkisten durch die vordere Luke geladen wurden; die Männer bildeten eine Kette, die vom Kai bis zu einem der erwähnten kleinen Steamer der Londoner Linie reichte, anschliessend luden sie Dutzende von Flügeln, riesige Verschläge, die in Lastwagen angeliefert wurden und die eine Drehwinde in der hinteren Ladeluke versenkte.

„Er wird heute nacht ablegen. Er hat voll geladen. Die Spirituosen sind für England bestimmt, aber die Klaviere gehen nach China, wo die Flügel Mode werden, jetzt, da sich die Chinesen den Zopf abschneiden lassen und sich modernisieren. Ich habe eine ganze Menge verkauft in Peking …"

Man kann stundenlang den anderen beim Arbeiten zuschauen, vor allem am Kai, wenn ein Schiff kurz vor dem Ablegen steht. Ich hatte ins Leere gesprochen, hatte beiläufig ein Selbstgespräch geführt, dachte, auf diese Weise meinen Nachbarn zu zwingen, nein, nicht sich für das zu interessieren, was ich sagte, aber mich anzuschauen; ich hätte so gern ein einziges Mal seinen Blick aufgefangen, seit ich ihm folgte, wenn er in den Kästen der Bouquinisten längs der Seine stöberte, tief in Gedanken versunken und gleichzeitig zerstreut, und sich von niemandem stören liess, die Nase in einem Buch, die Augen hinter einem Lorgnon versteckt; doch der berühmte Mann, der sich auf das Antiphonar stützte, stellte sich taub und wandte nicht einmal den Kopf. Er war kein bisschen freundlich. Man spürte, dass er einsam war. Er war mürrisch und offensichtlich ungesellig. Er zog instinktiv den weissen Seidenschal, der mit einer Kamee, einem Medusenkopf, festgesteckt war, fester um den Hals. Er trug flockseidene, an den Fingerspitzen fadenscheinige Handschuhe. Sein Spitzbart war schütter, ungepflegte Haarsträhnen lugten unter einem runden, zerbeulten schwarzen Filzhut hervor, wie ihn früher die Sammler von japanischen Holzschnitten à la Goncourt und die Pariser Intellektuellen trugen. Sein langer schwarzer Mantel war zum Kinn zugeknöpft, darüber trug er eine Pelerine, die von den Schultern bis zu den Hüften fiel und vorn länger war als hinten und die seinen runden Bauch zudeckte, aber sein nach vorn gebeugtes Kreuz freiliess. Der schlecht sitzende Mantel war im Rücken faltig, spannte über den Hüften, das Tuch war vorn straff und seitlich von den ausgebeulten Taschen verzogen, in denen immer Bücher steckten, die der unermüdliche Sammler bei den Bouquinisten aufstöberte; das lange Gewand hatte etwas von einer Priestersoutane, etwas Gesuchtes, Altmodisches, das mich wegen des Kontrasts an die steife, mit Tollfalten versehene Redingote Barbey d'Aurevillys erinnerte, des Konnetabels der Literaten, dessen provozierende Aufmachung und Duellantengehabe legendär geworden sind. Doch der aufgeblasene, geblähte, schwammige, eher schlaffe als dicke, ungesunde Körper, der sich unter der absonderlichen Bekleidung abzeichnete, fiel durch die bewusste Unauffälligkeit auf, und mein schweigsamer Nachbar hatte, trotz seiner Strenge, nichts von einem Eroberer. Er wirkte wie ein Misanthrop. Ein hässlicher, schief auf der Nase sitzender Zwicker vervollständigte das Bild eines alten, kranken, missmutigen Fauns und korrigierte das allzu Hochmütige an ihm. Doch ich traute mich nicht, ihn offen zu mustern. Ich vermochte seinen abwesenden Blick im blassen Gesicht nicht auf mich zu ziehen. Er schien sich seiner Stellung bewusst zu sein. Ich belauerte ihn aus dem Augenwinkel. Er sah aus wie eine aufgestützte Wasserspeierfigur. Ich erwähnte China absichtlich, um seine sprichwörtliche Neugierde zu reizen, auf deren monatliches Aufflackern Tausende von Lesern, zu denen ich seit Jahren gehörte, warteten und sich ungeduldig und freudig gespannt fragten, was seine nächste Zielscheibe und wer das Opfer seines vorurteilslosen, unersättlichen, zerstörerischen, universalen, skeptischen, popularisierenden, respektlosen, gelehrten und philosophischen, Ideen dissoziierenden und Werte transmutierenden Geistes sein würde, der so prächtige Feuerwerke losliess, und ich holte absichtlich volkstümliche Bilder des aktuellen Chinas hervor, eine Auswahl von Momentaufnahmen, von Fotografien, die die Widersprüche zwischen den traditionellen Bräuchen und den revolutionären Sitten zeigten, die die Amerikanisierung des Reichs der Mitte zur Folge gehabt hatte: die verstümmelten Füsse von Chinesinnen, die in ein Taxi stiegen, das Gewand eines Richter-Mandarins, das gegen die Winterkälte mit der dikken isolierenden Sonntagsbeilage der *Shanghai Times* ausgestopft war, die aufsehenerregenden Damenfahrräder, die chinesischen Radfahrer, die ihr neues vernickeltes Stahlross in den seit Tausenden von Jahren in den Granitplatten der kaiserlichen Strassen eingegrabenen Karrengleisen verbogen, die Grammophone, die die Nachtigallen in den Volieren ersetzten und zum *pi-hi* animierten.[2] Er verzog seine herablassende Miene nicht. Ich redete vom modernen und vom ewigen China, erzählte lauter Belanglosigkeiten, beobachtete ihn aber verstohlen aus dem Augenwinkel. Keine Reaktion. Erzählte, dass die Guillotine den Mandschu-Henker noch nicht ersetzt habe, doch dass der Rüpel immer öfter die Maschinenpistole benutze und zwar aus nächster Nähe, um einen Mann zu enthaupten oder ihn mit einer Revolverkugel im Nacken zu vernageln! Er wandte nicht einmal den Kopf. Nichts. Also redete ich weiter ins Leere, um die vermutlich gekünstelte Gleichgültigkeit zu brechen, erzählte, wie ich jeden Morgen die Zentralheizung im *Hôtel des Wagons-Lits* anzünden musste, was im unmenschlichen Winter 1904 in Peking zu meinen Obliegenheiten gehörte, und wie ich mit einer vollständigen Sammlung des *Mercure de France* und anderem Gedruckten, das von der

Plünderung des Konsulats durch die Boxer stammte, einfeuerte. Seine Reaktion war ebenso spontan wie unerwartet: Der berühmte Mann machte kehrt und liess mich wortlos stehen, entfernte sich mit seinem schweren Antiphonar unter dem Arm. Ja, ich liebte ihn! Ich wäre ihm am liebsten nachgelaufen, um ihn um die Gunst zu bitten, seinen dicken Schmöker tragen zu dürfen, der viel zu schwer zu sein schien. Ich folgte ihm mit dem Blick. Er überquerte blindlings die Fahrbahn, ging geradeaus, ohne sich um den Verkehr zu kümmern, und ich blickte ihm nach, wie er die Rue des Saints-Pères hinunterschritt, starrköpfig, doch mit einem seltsam ungelenken Gang, leicht schwankend, zögernd und schleppend, das Gewicht schlecht verteilt, gekrümmt, mit weichen Knien, schwach wie eine lahmende Ziege. Das Viertel ist stark begangen. Die enge Strasse widerhallte von den Töfftöff und dem Gehupe. Es wurde langsam dunkel. Ich konnte scharf hinhören, wie ich wollte, ich hörte keine Stimme rufen: „Der grosse Pan ist tot!" Obwohl mich das mitten in Paris keineswegs überrascht hätte. Ich gestehe sogar, dass ich darauf wartete, denn der berühmteste meiner Zeitgenossen, der Schriftsteller, den ich am meisten bewunderte auf der Welt – Rémy de Gourmont –, glich äusserlich einem Satyr. Doch das war nur die äussere Hülle.

Ich hätte dazu gehören können, aber ich habe nie zum engeren Kreis um Rémy de Gourmont gehört. Und dennoch, ich glaube, ich habe seit vierzig Jahren kein Buch geschrieben oder veröffentlicht, in dem sein Name nicht erwähnt ist oder ich ihn nicht in irgendeinem Zusammenhang zitiere. Was beweist, wie tief ich von meinem Lehrer beeinflusst worden bin, den ich mir mit zwanzig ausgesucht hatte. Alles, was ich aus den Büchern gelernt habe, verdanke ich seinen Büchern, denn ich habe alle Bücher gelesen, die er erwähnt; vor allem aber habe ich durch den Umgang mit seinen Werken den Gebrauch der Wörter und die Handhabung der Sprache gelernt. Ein Buch wie *Das mystische Latein* markiert für mich ein Datum, ein intellektuelles Geburtsdatum. Ich feiere es jedes Jahr mit dem Kauf eines Bandes der *Patrologie,* aber auch in Erinnerung an das Antiphonar, das er an jenem Tag unter dem Arm nach Hause trug, 71, Rue des Saints-Pères, wo ich ihn verschwinden sah. Doch der ehemalige Konservator der Nationalbibliothek war zu sehr Literat, als dass er mich das Leben hätte lehren können; trotz des *Joujou patriotique,* das ihn seine Stelle kostete, hatte ich mich bereits wild entschlossen und bis zum Hals hineingestürzt, nicht in die Politik, aber ins Leben, kämpfend und vom gewaltigen Rhythmus mitgerissen. Und das war der Grund, warum ich ihn am nächsten Tag, als ich ihm erneut am Seineufer begegnete, offen ansprach. Und er folgte mir ins Kino am Place Saint-Michel. Rémy de Gourmont hatte noch nie den Fuss in ein Kino gesetzt. Nebst anderen Streifen lief ein Dokumentarfilm über die Sambesifälle, und es waren nicht die schwarzen Träger und die Negerinnen, die Rémy de Gourmont vor allem faszinierten, sondern ein Ast, der sich zwischen zwei Steinen verfangen hatte und der Strömung widerstand, und er fragte mich, ob ich glaube, dass die gefährlichen Schnellen den Ast schliesslich mitreissen würden. Er war ein Kind. Am übernächsten Tag war er es, der mich aufforderte, ihn nach Hause zu begleiten. Und ich durfte die Höhle des Meisters betreten, die bis zur Decke mit Büchern tapeziert war; auf seinem überladenen Schreibtisch lagen links neben der Schreibunterlage, wo er nächtelang schrieb, ein Stapel weisser Blätter, rechts ein Stapel geschwärztes Papier. Es war eine Mansarde, ein enger Dachraum, unbequem und unkomfortabel. Seltsam, dass die Schriftsteller das Bedürfnis haben, sich irgendwo zu vergraben, wo sie sich nicht wohl fühlen, als würden sie sich so besser zum Schreiben zwingen und in der eigenen Falle gefangen sein, was wiederum beweist, dass das Schreiben keine Gabe ist, sondern Ausdauer und Disziplin, die man erwirbt. Alle Schriftsteller, die ich gekannt habe, lebten in ähnlich kärglichen Verhältnissen, und heute bin ich an der Reihe, mich einzuschränken. Als wir zu seinem siebten Stockwerk hinaufstiegen, bat mich Rémy de Gourmont, die Schuhe auszuziehen, um keinen Lärm zu machen. Es war erst sechs Uhr abends. Er hatte seine Priesterschuhe ebenfalls ausgezogen, und wir betraten auf Zehenspitzen seine Wohnung. Ich fragte mich, ob vielleicht jemand krank war. Es roch nach Apotheke bei ihm zu Hause, aber es roch auch nach Katzenpisse, nach Baldrian und nach Haarlemer Balsam. Wie schon bei Freund Lerouge hatte ich es eilig, mich zu verabschieden, um im Bistro nebenan die Kehle zu spülen. Ich schenkte ihm mein Rapier aus Isfahan, das ich für ihn mitgebracht hatte, und ich musste ihn drängen, es anzunehmen. Im Tausch dafür schenkte er mir ein Exemplar von *La Vie des mots* von Arsène Darmesteter, das voller persönlicher Anmerkungen war. Ich verliess ihn etwas verwirrt und vergass, beim Hinuntergehen die Schuhe auszuziehen. Auf dem knarrenden Treppenabsatz des sechsten Stockwerks öffnete sich die Tür einen Spaltbreit, eine Frau streckte den Oberkörper heraus und brach in höhnisches Lachen aus. Sie war nicht mehr ganz jung, übertrieben geschminkt und mit falschem Schmuck behängt. Aber sie musste einst schön gewesen sein. War es die berühmte Madame de C., seine Muse, deren Existenz mir bekannt war?

Ich habe Rémy de Gourmont nie mehr besucht. Ich war zu sehr mit meinem Flirt mit Antoinette beschäftigt, der Tochter des Tauchers.[3] Dann bin ich wieder nach Russland gegangen und habe MEIN LEBEN geführt. Ich hatte ihm meinen Namen nicht genannt. Ich schrieb ihm nie. Er erfuhr also nie, wer ich war. Ich hatte zuviel Hochachtung vor ihm, um ihm die Zeitschriften schicken zu lassen, für die ich gelegentlich unter verschiedenen Pseudonymen schrieb: *La Foire aux chimères, Les Actes des poètes* und eine Studentenzeitung, deren Namen ich vergessen habe, die Gedichte veröffentlichten, auf die ich unsäglich stolz war und die nichts taugten; ich habe ihm auch meine ersten signierten Bändchen nicht geschickt, aus Diskretion und aus einem absurden Schamgefühl heraus. Ich hatte mich von ihm gelöst, aber ich stand weiterhin unter seinem moralischen Einfluss, so wie man, zumindest in der Erinnerung, einer alten, in die Brüche gegangenen Liebe treu bleibt. Ich habe mich nie zu erkennen gegeben. Ich sollte Rémy de Gourmont erst sieben Jahre später wiedersehen, am Vorabend des Ersten Weltkriegs, im *Café de Flore,* wie in *La Main coupée* [4] erwähnt, und bei jener Gelegenheit erzählte ich ihm, wie ich einen Aussätzigen umgebracht hatte. Auch wenn der bei jener Begegnung anwesende Polizeibeamte vielleicht wusste, wer ich war, Rémy de Gourmont hat es nie erfahren. Ich weiss, dass eine Indiskretion begangen wurde, während ich an der Front war, und natürlich durch eine Frau, meine Frau, die so glücklich war, dem Meister die schmalen Bücher zu zeigen, die ich veröffentlicht hatte, darunter die grosse Ausgabe der *Transsibirischen,* und die glücklich war, mit der Maitresse und mit der Freundin Rémy de Gourmonts, seiner alten, langjährigen Muse und seiner jüngeren Inspiratorin, Madame de C. und Miss B., einer steinreichen Amerikanerin, Blaustrumpf und so fort, zu plappern und zu intrigieren und so berühmte Damen für das Los ihres Soldatenmannes zu interessieren. Wer weiss, was diese explosive Mischung aus Mondänem und Literatur ergeben hätte, wäre ich nicht Opfer eines anderen Sprengkörpers geworden. Ein typisches Beispiel einer geheimen Verletzung, die langsam das Leben zweier Menschen vergiftet und die kein Scheidungsrichter anerkennen will, betrachtet er doch diese Imponderabilien, die das Leben zu zweit fortan unmöglich machen, als nicht stichhaltig. Als ob es keine hakenförmigen Atome gäbe! Es braucht handfeste Vorwürfe, gravierende Misshandlungen. Es brauchte einen Priester oder die Hilfe Gottes. Doch – alles ist inzwischen schon lange gebilligt und ad acta.

... vergib uns unsere Schuld, wie auch wir vergeben unseren Schuldigern ... Nichts ist der menschlichen Natur so fremd wie die Vergebung einer Sünde, und die aufrichtigste Vergebung hört bei der tödlichen Kränkung auf und bewegt sich am Rande des quälenden Juckreizes. Wer sich kratzt, vergiftet sich.

Ich war erschüttert, als ich erfuhr, dass Rémy de Gourmont am gleichen Tag starb, an dem ich meinen Arm verlieren würde: am 27. September 1915.

Er war siebenundfünfzig.

Er war aussätzig.

Was für eine Farbe hatten seine Augen? Seltsam, ich kann mich einfach nicht daran erinnern, doch sehe seinen verzweifelten Blick leuchten, wie ich ihn nie hatte leuchten sehen, als er noch am Leben war: den animalischen Blick des Leidens, des Schmerzes zu leben: den gleichen hypnotisierenden Blick, den mir der alte Aussätzige in Neapel zugeworfen hatte.

Ich erinnere mich auch an den Mehldunst der intellektuellen Erschöpfung an seinen verkümmerten Wimpern. Genau zwanzig Jahre nach seinem Tod, 1935, als ich eines Samstagabends sehr spät, nach einer langen Autofahrt, unerwartet bei Freunden in Carpentras vor der Tür stand und bei ihnen übernachtete. Am Sonntagmorgen legte jemand in der Frühe einen Laib Brot vor meine Zimmertür, ein Brot aus feinstem Weizenmehl, das eigens für mich gebacken worden war. Zunächst glaubte ich, es müsse sich um einen Irrtum handeln, doch meine Freunde machten mich darauf aufmerksam, dass das Brot eindeutig mir gewidmet war; und während ich mich fragte, wie das möglich war, wo doch niemand von meiner Ankunft in Carpentras wusste, erklärten mir meine Freunde, der Bäcker von Carpentras sei kein gewöhnlicher Bäcker, sondern der grösste lebende provenzalische Dichter, und dass für ihn nichts unmöglich war, denn er sei ein Seher, alle im Vaucluse wüssten das. Ich suchte also Meister François Jouve in seinem *Four des Blondins* auf, der 1825 von seinem Urgrossvater Jean-Joseph, genannt Blondin, gegründet worden war, und ich blieb erstaunt vor dem ergreifendsten Porträt Baudelaires stehen, das zwischen zwei Türen in der Backstube hing. Auch der Bäckermeister hatte ein ergreifendes Gesicht, das vor Erschöpfung mit

Mehldunst bestäubt war, von den Wimpern bis in die Tiefe seiner Runzeln, die über sein eingefallenes Gesicht und dreimal um seinen mageren Hals liefen und wie ein Büsserstrick an seinem grau behaarten Rückgrat herunterhingen. Sein Oberkörper war nackt, der Schurz an den Gürtel geknotet; er war nicht mehr im Alter, die Nacht an seinem Backtrog zu verbringen, nicht einmal, um das Brot für den reisenden Dichter zu backen! Ich war verlegen, und der alte Mann war gerührt, mich in seiner Backstube zu empfangen. Wir tranken die Lawra und brachen mein Weissbrot. Die Widmung lautete:

Quau fai fortuno dins un an,
Sièis mes après vai en galèro …

Die Worte klangen voll. Dieses Sprichwort war der Anfang eines sehr schönen Gedichts.

Jouve rezitierte für mich den ganzen Sonntagnachmittag, rezitierte seine Gedichte auswendig, seine sauberen Bäckerhände kreisten um seinen leeren, in der Backstube verlorenen Blick und legten sich zwischendurch auf seine aufgeschlagenen Schulhefte auf dem Tisch – wie Himmelsvögel, die zwischen den ungleichmässigen Linien seiner grossen, gestochenen Handschrift eines alten Arbeiters Körner pickten, und seine munteren Hände hoben sich wieder, liessen einen weissen Fleck auf der Seite zurück, trugen am Finger einen Perlenreif Poesie davon, ein Gedicht, wie die Taube den Olivenzweig. Doch der Mann war traurig. Jouve, der Jünger Petrarcas, würde demnächst in den Ruhestand gehen, und er hatte keinen Sohn, der seine Nachfolge antrat. Ich glaube, er hat nach meinem Brot keines mehr gebacken.

Und das Rad der Dinge dreht sich.

4.

Bücher, lauter Bücher! Es gehen mehr Bücher durch die Kästen der Bouquinisten, als Wasser unter den Pariser Brükken fliesst. Es nimmt einem den Mut. Bekloppte Ästheten fragen, ob man nicht den Louvre in Brand stecken müsste. Sie fordern es aus Neid, aus Missgunst, um Platz zu schaffen, um bei Lebzeiten dort Einzug halten zu können, denn alle sind (man braucht bloss ihre Unterschriften unter dem lauten Manifest zu sehen, und man weiss Bescheid) erfolglose Maler und elende Versager. Im übrigen würden alle die Bilder möglichst schnell auf dem Schwarzmarkt zu Geld machen, bevor sie „Platz schaffen", denn sie haben sich eingehend nach dem Wert der alten Gemälde erkundigt. Den Louvre in Brand stecken! Bitte, warum nicht, Kinder, wenn es sich um ein Freudenfeuer handelt! Doch Geduld, wartet auf die ersten Atombomben, die man uns in Aussicht stellt, und das Lachen wird euch vergehen, wenn sie euch mit grinsendem, blankem Schädel zurücklassen und an Bord der Trireme PARIS – wenn die stolze Devise immer noch am Mastknauf flattert – bloss eine Besatzung siecher Hunde zurückbleibt, die an einer geheimnisvollen Krankheit, hundertmal schlimmer als der Skorbut, leiden. Jemand hat mir erzählt, ich erinnere mich nicht mehr wer, dass 1910 *Die Physik der Liebe* im Hof eines College in Oxford oder Cambridge öffentlich verbrannt wurde. Ich weiss nicht, wie Rémy de Gourmont bei dieser Nachricht reagiert haben mag, und auch nicht, ob es stimmt; aber ich habe zweimal die Bibliothek von Louvain brennen sehen, im August 1914 und im Mai 1940, ohne dabei auch nur im geringsten Erleichterung gespürt zu haben. Und unsere ganze Generation ist mein Zeuge, dass wir nicht dem versnobten, gezähmten Triumph des 20. Jahrhunderts beizuwohnen brauchten, um zu erkennen, wie vergänglich die Zivilisation, ja sogar der technische Fortschritt ist: die Ausgrabungen und die archäologischen Werke, die Filme und eine reiche Bilderdokumentation haben es uns längst bewiesen. Plutarch hat gelogen: Die Zerstörung der Metropolen der Antike war das Werk von Soldaten, und die Bücherverbrennung in historischen Zeiten war das Produkt des Offizialats, der Intoleranz, der Unversöhnlichkeit, des Fanatismus, unabhängig vom Regierungssystem oder der Ideologie eines modernen Staates, der dies forderte – und nicht das Werk der Barbarei. Ich betrauere den Brand der Bibliothek von Alexandria und den des Bücherturms in Mexiko, jene Bücher fehlen mir; und dennoch, jedesmal wenn ich eine der grossen Bibliotheken der Welt betrete, die Nationalbibliothek in Paris, die Bibliothek im British Museum in London, die Kaiserliche Bibliothek in Sankt Petersburg oder die Königliche in Berlin, die Carnegie-Bibliothek in New York, die Congress Library in Washington oder die Livraria de Dom Pedro in Rio de Janeiro – wo man zwei-, dreimal im Jahr die Million Bücher in ein Paraffinbad tauchen muss, weil die tropischen Würmer unglaublich virulent sind und absurde Verheerungen anstellen, Papier und Gedrucktes sind fragil geworden vor lauter in den Händen Halten und Blättern –, muss ich unwillkürlich an die Nekropolen Mesopotamiens denken: riesige Trümmeransammlungen, zwischen denen ich umhergegangen bin, die mit Schriftzeichen bedeckten Ziegelsteine sind lauter Friedhöfe, einer neben dem andern, wie die aneinandergereihten Bücher auf den

Regalen in den riesigen Lesesälen unserer modernen Bibliotheken, von denen man schliesslich genug hat und deren Katalog mit der Zeit nicht mehr auf dem neusten Stand gehalten werden kann, weil ständig zu viele Bücher erscheinen. Man stelle sich den Louvre vor, würde man die Maler ebenfalls verpflichten, Pflichtexemplare zur Verfügung zu stellen!

Beim Verlassen der Nationalbibliothek gestand mir Pierre Reverdy eines Winterabends (es wird früh Nacht in der Nationalbibliothek, wo es keine Beleuchtung gab, die aber geheizt wurde, darum hatten wir den Tag dort verbracht und hatten uns dort zufällig getroffen, er und ich, arme Dichter alle beide!), er habe jedesmal, wenn er den Lesesaal betrete, das Gefühl zu ersticken und habe die grösste Lust, sich ein Loch durch den Bücherhaufen zu graben, sich die Nägel abzuwetzen, die Finger, die Hände, bis er es vor lauter Scharren schaffe, wie ein Maulwurf eine Ritze, ein Luftloch zu graben, sich aus der dicken gepolsterten Büchertapete zu befreien, die Bücherwand zu durchbrechen und wieder ans Licht zu gelangen! Daher hat er vielleicht den kleinen Band *La Lucarne ovale* veröffentlicht: um zu atmen! Doch so schmal es sein mag, dieses Bändchen hat zusammen mit ebenso vielen und ebenfalls schmalen Bändchen einen Wall gebildet, und nicht alle sind wie seines eine Lukarne, die einen Lichtstrahl hindurch lässt. Doch leider ist Pierre Reverdy herzkrank. Als wir auf dem Place du Théâtre-Français anlangten, auf dem Grünstreifen der Rue Saint-Honoré, eine geeignete Stelle, um jemanden abzuhängen, und weil Reverdy mir diesen Streich schon einmal gespielt hatte, nutzte ich unter dem Vorwand, im *A la Ci-*

vette ein paar Zigaretten kaufen zu gehen, die Gelegenheit, um zu verduften und den Dichter vor „seinem Abgrund“ seinen Ekstasen zu überlassen, denn Reverdy hat, wie Pascal, einen persönlichen Abgrund. Und ich dachte über das nach, was er mir von seiner Maulwurfsgraberei in der Nationalbibliothek erzählt hatte, was mich durch Gedanken- und Bilderassoziationen an die berühmten Maulwürfe Rémy de Gourmonts erinnerte, über die ich mich so amüsiert habe, die berühmten jungen Maulwurfsweibchen, die der notorische Amoralist in seinem Vorwort zur *Physik der Liebe* erwähnt und die vor den Männchen flüchten und sich die Klauen und die Pfoten blutig wetzen beim Graben eines unterirdischen Tunnels, um sich nicht schnackseln zu lassen, was allerdings nicht auf strikter wissenschaftlicher Genauigkeit beruht, und das von seiten eines Autors, der sich rühmte, alle Liebesgesten in die Natur zurückzuversetzen und sie dadurch zu banalisieren, und der sich ebenso lächerlich machte wie seine Gegner, wenn er in seinem Hass gegen jede einschlägige moralische Interpretation ausrief (und es nicht etwa ironisch meinte!): „Wo ist die christliche Jungfrau, die sich, im Keller einer Burg gefangen, die Hände bis zu den Ellbogen und die Arme bis zu den Schultern blutig schürft, um einen unterirdischen Gang zu graben und vor den Annäherungen ihres Entführers zu flüchten, der sich an ihrer Tugend vergreifen will?“ (Ich zitiere sehr frei aus dem Gedächtnis.) Sowohl die guten als auch die schlechten Bücher stranden in den Bücherkästen längs der Seine. Das ist nicht etwa ein Pranger, nein. Doch man muss vergessen können, was man gelernt hat, um besser zu verstehen. Für diesen einzigen Satz verdient Rémy de

Gourmonts Buch, am Pranger zu landen oder in Oxford oder Cambridge wirklich oder fiktiv verbrannt zu werden. Grosse Götter, ich weiss doch: wenn die scheinheiligen Engländer es verbrannt haben, dann nicht deswegen. Dennoch, reiner Wahnsinn, die vielen Bücher in den Bouquinistenkästen an der Seinepromenade!

Paris, Tor zum Meer, setzt auf Bücher! *Die schönste Bibliothek der Welt!* würde Rémy de Gourmont schreiben, der das Sortiment der Bouquinisten kannte und der eine Bestandsaufnahme vom Inhalt jedes Kastens erstellt hatte. Was das angeht, hatte er recht. Eine Freiluftbibliothek. Dorthin hätte Pierre Reverdy gehen sollen, um gegen seine Platzangst zu kämpfen. Ich habe ihn dort nie getroffen. Man kann lesen, flanieren, spazieren, träumen, den Bauch sonnen, die Passanten beobachten, unauffällig alles erfahren … Oder gegenüber, bei der dicken Félicie *Au Rendez-vous des Mariniers,* etwas trinken. Reverdy zog jedoch „sein Loch" vor, in dessen Tiefe die Metro rumpelte und aus dem er *Nord-Süd* herauszog, seine Lyrikzeitschrift, die ihn nach Saint-Benoît führte zu Max Jacob, der ihn wiederum zu den Benediktinern nach Ligugé oder Solesmes lotste, ich weiss nicht genau, von wo er bekehrt herauskam, um bei Coco Chanel mit der Mannschaft des Grafen Étienne de Beaumont anzutreten, der Schmuck zum Verkauf anbot, Schmuck aus kleinen geschliffenen Spiegelfragmenten, die die feine Gesellschaft, die Damen und Dandys, endlos reflektierten; das Feinste vom Feinen war von nun an, sich von den grossen Couturiers kleiden zu lassen, wie man es bei der Mobilmachung 1939 sehen konnte, hatte doch eine gewisse Jeanne Lanvin eine Abteilung für Generalstabsoffiziersuniformen eröffnet, und die Dummköpfe, die Lulatsche, kreuzten unendlich preziös und nostalgisch in mauvefarbenem oder pastellblauem Khaki an der Front auf, ihre steife Schildmütze in Aquarellfarben getaucht, die Basane an der Reithose kreidefarben, die geflochtenen Tressen altgolden, wie die mit groben Stichen angenähten der Statisten im Châtelet (er selbst, Étienne de Beaumont, von Édouard Bordet in *La Fleur des pois* und in *Le Bal du comte d'Orgel* von Raymond Radiguet auf die Bühne gebracht, hatte eine Fistelstimme und das blasse Profil einer abgestempelten Briefmarke!). Ich hatte Reverdy fast zwanzig Jahre nicht mehr gesehen, als ich ihm zufällig in einem Nachtlokal begegnete, im *La Boule Blanche,* wo er, gekleidet wie ein Mylord, palaverte, dozierte, über Poesie redete und vor allem sich selber zuhörte, sich für den Nabel der Welt hielt, umringt von einer Schar dadaistischer Kanaken, die sich in Montmartre verspätet hatten. Wie kam es, dass Pierre Reverdy noch nicht *Académicien* war? In jener Nacht erinnerte er mich an Sainte-Beuve. Er war fett, bösartig, giftig, und ich hatte Mühe, den Dichter wiederzuerkennen, denn Reverdy hatte mit fünfundzwanzig dem jungen Victor Hugo geglichen, und ich hatte immer gewettet, dass er von uns allen der erste sein würde, der in die Akademie aufgenommen werden würde (lange vor Cocteau, auf den die anderen tippten, denn für die Académie bedarf es einer gewissen Unschuld, doch Cocteau war viel zu intelligent, um es zu schaffen, und dann, er lässt sich nichts vormachen, Jean mit der Haartolle stammt aus Paris!). Es gibt keine Gerechtigkeit. Ich lege Wert darauf, meine Wette zu gewinnen, und wenn auch nur, um eine Flasche auf Reverdys Gesundheit zu trinken. *Hélas!* Nicht bei der dicken Félicie, denn sie ist gestorben, hat ihr Geschäftskapital mit den Matrosen, ihren Liebhabern, vertrunken. Die hatte Temperament! Sie lachte sich halbtot über die Geschichten, die ich aus Rémy de Gourmonts berühmtem Buch entlehnte. Ich erzählte ihr nur die Handlung, verzichtete auf die Moral und auf die Gegenmoral. Einmal bin ich mit ihr in den *Jardin des Plantes* gegangen, um die Riesenschildkröten aus Nubien bei der Paarung zu sehen. Ich erklärte ihr die bizarre Physiologie und Anatomie der kriechenden Chelonen, die Dornkralle des Männchen, die Kloake des Weibchens, doch das Schauspiel widerte sie nicht etwa an, nicht im geringsten, sondern sie war davon begeistert, wie von einem besonderen Dreh. „Wir armen Frauen!“ rief sie aus. „Wir haben immer nur den Ärger.“ Sie konnte nicht lesen, aber sie hatte Augen im Kopf und beurteilte die Männer sehr genau. Sie liess sich nie hereinlegen. Wenn sie wollte, dann wollte sie wirklich. „Ich kann mein Schnapslager ja nicht mit in den Himmel nehmen, oder?“ pflegte sie zu sagen. „Also trinken wir's! Mein verstorbener Mann hat es mir vermacht. Er kannte sich aus. Ich bin nur zufällig Wirtin geworden. Auf mein Wohl! Auf euer Wohl!“ Und sie trällerte ihr Lieblingslied:

Pan, pan, pan, qui frappe à la porte?
Je crois bien que c'est mon mari …

Und die Matrosen stimmten in den Refrain ein:

Si c'est lui, oui, oui, oui!
Si c'est lui, non, non, non!
Si c'est lui, que le Diable l'emporte!

Die Burschen stammten aus dem Norden und aus dem Pas-de-Calais. Die dicke Félicie kam aus Dünkirchen. Sie sangen im Chor und machten ein Höllenspektakel, und ich sang mit ihnen und schlug mit dem Flaschenboden den Takt auf den Tischen. Die Nachbarn protestierten. Da hängten wir die Läden vor Fenster und Tür, machten den Laden sogar mitten am Tag dicht und zogen zu einem Zechbummel in die entfernten Vororte, tanzten, schlemmten, tranken in den Kneipen am Ufer, in den kleinen Quetschen, in denen nur die Matrosen verkehren, verlassene Mühlen wie die von Ballancourt, wo sie sich zu galanten Rendezvous trafen und wo sie nach tagelangen langweiligen Reisen auf ihren Kähnen festmachten und wo die Taxis (die Taxis der Marne) uns in knapp einer Stunde hinfuhren. Das Bistro an der Seinepromenade blieb in der schönen Jahreszeit ein oder zwei Tage geschlossen, ja ein oder zwei Wochen, wenn Félicie plötzlich die Lust überkam, eine kleine Reise an Bord einer Barkasse zu unternehmen, die nach Norden die Kanäle hinauffuhr, denn die überschäumende Kneiperin, die durch ihren unseriösen Lebenswandel ihre ganze Nachbarschaft, allesamt friedliche Ladenbesitzer, am Quai des Grands-Augustins empörte, hatte Heimweh, wie alle Mädchen aus Flandern. Meine Liebe zu den Büchern trennte mich nicht etwa von ihr, ich hielt sie für eine energische Frau, und von ihrer Bande fröhlicher Kumpane, ganz im Gegenteil, meine Liebe zur Lektüre liess mich leidenschaftlich an den Festen der Unbekümmerten teilnehmen – als hätte man mich entwöhnt, als man mir ein Buch in die Hand drückte, und ich zu kurz gekommen wäre. Was stimmt, denn es war Mama, die mir das Lesen beibrachte und mich jeweils auf die Knie nahm. Das ist alles, was ich von ihr gehabt habe. Ihr Herz war anderswo. Und seither … Ich will leben, wie die dicke Félicie, und ich habe Durst, ich habe immer Durst. Die Druckerschwärze wird diesen Durst nie zu stillen vermögen. Man muss erst einmal leben. Wenn ich mich heute mit dem Schreiben beeile, dann nur, weil ich schreiben will, solange noch Feuer in meinem Geist brennt, denn das Alter naht, und ich will mich der zwei, drei dicken Schmöker entledigen, die ich in mir trage und die ich seit jeher nähre – wie Charles Baudelaire *Mon cœur mis à nu,* das er nie geschrieben hat, was der Grund seines Unglücks ist. Zehn Jahre würde ich dafür brauchen, habe ich gesagt. Während dieser zehn Jahre wird sich die Welt verändert haben, davon bin ich überzeugt. Und ich will noch dabei sein. Ich komme aus einer Familie, in der man alt wird. Der Stamm ist kräftig. Ich denke an meine alten Tage, und ich wäre ein glücklicher Mann, wenn ich am vorbestimmten Tag namenlos verschwinden kann, ohne Sehnsucht nach der Welt und am ausersehenen Ort, an der Quelle der Welt selbst, mitten in der Sargassosee, dort, wo sich das Leben das erste Mal offenbarte und aus den Tiefen des Ozeans und der Sonne strömte.

„Se Deus quiser, amanha ...“, schrieben die portugiesischen Entdecker in ihr Bordbuch, die als erste in diesen kaum befahrenen Gewässern segelten. „Ja, morgen, *se Deus quiser.* Morgen werden wir in der Neuen Welt anlegen; die Fluten haben bereits die Farbe geändert, Vögel fliegen uns entgegen, und die Strömungen von Westen schwemmen das Treibholz einer unbekannten Vegetation an, darunter war ein morscher, verkohlter Stamm, der vielleicht vom Feuer des Himmels angesengt wurde, doch manche wollen das Werk einer menschlichen Hand erkennen und behaupten, es sei eine Piroge. Wir haben vergeblich versucht, sie heraus-

zufischen. Es wurde Nacht. Wir haben das erste Mal den Kurs geändert, seit wir mit dem Südostpassat segeln. Wir nutzen den Wind, um zu kreuzen und vielleicht eine Klippe der noch unsichtbaren, unbekannten Erde zu sichten, über der dichte Wolken hängen und von der eine betäubend duftende Brise herüberweht. Ist es eine Insel oder der Kontinent Kathai?[5] Wir haben diese Frage stundenlang erörtert; manche behaupten, flackernde Lichter gesehen zu haben, immer die gleichen, und die Frage, ob es eine Piroge ist, bleibt im dunkeln …"

Männer!

Als sie ins Unbekannte hinausfuhren und geradeaus dem Abenteuer entgegensegelten, hatten sie das Glück, neue Menschen zu entdecken.

Ich zähle nicht. Meine Bücher ebenfalls nicht. Doch man wird nie genug auf den weiblichen Beitrag in der Literatur hinweisen. Manchmal könnte man glauben, Platos *Psyche* sei wiedererstanden, und es ist die unerwartete Begegnung des schlafenden Hermaphroditen oder Eros, die dem Leser das Gefühl von Vollendung gibt und den Reiz und den Zauber des Lesens ausmacht, was die gefährliche Leidenschaft für fiktive Welten erklären würde, von der die Menschen besessen sind.

Es rührt an Magie. Bücher, lauter Bücher. „Mein Sohn, lass dich warnen! Des vielen Büchermachens ist kein Ende, und das viele Studieren ermüdet den Leib" (Kohelet, 12,14), heisst es in der Bibel. Kein Buch – selbst das schlechteste nicht –, das keinen Sonnenstrahl aussendet. Ein Licht, hinter dem sich die Erkenntnis verbirgt. Ein Schattenkegel also.

5.
Einer, der sich vom Heidenspektakel, den man bei Félicie veranstalten mochte, nicht stören liess, war ihr Nachbar Chadenat gleich nebenan, der König der Buchhändler, den nichts, selbst das plötzliche Eintreffen der Feuerwehr nicht, von seiner Leidenschaft abhielt. Weil Chadenat ein ungewöhnlicher Buchhändler war: Er las nämlich seine Bücher, und ich habe mich immer gefragt, ob er seine Geschäft nur führte, um Bücher zu kaufen, und nicht, um sie zu verkaufen: aus Angst, keinen Lesestoff mehr zu haben, alle Bücher zu kaufen und immer ältere und immer seltenere und die unauffindbarsten und einmaligen Exemplare, die man nirgends finden konnte, selbst in den grössten Bibliotheken der Welt nicht, nicht etwa, um sie zu besitzen, wie ein Geizkragen eine unschätzbare Sammlung, sondern um sie zu lesen, um lesen zu können, lesen, lesen, von morgens bis abends und von abends bis morgens lesen. Er war eine Balzacsche Gestalt.

Der *Figaro* vom 13. November 1947 schreibt in seiner Rubrik – einer mit *André Fage* gezeichneten Rubrik – über die Auktionen im Hôtel Drouot:

„Die Chadenat-Bibliothek ist im Begriff, zu einer Legende zu werden. Ist sie endlich erschöpft? Wird sie es jemals sein? Jedenfalls ist es das vierte Jahr, dass sie verkauft wird, doch sie scheint unversiegbar zu sein. Vorige Woche hat Maître Étienne Ader mit seinem üblichen Elan den elften Teil veräussert, und es handelte sich dabei wiederum um dreihundert Bände geographischer Werke und Reisebeschreibungen, keine Luxusausgaben, aber unauffindbar, Beschreibungen von sehr alten Forschungsreisen in unbekannten Ländern, die die Bouquinisten in Entzücken versetzt haben.

Im Katalog entdeckt man da und dort ein paar hohe Preise: 37'000 Franc für die deutsche Übersetzung der 1550 von Hernando Cortés herausgegebenen Schilderung seiner Abenteuer; 30'000 Franc für ein ungewöhnliches Werk von Guillaume Guéroult mit den ‚pourtraitz' der berühmtesten Städte Europas (insbesondere Paris, Lyon, Tours und Perpignan) im 16. Jahrhundert; 68'000 Franc für die *Opera Mathematica* von Johannes Schoner, 1551 erschienen, mit farbigen Bildtafeln von Kolumbus', Vespuccis und Magellans Weltumsegelungen; 51'000 Franc für ein persisches Manuskript mit Miniaturen, *Histoire des prophètes musulmans*, aus dem Anfang des 18. Jahrhunderts; 68'000 Franc für die äusserst seltene Originalausgabe der neun 1552 von Las Casas in Sevilla veröffentlichten Traktate über den gesetzlichen Schutz der Indianer."

So habe ich vom Tod Chadenats erfahren, denn ich konnte nicht glauben, dass er zu seinen Lebzeiten seine Büchersammlung hätte auseinanderreissen lassen, nicht einmal durch ministerielle Verfügung oder durch den Gerichtsvollzieher gezwungen. Er hätte sie viel eher in Brand gesteckt und wäre mit ihr in der Asche gestorben!

Dem Bericht im *Figaro* nach zu schliessen, muss Chadenat 1943 gestorben sein, während der Besetzung also, und ich habe nichts davon erfahren, denn die Pariser Zeitungen gelangten nicht bis in die Zone „nono", und die Journaille der Zone Süd brachte nur aktuelle Meldungen eines mehr als oberflächlichen, verlockenden, unterhaltsamen, freundlichen, ephemeren Parisianismus, der unter die schärfste

Lupe genommen worden war, auf Samtkissen präsentiert, geschminkt, um ja nur ein verführerisches Bild heraufzubeschwören, ein Pin-up-Girl, ein Vorzeigebild für die Provinz! Als gäbe es keine Boches und als wäre die geknebelte Hauptstadt nicht durch Folterqualen mundtot gemacht worden; ich las sie nicht, denn es war empörend; ich weiss also nicht, wie und woran Chadenat gestorben ist, weil ich nicht mehr nach Paris „hinaufgegangen" bin, seit ich mich als freiwilliger Gefangener in meiner Höhle in Aix-en-Provence verkrochen habe und mich dem Schreiben widme. Ich habe mir trotzdem aus reiner Neugierde die neun oder zehn Kataloge der früheren Auktionen beschafft, und auch wenn ich mit Freude festgestellt habe, dass, wie vermutet, darin alle Bücher aufgelistet sind, die Chadenat in seiner langen Karriere erwerben konnte, und ich mir sage, dass er sich bis zu seiner letzten Stunde daran freuen konnte, habe ich dennoch mit Bedauern festgestellt, dass kein einziger Hinweis, weder biographischer noch fachlicher, noch nostalgischer Natur, den Mann vorstellt, nichts, kein Wort, weder über seine Ausbildung noch über seine Herkunft, als handle es sich um einen obskuren Buchhändler und nicht um einen König; als handle es sich um ein gewöhnliches Bücherlager und nicht um eine in ihrer Art auf der Welt einzigartige Büchersammlung aufgrund der seltenen und allerseltensten Exemplare, die sie enthielt, um eine mit Liebe, Wissen, Gelehrsamkeit, Geduld, langen Nachforschungen, in langen Briefwechseln verlorener Zeit, ständigen Sorgen zusammengetragene Sammlung, aber auch und vor allem, weil mit Leidenschaft ausgesucht und mit einer Leidenschaft unterhalten, die an Wahnsinn grenzt; und dies ungeachtet aller Angebote, Begehrlichkeiten und Versuchungen, ob es um Geld oder Ehre oder eine gewöhnliche Nachfolge ging; als ob es sich nicht um das pathetische Ende eines Mannes handelte, eines Charakters, wie es keine mehr gibt, unbeugsam, bärbeissig, abweisend, nicht besonders liebenswürdig, gewiss, der unliebsame Kunden schnell hinauswarf, um einen überheblichen, kompromisslosen Geist, eine Seele aus einem anderen Jahrhundert, voll und ganz einer einzigen Leidenschaft hingegeben: der Lektüre. Ist es mir gestattet zu wünschen, dass der Tod, der ihn aus seiner Buchhandlung entführte, ihn sanft bei der Hand nahm und dass Chadenat friedlich an Altersschwäche starb?

Chadenat war alterslos. Seine Gesundheit war nie besonders gut gewesen. Ich habe ihn immer kränkelnd und spuckend gesehen. Auch seine Blase plagte ihn ständig. Er litt wie Montaigne an einem „Stein". Er mochte um die 60 kg wiegen und trug keine Sorge zu sich, ernährte sich schlecht und schlief, niemand weiss wo. Er war, wie mein Bäcker aus Carpentras, ein eher schwermütiger Mensch, und auch er beklagte sich wie mein Petrarca-Jünger Jouve, keinen Nachfolger zu haben; sein Sohn und sein Schwiegersohn hatten mit Büchern nichts am Hut, der eine war Angestellter in Bercy, und der andere führte eine Weingrosshandlung, im Poitou, wenn ich mich richtig erinnere, beide jedoch fest entschlossen, nach seinem Tod die Bibliothek an den Meistbietenden zu verkaufen; und Chadenat grämte sich über das seinen Büchern bevorstehende Schicksal, und dass sie in alle Winde verstreut und womöglich in die falschen Hände kommen könnten, das heisst an Leute, denen er sie bei Lebzeiten nie hatte verkaufen wollen, es gab genug

Liebhaber in allen Ländern, darunter Maggs Brothers, die berühmten Buchhändler in London, Kenner und Sammler, die auf den grossen Auktionen alles und zu jedem Preis aufkauften; allein schon die Erwähnung ihres Namens brachte Chadenat in Rage, er konnte nämlich Maggs Brothers auf den Tod nicht leiden, Chadenat hasste die Engländer, machte sie für Frankreichs Niedergang verantwortlich, weil sie alles Unheil angezettelt hatten seit Jeannes Scheiterhaufen und bis zum jüngsten Desaster von Charleroi: die Engländer, unser Erzfeind seit Generationen.

Merde pour le roi d'Angleterre qui nous a déclaré la guerre! summte er das einzige Mal, wo ich ihn singen hörte.[6] An jenem Tag war er aufgekratzt und geladen, ging in seinem Laden auf und ab und wirbelte Staubwolken unter seinen Füssen auf. Es war der Tag des Staatsbesuchs Ihrer Königlichen Majestäten Britanniens in Paris, im Juni 1938.

„Dass sie hier sind", sagte er, „bedeutet, dass der Krieg beschlossene Sache ist. Aber diesmal haben sie Angst, eine Schlappe einzustecken. Und Frankreich wird wieder einmal die Zeche dafür bezahlen, denn im Ränkeschmieden sind sie gross, die Engländer. Arme kleine Franzosen! Ich wollte ein Haus in Cabourg mieten, um meine Bücher in Sicherheit zu bringen, man weiss ja nie mit all diesen Geschichten von Flugzeugen … Aber Cabourg liegt auf dem Weg nach England, daher ziehe ich es vor, in Paris zu bleiben. Und wenn ich mir vorstelle, dass man bereits das Louvre-Museum evakuiert! Eine Schande! Arme Menschen, die nicht mehr an ihr Schicksal glauben und keine Risiken eingehen wollen … Man wird uns besiegen, elendiglich besiegen …"

Wenn meine Erinnerung mich nicht trügt, hat t'Serstevens im Mai oder Juni 1921 Chadenat auf der Titelseite von *Comœdia* einen langen Artikel gewidmet; er war also der erste, der diesen aussergewöhnlichen Buchhändler bekanntmachte, dessen Porträt er ganzfigürlich, nach der Art der historischen Maler zeichnete und die Persönlichkeit drapierte, um aus ihm den weltweit einzigen Kenner des Karibischen Meers zu machen – als ob es sich um den letzten lebenden Nachfolger der Piraten handelte, die diesen Teil des Ozeans in allen Richtungen plünderten und während des ganzen 18. Jahrhunderts ihre Gesetze diktierten, als handle es sich um den Grossmeister, nein, nicht des Malteserordens, sondern der Schildkröteninsel; das Porträt war treffend, wenn auch ein bisschen zu sehr bis in die kleinsten Feinheiten gezeichnet, und nur in einer Haltung oder Pose, wie nicht anders zu erwarten von einem Schriftsteller, der eine ganz besondere Vorliebe für eine bestimmte Epoche, für ein bestimmtes Büchersegment hat und eine theoretische, optimistische, farbige Vorstellung von der Welt, der Flame mit dem romanischen Einschlag; ich hätte also t'Serstevens schreiben können, um mich nach dem Ende des grossen alten Büchermannes zu erkundigen und ihn zu fragen, ob er keinen Nachruf geschrieben habe, und ihn um nähere Einzelheiten und biographische Daten zu bitten, denn t'Serstevens interessierte sich für solche Dinge, weil er ebenfalls ein „Anmerker" und akribischer Forscher war; die Bücher, aus denen sich die Bibliothek des Romanautors zusammensetzt, sind mit zahllosen Randbemerkungen und sachdienlichen Hinweisen versehen, die mir oft gute Dienste geleistet haben; doch Freund t'Serstevens hält sich gegenwärtig auf den Marquesas auf, wo er von Insel zu Insel segelt, von Hiva-Oa nach Nukuhiva, nach Ua-Pou und zum Atoll Napuka, und am 4. Februar 1947 in Papeete Amandine Doré geheiratet hat, wie er mir schreibt, sich mit den sanften Eingeborenen anfreundet, die ihm den Spitznamen TETEVINI gegeben haben und die für ihn einen *tamaara* ausgerichtet haben, einen gewaltigen Festschmaus; er ist offensichtlich glücklich, und ich hätte Skrupel, ihm seinen Honigmond zu verderben und ihn, einfach so, mit ungelegenen Fragen beruflicher Natur zu belästigen, die ihn womöglich daran erinnern könnten, dass er auf der Ile Saint-Louis in Paris eine reichhaltige Bibliothek besitzt, wo er sein bisheriges Leben mit eifrigem Studium verbracht hat, was ihn unter Umständen trübselig stimmen und ihn veranlassen könnte, auf der Stelle nach Paris zurückzukehren, was ich mir wiederum als einen Eingriff in seine Freiheit vorwerfen würde. Wo er endlich das Joch der Zivilisation abgeschüttelt und die weite unberührte Natur, Menschen und Götter entdeckt hat, soll er es nutzen, solange er kann! t'Serstevens ist auch nicht mehr der Jüngste. Der Schluss seines letzten Briefes ist voller Wehmut: „... die herrlichen Marquesas, wo ich mein Leben beschliessen möchte, wäre ich nicht ein unheilbarer Zivilisationsmensch mit viertausend Jahren Lektüre in meinem Dez. Wie gern wir dich bei uns hätten, Amandine und ich!" Seltsames Kreuzchassé! Für mich kann nicht die Rede davon sein, jetzt, da mein Schreiben an erste Stelle rückt, um alle Hintertüren meines Lebens zu versperren, und ich ein Stubengelehrter geworden bin, wie man so schön sagt. Seltsame Stube! Sie ist leer, und würde ich mit einem Gänsekiel schreiben, wäre sie grämig. Zum Glück widerhallt das Klappern meiner Schreibmaschine und klingelt, geradezu sportlich, ein Glöckchen am Ende jeder Zeile. Die Bücher! Seit Korsakow mich meiner Bibliothek entledigte, habe ich sie schon längst entlang meiner Reisewege verstreut, habe sie an alte Freunde und Zufallsbekanntschaften verteilt, denn Bücher sind ein allzu unhandliches Gepäck für einen Reisenden; doch manchmal vermisse ich sie, vor allem wenn ich, wie auf der vorangehenden Seite, ein Zitat von Rémy de Gourmont einfügen möchte, und ich ärgere mich, denn ich habe wie Schopenhauer einen Greuel vor ungefähren oder falschen Zitaten. Der Leser möge Nachsicht mit mir haben! Nichts ist so schwierig, wie wenn man keine geistigen Bügel- oder Knitterfalten trägt. Zitate sind ein Plissee nach scholastischer Manier. Sie sind schiere Eitelkeit. Ganz gibt Glanz. Wie eine überzählige Feder, die eine Frau auf ihren bereits überladenen Hut steckt, eine Paradiesvogelfeder, eine Straussenfeder, eine Felsenhahnfeder oder eine Rabenfeder. Madame hat ihre eigenen Vorstellungen. Eine Vorstellung im Kopf. Auf die Gefahr hin, sich lächerlich zu machen. Eine unbewusste Reaktion, die von Geschmack zeugt. Die Pariserin liebt gewagte Auftritte, vor allem, wenn sie einem neuen Liebhaber entgegenfliegt. Schaut sie euch an: Sie ist hundertmal schöner und funkelnder als alle Vögel auf ihrem Kopf. Eine von ihnen ist vielleicht Chadenats Mutter. Diese Franzosen! Man weiss nie, woher sie stammen, und Chadenat war bis zu den Fingerspitzen Franzose. Oder vielleicht aus Paris! Hundert Prozent, wie man in Chicago sagt, wo es keinerlei Zweifel gibt. Er war reines Quecksilber, Chadenat. Er war echt. Und empfindlich wie ein Fieberthermometer. Überempfindlich.

Und dadurch modern. Dennoch, man brauchte nur zweimal mit ihm zu tun zu haben, um festzustellen, dass er ein Mensch aus einem anderen Jahrhundert war, der auf seinen Ressentiments herumritt und von der Rivalität zwischen Frankreich und England besessen war. Ich bin überzeugt, er wäre von Jean de La Varendes Meisterwerk begeistert gewesen, hätte er *Guillaume le Bâtard, conquérant*[7] gelesen, und obwohl er dem Autor vorgeworfen hätte – für den, der zwischen den Zeilen zu lesen versteht –, an gewissen Stellen mit seiner persönlichen Meinung zu sehr hinterm Berg zu halten, hätte er ihm bestimmt für die Anglophobie seiner rachsüchtigen Fussnoten ein paar Punkte verliehen, Fussnoten, die nicht weit zurückliegende Ereignisse und himmelschreiende Tatsachen deutlich anprangern: die masslose Zerstörung der Hauptstadt des Herzogtums Normandie und seiner heiligen Stätten zum Beispiel, die nicht unvermeidbar war und als klassisches Beispiel einer mit Jahrhunderten Verspätung ausgeübter angelsächsischer Rache in die Geschichte eingehen wird, und nicht unbedingt als Fair play, sondern als vorsorgliche Massnahme im Hinblick auf eine sehr langfristige wirtschaftliche Konkurrenz, daher die totale Zerstörung unserer Atlantikhäfen Cherbourg, Brest und Le Havre. So war es in der Vergangenheit auf anderen Gebieten und in fernen Kontinenten.

Der Hass auf England ist einer der geheimen Schlüssel zu Chadenats Charakter. Doch dieses Gefühl gegenüber England, dem Erzfeind, ist beim englischen Volk viel unausrottbarer als umgekehrt: das französische Volk neigt eher dazu, die Annalen seiner Geschichte zu vergessen; es hat sich von den Zwängen befreit, und der abgrundtiefe Hass eines

Chadenat ist in Frankreich keineswegs die Regel, sondern ein Sonderfall, und wird nur von einer Handvoll nachtragender Seeleute geteilt, von einem der Tradition verhafteten Offiziersclan und ein paar hochmütigen Landjunkern in der Provinz, die schmollend auf ihre Landsitze verbannt sind und die nichts mehr zu sagen haben und keinen Rang mehr bekleiden, der grösste unter ihnen, der noch einigermassen gute Figur macht, der letzte Biron, dessen Ahne vom König Frankreichs enthauptet wurde, und ein anderer Ahne vom König Englands, hasst die Republik auf den Tod, er wohnt denn auch nicht mehr auf seinem Feudalsitz im Herzen des Périgord noir, an einem unvergleichlichen Ort, auf dem Bergkamm zwischen der Garonne und der Dordogne, in einem der grössten und prächtigsten Schlösser Frankreichs, sondern in der Schweiz in einer kleinen gutbürgerlichen Pension, Avenue des Sycomores in Genf. Was für ein Ende für ein Geschlecht, das bis auf Eudes von Aquitanien zurückgeht, der auf einer Inschrift den Titel *Rex Francorum* trägt, einer Inschrift aus dem Jahre 710, die bei der Auffindung der Reliquien der heiligen Magdalena in der Abtei Saint-Maximin zum Vorschein kam, als am 12. September 1279 der Sarkophag der heiligen Sidonia geöffnet wurde! Der letzte Nachfahr gleicht dem Naivling Le Trouhadec, dem Geschöpf Jules Romains', wie eine hohle Nuss einer vollen, wobei sich die Waage zugunsten von Le Trouhadec neigt.

Es war also nicht wegen des malerischen Dekors und auch nicht wegen der Vielfalt, dass die ganze Welt bei Chadenat zusammenlief und sich, Kontinent um Kontinent, neu zusammenfügte, sondern weil der jähzornige, von seiner fixen Idee besessene Buchhändler die Engländer grimmig verfolgte, eine gerechte Sache verteidigte und das Dossier der langen franko-englischen Feindschaft im Wettstreit um die Herrschaft über die Welt erstellte; was Chadenat bewogen hatte, der Abteilung mit den Büchern über die Kaperkriege der Piraten und Flibustier im Karibischen Meer und an den Küsten Zentralamerikas von Campeche bis Darién, auf die t'Serstevens ausführlich eingeht, eine weitere Abteilung mit allen Büchern über die Entdeckungen der Franzosen anzugliedern, mit Büchern über das langsame Eindringen, die friedliche Eroberung und den Verlust Kanadas, das die sorglosen und zerknirschten Franzosen durch zweifelhafte Bündnisse und mangelndes Waffenglück verspielten (die Hauptstadt hätte ursprünglich Villemarie-en-l'Isle heissen sollen, erfuhr ich von Chadenat, der alles wusste und alles gelesen hatte und der mir im Zusammenhang mit der Gründung der ersten Kirche auf der Insel Montréal erzählte, wie – laut der von einem Anonymus verfassten Vita Jean-Jacques Oliers, des Gründers von Saint-Sulpice und Cousin des Schatzkanzlers Séguier, der grosses Interesse an Kanada zeigte –, als das Öl für das Ewige Licht des Tabernakels ausging, „leuchtende Fliegen gefangen wurden und man sie in einen kleinen, von einem Gitternetz umgebenen Lüster sperrte", um den ersten Siedlern die glückliche Ankunft und die Anwesenheit des heiligen Sakraments anzuzeigen und so weiter und so fort); über den Verlust von Virginia und der Mississippimündung, Louisianas und seiner Hauptstadt New Orleans (und es war an mir, der eben von dort zurückkehrte, Chadenat zu erzählen, wie augenfällig der französische Einfluss in jener Stadt, trotz der Yankees, noch ist, und ihm anhand von Beispielen tausend vertraute Züge zu schildern, doch er wusste alles und hatte alles gelesen, und er liess mich in einem Band mit Stichen vom Karneval in New Orleans blättern und so weiter und so fort); über den Verlust Indiens durch die tapfersten Offiziere der königlichen Flotte und den Verlust der Insel Mauritius; über die unterbundene Verbreitung des Glaubens in China durch den Allerchristlichsten König, den König Frankreichs, der sein Versprechen brach und die Jesuiten nicht mehr unterstützte; über den Prestigeverlust des Sonnenkönigs sowohl in Siam als auch in den Häfen der Levante und auf den Antillen aufgrund der Auswirkungen der Glaubenswirren im Lande selbst; über die verzettelten und von Versailles nicht unterstützten Bemühungen der Siedler und der Seeflotte in Ozeanien und auf der grossen königlichen Insel Madagaskar, einer vorgelagerten Bastion an der Ostindienroute, die am Kap scheiterte, wo auch die schwimmende Batterie des Prinzen von Nassau scheiterte, der eine Zeitlang der Liebhaber der Clairon gewesen war, jenes Cherubs der Kurtisanen, der ganz Versailles mit den Berichten von den Feuern seiner Leidenschaft und denen seiner Artillerie amüsierte und der eine gewisse Zeit „den Felsen", Gibraltar, mit seinen Bombarden belagerte; über die Eroberung und Teilung in oft lächerliche und noch öfter enttäuschende Einflusszonen auf dem schwarzen Kontinent (und wir plauderten die ganze Nacht und unterhielten uns über das „schwarze Elfenbein", das den Grundstock zu den grössten Vermögen Englands und zu der Vormachtstellung des Hafens von Liverpool gelegt hat, aber Chadenat wusste alles und hatte alles gelesen, sogar was für Eigenschaften die Siedler der Neuen Welt von den Negern verlangten und welche Rassen auf den Sklavenmärkten in Bahia, auf Jamaika, in Galveston die höchsten Preise erzielten und so weiter und so fort; die verpflanzten Neger, deren Herkunft und Schicksal ich an Ort und Stelle und *de visu* in den Einschiffungs- und den Entladehäfen studiert hatte und so weiter und so fort); über den Verlust von Suez und Panama durch de Lesseps' Schuld, dessen Baron Jean-Baptiste Barthélemy mit La Pérouse die Welt umsegelte und, nach Hause zurückgekehrt, dem Hof die Nachricht von der erfolgreichen Umsegelung überbrachte, die in die Geschichte einging, einer Weltumsegelung in Rekordzeit von Kamtschatka (Abreise in der Festung Petropawlowsk) bis zur Ile-de-France (Ankunft in der Schäferei im Trianon); über die Inbesitznahme des ersten Kanals durch die City und die Anwesenheit der Engländer in Ägypten und im Sudan, über den Finanzskandal des zweiten Kanals, der in London geschickt hinter den Kulissen inszeniert worden war; und natürlich auch über den Sturz Napoleons und die geheimen Machenschaften der schottischen Loge in Paris während der Revolution; über das antarktische Frankreich und das äquinoktiale, Brasilien also und seiner sieben Jahre (sieben leidvolle Jahre) von Villegaignon besetzten Hauptstadt, der, auf sich allein gestellt, von wankelmütigen Verbündeten verlassen und den Intrigen wortbrüchiger Minister geopfert wurde; über die chilenische Küste, das letzte Ufer (Ultima Esperanza, ich war mit Leutnant Errazuris y Errazuris an Bord seines Küstenkanonenbootes dort: „Vielen Dank für die Reise, Eugenio!"), wo unsere letzten Walfänger vor Elend, Kälte und an Skorbut starben, Basken aus der Provinz Labourd, die über sekuläre Freibriefe verfügten; über die Kerguelen, über Guayana (ich erzählte ihm von Galmot, den ich gekannt hatte, doch Chadenat hatte mein Buch gelesen, das schlechteste, und so weiter und so fort); über Mexiko und die verhängnisvollen Expeditionen der künftigen Marschälle in der Neuen Welt und auf der Krim; über die Politik von Napoleons III. kleiner Grösse, die zu Sedan führte; über die Abdankung der Dritten Republik vor dem englischen Imperialismus in Khartum und die Demütigung Marchands und seiner Heldentruppe vor Kitchener, als die Trikolore endgültig auf Halbmast gesetzt wurde, ja eingeholt wurde in Faschoda.[8] Wenn das alles eine berühmte Bibliothek ausmachen würde, wäre es Anlass genug, trüben Gedanken nachzuhängen, nicht wahr? Und ein weniger scharfer Verstand wäre wahrscheinlich zusammengebrochen, vor allem, weil zu den unzähligen Kriegsbüchern, Geschichtsbüchern, Berichten über geheime oder missbilligte Diplomatie, nach und nach und vor lauter Lektüren, die sich entsprechend einer geometrischen Progression vermehrten, auch noch sämtliche Werke hinzukamen, die über jede Gegend der Welt geschrieben worden waren: Berichte von französischen Missionaren und Priestern bei den Eskimos im hohen Norden und in den Leprosorien in der Südsee, wissenschaftliche Werke der modernsten Forscher und Geographen sowie Aufzeichnungen, Erinnerungen, Briefe, Bordbücher der Seefahrer und Bekenntnisse vergessener Abenteurer vergangener Jahrhunderte, volkswirtschaftliche oder ethnologische Schriften, Amtsblätter, Finanzberichte, Statistiken, Grammatiken, linguistische Abhandlungen, Wörterbücher, Enzyklopädien, Religionsgeschichten, philosophische Abhandlungen über den Ursprung der menschlichen Rassen, Atlanten,

Holzschnitte, Kupferstiche von Trachten und Moden, Fotografien bis hin zu Ansichtskarten, alles, was dazu angetan war, seinen verzehrenden Hass zu schüren, und Chadenat wusste jedes kleinste Dokument zu nutzen, um das Feuer sorgfältig zu unterhalten; sein Hass gegen England war eine Lohe, eine glühende Leidenschaft und viel pathetischer als Don Quichottes Kampf gegen die Windmühlen, denn der war ein Erleuchteter, und sein Geist war von den Heldentaten in den Ritterromanen verwirrt, während Chadenat sich mit Tausenden und Abertausenden von Büchern herumschlug, die er auf der ganzen Welt ausfindig machte, sie mit grossem Kostenaufwand kommen liess, aus seiner Tasche bezahlte und in denen er selber fiebrig blätterte, Seite um Seite, vor Zorn schnaubte, verzweifelt, dass er recht hatte, und je luzider und beweiskräftiger eine Seite war, desto mehr Trauer löste sie in seinem Herzen und seinem Geist aus. Er liess nicht locker. Er war rabenschwarzer Laune. Eine Hundezunge, die aus einer Bücherwolke hing, das war das Universum dieses Pessimisten, die hängende Zunge eines tollwütigen Hundes. Was für eine grausame Ironie! Ein echter *bull-dog.* Alles in allem eines echten Engländers würdig.

Ziehen wir die Umstände in Betracht und tragen wir der Begeisterung Rechnung, der ich mich nicht entziehen kann, der Haltung eines Schriftstellers, der, von prosaischen Dingen unbelastet, jedoch mit hellwachem Geist, in der Abgeschiedenheit eines möblierten Zimmers den fünf Fingern seiner linken Hand auf der Tastatur seiner Schreibmaschine freien Lauf lässt, so ist das Porträt künstlich, also entstellt. Doch ich schwöre, ich übertreibe nicht ... höchstens ein bisschen. Und weil ich bei der Vorstellung der Person am Anfang des vorliegenden Abschnitts bereits ein paar Charakterzüge skizziert habe, möchte ich durch die zwei, drei folgenden Anekdoten ein paar vertraute Züge hinzufügen, um das allzu abstrakte Porträt zu korrigieren. Man lebt nicht im Absoluten. Niemand ist aus einem Stück gegossen. Selbst ein Roboter kann ausfallen. Ohne Widersprüche kein Leben. Das Herz, der Körper, die Seele, der Geist, der Atem können in einem Individuum im Widerstreit stehen, ja selbst sein Starrsinn, steht doch die Intelligenz im Widerspruch zum Urwillen des Menschen. Das Leben ist nicht Logik, die Porträtkunst ist keine Perspektive, die Schöpfung des Schriftstellers nicht Ähnlichkeit. Die Welt ist meine Vorstellung! Daher erscheinen die Zeitungen mit ihren Französischfehlern und ihren Enten und ihren Satzfehlern alle vierundzwanzig Stunden. Wir werden nie andere Spuren von Leben kennenlernen – vom Leben des Planeten, vom Leben des Individuums – als das, was als Schreibspur aus dem Bewusstsein aufsteigt. Gekritzel. (Über gepflegte Sprache, Stil und Grammatik reden wir später.) Weil das Schreiben weder ein Traum noch eine Lüge ist. Poesie! Also Schöpfung. Also Tat. Und allein die Tat befreit. Sonst gibt es einen Kurzschluss, das Universum geht in Flammen auf, und alles versinkt wieder in der Nacht des Geistes.

6.

Quai des Grands-Augustins. Ein Portal. Ein Torbogen. Unter dem Torbogen, rechts, eine Marmortafel so gross wie eine Visitenkarte und fast unsichtbar, weil nie abgewischt in den fünfzig Jahren, seit sie im Durchgang angebracht wurde, und darauf ein Wort, ein einziges eingraviertes und fast unentzifferbares Wort unter der Schmutzschicht: *Americana*.

Du durchschreitest einen Hof. Gehst drei Stufen hoch.

Das Portal ist baufällig, das Deckengewölbe bröckelt, der Hof ist steinig und grünfleckig vom kränkelnden Moos, die Fassade des alten Hauses schwarz vom Russ der umliegenden Schornsteine und der Feuchtigkeit, die vom Seineufer aufsteigt; die drei Stufen, die ins Haus führen, sind wackelig, die Treppe zum Hochparterre abgenutzt, der Treppenabsatz düster, nirgends ein Lichtschalter, nicht einmal eine schmutzige Fensterscheibe, kein Schild an der Tür, die du aufstösst, doch keine heisere Klingel ertönt, die das Eintreten eines Besuchers ankündigt, wie du eigentlich erwartet hattest. Das ist der Rahmen, dem Balzac eines seiner Kapitel gewidmet hätte, denn er kannte das Geheimnis, die besondere Stimmung wiedererstehen zu lassen, die von einem alten Pariser Herrschaftshaus mit seinem Hof und seinem Garten ausgeht und das auf die weibliche Linie übergegangen ist und dessen langen, langsamen Verfall er minuziös schildert, ohne einem ein Atelier- oder Handwerksschild zu ersparen – Klempnerwerkstatt, Blechnerwerkstatt, Glaserwerkstatt, Federputzmacherin, Modistin, Schneiderin in Heimarbeit oder im Tagelohn –, die die auf den Hof hinausgehenden Fenster fast verdunkeln, und der sich einen Spass daraus machte, die Wölbungen und die letzten schönen Fragmente einer Architektur aus einer anderen Zeit zu schildern, die – *hélas!* – von den Jahrhunderten, den Menschen und den Witterungseinflüssen dem Untergang geweiht sind, und die durchgerosteten Dachtraufen rinnen und spucken das Regenwasser von den Dächern; dies war also der Dekor und der Eingang der auf der ganzen Welt berühmten Buchhandlung: *Americana*, Chadenats Höhle. Doch wenn man die Tür hinter sich zustiess, war man rettungslos verloren. Vor einem öffnete sich ein ganz besonderes, ein überwältigendes Universum ohne Orientierungspunkte. Man zögerte. Blieb auf der Schwelle stehen.

Was als erstes erstaunte, war, dass keine Glocke geklingelt hatte, um eine Anwesenheit zu melden, und dass niemand da war, niemand, um einen zu empfangen. Man blieb auf der Schwelle eines riesigen Raumes stehen, der vielleicht nur wegen der Unendlichkeit der Bücher so riesig wirkte; längs der einen Wand waren drei hohe, auf die Strasse hinausgehende Fenster, mit Spuren von alten Vergoldungen an den faltbaren Innenjalousien und an den Türrahmen und an den offenen Türen, darunter zwei oder drei, die in angrenzende Zimmer führten, die ebensogross wie das erste zu sein schienen und unendlich geräumig, denn auch sie waren mit Büchern gefüllt und flossen vor Büchern über.

Keine lebende Seele.

Stille.

Nur Bücher.

Ein beeindruckender Anblick. Vom Parkettboden bis zur Decke, eng aneinandergereiht auf den Regalen, in schwankenden Stapeln, grosse und kleine und dicke und dünne, vor allem alte Bücher mit schönen Einbänden und schwere, in Pergament gebundene Foliobände und Berge von Mappen voller Drucke und Stiche, eine Sintflut von Buchhandlungskatalogen aus allen Ländern und in allen Sprachen ergoss sich über die Tische, und in den dunklen Ecken eine Lawine von Gedrucktem und auf dem Fussboden verstreuten Blättern, Zeitschriften, Broschuren, Einzelbänden, ein riesiges Durcheinander, ein Kafarnaum, und überall Staub.

Nichts regte sich.

Man ahnte, dass jemand da war, aber man sah niemanden, nicht einmal einen Kater, der zusammengerollt im Papierkram schlief oder einen von seinem Lieblingsplatz zwischen den alten Büchern aus heimlich beobachtete.

Niemand.

Atemlose Stille.

Und wenn man ehrfürchtig einen Schritt vortrat, wich man erschrocken einen Schritt zurück, denn die vorlauten Riemen des verzogenen Parketts knarrten wie Kastagnetten oder als hätte man Steppeisen an den Schuhen, und man wich einen weiteren Schritt zurück, denn das Tanzgeräusch kam einem absurd und unheimlich vor an einem solchen Ort der Andacht und der Stille. Und man blieb in der Tür stehen und wartete.

Schaute.

Nichts.

Niemand rührte sich.

Ein grosser Gussofen vom Typ *Godin,* jedoch monumental, versperrte mit seiner schwarzen Masse die Mitte des grossen Raumes. Egal, wie tief oder wie hoch die Aussentemperatur sein mochte, er brannte Sommer und Winter, und seine ausgestrahlte Wärme erzeugte eine laue, ungesunde Treibhausatmosphäre; eine dünne gelbliche Rauchschwade schwebte ständig auf halber Zimmerhöhe durch den Raum, ein Rauch, der mit der Zeit in den Augen brannte und schliesslich in der Kehle kratzte und Nies- und Hustenreiz auslöste. War denn wirklich keiner da? Man wollte sich schon umwenden ... Ein Stapel Bücher oder Drucksachen stürzte ein und wirbelte eine Staubwolke auf, und man hustete und nieste ... Da drang ein undeutliches Echo vom Ofen her, und man entdeckte einen dünnen, schäumenden Wasserdampf, der durch eine unsichtbare Ritze zuckte, einen winzigen Speichelstrahl, der in einem ansehnlichen Spucknapf landete, den man zuerst für den Aschebehälter gehalten hatte, der aber bis zum Rand mit feuchtem, fleckenübersätem feinem Sand gefüllt war. Es war Chadenat, der hinter dem Ofen hüstelte und spuckte und den man endlich entdeckte in seinem grossen Voltairesessel, eine kleine, in einen karierten Garrick eingemummelte Gestalt, die Füsse in einem Fusssack, einen Seidenschal um den Hals, ein Plaid um die Schultern, eine Mütze auf dem Kopf, einen Zwicker auf der Nase, die Nase in ein aufgeschlagenes Buch gesteckt, Halbhandschuhe an den Händen, aus denen seine langen Finger lugten, die Ärmel einer fadenscheinigen Strickjacke bedeckten seine mageren Handgelenke: Chadenat, in seine Lektüre vertieft, seiner Leidenschaft hingegeben, Chadenat, für den man Luft war. Aber er hatte seine Launen, und wenn er auch aufsprang, um einen missliebigen Kunden hinauszuwerfen, so war er äusserst höflich und geduldig mit dem Besucher, der ihn in seiner Lektüre gestört hatte, ihn aber mit einem klugen Gespräch nicht allzusehr von seiner ausschliesslichen Beschäftigung abhielt und ihn um eine Auskunft bat oder nach einem bestimmten Buch fragte.

Als missliebig galten die schlicht Neugierigen, die aus allen Ländern der Welt kamen, um die berühmte Sammlung zu sehen, und es kamen jeden Tag welche; die Sammler, die sammeln, um zu sammeln, Besessene, und es gibt darunter welche, die ein Vermögen ausgeben, um sowohl Hosenknöpfe als auch seltene Bücher in einer Vitrine aufzubewahren, egal was; alle Redseligen, die Fragen stellen, nicht zuhören und schwafeln und schwafeln und lauter Banalitäten von sich geben – und Gott weiss, wie weit verbreitet diese lästige Brut ist und Spass daran hat, einem die Zeit zu stehlen; alberne Schwätzer und Banausen, zu denen Chadenat erstens seine Kollegen zählte, die er ungebildete, aufgeblasene Esel schimpfte, und zweitens die Spekulanten, die nur ans Geldanlegen und ans Geldverstecken denken und an gute Geschäfte.

In Wirklichkeit verkaufte Chadenat seine Bücher ungern und nur, wenn er durch die Umstände dazu gezwungen war, und in neun von zehn Fällen nur widerwillig und immer nur nach langem Hin und Her und als handle es sich um eine ganz besondere Gunst gegenüber einem guten, treuen, alten Kunden, wobei er Bedingungen für eine provisorische Leihgabe stellte oder einen Tausch oder einen gleichwertigen Ersatz vorschlug, oder dann unter den Dubletten, die er vielleicht besass, das am wenigsten beschädigte oder vollständigste Exemplar heraussuchte, eines mit losen Notizen oder Randbemerkungen oder aus dem und dem illustren Arbeitszimmer oder mit dem und dem prominenten Exlibris oder dem Stempel einer berühmten Bibliothek oder einer berühmten Auktion, oder eine Erstausgabe, eine numerierte Ausgabe, um dieses Exemplar dann für sich selbst zu behalten und die Dublette nur zu einem anständigen Preis abzugeben, und aus Prinzip jegliches Feilschen ablehnte. Ich habe nur einen anderen ebenso wählerischen Händler gekannt, der alles tat, um den Kunden abzuweisen: Ambroise Vollard, ein ungehobelter Patron, mit dem ich ebenfalls befreundet war und der von der modernen Kunst derart besessen war, dass er später Bilder zurückkaufte, die er zu verkaufen gezwungen gewesen war, um Geld zu beschaffen, damit er seine Künstler in seinen und ihren Anfängen ernähren konnte, und den ich Cézannes zu 300'000 habe zurückkaufen sehen, die er zehn Jahre früher für 3000 verkauft hatte, um dem alten Meister aus Aix eine Rente von 300 Franc im Monat zu sichern, er gab die stattliche Summe aus, ohne mit der Wimper zu zucken, nein, nicht aus Gewinnsucht, und auch nicht, um ein Spekulationsgeschäft *up-to-date* zu machen und lächelnd von einem *boom* zu profitieren, sondern aus Liebe, und die Maler, die nicht piep sagten, als er noch lebte, und ihn verblüfft gewähren liessen, überglücklich, von einem solchen *supporter* unter Vertrag genommen zu werden, hatten die Stirn, sich nach seinem Tod über ihn zu beklagen. Ich brauche bloss an den Rouault-Prozess zu erinnern! Ich werde an einer anderen Stelle und ein andermal darauf zurückkommen. Ich aber wähnte mich in China, wo ich noch Ma[9] gekannt hatte, den Anführer der transkontinentalen Teekarawane, der eher seinen Harem verkauft, seine sämtlichen Frauen, und seinen ältesten Sohn der Sklaverei ausgeliefert hätte, als einen Gebetsteppich wegzugeben, an dem er hing und den er über alles liebte. Das sind die Geschäftsleute, die die Grösse der Welt ausmachen und den Fortbestand der Kunst und einer Epoche gewährleisten! Was immer Chadenat darüber denken mochte – die heutigen Engländer sind davon nicht ausgeschlossen. Im

Gegenteil, man braucht sich nur in den Londoner Docks umzusehen, wo sich die Schätze der Welt und ihre lebenden Traditionen stapeln, die edlen Hunderassen, die Stammbäume der Vollblutpferde, die hochkarätigen Diamanten, die Legierung einer edlen Klinge, die Verarbeitung eines Rolls-Royce, die Qualität von allem, was gut schmeckt, zum Essen, zum Rauchen und zum Trinken, und alles, was den Menschen das Leben erträglich macht – und nicht nur leblose Stilleben wie in einem Museum. Die Russen, die in Fabriken wild drauflos produzieren, haben das alles nicht, oder noch nicht, und die Amerikaner, die sich anschicken, die Nachfolge der Zivilisation anzutreten, sind erst im Stadium des nachgeahmten Luxus und des Glamours und des Chichi der Zellophanverpackungen. Das Herz bricht mir, wenn ich zugeben muss, dass das heutige Frankreich seine Stellung verloren hat und im Abseits steht; eine Nation, die sich in mittelalterlichem Prestige sonnt dank ein paar seltenen und fest verwurzelten Eigenschaften, besonders aber im Bereich der Intellektualität, Purpur über dem Untergang des Abendlandes.

7.

Gegenüber meinem Freund Paulo da Silva Prado, einem Brasilianer, der, seit ich ihn 1924 kennenlernte, seit gut dreissig Jahren also, zu den guten, treuen Kunden der *Americana* gehörte, war Chadenat ein ganz anderer Mensch, als ich ihn beschrieben habe. Wir unterhielten uns über ihn, wenn wir die Buchhandlung am Seineufer verliessen und ich Paulo Prado in sein Hotel, ins *Claridge,* Avenue des Champs-Élysées, begleitete; und wir unterhielten uns auch an Bord der ALMANZORA über ihn, wenn ich Paulo Prado nach Hause, nach Brasilien, Avenida Hygienopolis in São Paulo, begleitete; und in São Martinho, auf der Fazenda, wo Paulo Prado mich grosszügig auf Lebenszeit eingeladen hatte, verging kein Tag, ohne dass wir uns ebenfalls lange über Chadenat unterhielten.

Für meinen brasilianischen Freund, dessen Vater ich noch gekannt und sehr geschätzt hatte, den alten Vertrauensmann des Königs, Antonho Prado, der, frisch von der Sorbonne, wo er Jura studiert hatte, den Urwald rodete, um Kaffee anzupflanzen, und die Plantage São Martinho gründete, die annähernd die Fläche der Schweiz hat, die grösste *cafeeiral,* fünf Millionen versetzt gepflanzte Kaffeesträucher an einem Stück, und durch sein Beispiel die Kaffeemonokultur eingeführt hatte, die den Reichtum des Staates São Paulo begründete, zur gleichen Zeit, als er in einer privaten Ratssitzung mit Dom Pedro die Freiheit „des Bauches", und 1887, meinem Geburtsjahr, in Brasilien die Aufhebung der Sklaverei zum verbindlichen Gesetz erheben liess, der die Einwanderung der Italiener organisierte, um die notwendigen Arbeitskräfte für die wirtschaftliche Revolution zu beschaffen, die er im Land ausgelöst hatte, die Weissen ersetzten also auf den Plantagen die Schwarzen, dann die Gelben die Weissen, als durch den allgemeinen Wohlstand dank dem intensiven Kaffeeanbau und dem Bau von Eisenbahnlinien die Italiener in die neuen Städte strömten, die überall in der Provinz aus dem Boden schossen, und dort Läden und Geschäfte eröffneten, oder in die zwei Hauptstädte Rio und São Paulo, die sich schnell modernisierten und eine explosive Ausdehnung erreichten, Kinos, Wolkenkratzer, Fabriken, Theater, Kasinos, wo die reich gewordenen Italiener jetzt von den Zinsen lebten oder mit Grundstücken spekulierten oder Lotto spielten, was den berühmten Greis, der inzwischen selbst zum Eisenbahnkönig und Besitzer vieler sonstiger Reichtumsquellen geworden war, an die er nie gedacht hätte, die er nicht hatte voraussehen können und die unter seinen Füssen hervorsprudelten, wohin er auch ging, und die sich dank dem allgemeinen Fortschritt, dem steilen Aufschwung und der grossen Kaffeenachfrage in der ganzen Welt gegenseitig vermehrten, denn São Paulo hielt das Produktions- und das Verkaufsmonopol, was den Patriarchen zwang, auf seine alten Tage die Einwanderung der Japaner zu organisieren, um nicht das enthusiastische Werk seiner Jugend langsam eingehen zu sehen, den Kaffeeanbau, und sein persönliches Werk, seinen über alles geliebten Grundbesitz São Martinho, daher legte er die Verwaltung der Fazenda in die Hände seines ältesten Sohnes, meines Freundes, der plötzlich zum Kaffeekönig ernannt wurde, er, der bisher in London und in Paris das sorglose Leben eines jungen Milliardärs geführt hatte; Paulo Prado, der glückliche Besitzer der *Companhia Prado-Chavez* in Santos, dem Verschiffungshafen, der speziell für die Kaffeeverladung ausgerüstet worden war, eines Familienunternehmens oder Kaffeekonzerns mit einem weltweiten, mehr oder weniger angegliederten Filialnetz, das sozusagen in allen Verteilhäfen vertreten war (der Cousin meines Freundes, Géo Chavez, wie Santos-Dumont einer der Pioniere der französischen Luftfahrt, ist nach seiner ersten Überfliegung des Montblanc und der Alpenüberquerung bei der Landung ums Leben gekommen, in Domodossola steht ein Grabmal zum

Gedenken an diese fliegerische Leistung; die Söhne der alten paulistischen Familien haben den Abenteurergeist ihrer Ahnen im Blut, die seit dem 16. Jahrhundert die wilden Gegenden des riesigen Kontinents kreuz und quer durchstreiften und in die unmenschlichen Urwälder vordrangen, die sich vom Paraná bis zum Amazonas erstrecken, den Lauf der gewaltigen Ströme erkundeten, das abgeschiedene Hinterland eroberten, ihm eine sprachliche Einheit, Sitten, Bräuche und eine Religion gaben, die Unabhängigkeit Brasiliens ausriefen und ihre neue Heimat, das Prunkstück von Portugals Krone, der tyrannischen und reaktionären Herrschaft der kolonisierenden Metropole entrissen; die jungen Paulisten sind nicht degeneriert, sind immer auf der Jagd nach einer Herausforderung, immer auf der Jagd nach etwas Neuem, um davon Besitz zu ergreifen und sich damit zu schmücken, es einzuführen und zu verkünden, die Zukunft aus atavistischer Freude am Risiko und spontaner Grosszügigkeit nur auf eine Karte zu setzen), Paulo Prado (zusammen mit Paul Claudel Unterzeichner der Konventionen, die 1917, an einem Wendepunkt des Krieges, den Kriegseintritt Brasiliens an der Seite der Alliierten regelten, in der dramatischsten Stunde des Unterseebootkrieges, was den Alliierten erlaubte, die Tonnage der deutschen Handelsflotte zu bergen, die sich in die brasilianischen Gewässer geflüchtet hatte, und den Pflanzern São Paulos ermöglichte, den Alliierten Millionen Kaffeesäcke zu verkaufen, die sich seit 1914 in den Docks von Santos stapelten, denn die unerwartete Transportflotte konnte den Ozean nicht unbefrachtet überqueren), Paulo Prado, Finanzgewährsmann der brasilianischen Regierung, seit die Kaffee-Ernten die

Staatsanleihen der Bundesbank garantierten – die City- und Wall-Street-Banken (Schroeder, Morgan) erhoben einen Goldschilling Gebühr auf jedem Sack Kaffee, der die Docks von Santos verliess und in den Exportkreislauf trat –, Paulo Prado, nun plötzlich Geschäftsmann, der sich als ein realistischer und ungewöhnlich kühner Geist erwies, der aber im Grunde ein Schöngeist war, kultiviert, gebildet, wie man es in gewissen Familien mit romanischem Einschlag aus Tradition ist, und der in seiner Eigenschaft als paulistischer Patrizier eine ungeteilte Verehrung für seine einst kleine Heimatstadt hegte und deren Geschichte bis in die kleinsten Einzelheiten kannte und unermüdlich in den Archiven forschte, was mehrere Werke beweisen, die er veröffentlicht hat, darunter ein *Retrato do Brasil,* eine einzigartige historische und psychologische Synthese, eine fundierte Untersuchung über den Geist der *bandeirantes, descobridores* und *conquistadores,* jener Handvoll tapferer Paulisten, die mit den Töchtern der Häuptlinge, der Prinzen, der Könige der Indianer Nachkommen zeugten und im Urwald untertauchten, um „den Grundstein zu legen" und den ganzen Kontinent mit beherzten Nachkommen zu bevölkern, ohne die der Koloss Brasilien sich nicht auf den Beinen halten könnte, der verdienstvolle Paulo Prado, der höfliche, gewandte Mann von Welt, langweilte sich aber, wenn er zu lange keine Reise nach Paris oder London machen konnte, denn São Paulo roch trotz allem nach Provinz für einen galanten Charmeur, der mit der Jeunesse dorée der Klubs, der Pferderennen und der *garden-parties*, der Theater der Pariser Boulevards und der Wagnersaisons in London in die Welt eingeführt worden war – zur Zeit des Prinzen von

Wales, des zukünftigen Edward VII., der russischen Grossherzöge, die im Gefolge des Zars dezimiert werden würden, von Lanthelme und La Goulue, Oscar Wilde und Eça de Queirós, in den Kasinos von Spa, Aix-les-Bains, San Sebastián vor dem Aufkommen von Trouville und Deauville und der Entdeckung der Strände und der gesundheitsfördernden Eigenschaften der Seebäder und der Sonne, in Cannes, in Nizza bis Monte Carlo zur Zeit der Anfänge von Robert de Montesquiou, von Proust, der schönen Otéro, von Liane de Pougy, Cléo de Mérode, Lina Cavalieri, Ève Lavallière, Polaire, Émilienne, Cécile, Marthe, der *Claudines,* von Gaby Deslys, von Gina Palerme und der jüngsten, der entzükkendsten, der bekanntesten, der geheimnisvollsten unter den Londoner Pariserinnen, Mademoiselle Irène M.ll...t (es war seltsam, die grosse nordamerikanische Demokratie und die südamerikanischen Republiken Könige hervorbringen zu sehen, den König der gepökelten Dosenschuhsohlen, den Getreidekönig, den Baumwollkönig, den Tabakkönig, den Zuckerkönig, den Diamantenkönig, den Kühlhäuserkönig, die eben kürzlich in Paris eine *bergère* geheiratet hatten oder sie in den *Folies-Bergères* Cancan tanzen liessen!), der Weltmann Paulo Prado fühlte sich zu Hause ein bisschen im Exil, und der Bibliophile, denn Büchersammeln ist eine Kunst, womit man die Zeit ausfüllen kann, wenn die Zeit etwas zu lange dauert, der Sammler alter Chroniken, die von der Gründung der einstigen *capitania* Ipiranga, dem heutigen São Paulo, auf einem Felsen am Zusammenfluss des Anhangabahu und des Rio Tiété, inmitten der Penteados-Indianer berichten (der bemalten, bekritzelten, tatauierten Pikten), widmete sich dieser Kunst, um sich abzulenken, denn er spürte schmerzlich, wie die Jahre vergingen, und er füllte seine Bibliothek mit allen Büchern, die sich auf Brasilien bezogen, vom ersten Brief Pater Anchietas bis zum letzten Carioca-Roman von Benjamin de Castellar, Rio de Janeiros Simenon; Paulo Prado gab eine Zeitschrift für moderne Lyrik heraus, um seine vielen Neffen und die Söhne seiner Neffen und die junge Bourgeoisie an der Fakultät und die paulistischen Intellektuellen um ihn herum aufzurütteln, die jungen Partikularisten, die ihn zum Arbiter aller Modeströmungen und der Eleganz erwählt hatten, organisierte eine Ausstellung kubistischer Maler, um einen kleinen Skandal in den Kreisen der Neureichen der Avenida Paulista auszulösen, harmlose Spässe und Zeitvertreib, die ihn von den Geschäften, den Finanzen, den internationalen Problemen ablenkten, von den Verantwortungen des Vorsitzenden eines Kaffeetrusts und von seiner eigenen Arbeit und Forschung, die ihn schicksalhaft mit dem gelehrten Buchhändler am Quai des Grands-Augustins in Verbindung gebracht hatte, dank dem Paulo Prado, als ich ihn kennenlernte, und dank den Ratschlägen und der ergebenen Unterstützung Chadenats, eine Faksimileausgabe des unauffindbaren Werks Claude d'Abbevilles herausgegeben hatte, des barfüssigen Karmeliters, Autor der ersten Beschreibung der *Terre du Brésil,* die er mit einer sich über das ozeanische Meer neigenden Harfe vergleicht und von der er ein heute noch unerreichtes Bild vermittelte dank seiner umfassenden Beschreibung des fremden Landes, seiner Berge, seiner Wälder, seiner Flüsse, seiner Fauna und seiner Flora, seiner Einwohner, ihrer Sitten, Bräuche, der Jagd, des Fischfangs, der Kriege, Feste und Religionen, seiner Sprache, des Tupí, von dem er das erste Wörterbuch zusammenstellte und sogar die Lieder der Menschenfresser aufzeichnete und ihre Musik bezifferte, ihre Tänze und Trauerrituale beschrieb, darunter das erstaunlichste, für einen Fremden bestimmte, für einen Freund, der in einem Stamm aufgenommen worden war, das *choro-choro* (Singe, weine, o Mädchen!), eine „Willkommenstrauer", der sich die tränenüberströmten Wilden hingaben, was ein neues Licht auf die angeborene Schwermut der heutigen Brasilianer wirft; Claude d'Abbevilles Werk ist eine derart komplette und tiefschürfende und ausgedehnte und eindringliche Vogelperspektive, dass man annehmen könnte, der Mönch habe sein ganzes Leben in Brasilien verbracht und sei tief ins Landesinnere vorgedrungen, während er nur auf der Durchreise dort war und einzig die Küstengegenden bereiste, doch die Sicht der Neuen Welt war damals, im 16. Jahrhundert, ein unglaubliches Ereignis und eine Beglückung, dass die Zeugen in geistige Verzückung gerieten, hingerissen wie Visionäre; der Fall Claude d'Abbeville ist keine Ausnahme, Pater Anchieta, dem Bordgeistlichen von Cabrals Flotte und Apostel Brasiliens, erging es gleich in seinem berühmten Brief an König Johann, mit dem er ihm die Entdeckung Brasiliens mitteilte; dem *Carta al Rey,* der von Paulo Prado ebenfalls als Faksimile herausgegeben wurde und zwar nach dem Original, auf das Chadenat in Paulo Prados Auftrag in einer Auktion bei Maggs Brothers in London Jagd machen musste (was Chadenat zwang, den Kanal zu überqueren, man kann sich vorstellen, in was für einem Zustand des Protests und des inneren Sträubens, aber lächelnd bei seiner Rückkehr und ganz gerührt vor Dankbarkeit gegenüber Paulo

Prado, der ihm einen Blankoscheck übergeben hatte, damit Chadenat das Stück entführte und das Original mitbrachte, und der eine öffentliche Subskription in São Paulo auflegte und bei der Gelegenheit den Pflanzern des Automobilklubs gesagt hatte: „Ihr habt mit dem Kaffee genug Geld verdient, um euch euren einzigen Adelsbrief zu kaufen"; ein historisches Dokument, das heute im Museu Paulista in Ipiranga aufbewahrt wird und bis damals unveröffentlicht war); Pater Anchieta schildert den Gesang der Vögel ebenso minuziös wie den Himmel mit den unbekannten Sternen, von dem er in einem Postskriptum zu Händen des Königs unbeholfen („das Schiff schaukelt", entschuldigt er sich) das Kreuz des Südens zeichnet, das zum ersten Mal entdeckt wurde und das die Nationalflagge Brasiliens ziert, in einem blauen Rund über der von Auguste Comte, dem Positivisten, geprägten Devise *Ordem e Progresso;* für meinen brasilianischen Freund, dem Herzen, dem Geist und der Bildung nach aber Franzose, wie man es überall im Ausland seit der frühesten Kindheit war in den vornehmen Familien, die etwas auf ihre Stellung hielten und wussten, was sich gehört: Dienstmädchen, Erzieherinnen, Hauslehrer, Mode, Zeitschriften, Zeitungen, Kochbücher, aber auch Toilettenseifen, Parfüms, die Romane von Paul Bourget kommen aus Frankreich (das ist der Grund, warum Frankreich kein offizielles Progagandabüro brauchte wie Deutschland und die anderen Emporkömmlinge oder armen Verwandten, die auf Frankreichs Vergangenheit eifersüchtig waren; doch seit bei uns die offizielle Propaganda funktioniert und die Propagandisten an Ort und Stelle sind, sinkt das Prestige, denn die Aufgabe ist zweischneidig, und trotz des Millionenaufwandes sind die Laffen, die sich damit befassen, die ersten gewesen, die mit dem schlechten Beispiel vorangingen – mit Armbanduhr, Füllhalter, Gomenol, Mondschein im Auto, Kino, Radio, Zwangsfreizeit, bezahltem Urlaub, Flirts als Sport, Scheidungen am Fliessband, vaterlosen eugenischen, gynogenischen Seriengeburten, Drogen, Shorts, Impotenz, Amerikanisierung und Bolschewisierung der Sitten –, als ob es sich bei den wilden Jazzmelodien der alten Sklaven am Mississippi und bei den tieftraurigen Orchestern der einst vom Minister Antonho Prado befreiten Neger, die jede Nacht im Herzen der Hauptstadt von den Hügeln Rio de Janeiros widerhallen, vom Morro do Favela, der Bohne, dem heiligen Gipfel der *Macumba,* nicht um den sich ankündigenden Fluch, um das Ende dieser funkelnden Gesellschaft der Weissen handelte, von der sie einst ausgeschlossen waren; das ist zumindest die Ansicht der Väter vom Heiligen-Geist, einer Kongregation, die besonders den Negern auf der ganzen Welt zugetan ist und sich grösstenteils aus französischen Geistlichen zusammensetzt, die auch die zwei katholischen Pfarreien in Harlem betreuen, dem Kongo New Yorks, und die ihre ersten Missionarsdispute in Zentralafrika austragen und aus dem Herzen des schwarzen Kontinents zurückkehren und alle behaupten, „man rieche dort" ganz eindeutig den Teufel, den Teufel, der in seine Antilopenhörner bläst wie in Tuben, und seine Anhänger schlügen Nägel in den Kopf des Grossen Fetischs; es fällt mir nicht schwer, an die überstürzte, synkopierte, tanzende, sich beschleunigende, sich steigernde Tamtam-Form des Endes der modernen Welt zu glauben, die von der *batuta* und der *maracá* der Atombomben beschleunigt wird; es ist die

Seele des Menschen, der die Naturkräfte beschwört, um sich der Magie hinzugeben, wie vor der Sintflut und der Erfindung der Sünde, als der Höhlenmensch sich des Feuers bemächtigte, von dem sich alle Zivilisation ableitet und, Asche und Glut, dahin zurückkehrt!), für meinen alternden Freund Paulo Prado gehörte Chadenat zu den skeptischen und zerstreuten Franzosen, von denen es eine ganze Menge gibt, vom erfinderischen Jules Verne bis zum entzückenden Montaigne, einem einmaligen Gelehrten in der Art von Anatole France, der nur eine einzige Untugend hatte, nämlich nicht zu schreiben (und da riss unter dem Druck der Zeit der französische Lack des Brasilianers: In Paris war die Seite gewendet worden!). Was das englandfeindliche Feuer Chadenats anging, auf das ich so viel Gewicht gelegt habe: Paulo nahm es nicht ernst und betrachtete es als eine schlichte Phobie des Stubengelehrten und amüsierte sich darüber.

Ansichtssache.

Jeder hat seine eigene Sicht der Dinge.

Freund t'Ser hat aus Spass und aus Temperament aus dem Buchhändler am Quai einen Korsaren des Königs gemacht.

Mein Freund Paulo aus Bewunderung (oder heimlichem Neid) und um sich von der Last der Geschäfte und der vielen Verpflichtungen zu befreien, ein sympathisches Original.

Und ich aus Zynismus und weil ich immer zynischer werde, wenn ich mich dazu hinreissen lasse, mich selber durch die anderen beurteilen zu wollen – oder umgekehrt –, einen pestkranken Pessimisten.

Man sollte nicht versuchen zu beurteilen. Es ist schon schwierig genug, seinen Nächsten zu verstehen. Wenn man sich näher mit seinesgleichen befasst, ist alles lauter Trug und Schein, denn jeder Mensch hat seine eigene Wahrheit und keine Wahrheit ist von dieser Welt.

Aber ich kann es nicht unterlassen, über die Boshaftigkeit des Alltags zu lächeln, die zwei Menschen zusammenführte, die, wie Freund Chadenat und Freund Prado, so wenig geschaffen waren, einander zu begegnen und einander zu verstehen (ich nehme mich davon aus, ich bin ein Hansdampf in allen Gassen, ein *calender,* wie Gobineau sagte), den Klausner des *sprechenden Quells,* wie ich versucht bin, Chadenat und seine *Americana* zu nennen, und den grossen Outsider der Geschäftswelt, der erschöpft einem Tropfen *toedium vitae* erlag aufgrund der Zersetzung, die ein Tropfen Geld zuviel auslöst, der Tropfen, der den Glücksbecher überfliessen lässt, kurz, Paulo Prado, der innerlich durch und durch vergiftet war und weiter lächelte und das Altwerden nicht zuliess. Man konnte sich keinen grösseren Gegensatz vorstellen als die beiden: den bärbeissigen, aufbrausenden, wetternden Menschenhasser, der sich in seinem Bücherkafarnaum vergrub, und den gewandten Weltbürger, der subtil eine zunehmende Neurasthenie verdrängte.

Ich habe genug über Chadenat gesprochen. Man beurteile meinen brasilianischen Freund nach der Momentaufnahme, die den Charme, die Lässigkeit, die Korrektheit, die Eleganz, die müde Impertinenz eines ernüchterten Lebemannes festgehalten hat, der aber nicht öffentlich abdanken will, und die verrät, wie Paulo Prado seine Verführungskraft ausübte, denn daran besteht kein Zweifel: Paulo war vor allem ein Verführer und, was aussergewöhnlich ist, kein kalter Verführer, denn sonst hätte dieser Milliardär nie zu meinen Freunden gehört.

Eines Tages sagt Mr. Paulo da Silva Prado esq. bei Meyer & Mortimer, den Schneidern des Königs von England, zum ersten Zuschneider, der ihm eben Mass für einen ganzen Satz Anzüge nahm, wie jedesmal, wenn Paulo Prado auf der Durchreise in London war: „Samuel, ich weiss nicht, was mit euren Anzügen ist, ich bin nicht etwa unzufrieden, sie sind weder zu weit noch unbequem, und sie spannen auch nicht unter den Armen. Entschuldigen Sie, aber ich weiss nicht, woran es liegt, ausser, dass ich vielleicht etwas anderes brauche …"

„Was brauchen Sie, Sir? Sagen Sie es, Sie wissen, wir machen das Unmögliche möglich, um Sie zufriedenzustellen."

„Kommen Sie", sagt Paulo Prado, „ich will Ihnen zeigen, was ich meine."

Und er zog den Schneidermeister, der ihn seit jeher kleidete, zur Tür des Geschäftes. Und zeigte auf einen anonymen Passanten, der die Regent Street überquerte. „Sehen Sie? Genau das meine ich", erklärte er, „der Anzug dieses Mannes fällt überhaupt nicht auf, weder durch den Schnitt noch durch das Tuch. Und dennoch erkennt man auf den ersten Blick den Engländer. Den Gentleman. Er ist angezogen wie jedermann und ist perfekt. Glauben Sie, dass man das bei einem südamerikanischen Wilden je erreichen kann, egal, was das kostet?"

„Ich bitte Sie, Mr. Prado!" protestierte Samuel.

Schwarzer Humor, ganz im Stile meines Freundes Prado. Eines Höflings und aus einer anderen Zeit. Eines Baltasar

Gracián. Und auf dieser äussersten Ernüchterung beruhte vielleicht sein moralischer Berührungspunkt, der im Widerspruch zu Chadenat stand.

Paulo Prado ist, wie Chadenat, 1943 gestorben, und wie bei Chadenat habe ich wegen des Krieges (dreckiger Krieg!) nicht davon erfahren. Er soll an einem Anfall von Herzgicht gestorben sein.

Als mich vor ein paar Tagen ein chinesischer Arzt abends besuchte, um sich in Aix von mir zu verabschieden, bevor er sich in Marseille einschiffte, um in seiner Heimat zu sterben, die er wegen der zwei Kriege seit über fünfundzwanzig Jahren nicht mehr gesehen hatte, wegen des Japanisch-Chinesischen Krieges und der dreifachen Revolution, jener der Xenophoben, jener der kommunistischen Internationalisten, jener der Kuomintang von General Tschiang Kaischek, dem Erneuerer der Heimat (dreckige Kriege und dreckige Revolutionen, aber armes, armes, armes chinesisches Volk, das seit ewigen Zeiten vom gleichen Unglück heimgesucht wird: dem Dasein), ein alter Gelehrter, der sein Leben in Paris verbracht hatte, in einem Laboratorium des Pasteur-Instituts fleissig über ein Mikroskop gebeugt, und der nun nach China zurückkehrte, wie es sich gehört für einen Sohn des Landes der Mitte, der seine Pflicht gegenüber der Erde der Ahnen erfüllt und der Disziplin eines modernen Wissenschaftlers gehorcht, der letztlich, was die Blutfrage der Rassen angeht, von der Wahrheit der alten Tradition überzeugt war und die Weisheit der Lehre erkannt hatte, im Exil jedoch nicht ein weiser Opiumraucher geworden war, und als ich ihm von dem seltsamen Gichtanfall erzählte, der das Herz angreift, erklärte mir der weise Arzt, während der

Mistral über das Dach und die Erde fegte und das dürre Laub der hundertjährigen Platanen längs des Cours Mirabeau davonwehte und das Stöhnen der Äste die zitternde Stimme des alten Chinesen übertönte und der Rauch aus meinem Kamin das Zimmer erfüllte und in den Augen brannte und in mir ferne Erinnerungen an eine im Morgengrauen angezündete Heizung weckte, an Keller, an Läuse, an Elend, an Hunger, an Lumpen und an den subtilen Duft von menschlicher Jauche, der überall in der Luft lag und selbst das *Hôtel des Wagons-Lits* durchtränkte am Tag seiner Einweihung 1904, das erste europäische Hotel in der herrlichen Hauptstadt von Kathai, die Marco Polo, genannt *die Million,* beschreibt, ein komfortables und funkelnagelneues Hotel, in dessen Kellergeschoss ich die Aufgabe hatte, das Feuer der Zentralheizung zu unterhalten, ein widerliches Parfüm, das für mich der typische Geruch Pekings und Chinas ist. „Ja", erklärte mir der alte Mann, „ich kenne das, *Lychen* nennt es sich, es handelt sich um eine Form von lähmender Gicht, die nur Mandarine und Kulis befällt, jene, denen es an allem gemangelt hat, und jene, die von allem im Überfluss gehabt haben, die Milliardäre und die Habenichtse, eine Krankheit, die unter dem Namen *Kaiserliche Krankheit* bekannt ist, ein ziemlich geheimnisvolles und nicht häufig vorkommendes Leiden, denn jene, die nichts besitzen, und jene, die im wahrsten Sinne des Wortes alles im Übermass gehabt haben, sind zum Glück sehr selten. Seit ein paar Jahrzehnten hat man auch im Westen ein paar Fälle nachgewiesen. Die ersten. Das ist neu. Es stimmt, die westliche Welt ist schwerkrank ..."

Das Leben ist eine kongenitale Halluzination.

Doch der lebende Buddha bleibt in seinen 1000 Reinkarnationen und in seinen 100'000 ein menschliches Wesen.

Stellt eure Weihrauchstäbchen vor seinem Lächeln auf!

Zündet sie an.

ER weiss.

8.

„Cendrars, erinnern Sie sich an den Anfang jenes Kapitels? ‚Ich befand mich damals in Deutschland …' lautet er, glaub' ich."

Wie hätte das Gespräch nicht auf ihn kommen können? Auf der Veranda herrschte brütende Hitze.

„Ich weiss, worauf Sie hinauswollen, Paulo. Diese Hitze erinnert Sie an Chadenat und seinen mitten im Sommer brennenden Ofen, und durch Gedankenassoziation an Descartes' Ofen. Ich erinnere mich schwach … Ich glaube, es ist der Anfang des zweiten Kapitels … warten Sie, wie lautet die Stelle genau? ‚Ich blieb den ganzen Tag in einem Ofen eingeschlossen …' oder ähnlich. Jedenfalls geht's um philosophische Betrachtungen, die von der Treibhauswärme ausgelöst wurden – ‚… und ich alle Musse fand, mich mit meinen Gedanken zu unterhalten …', wenn ich mich richtig erinnere."

Weder er noch ich hatten Lust, aufzustehen und das Buch in der Bibliothek nebenan zu holen. Es war zu heiss. Siestazeit. Wir kämpften gegen den Schlaf. Jeder auf der Veranda in seiner Hängematte liegend. Paulo Prado rauchte träge eine türkische Zigarette mit Rosenblattmundstück, und ich paffte wollüstig eine lange Zigarre aus Pernambuco. Wir hatten den schwarzen Kaffee getrunken. Von den Wirtschaftsgebäuden der Fazenda drang kein einziger Laut herüber. Die Sonne erdrückte alles. Die Arbeit wurde erst um drei Uhr nachmittags wieder aufgenommen, nach der Mittagspause.

Man erstickte. Auf den Hügelkämmen widerspiegelten fünf Millionen Kaffeesträucher, die wie mit der Heckenschere gestutzt und mit dunklem Kautschuk überzogen zu sein schienen, den stahlblauen Himmel der Tropen. Die Hitze war unerträglich. Die Lider wurden einem schwer. Man konnte nicht dagegen ankämpfen. Harte, warme Schweisstropfen flossen zwischen den Schulterblättern die Wirbelsäule hinunter, wie zu Weissglut erhitzte Achatperlen. Ein unangenehmes Gefühl. Man rollte sich in der Hängematte zusammen, um eine bequemere Stellung zu finden. Man schaukelte, um atmen zu können. Von Zeit zu Zeit streckte ich den Arm aus, um Sandy abzutupfen, einen prächtigen schottischen Deerhound, der am Morgen auf der Jagd von einer Klapperschlange gebissen worden war und den ich auf einer Matratze neben mir auf den Fussboden hatte hinlegen lassen. Rotz lief aus seiner Nase. Seine Pupillen blickten leer, wenn ich mit dem Finger seine Lider öffnete. Er reagierte nicht. Es gab kaum Hoffnung, dass er überlebte. Er war in den Nacken gebissen worden. Die hintere Rumpfhälfte war gelähmt. Ich hatte ihm eine intravenöse Spritze gegeben und wusste nicht recht, ob ich ihm eine zweite Dosis Butantanserum geben sollte. Wenn ich die Flasche aufmachte, um einen Wattebausch zu tränken, verbreitete sich Äthergeruch auf der Veranda, der an den säuerlichen Duft eines Bananenbüschels oder an den Geruch eines Zelluloidstreifens erinnerte. Ich war traurig. Ich liebte meinen Hund. Ein Zittern ging durch seinen Körper. Das letzte.

„Hoffnungslos“, sagte ich zu Paulo. „Er hat Kontraktionen. Sein Fell ist steif. Er kotet ...“

„Augustus!“ rief Paulo nach seinem Kammerdiener.

Augustus war ein untersetzter Portugiese, der weder lesen noch schreiben konnte. Um ihm den Titel zu nennen und ihm genau zu erklären, auf welchem Regal das Buch stand, das Augustus für ihn in der Bibliothek holen musste, bediente sich Paulo einer rudimentären Sprache aus harten, barschen, bellenden einsilbigen Lauten, aber Augustus war an diese unzivilisierte Sprache gewohnt, er irrte sich nie und brachte, stolz wie ein kluger Hund die Zeitung, das gewünschte Buch. Paulo hiess also mit aneinandergereihtem Belfern Augustus *Die Abhandlung über die Methode* zu holen, in der wir nachschlagen wollten.

Der arme Augustus. Seine Frau Ermeline, eine verschüchterte Portugiesin, aber eine gute Köchin, hatte ihn kürzlich verlassen und war mit einem schwarzen Boxer auf und davon, und wenn Augustus uns morgens zum Frühstück Spiegeleier mit Speck briet, erschien sie ihm regelmässig auf dem Teller, und man hörte ihn in der Küche erschrocken schreien.

Als er mit dem in-fol.-4° von Descartes erschien – es war die Leidener Ausgabe von 1637 –, war Sandy tot.

„Komm, hilf mir, schaffen wir den Hund weg“, sagte ich zu Augustus, „dann gehst du den Nachtwächter wecken und sagst ihm, er solle den Kadaver sofort begraben.“

Nun aber war der Nachtwächter ein Neger, und seit dem kürzlichen Abenteuer seiner Frau war Augustus widerborstig. „Ich habe nichts gegen den alten Dongo, der bestimmt hundert ist mit seinem weissen Kopf und ein braver Kerl. Aber ich quittiere lieber den Dienst bei Doktor Paulo, als das Wort an einen dreckigen Neger zu richten!“ erklärte Augustus.

In Brasilien nennt man jeden jungen Mann „Doktor“, der mindestens Abitur hat, so wie man die Pflanzer, die nicht studiert haben, aber reich geworden sind, „coronel“ nennt.

„Das wirst du doch Doktor Paulo nicht antun wollen! Deine Ermeline kehrt bestimmt zu dir zurück, glaub mir, und erst noch mit einem schwarzen Baby. Das wäre alles nicht passiert, hättest du's richtig angepackt. Ermeline ist eine gesunde Frau, sie hatte eben Lust auf ein Baby“, neckte ich Augustus.

„Glauben Sie wirklich?“ fragte der Kammerdiener. „Vielleicht haben Sie recht. Wenn sie nur zurückkommt. Ich nehme sie und ihr Baby mit offenen Armen auf, sogar wenn der Kleine schwarz ist, wie Sie gesagt haben, denn es ist kein Leben mehr ohne meine Frau. Aber mit Dongo rede ich nicht!“

„In Ordnung“, sagte ich, denn ich kannte die sprichwörtliche Sturheit des Portugiesen, „ich geh' schon. Und du gehst nach Hause. Es ist Zeit für die Siesta. Wir unterhalten uns später.“

Und ich ging mit dem alten weisshaarigen Neger den schönen Jagdhund begraben.

Dongo war ebenfalls von einer Frau besessen. Bei ihm war es die *weisse Dame,* die ihm, Punkt Mitternacht, auf seiner Runde durch die Pflanzung erschien. Unter dem Vorwand, mir Gesellschaft zu leisten und mich vor den Vampiren zu warnen, aber zähneklappernd, weil er das Gespenst gesehen hatte und es ihm wieder bedeutet hatte, ihm zu folgen, kam der Nachtwächter mit mir plaudern auf der Veranda, wo ich oft die Nacht zusammengerollt in meiner Hängematte verbrachte und nicht genug davon bekommen konnte, das funkelnde Sternenmeer des Steinbocks am nächtlichen Himmel zu betrachten, dem Atmen des Urwalds zu lauschen, dem deutlichen, dann wieder leisen Rasseln der Ophidien im Buschwald, wie die nahe, dann wieder ferne Klingel eines in der Dunkelheit umherirrenden Fahrrads, dem Sirren und Summen von Milliarden unbekannter Insekten, einem ganz nahen Echo in den Stallungen, dem wütenden Ausschlagen eines Pferdes oder dem verdächtigen Iahen eines Maultiers; die nächtlichen Raubvögel streiften in ihrem samtenen Flug die Dächer, setzten sich flügelflatternd oder federraschelnd auf die Einzäunung – endlich ein Lufthauch in den steifen papiernen Eukalyptusblättern.

„Es ist ungesund, im Freien zu schlafen, Senhor", sagte der alte Neger, glücklich, mit jemandem reden zu können nach dem Schrecken seiner Begegnung mit der *weissen Dame,* „und zudem ist's gefährlich, wegen der Vampire. Sie saugen das Blut aus. Ich hab' sie wieder gesehen, in der Nähe der Mühlen, sie ist weiss wie Maniokmehl …"

Ich gab ihm eine Prise Tabak für seine Pfeife und schenkte ihm einen Schluck *parati* ein, der nach Destillierkolben riecht, damit er sich von seinem Schrecken erholte, und ich liess ihn bis zum ohrenbetäubenden Erwachen der Sittiche und dem übermütigen Kreischen der Affen, die mit tausend Luftsprüngen den ersten Sonnenstrahl begrüssten, von seinen nächtlichen Begegnungen und von den Abenteuern seines langen Lebens erzählen.[10] Für einmal wäre ich nicht auf den Gedanken gekommen, ein Buch in die Hand zu nehmen. Ich hatte keine Zeit. Im Morgengrauen brachte mir Dongo Canari, und ich ritt im gestreckten Galopp auf die Jagd, von den Sprüngen und dem freudigen Gekläffe Sandys begleitet, der vor und hinter mir her lief und mich umkreiste und schnüffelnd die Fährten aufnahm.

Als der Stöberhund begraben war, kehrte ich auf die Veranda zurück. Paulo lag auf dem Rücken, das aufgeschlagene Buch wie eine Eselskappe über den Augen. „Ich habe den Namen gefunden, den ich suchte", sagte er gähnend, „es ist ein *Godin …",* und er rollte sich auf die Seite und schlief auf der Stelle ein, das kostbare Buch glitt auf den Boden.

Ich wollte ihm antworten! Ich legte mich wieder in meine Hängematte. Ich wollte ihm antworten, ich wollte ihm sagen … was wollte ich ihm sagen? Ich hab's vergessen … Ich wollte ihm etwas über Chadenats rauchenden Ofen sagen … Ich wollte ihm sagen, dass Descartes' Ofen auch unsichtbare undichte Stellen gehabt haben musste und der Rauch ihm wohl den ganzen Tag in den Augen brannte, das war es bestimmt gewesen, was den Philosophen dazu bewegt hatte, sich in seinen Betrachtungen mit Dioptrik zu befassen – wie Spinoza, der seine Brillengläser polierte, um, logischerweise, klarer zu sehen –, und auch der junge Privat-Dozent Schopenhauer [im Orig. dt.], der kurzsichtig war und an einem Augenleiden litt, hatte sich mit Optik befassen müssen und hatte die Farbenlehre des alten Goethe auf den Kopf gestellt, was den Olympier empörte, der Arthur nie verzieh ... Doch der Schlaf übermannte mich, und ich habe die kausalen Zusammenhänge der folgenschweren Erkenntnisse der modernen Physik und Metaphysik nie mehr gefunden, die mir, obwohl zufällig, genial erschienen waren ... wie Newtons Apfel ... kleine Ursache, grosse Wirkung oder kleine Wirkung, grosse Ursachen ... Gesetz, Natur, Universum ... man verfügt manchmal über transzendentale Luzidität, bevor man in Schlaf sinkt ... geistige Trunkenheit – die Augen staunend, wie unter der Einwirkung eines Narkotikums ... Rückfluss von Bildern ... Lichtandrang, wie Balzac es nennt ... Belladonna ... Und ich schnarchte ebenfalls ... Und als ich vom Geräusch der Fuhrwerke erwachte, die zu den Plantagen hinauffuhren, und vom Geräusch der nackten Füsse der kleinen Japanerinnen, die zum Ernten gingen, der Anführer jeder Gruppe mit einem Säbel oder mit einem Buschmesser bewaffnet, um sich vor den Schlangen zu schützen, und der uns mit einer tiefen Verbeugung begrüsste, wenn er vor dem Säulenvorbau des Herrschaftshauses vorbeiging, gefolgt von den zwitschernden *mousmés* mit einem Baby am Rücken, eine Harke in der Hand, ihre Scheuerlappenschürze zu einem Beutel geknüpft, denn jeder Kaffeestrauchzweig trägt das ganze Jahr Blüten und Knospen und Kirschenzwillinge, vom 1. Januar bis zum 31. Dezember harkt man, lichtet man aus, schürzt den herabhängenden Rock der immergrünen Sträucher der Rubiazeen, streckte ich mich und zündete mir eine weitere Zigarre an und sagte zu Paulo: „Es ist kein *Godin.* Seit damals, als ich die Heizung im *Hôtel des Wagons-Lits* in Peking überwachte, merke ich mir spontan die Marke von Heizgeräten. Beim Ofen, von dem Descartes spricht, muss es sich um einen Fayenceofen gehandelt haben, um einen deutschen Ofen, so gross wie das Zimmer, der mit Holz und Torf geheizt wurde; Chadenats Ofen ist kein *Godin,* sondern ein *Guise,* das erste Modell eines sparsamen Allesbrenners, der in den Werkstätten des Grafen Saint-Simon in Serie hergestellt wurde; ich meine nicht den Memoirenschreiber, sondern den anderen, den Anhänger Fouriers, der zwei oder drei Arbeiterphalanstère im Aisne gegründet hatte; Chadenats Ofen ist also eines der ersten Produkte einer kommunistischen Arbeitergenossenschaft in Frankreich und deshalb ein historisches Möbel; was den Herzog angeht, den grossen Saint-Simon, den Höfling, so betrachte ich ihn als den Vorläufer Balzacs; seine *Erinnerungen* sind einmaliger und viel romanesker als *Die Menschliche Komödie.* Was die Verwendung der Wörter und die Handhabung der Sprache angeht, ist er, nach Rémy de Gourmont, mein zweiter Lehrer; und seine wahren Geschichten erst ...“

„Blaise, ich habe einen Satz für Sie angezeichnet“, sagte Paulo, im Descartes blätternd, den er beim Erwachen vom Fussboden aufgelesen hatte. „Hören Sie: ‚Verwendet man jedoch zu viel Zeit auf Reisen, wird man schliesslich im eigenen Lande fremd ...‘ Was sagen Sie dazu? Fürchten Sie sich nicht davor? Sehen Sie die Gefahr nicht? Sie sind ja bereits ein halber Brasilianer. Passen Sie auf! Mein Land ist anthropophag. Es hat schon ganz andere als Sie verschlungen.“

„Im Gegenteil, Paulo. Ich kenne kein anderes Land in der Neuen Welt, das so viel Ähnlichkeit mit Frankreich hat. Warten Sie, bis es sauber geharkt und geglättet ist. Eure Plantagen erinnern mich bereits an unsere Weinberge in der

Champagne oder in den Corbières, im Aube, im Gard, an den Aramon, die im ganzen Midi verbreitete Rebsorte, und sobald der Urwald von einer eurer modernen Autostrassen angeknackt ist, wird man sich vorkommen, als dringe man in einen alten verwilderten Park ein. Alles im Massstab des Kontinents und der üppigen Vegetation der Tropen natürlich, noch keine Le Nôtresche Landschaftsarchitektur, bei euch ist alles von Natur aus harmonisch, ich brauche mir nur die Bucht von Guanabara anzuschauen, wo Rio zehnmal höhere Wolkenkratzer als die von New York errichten kann, die aber nie nach Gebiss aussehen werden wie die von Manhattan, die so hässlich in den öden Himmel ragen, weil sich die von Rio de Janeiro immer harmonisch den umgebenden Bergen anpassen, dem Corcovado, dem Gavea oder der Sägezahnkette der Orgeln. Grossartig! Lassen wir das. Doch sagen Sie, Paulo, warum steht jede Fazenda in Brasilien unter dem Schutz eines Heiligen? São Martinho, Santa Veridiana, Santa Clara, São Bento ... wie die Dörfer in Frankreich zum Zeitpunkt ihrer ersten Besiedelung und der Katasteraufnahme der Felder? Sehen Sie darin bloss einen historischen Zufall über die Jahrhunderte? Glauben Sie nicht an eine tiefe Ähnlichkeit, weil aus einer gleichen Zivilisation entstanden? An eine Spur über tausend Jahre Geschichte? An ein Zeichen gemeinsamer Vorherbestimmung? Alle Brasilianer, die ich kennengelernt habe, sogar die abgeschiedensten im tiefsten Landesinnern, glauben an die uneigennützige Mission Brasiliens in der Welt. Ich selber bin überzeugt, dass Brasiliens Mission darin besteht, Frankreich abzulösen, wenn die Zeit gekommen ist. Man sagt allgemein, jeder freie Weltbürger habe zwei Vaterländer, zuerst seines, und dann Frankreich. Und umgekehrt hat jeder Franzose, der Brasilien kennt, ebenfalls zwei Vaterländer, zuerst Frankreich, und dann Brasilien. Man könnte nirgendwo sonst leben … Und dann eure Frauen, die Eingeborene, die Indianerin, mit der die alten Paulisten Nachkommen zeugten. Die Südamerikanerin, die Prä-Superfrau schlechthin und das Resultat einer alten und neuen Zivilisation. Sie ist heute die raffinierteste Frau der Welt …"

Paulo lächelte. Ich wusste, dass ich ihm durch die Erwähnung der Wolkenkratzer geschmeichelt hatte, für deren Bau er eigens eine Immobiliengesellschaft gegründet und berühmte Architekten aus Europa und den Vereinigten Staaten hatte kommen lassen. Dann lachte er herzlich. „Sie heben ab, Blaise. Jedermann weiss, dass Sie ein Schwärmer sind", unterbrach er mich.

Paulo liebte Frankreich ebenso wie ich, und zwar war es eine physische Liebe, genau wie meine. Doch er korrigierte mich nüchtern: „Sie vergessen den Kalender der laizistischen Heiligen, den Auguste Comte uns offiziell vermacht und uns gleichzeitig mit der Devise auf unserer Landesflagge bedacht hat. *Ordem e Progresso.* Brasilien ist positivistisch."

„Die Einführung des Rationalismus in Brasilien ist, wie in Frankreich, die Vermählung Voltaires mit der Jungfrau von Orléans: etwas, was in der Zeit nicht von Belang ist. Eine Mode für Intellektuelle und, wie alle anderen Moden, dem Wesen nach vergänglich. Die Zivilisation ist von Natur aus Frau: Sie nimmt mehr, als sie gibt, sie nimmt auf, sie übermittelt, das erklärt ihre langsame, sehr langsame Evolution. Sie ist ein dauerhafter Wert. Eine Konstante, und keine Spekulation. Was mich an der Eroberung der Neuen Welt immer fasziniert hat, ist die Tatsache, dass die *conquistadores* von den eingeborenen Frauen erobert wurden: Cortez von Marina, Marina, die die aztekischen Tierkreiszeichen für die Heiligen unseres Kalenders verriet; Pizarro und seine Handvoll abgebrühter Abenteurer von den Priesterinnen der Inkas; die zwischen den Vulkanen der Andenkordilleren verirrten Spanier von den Hüterinnen der dem Sonnenkult geweihten Tempel auf den höchsten Gipfeln Boliviens; und eure portugiesischen Infanteristen (ich stelle sie mir manchmal vor, wie sie, Morion auf dem Kopf, keuchend und schwitzend unter dem Harnisch oder dem Kettenpanzer, abgekämpft den steilen Pfad des *Caminho de Mar* hinaufklettern, der schräg die Küste entlang von Santos nach São Paulo führt – wo heute selbst unsere Sechszylinderwagen Mühe haben –, hoffnungslos im Buschwald verstrickt mit ihrer Muskete und vielleicht einer Feldschlange) von den bemalten Mädchen eurer Ipiranga-Indianer; und vergessen wir nicht die Guaraní-Dienstmägde der Missionare in Paraguay, die heute noch für ihre Schönheit berühmt sind, ein Land jedoch, das noch nicht in den Kreislauf der weissen südamerikanischen Zivilisation eingetreten ist, im Gegensatz zu Mexiko, Peru, Bolivien und Brasilien, den vier Zukunftsländern indologischer [sic] Zivilisation. Die Angelsachsen Nordamerikas eroberten die Indianer nicht, sie rotteten sie aus, daher ist die Zivilisation der Vereinigten Staaten künstlich und kann nur vergänglich und zerstörerisch sein wie die Babylons, die konsumorientiert war und wesensmässig päderastisch, ohne Zukunft in der Zeit also, trotz ihrer Eroberungen im Raum."

„Und habt ihr Indianerinnen gehabt in Frankreich?" fragte Paulo verschmitzt.

„Aber sicher, die keltischen Frauen; Sie wissen doch, die mystischen Druidinnen, die man mit einer goldenen Sichel in der Hand darstellt und die Visionen hatten und im Wald von Broliande weissagten – und die arg strapaziert worden sind von den Romantikern, die sich an den Schauerromanen Ann Radcliffes und Walter Scotts und den Vorlesungen und öffentlichen Lesungen Edgar Quinets und Augustin Thierrys inspirierten. Auch sie verrieten, wie Marina die gefiederte Schlange für ihren „blonden Gott", wie sie Cortez nannte, die Götter ihres Volkes, um die fremden Götter aufzunehmen und dadurch ihre Unterwerfer zu erobern; und auch später, zur Zeit der grossen Invasionen, brachten die französischen Frauen es fertig, Barbaren jeglichen Schlages zu zivilisieren, Teutonen, Franken, Wikinger, und ihnen das *doulx parler* Frankreichs beizubringen, das wie Honig von ihren Lippen fliesst. Die Frau ist die Trägerin der Zivilisation. Ihr Schoss ist eine Wiege. Die Jungfrau Maria fängt in ihrer Schürze das vom Himmel fallende Jesuskind auf. Es handelt sich nicht nur um einen Mythos und – auf einer anderen Ebene – um einen sozusagen rein geistigen Mythos: In der Antike erfüllten die Pythien und Sibyllen Delphis und Cumaes die gleiche gesellschaftliche Rolle, sie überlieferten die menschliche Tradition durch zivilisatorische Initiation."

„Und was ist mit Shakespeares Hexen? Sie waren doch keltischer Herkunft wie Ihre Französinnen, oder?" wandte Paulo ein.

„Fragen Sie Ihren Freund Chadenat, er ist unerschöpflich,

was die Geschichte der Engländer und die englische Hysterie angeht! Gewiss, die Jungfrauen der Isle of Man, des letzten keltischen Heiligtums, waren besessen und blutrünstig, ihre Hysterie ist allerdings verständlich, wenn man sich die Entstehungsgeschichte, die Erbfolgekriege, die Teilung, den von Prinzen und Duodezfürsten und Herzögen und den Häuptlingen der Bergclans verhandelten und bekämpften Zusammenschluss des Vereinigten Königreichs vor Augen hält, die regelmässigen Einfälle und die politischen Razzien der gefürchtetsten Piraten, der Noregrn, der Dänen, die, um eine Königin geschart, bis aufs Blut kämpften und, einer nach dem andern, mit ihr schliefen; Shakespeare hat recht, sie als Hexen auftreten zu lassen, was nichts daran ändert, dass Columban ohne das Heilige Kollegium der Hexen der Isle of Man, die eine geheime Tradition bewahrten, nicht aus Irland und von noch weiter gekommen wäre mit seinen gelehrten Priestern, die Platon unter der Kutte versteckt mit sich herumtrugen, um auf dem Kontinent das Christentum zu predigen und zu taufen und zu weihen und zu pilgern. Und woher kam dieses Wissen auf den Inseln in der Irischen See – eine Frage, die noch niemand hat schlüssig beantworten können, aber Platon kannte Atlantis, und die skandinavischen Piraten Amerika! –, wenn nicht von jenen Frauen, die von ihrem religiösen Wahn besessen waren und einander dieses Wissen mündlich überlieferten, von Mund zu Ohr, wie ein grosses, vom Meer zu ihnen gelangtes Geheimnis, als der Atlantik ein Mittelmeer war; Runen aus grauen Vorzeiten, Poesie, das Geheimnis der Liebe, der göttlichen Liebe wohlverstanden. Das Kopfkissengeheimnis ist nochmals etwas anderes, ich bin weit genug auf allen Meeren herumgekommen, um Bescheid zu wissen, und es ist unglaublich, was eine Frau einem durchreisenden Fremden alles anvertrauen kann, Sie können es mir glauben, Paulo! Ohne alle die weisen Jungfrauen und ohne alle die besessenen Jungfrauen wären heute weder England noch Frankreich das, was sie sind, das heisst die einzigen Länder in Europa, wo Ehre kein leeres Wort ist; daher die eifersüchtige Rivalität und ihr Kampf bis zum Tod, würde Chadenat sagen und Ihnen vielfache und eindeutige Beweise vorlegen."

„*Que calor!*" seufzte Paul nach einem langem Schweigen, wie sie sich oft zwischen unsere zwei Hängematten legten, wenn wir, von der Hitze betäubt, auf der Veranda über Gott und die Welt redeten. „Es ist etwas Wahres an Ihrer Beweisführung. Aber sie ist lückenhaft. Es ist Zeit. An die Arbeit. Heute habe ich telefonische Verabredungen mit London und Chicago, wo wir demnächst *The Rubis Co.* einweihen werden, die grösste und modernste Kaffeerösterei der Welt, ein *inguenho,* wie man bei uns früher, zur Zeit der Sklaverei, alle industriellen Vorrichtungen auf den Zuckerrohrpflanzungen nannte, eine geniale Anlage, eine nahezu vollautomatische technische Neuerung. Sie sollten sich das bei Gelegenheit ansehen, Blaise. Der Anruf wird gleich kommen." Und Paulo hievte sich aus der Hängematte, stand auf, streckte sich, zündete eine türkische Zigarette mit Rosenblattmundstück an, warf einen Blick auf seine Uhr, steckte den kostbaren Band unter den Arm und fragte mich: „Und Descartes, was ist mit ihm in Ihrer Theorie, Blaise?"

„Descartes und die Frauen = Null. Alles, was man weiss, ist, dass er seinem Dienstmädchen ein Kind gemacht hat. Bedauerlich für seinen Nachruf. Mehr weiss man nicht. Mir wär's lieber, er hätte zum Beispiel Christine von Schweden ein Kind gemacht!"

„Was? Dieser Pummel?" lachte Paulo.

„Und warum nicht? Immer noch besser für einen Philosophen, mit einer Besenhexe zu schlafen, als mit einem Dienstmädchen wie ein armer Student."

„O Blaise, Sie sind mir einer! Nur Sie können solche Dinge erfinden."

„Ich erfinde gar nichts, Paulo. Und was ist mit dem Techtelmechtel der Königin mit einem Maler in Fontainebleau? Der ganze Hof spottete darüber. Kardinal von Retz erwähnt die Episode in seinen *Memoiren.*

„Und was haben Sie vor heute nachmittag?"

„Ich werde den Ford nehmen. Dongo begleitet mich zu einer Furt, wo die Tapire planschen."

„Ich kenne die Stelle. Die Furt von Bebedouro. Passen Sie auf, Blaise, ein gefährlicher Ort."

„Gefährlich, Paulo?"

„Gefährlich, ja, wegen des Gelbfiebers."

„Bis später, Paulo."

„Até logo, seien Sie vorsichtig."

9.

Zum Jahresende tauschten Paulo und ich jeweils *Christmas-Cables,* die, eine Geste gegenüber treuen Kunden, von der *Western* unentgeltlich übermittelt werden. Man kann sogar zu einem Vorzugstarif andere Mitteilungen als die traditionellen, allgemein üblichen guten Wünsche hinzufügen, unter der Bedingung, dass dieser Zusatz unverschlüsselt ist. Ein Angebot, wovon ich einmal Gebrauch machte: Nach den gängigen *Best wishes* und *Happy New Year,* Wünsche, die nach Bestimmungsstädten „gebündelt" gekabelt werden, was eine beträchtliche Ersparnis für die Gesellschaft bedeutet, die bloss die einzelnen Adressen zu übermitteln braucht, fügte ich in einem Postskriptum hinzu: MEIN LIEBER PAULO, TRETEN SIE VON IHREM AMT ALS PRÄSIDENT DES INSTITUTS FÜR KAFFEEHANDELSFÖRDERUNG ZURÜCK. WENN MAN DER SOHN IHRES VATERS IST, HAT MAN NICHT DAS RECHT, DAS PRODUKT MENSCHLICHEN ERFINDUNGSGEISTES UND MENSCHLICHER ARBEIT ZU ZERSTÖREN. EINE IN DIE ERDE GESTECKTE KAFFEEBOHNE BRAUCHT SIEBEN JAHRE, UM EINEN STRAUCH HERVORZUBRINGEN, DER DIE FRUCHT TRÄGT. WENN WEGEN KURZFRISTIGER INTERESSEN DER BANKIERS, DES NOTORISCHEN SCHWACHSINNS DER EXPERTEN, DER TECHNIKER, DER FACHLEUTE, DIE GLAUBEN, SICH IN DIE WELTWIRTSCHAFT EINMISCHEN ZU MÜSSEN UND VON DENEN JEDER OFFENBAR EIN DEUTSCHES WUNDERREZEPT IN SEINEM DEZ VERSTECKT, WEGEN DES UNVERSIEGBAREN GEPLAUDERS DER POLITIKER, ALLES PROFITEURE UND ARRIVISTEN, VON EINFÄLTIGEN UND INKOMPETENTEN, ABER GIERIGEN UND EITLEN MINISTERN, DER KORRUPTEN UND VERLOGENEN STAATSMÄNNER, DIE IM BEGRIFF SIND, WELTWEIT DEN WIRKLICHEN REICHTUM DES PLANETEN ZU RUINIEREN, WENN WEGEN DIESER MOLIERESKEN ÄRZTE DER KAFFEEANBAU SICH NICHT MEHR BEZAHLT MACHT, WERFT DEN

KAFFEE NICHT INS FEUER. NICHTS IST GEFÄHRLICHER ALS DIE METHODE DER PREISSTABILISIERUNG. DIE PREISE SIND EIN INDIZ UND KEIN ELATIV, DEM WESEN NACH ALSO VON NULL BIS ENDLOS VARIABEL, WIE ES DIE ELEMENTARE ARITHMETIK LEHRT, EINE ZAHL ALLEIN BEDEUTET NICHTS. SIE BEZEICHNET EIN VERHÄLTNIS, NEXUS VON URSACHE UND WIRKUNG, UND UMGEKEHRT. DESGLEICHEN DIE IN STÄNDIGEM WANDEL BEGRIFFENEN PREISE. ES IST UNSINN, EINEN FÜR ALLE ZEITEN ODER FÜR EINE MEHR ODER WENIGER PROVISORISCHE DAUER GÜLTIGEN PREIS FESTLEGEN ZU WOLLEN, DAS WIDERSPRICHT JEGLICHER MATHEMATISCHER LOGIK UND DER NATUR DER DINGE. BEI UNS HAT MAN IN ZEITEN VON WIRTSCHAFTSKRISEN SCHON WIEDERHOLT DIE FÄSSER AUSGIESSEN UND DIE REBSTÖCKE PRO RATA KUBIKINHALT DER KELLER UND DER FLÄCHE DER WEINBERGE VERNICHTEN WOLLEN, WOZU ES NIE GEKOMMEN IST, DENN DIE ALTEN WINZER UND DIE TRINKER DROHTEN MIT DEM AUFSTAND, WEIL SIE NICHT GEWILLT WAREN, DER UNSINNIGEN ERPRESSUNG DER REGIERUNG UND DER BÖRSE NACHZUGEBEN, DIE VERHEERENDERE AUSWIRKUNGEN GEHABT HÄTTE ALS DIE PHYLLOXERA. WENN DER KAFFEE SICH NICHT MEHR AUSZAHLT, MAHLT IHN ZU PULVER, PRESST IHN ZU WÜRFELN, ZU WASSERLÖSLICHEM, ABER UNVERDERBLICHEM MATERIAL, UND LAGERT IHN IM HIN-

BLICK AUF DEN NÄCHSTEN KRIEG, IHR WERDET IHN ZU ASTRONOMISCHEN PREISEN DEN ARMEEN VERKAUFEN KÖNNEN; WENN ES EUCH CHEMISCH NICHT GELINGT ODER WENN IHR NICHT AN DEN BALDIGEN KRIEG GLAUBT, FÜHRT DEN WARENTAUSCH UND DEN TAUSCHHANDEL WIEDER EIN, DU-GIBST-MIR, ICH-GEBE-DIR, KAFFEE GEGEN WAREN, GEGEN WAFFEN, MASCHINEN, SCHIFFE, FLUGZEUGE, TUCH, GLAS, SCHUHE, PHARMAZEUTISCHE PRODUKTE, SCHULBÜCHER, DIE EUCH FEHLEN, JA SOGAR GEGEN TEURE PARFÜMS; WENN IHR NICHT MEHR WISST, WAS MIT ALL EUREM KAFFEE ANFANGEN, VERTEILT IHN ZU PROPAGANDA- ODER WERBEZWECKEN GRATIS AN DIE VÖLKER, DIE KEINEN HABEN, UND IHR WERDET EIN BESSERES ZUKUNFTSGESCHÄFT MACHEN, ALS DIE SÄCKE AUFZUSCHNEIDEN ODER DIE STRÄUCHER AUSZUREISSEN. DIE EINFRIERUNG DER PREISE IST DER RUIN. KÖNNEN SIE MIR SAGEN, WIE VIELE KAFFEESTRÄUCHER DIE REGIERUNG GEPFLANZT HAT? GENAU ZWEI, JE EINEN IN JE EINEM TOPF LINKS UND RECHTS NEBEN DEM EINGANGSPORTAL DES INSTITUTS FÜR KAFFEEHANDELSFÖRDERUNG IN RIO, UND DAGEGEN STEHEN DIE MILLIONEN KAFFEESTRÄUCHER, DIE VON BEHERZTEN PAULISTISCHEN PFLANZERN GEPFLANZT WURDEN. ES LEBE IHRE UNABHÄNGIGKEIT UND IHR TRADITIONELLER UNTERNEHMERISCHER GEIST! TRETEN SIE AUS FREUNDSCHAFT ZU MIR AUF DER STELLE ZU-

RÜCK, SONST WIRD DER SOHN SEINES VATERS ZUM UNPOPULÄRSTEN MANN BRASILIENS WERDEN. UND ZUM MEISTGEHASSTEN. SAUDADES. BLAISE

Ich habe eine einzigartige Gelegenheit versäumt, ein dadaistisches Meisterwerk zu schreiben. Als ich mein Formular dem Beamten hinter dem Telegrafenschalter zuschob, blickte mich der Mann entgeistert an, dann konsultierte er seinen Tarif und übermittelte schliesslich meine ungewöhnliche, aber zulässige Botschaft in Anwendung des zum Jahresende geltenden Reglements. Meine guten Wünsche sollen in die Annalen eingegangen sein und werden noch heute als Redaktionsbeispiel genannt, das in der Welt der elektrischen Übermittlung, die zerpflückte Wörter monopolisiert, nicht Schule machen darf. Egal, was mich das Ganze sogar zum verbilligten Tarif kostete, 22 Franc allein schon die Interpunktion, die voll ausgeschrieben übermittelt wurde (was die Leute dort besonders beeindruckt haben soll, war, dass ich kein einziges Mal das Wort STOP benutzte), Hauptsache war, dass Paulo Prado seine Demission einreichte. Er kam nach Paris. Er schien von einer grossen Sorge erlöst zu sein, hat man mir erzählt. Ich war nicht in Paris. Das war 1934. In São Paulo war die Revolution in vollem Gange. Ich war in Amazonien. Ich sollte Paulo Prado nach seinem Rücktritt nicht wiedersehen. Als er 1936 nochmals kam, war ich in Hollywood. 1937 stand uns ein Krieg bevor. 1938 erfolgte die Mobilisation von München. 1939 brach der Krieg aus, und ich ging als Kriegskorrespondent zur englischen Armee eine telegrafische Kampagne führen.[11]

Was für ein Röstbrand, der letzte Krieg! Die Generäle haben den raffinierten Einfall gehabt, die Zivilbevölkerung lebendigen Leibes verbrennen zu lassen! Das sei der Fortschritt, sagen die Militärs und beglückwünschen einander gegenseitig.

Paulo war ein Vierteljahrhundert älter als ich! Ich bin mit niemandem so eng befreundet gewesen wie mit ihm. Von 1929 bis 1934, während der entscheidenden Jahre der Weltwirtschaftskrise, zerstörte das I.D.C. 36 Millionen Säcke Kaffee. Ganze Kaffeeladungen wurden ins Meer gekippt. Die Lokomotiven wurden mit Kaffee geheizt. In Santos brannte während der ganzen Krisenjahre, ja bis zur Kriegserklärung Tag und Nacht ein unversiegbarer Berg gestapelter Kaffeesäcke. Schätzungsweise an die 50 Millionen Säcke. Attila und Tamerlan kommen dagegen nicht auf. Es war absurd. Heute greift man sich an den Kopf. Genützt hat es jedoch wenig. Ist man doch im Begriff, den Planeten anzuzünden, wie man eine Kaffeebohne röstet.

Doch für welchen Geschmack und für wen? Denn es ist das Rösten, was dem Kaffee das Aroma verleiht oder ihn verstärkt.

Ein neuer Röstbrand!

Das ist der Lauf der Welt.

Absurditäten über Absurditäten.

Eine Schande.

Kann man sich mit dem Spruch trösten, dass die Erde sich dreht?

Liebe Raymone! Es ist ihre Formulierung, wenn sie etwas nicht fassen kann und sie die Beweggründe eines menschlichen Herzens einfach nicht versteht und dass die Menschen sich so hässlich und oft kleinlich verhalten. „Und wenn man sich vorstellt, dass die Erde sich dreht!" ruft sie aus und klopft auf Holz. Dann fängt sie an zu beten und unterhält sich mit ihren Heiligen.

Auch das Leben der Heiligen, dieser Dichter der Tat und des selbstlosen Einsatzes, ist ein Gewebe aus Absurditäten.

Nur genötigt und gezwungen hat die Kirche diese unbotmässigen Kinder der Kirche angenommen.

Voglio cantar una stoltizia nuova, sang Jacopone in seinem *in pace*, wo der Papst ihn hatte einsperren lassen.

Der Volksdichter jedoch, Vorgänger Dante Alighieris, was die Anwendung der Vulgärsprache angeht (er aber für seine Kanzonette den umbrischen Dialekt), schwieg nicht, besessen von seiner Narrheit, einem neuen Himmelswahn.

Voglio cantar una stoltizia nuova,
Una stoltizia del Ciel!

sang er jeden Morgen, wenn er das Gewand des Papstes vor seinem vergitterten Kellerverlies vorbeiflattern sah. Und der arme kleine Franziskaner begann in der Tiefe seines *in pace* zu schmähen: „Auf diesem Felsen wirst du bauen, aber du kannst weder bauen noch errichten, Clemens oder Alexander, o profane Gier, ohne niederträchtiges weltliches Kalkül."

Und das ein Dutzend Jahre lang.[12]

Düstere Poesie des Geistes; die reine Mathematik ist auch eine Mystik, eine Wahrheit, die nicht von dieser Welt ist, eine rein geistige Wahrheit also. Hienieden zählt nur der Fehler, das heisst, das eigennützige Kalkül, Resultat angewandter Mathematik im Hinblick auf die Gestaltung einer idealen Welt, die nur noch ein analysierter Planet ist, den man wiegt und den man misst – und den man, auf Ziffern gestützt, bombardiert. Ziffern, die sowohl die Flugbahn als auch das Ziel festlegen, wie man auch den Tarif aller möglichen Versicherungen festlegt, ob Sozialversicherungen oder Lebensversicherungen. Für den Einzelnen kommt es aufs Gleiche hinaus: *post mortem.*

10.

Und auch ich habe mir einen Röstbrand erlaubt! Ich habe Bücher verbrannt. Und weil es sich um spanische Bücher handelte, war es mein Autodafé.

Es war an Himmelfahrt, in Biarritz, bei der Indianerin in der Villa Angostura. Draussen regnete es, doch wie es im Sommer in Biarritz regnet: ein feiner, warmer Sprühregen, wie aus einem Zerstäuber, doch die Tröpfchen genügen, um die fleischigen weissen Magnolienblüten rostfleckig werden zu lassen. Um das Haus herum standen die Magnolienbäume in voller Blüte, die schweren Blütenkronen lösten sich eine nach der anderen von den Zweigen und verströmten im Fallen süsslich-faden Duft und rührten Fäulnis auf. Im Kamin des Wohnraumes brannte ein grosses Feuer, denn auf dem Grundstück der Villa Angostura hatte einst das öffentliche Waschhaus gestanden; im Haus war es eiskalt, die Wände von Salpeter durchdrungen, und die Indianerin, die sich um die alten Möbel sorgte, an denen sie hing, und sich um die Picassos sorgte, die ihr Biarritzer Haus berühmt gemacht hatten und die zum Teil bereits vor Feuchtigkeit abblätterten, unterhielt ständig ein Feuer im Kamin ihres Wohnzimmers.

Wir sassen zwischen Teppichen, Vikunjafellen, Netzgeweben, Vorhängen aus exotischen Federn, die filigran vor den Fenstern hingen, zwischen Kleidern, kostbaren Schleiern, die Königinnen und Göttinnen der Inkas gehört hatten, den zartesten und fragilsten und kostbarsten dieser ganz besonderen präkolumbischen Kunst, der *Arte plumaria,* die wegen eben dieser Zerbrechlichkeit von den Museen und Sammlungen verschmäht worden war[13], was dazu geführt hat, dass diese Kunst heutzutage nahezu unbekannt ist, obwohl äusserst kostbar: Netze aus goldenem und silbernem Gefieder, mit Süsswasserperlen aus dem Titicacasee verknüpft, schimmernd wie Tautröpfchen in Engelshaar, das Ganze gekräuselt, weich, schillernd, glänzend, metallen, gefüttert, dicht, samten, leicht, luftig, zitternd beim kleinsten Sonnenstrahl, der sich darin verfängt und darüber hinwegzuckt wie der irrlichternde Flug eines sich mit den Blumen paarenden Kolibris – ein Entzücken für die Augen und den Geist –, der aufgenäht zu sein scheint, weil man das blitzschnelle Flügelflattern nicht sieht, und der Vogel sprüht wie ein Sonnenfunke, vibrierende Lichtaura, Pupille, Regenbogenpfeil; wir sassen beide im Morgenmantel auf dem Fussboden und plauderten lachend über unser Missgeschick.

Wir hatten nicht an das verlängerte Wochenende des 15. Augusts gedacht, wir Dummköpfe. Die Dienstboten hatten Ausgang und hatten die Schlüssel zur Küche mitgenommen, zum Holzschuppen und zum Keller, und in der Stadt war alles geschlossen, die Banken, die Läden, die Bars und Restaurants waren von Scharen bezahlter Urlauber überfüllt, und wir dachten überhaupt nicht ans Ausgehen, denn wir besassen zusammen keine hundert Franc. Also waren wir gezwungen, die Himmelfahrt zu Hause zu verbringen, die

Schränke zu plündern, in denen jede Südamerikanerin Dosen mit *doce de leite* vorrätig hat und Guajavengelee, Bonbons und Schokolade hinter der Unterwäsche versteckt, und wir improvisierten einen Imbiss und beschwipsten uns artig mit ein paar Flaschen Whisky, Manzanilla, Anis, die wir in der Garage entdeckt hatten (und einem Liter Vorkriegs-Pernod, den ich vor ein paar Tagen, bei meiner Rückkehr aus Spanien, im Auto vergessen hatte), und der Nachmittag verging fröhlich, die Indianerin polierte ihre alten Möbel, die sie mit englischer Möbelpolitur zum Glänzen brachte – ein Luxus, teurer als Bienenwachs –, wusch ihre Schubladen mit Chanel No. 5 aus, goss Eau de Coq von Guerlain in ein Räuchergefäss, um sie zum wiederholten Mal zu desinfizieren, wie sie es zu tun pflegte, wenn sie nicht wusste, wie sich die Zeit vertreiben, oder sich in latenter Neurasthenie verzehrte wie jede Frau, die welkt und spürt, dass ihre Schönheit verblüht, ein stummes, hinausgezögertes Drama und in verschiedenen Episoden, und sie erzählte mir Geschichten, während ich einen Stapel alter spanischer Bücher verlas und Einzelbände und zerfledderte Exemplare ins Feuer warf, darunter Dutzende von nutzlosen Katechismen und überholten Gebetbüchern, uns zwischendurch einen Drink mixte, den Shaker schüttelte, uns zu trinken einschenkte und meine liebe alte Freundin erzählen liess, die von Thema zu Thema hüpfte wie ein geschwätziger Vogel ihrer Heimat, wo die Pflanzengattungen sehr vielfältig sind, von der Palme zum Rhododendron und vom Moos des ewigen Schnees zum tropischen Papyrus, von einem Baum zum andern, von einer Gattung zur anderen und bunt durcheinander, sie erzählte von Paris, von London, von Rom, von

Bayreuth, von Kairo, von La Paz, wo sie geboren war, denn die Dame war eine gebürtige Bolivianerin, von den Häusern, die sie in Chelsea und in der Avenue du Bois besessen hatte, denn sie war eine mondäne Frau gewesen, von den Menschen, die sie gekannt hatte, sie hatte mit Lords verkehrt, mit spanischen Granden, mit Botschaftern, mit Bankiers, die ihr zu Füssen lagen, sie hatte ihr ganzes Leben die Millionen aus dem Fenster geworfen (das Geld verbrannte ihr die Handballen, wie mir auch), von den berühmten Modistinnen und den berühmten Couturièren, deren extravagante, aber tonangebende Kundin sie gewesen war, von den Malern, die sie porträtiert hatten (Sargent, Boldini), von den berühmten Männern, die sie gekannt hatte (sie zeigte mir an jenem Tag Guy de Maupassant, wie er feierlich den Strand von Étretat einweihte; Jacques Truelle und Gouy d'Arcy, damals geschniegelte junge Männer, hatten mir bewegt und mit fast den gleichen Worten von Marcel Proust und von den jungen Pariserinnen erzählt, die – ganz aufgeregt – im Badeanzug mit dem Röckchen darüber die Wellen einweihen durften und die plötzlich ganz ergriffen waren, nicht vom Planschen, nein, sondern weil sie plötzlich am Ufer den berühmten, von einem *sous-préfet* begleiteten Don Juan des Faubourgs Saint-Germain daherkommen sahen, ganz schwarz gekleidet, der Skandalschnurrbart im Wind wehend, und der tief die Seeluft einatmete wie ein Hengst und von oben herab einen dümmlichen Blick auf die Herde zitternder Vollblutstuten warf, sich dann müde langsam entfernte, um für die Sonntagsausgabe des *Gaulois* oder die illustrierte Wochenendausgabe des *Gil Blas* den ersten Artikel über die mondänen Strände zu schreiben).

War es die Wirkung des Alkohols oder von Mixgetränken, die einem gern üble Streiche spielen, oder war es die Melancholie, die Melancholie, die aus der Vergangenheit aufsteigt oder sich in der Abenddämmerung auf einen legt, oder fühlte sich meine alte Freundin plötzlich müde oder von Erinnerungen überwältigt? Was mich gegen Abend am meisten erstaunte, war, dass die Indianerin weder von ihrem Ehemann noch von ihren Kindern sprach, als sei sie eine kindlich gewordene alte Frau, die in persönlicheren Erinnerungen wühlt, in Träumen, die aus der *nursery* dringen, wenn die Tür dieses geheimen Zimmers sich einen Spaltbreit öffnet und die Seele eines unschuldigen Kindes im langen Nachthemd hindurchlässt, die sich still wie eine Schlafwandlerin in die Welt der Erwachsenen schleicht, Erkundung und Entdeckungen, die ein Wesen fürs Leben zeichnen, was immer dieses Leben und die späteren mondänen Ereignisse sein mögen. Gewiss, die gute Frau war sehr betagt. Weil ich vor kurzem ihre Pässe für sie erneuern liess, hatte ich feststellen können, dass meine Freundin meine Mutter hätte sein können, ja meine Grossmutter, und heute, wo sie die von Kaiserin Eugénie festgelegte Grenze erreicht und überschritten und sich darüber hinweggesetzt hat, möchte ich eher sagen, dass sie meine Urgrossmutter hätte sein können.

Danach und weil es Nacht wurde, legte sich die Indianerin vors Feuer, und ich warf einen Armvoll Bücher in den Kamin, die flammten und flackerten, so dass ich nicht einmal das Licht anschalten musste, als es ganz dunkel geworden war.

Sie war die jüngste von sechs Schwestern gewesen, erzählte sie, und der verwöhnte Liebling ihres Vaters. Die älteste Schwester war im Karmeliterkloster an Brustkrebs gestorben, wie allgemein angenommen wurde, das Herz aber von mystischer Liebe gepeinigt. Die zweite war Botschafterin in Japan gewesen. Sie war die Mutter ihres Neffen, eines ungewöhnlichen jungen Mannes, der Stolz der ganzen Familie, der sich schliesslich in Paris in meinem Zimmer das Leben nahm, und sie hatte behauptet, *Dan Yack*[14] habe einen grossen Einfluss auf ihn gehabt. Die dritte war die Mutter des anderen Neffen, den ich ebenfalls kannte und der in Schottland in einem Schloss lebte; ein finsterer Mann und untröstlicher Witwer, der seine einzige Tochter an ihr Bett fesselte und sie jeden Freitag mit einem Rutenbündel schlug. Die vierte war ledig geblieben. Sie war es, die sich mit indianischen Dienerinnen umgab, mit Zwerginnen, die sie von einem abgeschiedenen Stamm in den Bergen kommen liess, lauter lasterhafte, kropfige Weiberchen, was in La Paz Empörung hervorrief (ich kannte diese Geschichte bereits), die Indianerinnen führten ihre Schwester in die religiösen Rituale ihres Stammes ein, die offenbar viel Ähnlichkeit mit den Ritualen der Teufelinnen in Tibet hatten, wie Lord Carnarvon ihr erklärt hatte, der Leiter der Ausgrabungen Tutenchamuns, der sich in solchen Dingen auskannte und dem sie in einer Ballnacht im *Savoy* von ihrer Schwester erzählt hatte. Die fünfte war bei einer Grippeepidemie in England gestorben, als sie beide dort in einem Mädchenpensionat waren. Mit jener Schwester hatte sie sich am besten verstanden.

Als sie das Mädchenpensionat verliess, war sie verheiratet worden und hatte das betäubende, leere Leben geführt, das einem ein grosses Vermögen in der Welt der Salons und Botschaften aufzwingt, wo man nur brillanten, selbstsicheren, forschen, verführerischen Geschöpfen begegnet, die aber alle, trotz ihrer überschwenglichen und charmanten Manieren, schrecklich oberflächlich und versnobt sind. Was am Ende alles nicht mehr von Bedeutung war, nicht einmal die unvergesslichen Feste, auf denen sie die Königin gewesen war, sagte sie. Die Welt – und je grösser sie ist – ist der Triumph des Egoismus. Was von Bedeutung war in ihrer Erinnerung, war das alte, nahezu ausgestorbene Haus in La Paz, in einer verlassenen Strasse, ein Holzpalast, der fast ebenso voller Geräusche war wie riesig und schief an der abschüssigen Strasse stand, die goldverzierte und eines Vizekönigs würdige Fassade war mit Balustern und wie Muschrabijen geschnitzten Balkonen überladen, wohin sie übermütig ihre Schwestern hinter sich her zog, jede ihr zottiges Hündchen unter dem Arm und den Mund voller Süssigkeiten, so dass sie gar nicht reden konnten und vor Lachen erstickten; das imposante Gebäude ging auf der Rückseite auf eine schwindelerregende, über tausend Meter tiefe Schlucht hinaus wie ein Lamakloster, jedes Fenster – und es waren Hunderte, grosse und kleine und aufs Geratewohl über der angsteinflössenden Fläche aus schiefen Brettern verteilt, in denen sich die Sonne spiegelte – neigte sich über den Abgrund, jede Lukarne gab den Blick auf die nackten Berge auf der gegenüberliegenden Seite der Schlucht frei, auf einen trichterförmigen Himmel, an dem immer ein Kondor kreiste; wenn die Zeit nahte, hielt man von dort Ausschau nach der langen Andenkarawane, die auf dem gewundenen Pfad, der von den Kordilleren hinabführte, von den weit entfernten Plantagen zurückkehrte; ihr Vater führte, auf einem Schimmel reitend, die Hunderte und Tausende Maultiere an, die aus der Entfernung winzig klein waren, und er gab Gewehrschüsse in die Luft ab, um sein Kommen anzukündigen. Manchmal hielt man so viele lange Tage Ausschau, dass man ganz verzweifelt war. Man hörte zwar Schüsse hallen, aber es waren Steine, die sich von den Berggipfeln gelöst hatten und in den Abgrund rollten. Man sah zwar Gestalten auf dem Pfad, aber es war der Wind, der Wind von den Bergen, der böse Wind, der Staubwolken vor sich her blies und sie pfeifend aufwirbelte.

Was für eine Trostlosigkeit!

Und in der Höhe kreiste einsam der Kondor und kreiste und kreiste.

Die Mutter war eine künstlerisch sehr begabte, aber schweigsame Frau, die sich selten zeigte, denn sie sass ständig mit ihren indianischen Dienerinnen über geheimnisvollen, komplizierten Stickereien, die nie fertig wurden, und über denen sie sich die Augen verdarb und schliesslich erblindet und hochbetagt in einem grossen finsteren Zimmer sterben würde, in dem es nach rohen Häuten und nach Weihrauch roch und in dem überall Webstühle herumstanden, Kanevasballen, Stickrahmen, Wolldocken, Seidenstränge, Spulen, Knäuel, Kordeln, Tressen, aufgerollte Stoffe, gefaltete Tücher, Schachteln und Kästen voller Glasperlen und Glitzerzeug, Berge von Fellen, Filz, Stroh, buntem Bast, in zugeknüpften Seidenbündeln sorgfältig aufbewahrte Federn, Daunen, künstliche Blumen, Vogelkäfige, loser Schmuck in weissen Holzkästchen, Wachs- und Talgkerzen, ein riesiges, zuunterst im Haus verbanntes Zimmer mit knarrender Täfelung, das die sechs Schwestern nicht betreten durften, ausser ganz ausnahmsweise zur Belohnung, wenn sie die ganze Woche gehorsam gewesen waren, denn sie würden zuviel Unordnung machen, sagte ihre Mutter, und würden die Indianerinnen von ihrer Arbeit ablenken, wenn sie sich von ihnen Märchen und Legenden erzählen oder wehmütige Kantilenen in Quechua vorsingen liessen, was sie alle zum Weinen brachte, die alten Frauen und die jüngsten, die sich in einer Reihe aufstellten und sich im Takt wiegten und im Kreis drehten. Wie unendlich traurig das war! Doch während der viel zu kurzen Anwesenheit ihres Vaters herrschte Feststimmung im Haus, sowohl bei der Abreise als auch bei der Rückkehr.

Die Karawane kam zweimal im Jahr zu einem bestimmten Datum von den weit entfernten Plantagen. Beim Abstieg rastete sie nur zwei, drei Tage, um die Tiere verschnaufen zu lassen, dann zog sie weiter, in die Niederungen hinunter, um dort die wertvollen Ernten und andere Waren anzuliefern, die sie vom Altiplano brachte, sie zog bis nach Chile, ins Land der Erdbeben, hielt unterwegs in den Pazifikhäfen an, drang bis nach Valparaíso vor. Die Packtiere führten Kaffee mit, ganz kleine Bohnen in Lederbeuteln, aber von einer auf der ganzen Welt unvergleichlichen Qualität, Kakaobohnen, Wollballen, pflanzliches Rosshaar, Baumwolle, Bisam- und Chinchillahäute in langen, schaukelnden Leinensäcken quer über der Kruppe der Lasttiere, Vikunjapelze, kostbare Wollgewebe in Stoffhüllen, ja sogar Lattenverschläge mit Kautschukbroten aus den Wäldern des Mato Grosso und Amazoniens, Binsenkörbe mit Maniok, mit Maismehl, Kokablättern, gebündelter Chinarinde oder *quill's,* versiegelte Kalebassen mit noch begehrteren Gewürzen als die von Tucumán, Koschenille, spanische Fliege, zu Puder zerstossene Pilze, Fässchen mit wildem Honig, Zuckerhüte, Wachs, duftende Harze, Gummiharz in Barren oder in Blöcken oder in Klumpen, und in der Karawane trabten immer ein paar Maultiere, die schwer beladen waren mit Berg- oder Quarzkristallen, die den Packsattel aufschlitzten. An der Spitze ritt der Vater, dessen Satteltaschen voller kleiner saffianlederner Beutel waren, die mit Goldstaub, mit weissen Perlen und kleinen Diamanten, Saphiren, Smaragden, Karneolen gefüllt waren, und im geblähten Hinterzeug der Reittiere der Indianer, die ihn umringten – eine Schar junger Burschen, die wegen ihrer Intelligenz oder ihrer Grösse ausgewählt wurden und die mit einer Lanze bewaffnet waren, zwei, drei andere mit Karabinern, und die wie ihr Meister stolz mit steif abgespreizten Beinen im Bocksattel sassen, die nackten Füsse, die grosse Zehe im engen Steigbügel, an diesem oder jenem Absatz das lange, schwere spanische Dreizackrad oder den gefährlichen Haken, scharf wie der Sporn eines Kampfhahns –, steckten Silberbarren. Hinter der Vorhut trabte die Santa Maria oder Madre, die Mutterstute, das Leittier der Karawane, die mit Kupfer- und Bronzeschellen geharnischt und mit roten Flanellflicken und Bändern behängt war, Mähne und Schwanz geflochten, die Hufe vergoldet, die Ohren mit Reiherfederbüscheln geschmückt, die Augen mit Indigo geschminkt, mit Ocker, mit gelber Kreide bemalt, eine silberne Glocke um die Ganasche, deren Gebimmel die anderen Tiere antrieb, und auf dem Rücken das Bild der Santa Rosa de Lima. Den Schluss des Zuges bildeten lärmende, auf Ersatzmaultieren reitende *arrieros,* die die lahmenden und die unter den Futterballen fast zusammenbrechenden Tiere antrieben, ein mit Schleudern und Blasrohren bewaffneter Trupp, der aufpasste, dass die Tiere nicht ausscherten und die Karawane nicht aus dem Gleichschritt kam, einen Stein auf die Tiere schleuderte, um sie in die Reihe zu treiben, oder den Langohren, die dazu neigten, unterwegs stehenzubleiben oder vom Weg abzukommen, mit einer gepusteten Schrotladung zeigte, wo es langging. Maultiertreiber sind gewöhnlich schweigsame Männer, aber es war immer ein Mestize darunter, ein Spassvogel, der auf der ganzen Reise Geschichten erzählte, oder ein junger musizierender Hirte mit seiner Flöte oder ein alter apostolischer Peon, der für die Töchter des Meisters eine Brut wilder Tiere dressiert hatte, Halbaffen, fliegende Eichhörnchen, Palmratten, einen drolligen Stelzvogel mit einem Philosophenkopf, ein sanftes Vikunja oder ganz einfach einen treuen Hund, ein alter Landarbeiter, der nach langen Jahren die gottverlassene Einsamkeit seines *sitio* verlassen hatte und nicht mehr wusste, wem seine Ehrerbietung bringen, denn die Töchter waren bereits verheiratet. Was für unsägliche Wehmut in den Augen des armen Mannes, der vom Mond zu kommen schien und nicht verstand, wie das möglich sein konnte und wie er sich in seinem Traum hatte verlieren können, nächtelang an seiner Pfeife ziehend und sich dabei vorgestellt hatte, wie er eines Tages in die Stadt gehen würde, um den kleinen Mädchen eine Freude zu machen! „Was?“ sagte er. „Die *niñas* sind schon fünfzehn?“

Der Weg zur Hölle ist mit solchen guten Vorsätzen gepflastert! Die Kleinen waren nicht fünfzehn, sondern achtzehn, zwanzig und zweiundzwanzig. Die einen waren inzwischen in Europa. Andere waren bereits verheiratet. Die eine oder andere war sogar gestorben. Im übrigen wusste niemand genau, welche Kleinen der alte Mann eigentlich meinte und für wen sein Geschenk bestimmt war. Man schickte den Verstörten in die Küchen. Man schenkte ihm ein Gläschen *aguardiente* ein. „Wir Ärmsten!" rief er aus und bekreuzigte sich im Namen des Vaters, des Sohnes und des Heiligen Geistes und warf den letzten Schluck ins Feuer. Eine Punschflamme prustete ihm ins Gesicht. Die Dienstmägde verspotteten ihn, lachten ihn aus, und er ging und wusste nicht wohin und fühlte sich plötzlich alt. Was für eine Traurigkeit! Viele kehrten nie mehr in die Freiheit der Berge zurück oder zu ihrer einsamen Estanzia zuhinterst in einem abgelegenen Tal. Man sah sie noch kurze Zeit in der Nähe des Hauses herumstreichen, später fand man sie dann vor dem Tor der Kathedrale, auf den Fersen hockend, in ihren Poncho gewickelt, den grossen konischen Hut zwischen den Knien, das dichte schwarze Haar in den Augen, an der kurzen Pfeife ziehend, in ihren Träumen verloren – alte Bettler. „Mein Gott, das ganze Vermögen des Vaters hätte nicht gereicht, denn diese Alten hatten Kinder und noch mehr Kinder, endlos ... Was für ein Elend!"

Doch wenn die Karawane aus dem Tiefland zurückkehrte, herrschte lauter Fröhlichkeit im grossen Haus, und zwei gute Wochen lang wurde gefeiert. Die Halfter des Vaters und seiner kleinen Schwadron waren mit Piastern gefüllt, mit Dublonen, mit Gold- und Silberécus, mit chinesischen Dollars, mit Mariatheresientalern, mit abessinischen Talern, und die vom langen Aufstieg von der Pazifikküste nach

La Paz erschöpften Tiere brachten Kästen und Kisten zurück, und Deckenleuchter wurden ausgepackt, emaillierte Kochtöpfe, Pendülen, Musikdosen, Fayencetöpfe, Porzellan, Geschirr, Bücher, Bilder, Glaswaren, Schneidwaren, Vorhänge, Teppiche, Portieren, Schaukelstühle, Causeusen, Puffe, Bergeren, vergoldete Sessel, geschnitzte Stühle, englische Möbel fürs Esszimmer, ein Sekretär für Mamas Boudoir, wohin sie nie den Fuss setzte, ausser während der kurzen Anwesenheit des Vaters, „und Kommoden oder Schreibtische für uns, die Töchter, und hübsche Kleider und Pariser Hüte, auf die wir uns so lange gefreut hatten, und wir brannten vor Ungeduld, sie auf der Stelle anzuprobieren, tausend Nippsachen, die einen entzückender als die anderen, und Toilettenseifen und Parfüms! Während dieser zwei Wochen lud Papa die Notabeln zum Essen ein, zu Festessen, die im alten, schweren wappenverzierten Familiensilber serviert wurden. Das ganze Haus war auf den Kopf gestellt während dieser zwei Wochen, und auch die Dienstboten wurden nicht vergessen und auch die Maultiertreiber nicht, die Hirten, die Knechte und die Indianer, die in den Pflanzungen arbeiteten oder in den Bergen die Herden hüteten. Boten wurden ausgeschickt mit den Löhnen für die Arbeiter, mit der Drillichhose und den zwei kurzen Hemden für die Männer, zwei langen Hemden und einem weiten Leinenrock für die Frauen, Kleidungsstücke, auf die sowohl die einen als auch die anderen zweimal im Jahr Anrecht hatten, überdies war es Brauch, in jenen zwei Wochen Hochzeiten und Taufen zu feiern und Messen für die Toten lesen zu lassen, Verbindungen zu legalisieren, die Standesregister nachzuführen vor der Abreise der Burschen und der

Jungverheirateten, der Eigentümer von neu zugeteilten *ranchos* oder neuer Rodungen und Weiden; vor dem Aufbruch der Andenkarawane herrschte ein einziges Kommen und Gehen von Notaren und Geistlichen, von Verwandten, Freunden und Bekannten, das Haus quoll vor Leuten über, und alle waren vergnügt. Doch die glücklichsten waren wir, die Töchter, die endlich unseren Vater wieder hatten.

Gott, was für ein schöner Mann mein Vater war! Am Morgen früh, wenn er sich auf dem kleinen Balkon wusch, dem einzigen, der auf die Schlucht an der Rückseite des Hauses hinausging und über dem Abgrund schwebte, steckten meine Schwestern und ich den Kopf aus den Lukarnen, aus jeder Lukarne lugte ein Kindergesicht, und wir verfolgten mit pochendem Herzen jede seiner Bewegungen und schrien erschrocken auf, wenn er literweise Kölnischwasser über seinen Körper goss und sich energisch damit einrieb, weil wir Angst hatten, der wurmstichige Balkon, der unter Papas Gewicht zitterte, könnte zusammenbrechen und Papa in die Tiefe ziehen; doch Papa schaute auf, lächelte, winkte uns drohend zu und befahl uns augenrollend und mit tiefer Stimme, wegzuschauen und zu verschwinden! Aber er meinte es überhaupt nicht ernst, der Gute, und mir warf er eine Kusshand zu."

Weil ich nicht weiss, wie der Vater gestorben ist und ob er sich nicht vielleicht alle Knochen in der Tiefe des Abgrunds gebrochen hat, als eines Morgens der zerbrechliche Balkon unter dem Gewicht eines so schönes Mannes doch noch zusammenbrach, werde ich mich nicht zum Barden der abenteuerlichen Geschichte aufschwingen. Jede Patrizierfamilie in der Neuen Welt hätte eine ebenso abenteuerliche

Geschichte zu erzählen, und ich wünsche mir, dass *Die Anden-Georgica* eines Tages von einem einheimischen Dichter gesungen werden wird, von einem Sohn des Landes, der in einer Hazienda aufgewachsen ist, und möglichst nicht von einem Abiturienten, von denen es in allen grossen Städten Südamerikas nur so wimmelt, jungen Männern, die aus der Ferne und mit etlichen Jahren Verspätung die letzten Surrealisten aus Montparnasse oder Saint-Germain nachäffen, nein, von einem schlichten, ungebildeten Jungen, der eine Indianerin als Amme gehabt hat und als Lehrer einen einsamen Hirten, der die mehr oder weniger engen Kreise eines Kondors zu deuten weiss und der für vier Jahrhunderte Familienzivilisation den richtigen Rhythmus erfinden wird, für die Abenteuer, die jedem Heranwachsenden gegenwärtig sind, hat er es doch unzählige Male erzählen gehört, dieses Epos, ein Epos, von dem ich nur eine einzige Episode erzählen will (eine unveröffentlichte Episode, obwohl eine historische, von der ich wusste, dass Chadenat sich darüber freuen würde). Ich erzähle sie in Form einer Anekdote, und nicht in einem epischen Tonfall.

Also:

„Als Grossvater seinen Staatsstreich machte und sich selber zum Präsidenten der Republik ernannte, dauerte es nicht lange, und er war sehr enttäuscht von den Notabeln in La Paz, seinen Parteigängern, ob Reaktionäre oder Liberale, die sich als viel zu engstirnig erwiesen, daher verlegte er aus einer Laune heraus die Hauptstadt des Landes von La Paz nach Sucre", erzählte die Indianerin. „Dort beorderte er den Botschafter Grossbritanniens, mit dem er schon lange eine Meinungsverschiedenheit hatte, in den Präsidentenpalast und sagte zu ihm: ‚Exzellenz, ich habe Sie nicht kommen lassen, um Ihnen mein Ultimatum zu überreichen, wie ich wiederholt gedroht habe, falls ich an die Macht käme, sondern schlicht, um Ihnen in aller Form den Krieg zu erklären. Ich verkünde Ihnen also, dass wir, Bolivien und das Vereinigte Königreich, uns im Kriegszustand befinden und dass die Kampfhandlungen von dieser Minute an eröffnet sind. Ich habe die Ehre, Ihnen Ihre Pässe zu übergeben. Wenn Sie die Schwelle meines Arbeitszimmers überschritten haben, wird Sie eine Eskorte der bolivianischen Armee mit der Ihrem Rang zustehenden Rücksichtnahme an die Grenze begleiten. Doch weil Bolivien keinen Zugang zum Meer hat, über keine Flotte verfügt, ein armes Land ist und weil ich mich andererseits voller Erbarmen frage, wie *the Great Fleet* Ihrer Majestät es schaffen würde, unsere Berge zu bezwingen und meine Hauptstadt zu bombardieren, eröffne ich das Feuer und bitte Sie höflich, von diesem Dokument Kenntnis zu nehmen, das seit heute morgen der einzige offizielle, in allen Schulen Boliviens verwendete Atlas ist und von jetzt an der einzige, der bis zum Waffenstillstand offiziell Gültigkeit hat. Haben Sie die Güte, ihn Ihrer Erlauchten Majestät Königin Victoria zu überreichen.'"

Und der Grossvater meiner Freundin verabschiedete den Botschafter Grossbritanniens und überreichte ihm einen Schulatlas, in dem England und alle englischen Besitzungen auf der ganzen Welt ausradiert worden waren. „Ihre Exzellenz möge mir verzeihen", sagte der alte Fuchs, „aber das ist meine einzige Waffe. Ich brauche mich nicht zu sorgen: Ihre Flotte kann jederzeit aufkreuzen, in dieser Gegend wird man keinen Union Jack flattern sehen."

„Schade, dass es nicht mehr solche Männer gibt auf der Welt, der Grossvater Ihrer Freundin ist ein Teufelskerl!" rief Chadenat, von der Anekdote begeistert, aus. „Ich will unverzüglich meinem Korrespondenten in La Paz schreiben, denn ich besitze ihn nicht und habe ihn auch noch nie gesehen, diesen berühmten Atlas. Wie soll ich Ihnen danken, dass Sie mich darauf aufmerksam gemacht haben, lieber Freund?"

„Schreiben Sie lieber dem Erziehungsminister in Sucre, der derzeitigen Hauptstadt Boliviens. La Paz liegt auf genau 3645 Metern über dem Meer, auf der Höhe der Aiguille du Goûter, und die Luft dort oben ist so dünn, dass man ganz benebelt ist davon. Das Flugzeug, das mich das erste Mal dort abgesetzt hat, eine Morane-Maschine, konnte nicht mehr aufsteigen und nicht mehr zurückfliegen, also musste man sie auseinandernehmen und zerlegt, Stück für Stück, mit Maultieren an die Küste transportieren. Wenn sie gründlich suchen, finden sie vielleicht noch ein Exemplar in ihren Archiven in Sucre, denn jener Atlas war nicht lange im Umlauf. Ich weiss, dass er eine Rarität ist."

„Und Sie wissen nicht, um was für eine Meinungsverschiedenheit es sich handelte?"

„Ach, wissen Sie", antwortete ich, „um eine Finanzangelegenheit, um eine Anleihe wahrscheinlich, jedenfalls wurde sie schnell beigelegt."

„Ich muss schon sagen, auch wenn sie übertreiben, die südamerikanischen Diktatoren sind geistreiche Männer, wenn's drauf ankommt", sagte Chadenat und rieb sich die Hände.

Er war zufrieden.

11.

Alles, was mit Büchern zu tun hat, ist magisch!

Als ich in der Mazarine als „Neger“ arbeitete und von Hand (mit meiner Krakelschrift) dicke Ritterromane für eine neue Reihe der *Bibliothèque Bleue* abschrieb, die Orthographie der alten Prosa der Gralssage der modernen Schreibweise anpasste (ausgerechnet ich, der ich mit der Orthographie seit je auf Kriegsfuss stehe), die Interpunktion in den Zauberhandbüchern König Artus' vereinheitlichte (ausgerechnet ich, der ich doch in meinen jüngsten Gedichten die Interpunktion abgeschafft hatte!), meine Abschrift in extenso Guillaume Apollinaire aushändigte, der sich darauf beschränkte, einschneidende Kürzungen vorzunehmen (was mich unweigerlich in Rage versetzte) und den Text zu signieren (was mir absolut gleichgültig war, denn die Romane des berühmten Zyklus der Gralssuche stammten immerhin nicht aus seiner Feder, wie auch Parsifal kein Deutscher und keine Schöpfung Richard Wagners ist!), um seinerseits das Manuskript Pierre-Paul Plan zu überbringen, einem hochgebildeten Mann (nun ja, sein *Rabelais* meinetwegen... sonst aber was für ein armer Mann!), der es ebenfalls signierte und gegenüber dem Sklavenhändler die Verantwortung für die Reihe übernahm, der ihm grosszügig 400 Franc dafür bezahlte, einen Betrag, den Pierre-Paul Plan ehrlich mit Apollinaire teilte, nehme ich an, und Guillaume teilte, ebenfalls ehrlich, will ich hoffen, nochmals (eine harte Schule, um in der Literatur zu debütieren!) die Hälfte mit mir, ohne dass der Verleger davon wusste natürlich, der imstande gewesen wäre, nicht einverstanden zu sein und den beiden den Geldhahn zuzudrehen, so dass mir schliesslich ein fadenscheiniger 100-Franc-Schein als Honorar für eine anspruchsvolle Arbeit zustand, die mich mehrere Monate je Band kostete; und es wäre zum Verzweifeln gewesen[15], hätte ich mir nicht jeden Tag vom Bibliotheksgehilfen eine Inkunabel an den Tisch in der Reserve bringen lassen, wo ich meinen Stammplatz hatte, und ich schlug das Buch immer auf der gleichen Seite auf und verlor dank diesem lumpigen 100-Franc-Schein verschwenderisch meine Zeit bei der Betrachtung eines ganzseitigen Holzschnittes, der *Fortunatus zu Pferd, mit Säckel und Hut* darstellte, und ich sah mich an der Seite meines Dienstherrn Rogowin durch die Berge von Gross- und Klein-Armenien reiten und unseren Ramsch gegen antike Kostbarkeiten tauschen – Grammophone, Pendülen, Schwarzwälder Kuckucksuhren, Wecker mit Stiftwalze oder Klingel, Uhren, Talmi aus Pforzheim, Pariser Modewaren gegen Kannen und Teller aus getriebenem Silber, Cloisonnévasen, mit geschliffenen Edelsteinen besetzte Schalen, wertvolle Teppiche, Emailarbeiten, Goldschmiedearbeiten, erotische persische Miniaturen, tauschierte Dolche, Waffen, Sattelpistolen, lange Gewehre mit Perlmutt- und Silberintarsien, Kandaren, Sporen, Steigbügel, bronzene Helme, eherne Helme, Helme aus Goldlegierung, aus silberweisser Antimonlegierung, mit Mondsteinen, Topasen und Türkisen beschlagenes Zaum- und Sattelzeug, hauchzarte Schleier aus Buchara, Jasmin- und Rosenessenz und geschmuggelte Perlen in einem Paraderapier! –, ein faszinierender, aufregender, einträglicher Handel, der meine ganze Aufmerksamkeit erforderte, einen wachen, berechnenden Geist, die Fähigkeit, schnelle Entschlüsse zu fassen und die Gelegenheit beim Schopf zu packen, die Bereitschaft, scheinheilig und bedächtig ein Risiko einzugehen und lächelnd einen Gaunerstreich einzustecken und sich insgeheim die ausgleichende Rache zu überlegen, was nicht immer ohne riskante Diskussionen und mehr oder weniger abenteuerliche Auseinandersetzungen möglich war; ich ritt mit einem Lehrbuch in der Hand und bereitete im Sattel mein Abitur und meine Prüfungen für die Zulassung an der naturwissenschaftlichen Fakultät vor (und ich hatte mich für das Medizinstudium entschieden, um meinem Vater zu imponieren, der mich in seinem Kontor hatte einsperren wollen), denn ich brauchte seit meiner frühesten Kindheit, seit Mama mir das Lesen beigebracht hatte, meine Droge, meine tägliche Dosis, egal wovon, wenn es bloss Gedrucktes war! Ein unheilbarer Bücherleser, nennt sich das.

Aber es gibt auch andere Süchtige und von einer ganz anderen Spezies, die Vielfalt ist unendlich, denn die in der heutigen Gesellschaft vom Bücherfieber ausgelöste Korrosion grenzt ans Wunderbare und ans Elend, und was ich bei unermüdlichen Lesern am meisten bewundere, ist nicht ihre Gelehrsamkeit und auch nicht ihre Ausdauer, nicht ihre Geduld und auch nicht die Entbehrungen, die sie auf sich nehmen, sondern ihre Fähigkeit, gläubig in eine Scheinwelt einzutauchen, ein ihnen allen gemeinsames Merkmal (eine Art Brandmal vielleicht?), ob es sich um einen haarspalterischen Gelehrten handelt, der sich mit abstrusen Fragen befasst, oder um eine sentimentale Midinette, deren Herz zum Zerspringen schlägt bei der Lektüre eines der pausenlos auf den Markt geworfenen Groschenromane, als sei die sich drehende Erde eine einzige Rotationsmaschine.

Eine der grossen Faszinationen des Reisens besteht nicht

in der räumlichen Distanz, sondern in der zeitlichen Entfremdung: wie wenn man zum Beispiel unterwegs durch einen Motorschaden bei den Menschenfressern liegenbleibt oder hinter der Biegung einer Wüstenpiste plötzlich im tiefsten Mittelalter festsitzt. Ich glaube, bei der Lektüre ist es das gleiche, ausser dass sie allen, auch einem Kränklichen, zugänglich ist, da ohne unmittelbare physische Gefahr; und dass zu dem viel weiter als die Reise selbst in die Vergangenheit und in die Zukunft führenden Verlauf die unglaubliche Eigenschaft hinzukommt, einen ohne grosse Anstrengungen in die Haut des Helden schlüpfen zu lassen. Genau diese Tugend ist es jedoch, die den Weg eines Wesens so leicht verfälscht, den unheilbaren Leser in die Irre führt, ihn über sich selbst täuscht, ihm den Boden unter den Füssen entzieht und ihm, wenn er unter seinesgleichen zurückkehrt, einen belemmerten Gesichtsausdruck verleiht, an dem man die Sklaven einer Leidenschaft und geflohene Gefangene erkennt: Sie können sich nicht mehr anpassen, und das Leben kommt ihnen fremd vor.

Ob Kreuzritter aus dem Abendland, der im Mittelalter den ungarischen Janitscharen in die Hände fiel und das Lösegeld nicht bezahlen konnte, ob polnischer Bojar, Kriegsgefangener eines Saporoger Kosaken, ob Hetman der Kosaken, Gefangener eines Tataren, ob Tatarenfürst, Gefangener eines Kirgisen oder eines Kalmücken, ob kirgisischer oder kalmückischer Khan, Gefangener eines Mongolen, ob Hauptleute der mongolischen Räuber, Gefangene eines chinesischen Soldaten, eines Sohnes des Himmels: Überall schnitt die Soldateska die Fusssohle des Gefangenen ein, um ganz fein gehacktes Rosshaar zwischen das Fleisch und die Haut zu stopfen, und man nähte die Fusssohle wieder zu und liess den Gefangenen unter Gelächter frei, und der war frei und durfte sich mit den Hunden um den Frass balgen, durfte ausserhalb der Festung, im Umkreis des Feldlagers, in der Nähe des Auls, auf dem Dorfplatz, im Kasernenhof im Morast wühlen, und man sah den Ärmsten sich verzweifelt anstrengen, damit er nicht die Füsse flach aufsetzen musste, um den Spagat zu machen und über den grossen Onkel zu latschen, die Füsse nach aussen verrenkt, wie er sich mühsam auf den Fussknöcheln vorwärts schleppte, um die unerträglichen Stiche der Tausenden von stoppeligen Rosshaarschnipseln zu vermeiden, die sonst in sein geschwollenes Fleisch gedrungen wären – wie man heute noch ehemalige politische Gefangene erkennt, die ausgerenkte Füsse haben vor lauter Eisenkugeln in den Gulags Sibiriens hinter sich her Schleppen oder die Fussfesseln in den Konzentrationslagern des Dritten Reichs oder die Ketten der in Fresnes zum Tode Verurteilten, deren Gesicht sich beim Gehen zu einer Grimasse verzerrt, als würden sie gefoltert, und alle haben den clownesken Gang, über den während der Ming-Dynastie schon die Soldaten des Kaisers lachen mussten, daher nannte man diesen Gang den „chinesischen Entenschritt“, einen schwankenden Gang, der allen Lesern gemeinsam ist, die auch nur geringfügig Gefangene ihres Lasters sind, als ob man ihnen haarfein Gedrucktes zwischen das Infundibulum und die Hypophyse geschoben hätte, das wie Milliarden rote Ameisen in den Gehirnwindungen juckt, denn die Menschen sind selten, die, ohne zu wanken – wie eine Karyatide einen mächtigen verschnörkelten Balkon –, eine Bibliothek auf dem Kopf zu tragen vermögen.

Chadenat zum Beispiel war ein „reiner" Leser, der um des Lesens willen unentwegt las, ein Athlet an Luzidität, aber er hatte das Sammlerlaster, besser gesagt, der Buchhändlerberuf hatte auf ihn abgefärbt, und er konnte nicht ausserhalb seiner Bibliothek leben; Rémy de Gourmont, der ebenfalls nicht ausserhalb seiner Bibliothek leben konnte, las, um Leere zu schaffen, nicht um sich herum, sondern in sich selbst, als leide er an moralischen Schwindelanfällen, die ihn heimlich quälten, so dass er sich auf dem Rost wand und drehte wie der heilige Laurentius; Paulo Prado, Realist, Kosmopolit, weltmännisch und keine Spur selbstlos, las unter anderem mit dem Ziel, seine kleine paulistische Heimat mit den ihr zustehenden Adelstiteln auszustatten, wobei sein riesiges Vermögen ihm erlaubte, Originaldokumente zu erwerben, Unikate, die seltensten Bücher, eine ganze in Vergessenheit geratene Vergangenheit, und eine ehrgeizige Bibliothek zusammenzutragen und sie seiner Heimatstadt zu vermachen; t'Serstevens hingegen liest, bringt kluge Randvermerke an, um zu vergleichen, zu verstehen, sich zu bilden, zu lachen, sich nicht hinters Licht führen zu lassen und, gelassen wie er ist, zu geniessen, das Leben besser zu geniessen, seine Sinne und den Geist, aber auch er besitzt eine Bibliothek und kann nicht lange ohne sie leben; was mich angeht, habe ich ja schon gesagt, dass ich süchtig nach Gedrucktem bin und dass ich meine tägliche Dosis brauche. Auch wenn dieser Unmensch von einem Korsakow mir meine Bibliothek früh abgenommen hat, von meinem Laster hat er mich nicht geheilt, und ich muss lesen, und das ist der Grund, warum ich durch die Welt irre, seit er meine Bücherkisten verkauft hat, und unerwartet bei Freunden hereinplatze, die sich fragen, was ich bei ihnen suche, wenn ich mich tagsüber in meinem Zimmer einschliesse oder mich auf dem Land in den Wäldern oder im hintersten Winkel einer Parkanlage verstecke, um gierig ihre Bibliothek zu verschlingen, vor allem, wenn sie die Reihe *Mémoires de l'histoire de France* enthält oder Chroniken portugiesischer Seefahrer und vor allem Gesamtausgaben, denn ich bin ein Sadist, ich will einen Autor nicht nur erschöpfend und von A bis Z alles lesen, was er geschrieben haben mag, sondern auch alles, was über ihn geschrieben worden ist.

Es ist Wahnsinn.

Des Lesens ist kein Ende.

Manche lesen methodisch. Andere vergessen zu leben, um sich kluge Notizen zu machen, mit denen sie nichts anzufangen wissen und die sie stapeln und anschliessend vergessen. Andere wiederum leben in der Fiktion. Wir leben alle in der Welt der Bilder, und was für eine komische Prozession, die humpelnd im Gänsemarsch vorbeizieht: die kuriosesten Wesen, aber alle „im chinesischen Entenschritt" und, von Buhrufen und Gelächter begleitet, mit dem Schnabel in der Erde scharrend, um Gott weiss was für einen mageren geistigen Frass zu suchen, doch jeder auf sein besonderes Gebrechen stolz und jeder seine Zurückhaltung bewahrend, freigelassene Häftlinge, Gefangene einer edlen Sache, jeder nach seiner eigenen Vorstellung, jeder nach seinem Bild vom Leben.

Ein Buch.

Ein Zerrspiegel.

Eine ideale Projektion.

Die einzige Wirklichkeit oder fast.

Wie wenn … Sprungbrett für jede Metapher, jede Literatur, und ich stopfte die Brennkammer damit voll, die Brennkammer des Heizkessels im *Hôtel des Wagons-Lits* in Peking, und ich las den *Mercure* und sämtliche Anzeigen, bevor ich den Heizkessel damit vollstopfte; und zwanzig Jahre später las ich an Bord der ALMANZORA immer noch den *Mercure de France,* denn in der Bordbibliothek des englischen Luxusdampfers enthielten die Regale mit französischen Büchern nur sämtliche Ausgaben, von der allerersten bis zur jüngsten, der *Revue mauve,* und ich lächelte, als ich feststellte, dass unsere Begegnung doch Früchte getragen hatte, denn Rémy de Gourmont erwähnte mich in der einen oder anderen Rubrik, wenn die Rede von einem Mann war, der es fertigbrachte, alle Brücken hinter sich abzubrechen und wegzugehen, ohne jemals wieder etwas von sich hören zu lassen, nicht einmal vom anderen Ende der Welt, ohne eine kleine, schlichte Ansichtskarte zu schicken; oder er erwähnte unseren gemeinsamen Kinobesuch, ohne meinen Namen zu nennen wohlverstanden, er kannte ihn ja nicht – im Gegensatz zu Guillaume Apollinaire, der meinen Namen kannte, ihn aber nicht schrieb, als er eine ganze Rubrik der *Vie anecdotique* bis zum *L'Errant des bibliothèques* widmete[16] – vernehmen Sie nun also endlich, verehrte Madame Louise Faure-Favier, dass ich dieser *Errant* war, weil die Gestalt des *ewigen Bibliotheksbesuchers* Sie fasziniert und die Artikelserie Sie amüsiert hat, wie Sie in ihrem Buch liebenswürdiger Erinnerungen erzählen und die Frage aufwerfen[17] –, die Bordbibliothek der VOLTURNO hingegen enthielt nur Goethes *Gesammelte Werke*, und zwar auf deutsch, und während des an Bord dieses gespenstischen Frachters verbrachten Jahres habe ich nur Goethe gelesen; an Bord eines anderen Frachters habe ich den ganzen Kipling auf englisch gelesen; und wiederum an Bord eines anderen Frachters Dostojewski auf russisch; oder Johannes vom Kreuz auf spanisch, den ich zum Zeitvertreib sogar übersetzt habe; oder Jack London; oder Zola; oder Balzac, den ich zum x-tenmal von der ersten bis zur letzten Seite nochmals las, seit ich ihn im Alter von zehn Jahren das erste Mal bei meinem Vater gelesen hatte; ich suchte mir an Bord jedes Schiffes die am reichlichsten vertretenen Autoren aus, fuhr auf allen Meeren, reiste, kaufte überall Bücher (der Buchhändler in Liepaja hatte nur die Romane von Madame Colette, und der in Ouro Preto in Minas Gerais hatte nur die Ausgaben des *Sagittaire,* nicht weil er besonderen Wert darauf legte, sondern weil er sich in jenem Jahr kein Sortiment moderner Literatur hatte besorgen können, die die Studenten der juristischen Fakultät in seiner Buchhandlung verlangten, und ich hielt den begierigen und neugierigen Studenten, die mich inständig darum baten, einen Vortrag über Philippe Soupault; und ein paar Tage später in Divinopolis, der Endstation der Bahnlinie nach Diamantina, immer noch in Minas Gerais, richteten die schwarzen Taxifahrer in ihrem Klub ein Riesenbankett für mich aus, und ich geriet ziemlich in Verlegenheit, als ich mit dem gleichen Elan auf die in Latein gehaltene Ansprache antworten musste, mit welcher der berühmte *romanciste* aus Paris mit Rhetorikblüten und Hyperbeln überschüttet wurde, die Schwarzen waren alle ehemalige Schüler der Jesuiten, und ich lache noch heute, wenn ich mich frage, wer von den jungen *mineiros,* die Weissen oder die Schwarzen, die Söhne von *fazendeiros* oder die Söhne einfacher Leute, wer von ihnen der Dada-Wahrheit am nächsten gekommen war und den Beifall des Papstes bekommen hätte, diesem kleinen Provinzler von einem André Breton, der Lamennais nachäfft, wie ein *B.O.F.* den alten Rothschild; und ich kaufte alles, was mir in die Hände fiel, und ich verstreute meine Bücher längs meines Weges, um mich nicht mit allzu schwerem Gepäck zu belasten; und so habe ich meinen Geist aus dem Gleichgewicht oder ins Gleichgewicht gebracht, wie man will, aber ich trage immer Villons kleinen Band in meiner Tasche mit mir herum, den Sephira mir zurückgegeben hatte, und daneben *Schopenhauers Leben, Werke und Lehre* (noch eine unbotmässige Lektüre), und später führte ich im ledernen Kofferraum meines Autos – wie ich es in *L'Homme foudroyé* erzähle – eine kleine portable Bibliothek mit, die aus ein paar tausend, in ein Hundefell gewickelten, mit einem Gurt zusammengehaltenen, aus den disparatesten Büchern gerissenen Seiten bestand. Erst gegen fünfzig habe ich diese Sucht zügeln können, zur gleichen Zeit als ich – so paradox es klingen mag – in Hollywood die Unschuld entdeckte. Eine ziemlich erstaunliche Neuerfindung. 1936 war das. Doch das ist eine ganz andere Geschichte. *The Big Ziegfield.* Ich habe damals darüber geschrieben.[18] Das ist vielleicht der Grund, warum ich heute schreibe, ich schreibe …

Was nichts daran ändert, dass es eines Zweiten Weltkriegs bedurfte, um mich endgültig von meinen letzten Büchern zu trennen, als man im Juni 40 mein Haus inmitten der Wiesen in Tremblay-sur-Mauldre (Seine-et-Oise) plünderte und alle meine übrigen Papiere verstreute.

Cendres et braises.
Glut und Asche.
Zum Teufel mit den Büchern!
Es ist grotesk.

12.
Die Mutter eines guten alten Freundes, die mich das erste Mal zum Abendessen einlud, sagte, bevor wir uns zu Tisch setzten: „Ich habe alle Ihre Bücher gelesen, Monsieur. Sie sind sehr schön, aber ich habe nichts verstanden …"

Sie tat mir ihres Sohnes wegen leid, und ein paar Minuten später bei Tisch warf sie das Salzfass um, und sie tat mir, des Aberglaubens wegen, noch mehr leid. Jedermann weiss, dass verschüttetes Salz Unglück bringt und dass die Schriftsteller das Salz der Erde sind.

Berthe hingegen, der Knipsbeamtin am Trocadero, Berthe war das egal. Zugehakt und bis zum Hals zugeknöpft in ihrem langen, engen grauen Tuchmantel, die Mütze aus einem dünnen Silbernetz über dem grauen, in der Mitte gescheitelten Haar; die von den Ballen deformierten Füsse in Knopfstiefelchen, die sie wegen ihrer geschwollenen Knöchel tagsüber nicht zuknöpfte, ruhten auf einem Fusskissen; sie sass behaglich auf ihrem gepolsterten Klappsitz neben dem Drehkreuz, gleich hinter der automatischen Bahnsteigsperre, die korpulente Auvergnatin mit dem schwarzen Anflug über den Lippen, pausbäckig, einen Stummel Tintenstift im Mundwinkel, das Foto ihres verstorbenen Mannes in einer Brosche über dem Busen, der Körper wie ein vorn und hinten ausgebuchteter Doppelsack Sägemehl, die Knipszange zerstreut in der Hand haltend, den Geist anderswo, Berthe verbrachte ihre sämtlichen Dienststunden mit Lesen, und selbst während der Stosszeiten brachte die Metroschaffnerin es fertig, ein Auge nicht vom Roman zu wenden, den sie eben las und in dem sie mit ihrem Tintenstift energisch die rührseligsten Stellen unterstrich.

„Sie scheinen sich nicht aus der Ruhe bringen zu lassen, Madame", sagte ich eines Tages zu ihr. „Was lesen Sie denn?"

Sie schaute auf und blickte mich mit einem wässrigen Blick an, der von weit weg zurückkehrte, und antwortete: „Keine Ahnung. Es ist ein Roman. Doch Sie irren sich, Monsieur, ich bin sehr um meine kleine Schwester besorgt. Stellen Sie sich vor, ich habe Josette aus dem Dorf kommen lassen, um sie bei der Metro unterzubringen, und ich schaffe es trotz meiner Beziehungen und meiner Vorsprachen nicht, ihr eine unterirdische Station zu verschaffen. Hier fühlt man sich wohl, schauen Sie, in dreissig Metern Tiefe, vor Luftzug geschützt, schön ruhig an der Wärme, und niemand stört mich beim Lesen. Und die arme Josette ist in Cambronne, stellen Sie sich das vor! Sie kennen nicht zufällig jemanden, der sie versetzen lassen könte? Wissen Sie, sie ist noch sehr jung und hat ihren Schulabschluss! Eine Schande ist das!"

Ein U-Bahn-Zug fuhr ein, ich sprang in einen Wagen und stieg in Cambronne aus.

Am Ende des Bahnsteigs wirbelte ein doppelter Luftzug die Seiten eines Buches, das eine junge Person in der Hand hielt, fast von selbst um, ein vorwitziges Windchen, das mit Vorliebe die mit einem Gummiband über den spitzen Knien des jungen Mädchens befestigten Röcke bauschte. „Guten

Tag, Mademoiselle Josette", sagte ich. „Ich habe eben ihre Schwester am Trocadero getroffen."

„Ja und? Bringen Sie mir die Versetzung?"

Sie war eine hochnäsige Zicke, lang und mager, mit gerupften Brauen, die Augen verwaschen, das Haar kurz geschnitten, einen Hermelin aus Kaninchenfell um den Hals, die Mütze schräg auf dem Ohr, Glasklunker an jedem Finger, die Fingernägel mandelförmig geschnitten und rot bemalt, und sie bezeichnete die fesselnden Stellen im Roman, den sie eben las, mit einem Nagelstrich; wie Berthe am Trocadero, las auch die Knipserin an der Station Cambronne während ihres ganzen Dienstes, liess die Hälfte der Fahrgäste vorbeigehen, verschmähte es, die Fingerspitzen mit der vernickelten Knipszange zu beschmutzen, die bis zum Abend schmuddelig waren von der feuchten Druckerschwärze der Fahrkarten. „Eine Unverschämtheit! Mich hier in der Kälte hinzustellen wie eine Gänsemagd. Und das in Paris! Oh, wenn ich das gewusst hätte. Und wenn man sich vorstellt, wie ich gebüffelt habe, um meinen Schulabschluss zu bekommen und das Dorf zu verlassen ..."

„Was lesen Sie denn den ganzen Tag, Mademoiselle?"

„Keine Ahnung. Romane ..."

Ich unternahm Schritte, jedoch vergeblich, denn die Schöne wurde wegen ihrer Zerstreutheit ziemlich schlecht eingestuft, und zudem war sie ja noch eine Anfängerin, zuerst musste sie an irgendeinem Bahnhof ein Berufspraktikum absolvieren; die Plätze in der Tiefe seien sehr begehrt, erklärte man mir auf der Personalabteilung der Metro. Ich frage mich warum. Aus urzeitlichem Atavismus? Alle Bauern, die die heimatliche Erde verlassen, um in der Stadt einen Zelluloidkragen oder Seidenstrümpfe zu tragen, ein kärgliches Dasein fristen und abends in Massen ins Kino strömen, finden sich in der Hauptstadt nicht zurecht, sie versammeln sich am Feierabend wie die Schafe und suchen während ihrer neuen Arbeit, für die sie nicht geschaffen sind, irgendwo Schutz und flüchten sich instinktiv unter den Boden, glauben, man vergesse sie so; genau wie die Stämme der ersten Höhlenbewohner in der Tiefe ihrer Behausungen, die plappernd und palavernd zusammenhielten und beim kleinsten Anzeichen von Gefahr vor der Höhle mucksmäuschenstill waren. Was auch immer hinter diesem Metrouniversum steckt, ob Angestellte oder Fahrgäste, ob Stammgäste auf den Bänken in den Stationen oder Bettler und Clochards, die in den unterirdischen Gängen umhergeistern, ob neue Sitten oder Rückfall in die Urzeit – während meiner zu kurzen Aufenthalte in Paris belieferte ich meine zwei Auvergnatinnen mit Romanen, gab ihnen Mauriac, Maurois, Montherlant, Morand – die vier M zu lesen –, Marcel Proust, die Nachwuchstalente von Grasset und der *N.R.F.*, alle Kandidaten für den *Prix Goncourt* oder den *Deux-Magots*, die mir ihre Rezensionsexemplare zuschickten, Tonnen Literatur in kleinen Paketen. Ich fiel auf in der Metro.

Chadenat, der unentwegte Leser, hatte ein Gedächtnis vom Typus Inaudi. Man brauchte ihm bloss den Namen eines Autors oder eines Buches zu nennen, und er leierte die komplette Bibliographie herunter: Verleger, Impressum, Titelei, Druckervermerk, Erscheinungsjahr, Format, Seitenzahl und andere besondere Merkmale jedes beliebigen Werks, und dies, ohne jemals eine Kartei zu konsultieren, einen Aktenordner oder einen Katalog. Als ich nach Washington reiste, um mir Material für meine Biographie von John Paul Jones zu beschaffen, dem Gründer der amerikanischen Flotte, listete mir Chadenat nicht nur eine ganze Reihe zu konsultierender Werke auf, sondern nannte mir sogar die Signaturen der berühmten Kongressbibliothek, weil er einmal einen Katalog bzw. einen *calendar* der Archive in der Hand gehabt hatte. Aus den Vereinigten Staaten zurück, schenkte ich ihm das *Log-book,* das Bordbuch der RICHARD, der Fregatte des berühmten Seemannes, einen schmalen, äusserst seltenen Band, den nicht einmal die Nationalbibliothek besitzt und die Marinebibliothek ebenfalls nicht und den selbst er, Chadenat, sich während seiner langen Buchhändlerlaufbahn nie hatte besorgen können, und er ging unverzüglich eine Leiter holen und suchte auf den obersten Regalen seiner Bibliothek nach einem Buch, um es mir zu schenken, weil er wusste, dass ich mich darüber freuen würde. Es war die unauffindbare *Théorie complète de la construction et de la manœuvre des vaisseaux,* die Originalausgabe, *Paris, 1776,* meines Urgrossonkels Leonhard Euler. Da erkühnte ich mich, ihm die Frage zu stellen, die ich ihm jedesmal, wenn ich die greifbare Schwelle seines Bücherkosmos überschritt, schon seit Jahren gern gestellt hätte: „Sagen Sie, Chadenat, wie finden Sie sich in ihrem Durcheinander zurecht? Hat man Ihnen nie etwas gestohlen?"

„Doch", antwortete Chadenat, „dreimal, und ich hab's jedesmal sofort bemerkt, es war wie ein Stich ins Herz. Es war im übrigen nicht weiter schlimm, eigentlich harmlos, Kleptomanen, wie man heute sagt, mit anderen Worten: Dummköpfe! Aber ich muss Ihnen etwas gestehen: Wissen

Sie, ich bin wie durch eine Membrane mit jedem einzelnen meiner Bücher verbunden!"

Das gleiche sollte mir später Ambroise Vollard erklären, der ständig viele Gäste zu Tisch lud, der seine Gäste inmitten seiner überall herumstehenden Bilder empfing und der von einer Freundin bestohlen worden war.

„Mitternacht war vorbei. Ich hatte meine Gäste mit dem Wagen nach Hause gefahren und Madame de J. unweit von Montmartre vor ihrer Haustür abgesetzt. Wieder zu Hause, wollte ich eben den Schlüssel ins Schloss stecken, als ich einen Stich im Herz spürte. Ich sprang in den Wagen und liess mich auf der Stelle zu Madame de J. fahren. ‚Verehrte Freundin', rief ich ihr durch die Tür zu, auf die ich ungeduldig mit den Fäusten einhämmerte, weil sie nicht gleich öffnete, ‚ich bin's. Machen Sie auf! Es gibt Spässe, die führen zu weit. Geben Sie mir meinen …' Ich hatte mich nicht in der Adresse geirrt. Madame de J. öffnete die Tür einen Spaltbreit und reichte mir lachend ein kleines Gemälde, das sie, unter ihrer Korsage versteckt, hatte mitlaufen lassen. Kein besonders wertvolles Bild, ein kleiner Renoir, ein Rosenstrauss …"

„Und wie konnten Sie wissen, Vollard, dass die Dame von Ihren tausend herumstehenden Bildern ausgerechnet dieses entwendet hatte?"

„Sehen Sie, Cendrars, ich bin wie durch eine Membrane mit jedem einzelnen meiner Bilder verbunden."

„Und Sie haben Ihre Diebin wiedergesehen?"

„Sie war keine Diebin. Madame de J. suchte mich am nächsten Morgen auf und erklärte mir, sie hätte schon lange gern einen Pelzmantel gehabt, habe aber nicht gewusst, wie es anstellen, damit ihr jemand einen schenke. Dann sei sie auf den Gedanken mit dem dummen Streich gekommen und habe auf meine Erkenntlichkeit gezählt."

„Und Sie haben ihr einen Pelzmantel gekauft?"

„Auf der Stelle, schliesslich hatte ich ja meinen Renoir wieder. Doch wie auch immer, angezogen oder nicht, Madame de J. war eine hässliche Kröte."

Guillaume Apollinaire hatte ebenfalls ein phänomenales bibliographisches Gedächtnis, aber ich habe ihn nie ein Buch lesen sehen, ich meine, richtig lesen. Er nahm ein Buch in die Hand wie ein Taschenspieler, liess die Seiten zwischen Daumen und Zeigefinger schnellen wie ein Grieche ein gezinktes Kartenspiel, blätterte nicht darin, legte das Buch geschlossen auf einen weissgestrichenen Holztisch in seiner Küche, wo er sich zum Schreiben am liebsten aufhielt, legte die Hände darauf ... und nach ein paar Minuten war er in der Lage, darüber zu schreiben und es zu rezensieren, ja sogar in seiner Rezension ganze Abschnitte zu zitieren und das Buch klug zu besprechen. Apollinaire war ein Dichter, für den Schreiben reines Vergnügen war (ich kenne eine Frau, die über 500 Briefe von Guillaume besitzt!) und der eine kindliche Freude hatte, seine Texte zu lesen und immer wieder zu lesen. Er war stolz wie ein Kind, seinen gedruckten Namen unter seinen Beiträgen zu sehen, und er entdeckte jeden unbedeutenden Artikel mit der gleichen Überraschung und las ihn immer wieder mit dem gleichen kindlichen Stolz, mit dem gleichen Vergnügen, der gleichen Freude, er war davon wie sonntäglich herausgeputzt. Als ich ihn nach seiner grässlichen Verletzung, vor der Trepanation wiedersah, im Val-de-Grâce, wo man ihn direkt von der

Front hingebracht hatte, zeigte er mir seinen von einem Granatsplitter durchlöcherten Helm und erklärte: „Ich las eben vor meinem Unterstand, ich war in der zweiten Linie. Ich habe ihn nicht einmal kommen hören. Ich habe nichts gespürt. Und plötzlich habe ich mein Blut sprudeln sehen, das von meinem Kopf auf die Hände floss. Erst dann ist mir schlecht geworden, Blaise."

„Und was hast du denn gelesen, dass du so gefesselt warst?"

„Den *Mercure de France,* meinen letzten Beitrag für die *Vie anecdotique.* Schau, hier …"

Und der Leutnant Apollinaire reichte mir einen blutverschmierten *Mercure.* Er hatte die Ausgabe mitgenommen.

Wegen dieses Dichterbluts habe ich Apollinaires Rubrik nie gelesen. Es war im Frühjahr 1917. Cocteau inszenierte im Châtelet *Parade,* Picasso hatte die Kostüme entworfen und malte die Bühnenbilder und den Vorhang für das Russische Ballett. Der Kubismus triumphierte. Armer Leutnant, unglücklicher Soldat, den man ins italienische Krankenhaus am Quai d'Orsay verlegte, dann in die Villa Molière, wo er ein-, zweimal trepaniert werden sollte; und Guillaume begann wieder zu schreiben, aber nicht für lange.

Ein ganz anderer Typus, ein besonders origineller Lesertypus, den ich am Seineufer kennenlernte, der aber lieber sonntags morgens den Trödelmarkt in Saint-Ouen durchstöberte und seine schönsten Schnäppchen auf dem *Foire aux jambons* am Boulevard Richard-Lenoir aufspürte, war der Anwalt aus der Rue Murillo, der bei meiner Scheidung mein Anwalt gewesen war und der alte Diktaphonbänder sammelte, Bänder, an die niemand denkt und die er sich am

Sonntagnachmittag andächtig anhörte, wie andere sich am Sonntagmorgen die Predigten von Pater Fessard in Notre-Dame oder die Panegyrika von Pater Riquet im staatlichen Rundfunk anhören. Und so ergab es sich, dass mein Anwalt mir den alten Michelin vorspielte (den Reifen-Michelin), der seine Post diktierte; oder den alten Duval (den Fleischbrühen-Duval) seine Menüs; die Diktate aller berühmten, tüchtigen Männer des französischen Industrie- und Wirtschaftslebens auf der Weltausstellung und die 1900 aus mehr als einem Grund die Könige von Paris waren, wenn auch provinzieller Herkunft, die Lebaudys, die Bornibus usw. usf.; sie waren bereits recht modern, das heisst prüde, und misstrauten den verführerischen Reizen eines Tippfräuleins, daher ihr geschäftlicher Erfolg; ganz im Gegensatz zur nachfolgenden Generation, die sportlicher und technischer war und entgegen dem, was man immer von ihr behauptet hat, leidenschaftlicher, die Citroëns und Konsorten zum Beispiel, die den geschäftlichen Rebbach nie beherrscht haben vor lauter Bewunderung der amerikanischen Businessmen, vor lauter Hochhinauswollen und nach grossen Geschäften Streben wie ihre Vorbilder – ausgerechnet sie, die sentimentalsten Männer des Universums, mit einer offenherzigen Sekretärin im Pelzmantel oder nackt am Strand, beim Wintersport, in den Kasinos. Jene ersten Benutzer des Diktaphons mussten sture Protestanten gewesen sein, daher die soliden Bankkredite der alten Herren und ihr Erfolg und ihre genügsam gescheffelten Vermögen.

Ein wiederum anderer Lesertypus war der Vater eines Freundes, ebenfalls ein Advokat, der Doyen von Tours. Ein sehr würdiger Ministerialbeamter, der im vorgerückten

Alter im Palast den Ruf eines Nimrods genoss, seit er ein berühmtes Jagdrevier erworben hatte, eine Jagd, die, einen nach dem andern, alle seine Vorgänger ruiniert hatte, und alle seine Rechtsverdreherkollegen, alle Ferkelstecher rieben sich heimlich die Hände. Als ich um das Jahresende herum durch Blois fuhr, hatte ich plötzlich Lust, die Loire zu überqueren und einen Umweg über die Sologne und einen Abstecher durch die Wälder und Moore zu machen, um dem prominenten Jäger einen unangemeldeten Besuch abzustatten, der grosszügig die neidischen Juristen aus der Touraine mit Waldschnepfen, Fasanen, Wildenten oder einer Rehkeule belieferte, der aber nie jemanden in sein Jagdhaus einlud. Die Wälder waren mit Rauhreif überzogen und die Moore zugefroren. Der Schnee war mit Wildfährten übersät, Enten und Wasserhühner flatterten im Röhricht auf. Ich fuhr langsam. Ich spitzte die Ohren, um auf das Bellen von Hunden zu lauschen, die auf die dampfende Losung eines Wildschweins gehetzt wurden, oder auf gedämpfte Schüsse hinter jeder Biegung des holperigen Weges, und war darauf gefasst, jeden Moment ein Schwarzwild vor mir auftauchen zu sehen; doch nur mein Motor brummte unter dem verhangenen Himmel, und in der einsamen, waldigen Gegend war nur mein Auto unterwegs. Am Ziel angekommen, stand ich vor einem geschlossenen Gatter, das Haus schien ausgestorben zu sein, und ich musste lange hupen. Links und rechts des Jagdhauses pickten Hunderte von Fasanen, wie Hühner in einem Hühnerhof, Körner aus eigens für sie hingestellten Futterkrippen; hinter dem Haus blickten mir Hirschkühe und ein munterer Rehbock mit gestellten Lauschern entgegen, einen Fuss in der Luft, bereit, im Wald zu verschwinden. Ich traute meinen Augen nicht. Schliesslich erschien ein mürrischer Jagdaufseher in einer Kanadierjacke, die Mütze mit den Ohrenschonern unter dem Kinn geknüpft, mit roter Nase und einer Alkoholfahne.

„Ist Monsieur zu Hause?"

„Ouais", sagte der Aufseher.

„Er ist also nicht auf der Jagd?"

„Monsieur geht nie jagen", antwortete der Aufseher.

„Ach so", sagte ich. „Und was macht er denn?"

„Wer weiss das schon … Er liest."

„Den ganzen Tag?"

„Den ganzen Tag und die ganze Nacht. Das ist kein Leben mehr. Ich habe ihm meine Kündigung hingeschmissen." Der Jagdaufseher war eindeutig schlecht gelaunt.

„Es scheint nicht an Wild zu mangeln in der Gegend", sagte ich zu ihm und zeigte auf den Fasanenhorst und das Gehege mit den Hirschkühen, in der Hoffnung, den Mann zu besänftigen. Doch der brauste auf: „Genau deswegen haue ich ab. Das ist doch kein Jäger! Er hat sein Lebtag noch nie ein Gewehr in den Händen gehalten. Der ganze Bezirk treibt für ihn, und er kauft alles, was man ihm bringt. Wenn Sie sich umsehen wollen, bitte, es ist schlimmer als in einer Menagerie. Sogar meiner Frau ist übel davon. Wir gehen, obschon es eine gute Stellung war …"

„Melden Sie mich an", sagte ich zum Jagdaufseher, „und machen Sie ein Remisetor auf. Ich verbringe die Nacht hier."

Ich traf den Vater meines Freundes gemütlich in einem tiefen Ledersessel vor dem Feuer an. Der Hausherr trug einen wattierten Morgenmantel, die Füsse steckten in dicken Pantoffeln, eine Decke war über seine Knie gebreitet, ein

Plaid um seine Schultern gelegt, mit einem Seidenschal um den Hals, einer Hasenfellmütze auf seinem weissen Haar, von Bücherstapeln umgeben, ein Buch in der Hand, seine dicke Hornbrille auf der Nase; das Zimmer – an dessen Wänden jede Menge Trophäen hingen, Zehnender, Wildschweinköpfe, Rehheufler, ein ausgestopfter Seeadler, wie es sich in einem Jagdhaus gehört – war durch kugelförmige Butangaslampen taghell erleuchtet.

„Ach, Sie sind's?" begrüsste er mich und nahm seine Brille ab.

„Was lesen Sie denn?"

„Wie? Dieser Nichtsnutz von einem Jagdaufseher hat Sie schon gewarnt? Bald wird mich die ganze Gegend für einen alten Narr halten. Was soll's. Ich trete in den Ruhestand. Ich habe meinen Rücktritt eingereicht. Stellen Sie sich vor: Ich habe plötzlich eine Leidenschaft für Kriminalromane entdeckt. Ich lese Tag und Nacht. Ich kaufe alles, was erscheint. Ich habe schon Tausende verschlungen, ich lasse sie aus England, aus Amerika kommen. Ich habe Lesestoff für Jahre. Ich fühle mich verjüngt. Ach, wäre ich zwanzig, würde ich Polizeibeamter werden. Ich habe meine Karriere eines Conan Doyle verfehlt ..."

Die Augen des alten Mannes blitzten schelmisch.

13.

Es war Balzac, der in einer Übersicht, zu der er sich hin und wieder hinreissen liess und dabei glaubhafte Prophezeiungen von sich gab, wenn er seinen Blick in die Zukunft richtete, und die ungemein beweiskräftig zu sein schienen, wenn er in die Vergangenheit blickte, es war Balzac, der

Visionär, der, was das Thema „Paris, Tor zum Meer“ angeht, auf den folgenschweren Fehler der Valois hinwies, die die Hauptstadt des Königreiches im Seinebecken errichteten und nicht an den Ufern der Loire, in Blois oder in Tours „... für die Handelsschiffe und die Kriegsschiffe erreichbar ... vor Handstreichen und Einfällen geschützt ... keine so aufwendigen Sitze zu unterhalten wie Versailles im Norden ...“, und in Erinnerung zu rufen, was die Grösse, das Schicksal Frankreichs hätte sein können, „... die Revolution von 1789 hätte nicht stattgefunden ...“

Als ich Chadenat, der keine Romane las, jene Stelle aus *Catherine de Médicis* zitierte, antwortete der unversöhnliche Feind der Engländer: „Ihr grosser Balzac versteht überhaupt nichts davon. Er ist ein Romancier. Aber die englische Flotte, die La Rochelle mit einer Blockade belegt hatte und die Hugenotten unterstützte, wäre die Loire hinaufgefahren, hätte Tours oder Blois beschossen, und die Engländer hätten die Hauptstadt der Könige gestürmt, zwei Jahrhunderte vor dem Sturm auf die Bastille durch das souveräne Volk!“

Chadenat hatte recht. Balzac, mein Lehrer, mein dritter Lehrer, Honoré de Balzac und alle seine Helden! Bis zu dem Tag, als ich ihn – auch ihn! – ertappte, als er sich nämlich über Madame Hanska beklagt, die ihn durch ihre Unentschlossenheit so viel kostbare Zeit kostete durch ihr ewiges Hin und Her und die Rendezvous, die sie ihm quer durch ganz Europa gab, und er vermerkte: „Ach, diese Frau! Noch ein Buch, das ich ihretwegen nicht geschrieben haben werde.“ Als sei man auf Erden, um Bücher zu schreiben! Und dann seine Vorliebe für Gerümpel. Die Schilderung Victor

Hugos vom Interieur – einer Art nationalem Möbelmagazin –, das Balzac auf seinem Totenbett umgab, Hugos journalistisches Meisterwerk, Beispiel einer meisterhaften Reportage, entfremdete mich endgültig dem Manne. Nein, der schlechte Geschmack mittelloser Literaten ist unmöglich. Und seine Platitüden und seine Pedanterie, um endlich seine vornehme Angebetete bumsen zu können – als ob vornehme Damen nicht genau gleich bumsen wie gewöhnliche Frauen!

Habe ich es schon erwähnt? Was mich meinem zweiten Lehrer entfremdete, dem Herzog von Saint-Simon, war die verbissene Intrige, zu der sich das Ehepaar, Madame die Herzogin und ihr Gemahl, hinreissen liess, um seine Stellung am Hof und seine Privilegien nicht zu verlieren.

Der Mensch ist zu klein.

Man muss leben.

„Ich ziehe es vor, Menschen um mich herum zu haben, die nichts anderes können als leben, als mich mit vornehmen Menschen zu umgeben, die viel zu viel wissen, nur das nicht!“ rief Liszt eines Tages gereizt aus und setzte sich ans Klavier, um einem Salon voller Komtessen und Vicomtes zum Tanz aufzuspielen. Und er improvisierte einen wilden Csárdás aus seiner Heimat, schloss die Augen, liess seine Finger über die Tasten fliegen, schlug Akkorde an, wechselte rasant den Takt, um die versnobte vornehme Pariser Gesellschaft zu verdriessen und aus dem Schritt zu bringen. Doch wenn er, wie alle Musiker, gezwungen war, vor die Welt zu treten, besass Liszt Genie.

Genie.

Das Wesen der Musik.

14.

Die Musik.

Das grosse Orgelregister.
Der Geist weht, wo er will.
Ich lausche.
Ich halte den Atem an.

Aix-en-Provence
20. August 1946
3. Februar – 13. August 1947
Monte Carlo
15. August 1947
Aix-en-Provence
3. September
26. Oktober – 31. Dezember 1947

Anmerkungen
(für den unbekannten Leser)

[1] *Fleet Street,* die Strasse in London, wo die Zeitungen gedruckt werden, das Pendant der Rue du Croissant in Paris.

[2] *pi-hi,* lasziver, von Frauen mit Frauen getanzter Tanz

[3] Vgl. *L'Homme foudroyé* (Denoël, 1946)

[4] Denoël, éditeur, 1947

[5] Kathai: China, wohin die ersten portugiesischen Seefahrer nach Marco Polos wunderbarer Reise zu gelangen versuchten, anstatt nach Indien zu fahren oder Afrika zu umsegeln; eine Kabotage, die sie zuerst – immer noch auf den Spuren des Venezianers Marco, genannt *il Millione* – nach Abessinien führte, in das Reich von Priester Johannes.

[6] Anmerkung für meine englischen Freunde: Refrain eines Marschliedes aus dem 17. Jahrhundert wie *Auprès de ma blonde ...,* das sie so mögen.

[7] Union Bibliophile de France, 1946, Collection Vox

[8] PS vom 5. Dezember 1947: Kann man sich eine grössere Niederträchtigkeit vorstellen als die der Regierung der Vierten Republik, die glaubte, das französische Volk für den Betrag von 100 Milliarden kaufen (oder verkaufen) zu können? B.C.

[9] Siehe *Vol à Voile* (Éditions des Cahiers Romands, Lausanne, 1932)

[10] *Dongo* ist kein Taufname, sondern ein Titel. Mit Taufname hiess der alte Neger Emilhano. Dongo bedeutet etwas Ähnliches wie *Mondprinz,* ein Titel, der beweist, dass der bescheidene Nachtwächter königlicher Herkunft war, wie viele Sklaven, Kriegsgefangene in Afrika oder Opfer von Revolutionen, von Palast- oder Haremsintrigen. Ihre Landsleute überlieferten in Amerika die Titel aus ihrer alten Heimat. Es war eine Art Ritterstand, der zu Freimaurerei oder anderen geheimen Bruderschaften verkommen ist. In Anbetracht seines hohen Alters musste Dongo ein

halbes Jahrhundert als Sklave in Brasilien gelebt haben. Er sprach nur widerwillig darüber.

[11] Vgl. *Chez l'Armée anglaise* (Corréâ, éditeur, 1940)

[12] Jacopone da Todi (1230–1306), mutmasslicher Autor des *Stabat Mater dolorosa …*

[13] Ein paar sehr schöne und sehr seltene Stücke, in einem prekären Zustand jedoch, werden in der *Kirchneriana* in Rom aufbewahrt, in dieser vergessenen Mine präkolumbischer Schätze.

[14] Éditions de la Tour, 1946

[15] Eine düstere Episode meines Lebens, auf die ich selbstverständlich nicht versessen war; schliesslich kehrte ich der Mazarine den Rücken, nachdem ich sechs Bände der *Nouvelle Bibliothèque Bleue* redigiert hatte, von denen meines Wissens nur einer erschienen sein soll, *Perceval le Gallois* (Payot, éditeur, Paris, 1913).

[16] Vgl. Guillaume Apollinaire: *Le Flâneur des Deux-Rives,* das von mir bei *La Sirène* (1918) herausgegeben wurde und dessen Fahnenabzüge ich am Sterbebett des armen Guillaume korrigierte und an seiner Stelle das „Gut zum Druck" gab.

[17] Louise Faure-Favier: *Souvenirs sur Guillaume Apollinaire* (Grasset, 1945)

[18] Blaise Cendrars: *Hollywood* (*La Mecque du Cinéma*), Reportage mit Fotografien (Grasset, 1936)

[Zu Blaise Cendrars' drei grossen Lehrern:
Rémy de Gourmont, 1858–1915, Schriftsteller und Philosoph, arbeitete in der Nationalbibliothek in Paris, wurde dann wegen eines Aufsatzes entlassen, war lange Jahre Redakteur beim *Mercure de France.* R.d.G. war stark von Nietzsche beeinflusst, in seinen Werken entwickelte er die Theorie des Symbolismus; in seinen pikanten Romanen schilderte er mit Vorliebe erotische Abartigkeiten. Seine linguistischen Untersuchungen

L'Ésthétique de la langue française und *Le Problème du style* haben den jungen Blaise Cendrars nachhaltig beeinflusst. Der menschenscheue, aber auch menschenfeindliche und von seiner Krankheit physisch entstellte R.d.G. lebte sehr zurückgezogen.

Honoré de Balzac, 1799–1850, französischer Romancier, nach einem abgebrochenen Jurastudium begann er Trivialromane zu schreiben. Er war ein Bewunderer von Walter Scott. In seinen späteren grossen Romanen schildert H.d.B. das präzise beobachtete Milieu der nachnapoleonischen Gesellschaft und gehört dadurch zu den Begründern des soziologischen Realismus. Kurz vor seinem Tod verliess er seine wesentlich ältere langjährige Geliebte, um die jüngere polnische Gräfin Eva Hanska-Rzewuska zu heiraten.

Louis de Rouvroy, Duc de Saint-Simon, 1675–1755, französischer Schriftsteller, der „französische Tacitus", verkehrte am Hofe Ludwigs XIV.; er war ein entschiedener Gegner der Maintenon und ein Günstling des Herzogs Philippe von Orléans; später wurde er zum Regenschaftsrat und Botschafter in Madrid ernannt. In seinen berühmten *Mémoires sur le siècle de Louis XIV et de la Régence* (dt. *Erinnerungen,* 1969) schildert er in einer für seine Zeit modernen Sprache boshaft und scharfsinnig beobachtend das Leben am Hof. Nach seinem Tode wurde sein ganzer literarischer Nachlass beschlagnahmt, da der Hof sich vor unangenehmen Enthüllungen fürchtete.]

[Die Zitate Descartes' sind dem Band: René Descartes, *Discours de la méthode,* franz.-dt., in der Übersetzung von Lüder Gäbe (Hamburg, 1997) entnommen. Der französische Originaltext lautet: *Je demeurais tout le jour enfermé seul dans un poêle* (den ganzen Tag allein in einem Ofen eingeschlossen blieb), die deutsche Übersetzung: wo ich … den ganzen Tag allein in einer warmen Stube eingeschlossen blieb]

Worterklärungen

Arouet, Voltaires Familienname

Arsenal, berühmte Bibliothek (Teil der Nationalbibliothek) im ehemaligen königlichen Zeughaus aus dem 18. Jahrhundert am Place Teilhard-de-Chardin / Ecke Rue Sully; in der Arsenal-Bibliothek werden rund 14'000 Manuskripte, eine Million Bücher und 120'000 Drucke aufbewahrt, die Archive der Bastille und 250'000 Werke über das französische Theater seit seinen Anfängen.

Blaue, franz. Zigaretten *(Gauloises* bzw. *Gitanes)* aus dunklem oder schwarzem Tabak

Boches, in Frankreich „die Deutschen" (von *caboches,* Holzköpfe)

B.O.F. (beurre, œufs, fromage), „Butter, Eier, Käse", französische Bezeichnung für Neureicher

Claudines, nach Colettes *Claudine*-Romanen

Der kleine Dingsda [*Le Petit Chose*] und *Sappho,* Romane von Alphonse Daudet

Die Dreizehnte kehrt wieder ... bzw. Artémis, aus: Gérard de Nerval, *Les chimères*

Drôle de Guerre, im Zweiten Weltkrieg der Zeitabschnitt vor der Invasion Frankreichs im Mai 1940

Eyzies, Les, altsteinzeitliche Grottenwohnstätten in der Dordogne

F.F.I., *Forces Françaises de l'intérieur,* die *Résistance*

Foire aux jambons, grosser Jahrmarkt in der Karwoche am Boulevard Richard-Lenoir in Paris

Genfer Pilger, der Autor Pierre Jean Jouve

Grille-d'Égout, berühmter Krimineller aus der Londoner Unterwelt

Inaudi, Jacques, italienischer Wunderrechner, berühmt für sein phänomenales Gedächtnis

Jerobeam, 3-Liter-Flasche (nach einem König Israels, der sein Volk in den Untergang führte)

Je sais tout, Werbung für ein Lexikonwerk; *Bibendum,* Werbung mit dem Michelin-Männchen aus Reifen; *Bébé-Cadum,* Werbung für Toilettenseife, das erste dreiteilige Weltformatplakat mit einem überlebensgrossen Baby darauf

Kinder der Nacht, Anspielung auf Jean Cocteau: *Les enfants terribles* (bzw. auf den Film *Die schrecklichen Kinder)*

Mazarine, Bibliothek im Institut de France am Quai de Conti, in einem Palast aus dem 17. Jahrhundert; in der Mazarine werden 500'000 historische Werke, 6000 Manuskripte und 1500 Inkunabeln aufbewahrt.

Mercure de France, eine der ältesten und berühmtesten literarisch-politischen französischen Wochenzeitschriften

môme, Kind, junges Mädchen, reizender Käfer; *môme fil de fer,* Drahtkindchen

Muid, altes franz. Hohlmass, ca. 268 l

N.R.F., *Nouvelle Revue Française*

Panurg, Genosse Pantagruels in Rabelais' Schelmenroman Gargantua und Pantagruel

Phalanstère (bzw. Familistère), von Charles Fourier gegründete Volksgenossenschaft, eine Lebensgemeinschaft und ein Zusammenschluss von Produktions- und Konsumgenossenschaften, deren Initiator Claude Henri de Rouvroy Saint-Simon, der Enkel des Duc de Saint-Simon, war

Relève, unter dem Vichy-Regime Anwerbung Freiwilliger, um die von der Wehrmacht eingezogenen deutschen Arbeiter zu ersetzen

Retraite, (in der Kavallerie) Signal zum Zapfenstreich, Trommelmarsch

Schmutzige Hände, Anspielung auf Jean-Paul Sartre: *Les mains sales*

Tagesreste, Begriff aus Sigmund Freud, *Die Traumdeutung* (1900)

Topaze, gleichnamiger Film von Marcel Pagnol (1933), in dem er die Menschen im Marseiller Hafenmilieu schildert (mit Louis Jouvet in der Hauptrolle)

Totenschipper, im Original *Morticoles* nach dem gleichnamigen satirischen Roman von Léon Daudet

Totschläger, Anspielung auf Émile Zolas Roman *L'Assommoir* (1877)

Trouhadec, Yves Le Trouhadec, Gestalt in Jules Romains' später für die Bühne bearbeitetem Roman *Donogoo-Tonka,* ein Naivling, der zu Ruhm und Ehren kommt

Valois, französisches Königsgeschlecht, das über verschiedene Linien von 1328 bis 1589 in Frankreich regierte *(Les Rois maudits,* die fluchbeladenen Könige)

Vert-Galant, kleine Parkanlage in der Nähe von Notre-Dame auf der Île de la Cité

Viandox, Marke eines Fleischkonzentrats

Wir haben uns weitgehend darauf beschränkt, Begriffe aus dem politischen und kulturellen Leben Frankreichs ins Glossar aufzunehmen, die der französische Leser spontan in den Zusammenhang stellt; nicht aber Wörter und Begriffe, die Blaise Cendrars entsprechend seiner Lebensmaxime *Die Welt ist meine Vorstellung* aus den verschiedensten Kulturen und Nachschlagewerken schöpft und die auch im französischen Original nicht erklärt werden. Davon ausgehend, dass es sich um eine *literarische* Biographie handelt und nicht um ein dokumentarisches Werk oder um eine kommentierte Ausgabe, haben wir auf ein Personenregister verzichtet.

Das dem Buch vorangestellte Motto stammt aus: Montaigne, *Essays,* II. Buch, VIII. Hauptstück (in der Übersetzung von Johann Daniel Tietz)

Blaise Cendrars im Lenos Verlag

Aus dem Französischen von Giò Waeckerlin Induni
495 Seiten, gebunden, mit Schutzumschlag
ISBN 978 3 85787 300 3

»*Die Signatur des Feuers* erneuert vielleicht sogar in Deutschland die postume Präsenz dieses faszinierenden, niemals schwelgerischen, zuweilen rohen Erzählers, der weniger durch seinen Stoff sich bemerkbar macht, als vielmehr durch die ungeheuer rasche und suggestive Weise und Eigenart, in der er dies tut.«
Die Zeit

Blaise Cendrars im Lenos Verlag

Aus dem Französischen von Giò Waeckerlin Induni
Mit einem Nachwort von Peter Burri
400 Seiten, gebunden, mit Schutzumschlag
ISBN 978 3 85787 327 0

»Es gibt viele Bücher über den Ersten Weltkrieg. Wenige scheinen so nah an der Realität wie *Die rote Lilie.*«
Tages-Anzeiger

Blaise Cendrars im Lenos Verlag

Aus dem Französischen von Giò Waeckerlin Induni
Mit einem Nachwort von Peter Burri
512 Seiten, gebunden, mit Schutzumschlag
ISBN 978 3 85787 383 6

»Die Ungeheuerlichkeit der Lebensvielfalt zwischen Glücksrausch und Unrat, Faszination und giftgreller Verwundbarkeit, Vitalität und Angst bündelt der Autor hier noch einmal, voll Lust am Fiebrigen, Sinnentrunkenen, Obszönen der nie ausgeschöpften, rauschhaft erlebten Realität.«
Österreichischer Rundfunk

Blaise Cendrars im Lenos Verlag

Gesammelte Gedichte
Aus dem Französischen von Peter Burri
480 Seiten, gebunden, mit Schutzumschlag
ISBN 978 3 85787 347 8

Ich bin der Andere präsentiert erstmals sämtliche Gedichte von Blaise Cendrars, angereichert um 41 bisher unbekannte Beispiele aus dem Nachlass, in einer kommentierten Ausgabe und in einer neuen deutschen Übersetzung.

BLAISE CENDRARS IM LENOS VERLAG

Gespräche mit Michel Manoll
Aus dem Französischen von Giò Waeckerlin Induni
228 Seiten, gebunden, mit Schutzumschlag
ISBN 978 3 85787 283 9

»Wie Cendrars erzählt, so sind seine Bücher: ein literarisches Abenteuer.«
Basler Magazin

Blaise Cendrars im Lenos Verlag

Erzählung
Aus dem Französischen von Giò Wackerlin Induni
Mit einem Nachwort von Peter Burri und Fotos von Katrin Zickendraht
68 Seiten, broschiert
ISBN 978 3 85787 646 2
Lenos Pocket Band 46

»In diesem Buch weht schon der Wind der grossen autobiographischen Romane, die Cendrars in den vierziger Jahren verfasste. Auch hier genügen die endlosen Sätze und die ozeanische Flut der Wörter nicht, um die Wirklichkeit einzufangen.«
Frankfurter Allgemeine Zeitung

Blaise Cendrars im Lenos Verlag

Eine Begegnung
Aus dem Französischen von Giò Wackerlin Induni
Mit Fotos von Jean Manzon
145 Seiten, broschiert
ISBN 978 3 85787 665 3
Lenos Pocket Band 65

»Was er über das Land sagt, bezieht sich wohl präzis auf die damalige Situation, aber es ist vor allem ein ganz und gar eigenständiger, hinreissender Text entstanden, wie ein Wirbelsturm, der die Empfindungen fortreisst.«
Basler Zeitung

Blaise Cendrars im Lenos Verlag

Zu den Antipoden der Einheit
Aus dem Französischen von Giò Waeckerlin Induni
Mit einem Begleittext von Jean-Carlo Flückiger
132 Seiten, broschiert
ISBN 978 3 85787 650 9
Lenos Pocket Band 50

»In *Im Hinterland des Himmels* reicht der Drang ins Anderswo über interstellare Räume hinaus ins Kosmische, schliesslich ins Transkosmische.«
Süddeutsche Zeitung

BLAISE CENDRARS IM LENOS VERLAG

Miriam Cendrars

Eine Biographie
Aus dem Französischen von Giò Waeckerlin Induni
615 Seiten, gebunden, mit Schutzumschlag
ISBN 978 3 85787 151 1

»Ein atmosphärisch dichtes, ungemein detailreiches Buch … ein beeindruckendes Panorama europäischer (und brasilianischer) Avantgarde in ihren Städten, eine anregende Passage durch die Kulturgeschichte der ersten Jahrhunderthälfte.«
Frankfurter Rundschau

Blaise Cendrars im Lenos Verlag

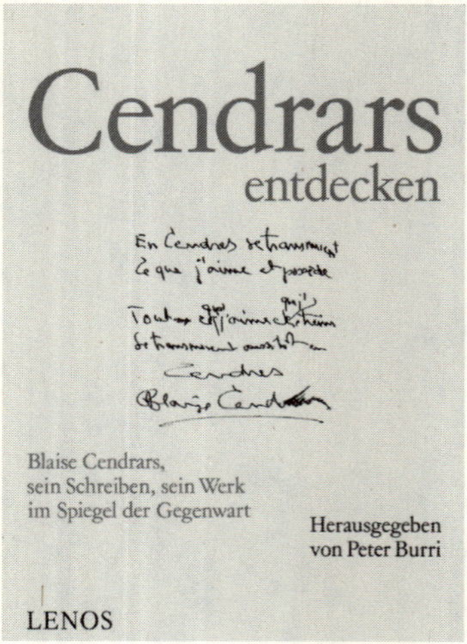

Blaise Cendrars, sein Schreiben, sein Werk im Spiegel der Gegenwart
Herausgegeben von Peter Burri
126 Seiten, broschiert
ISBN 978 3 85787 152 8

Cendrars entdecken enthält Beiträge von Cendrars-Kennern, -Wissenschaftlern und -Liebhabern, darunter einige aus dem französischen Sprachraum, die erstmals auf deutsch übersetzt wurden.
»Ein guter Einstieg in Cendrars' Werk und eine empfehlenswerte Ergänzung zu Miriam Cendrars' Biographie über ihren Vater.«
Schweizer Bibliotheksdienst